康有爲學術著作選

康有爲 著

中華書局

圖書在版編目(CIP)數據

孔子改制考/康有爲著. －2版. －北京:中華書局,2012.7

(康有爲學術著作選)

ISBN 978－7－101－08670－6

Ⅰ.孔… Ⅱ.康… Ⅲ.孔丘(前551～前479)－思想評論 Ⅳ.B222.25

中國版本圖書館CIP數據核字(2012)第090177號

康有爲學術著作選

孔子改制考

康有爲 著

＊

中華書局出版發行

(北京市豐臺區太平橋西里38號 100073)

http://www.zhbc.com.cn

E-mail:zhbc@zhbc.com.cn

北京瑞古冠中印刷廠印刷

＊

850×1168毫米1/32 · $15\frac{3}{4}$印張 · 2插頁 · 348千字

1958年9月第1版

2012年7月第2版 2012年7月北京第3次印刷

印數:5401－8400册 定價:48.00元

ISBN 978－7－101－08670－6

出版説明

康有爲是戊戌變法的領導者。本書繼新學僞經考而作，於一八九七年付梓，是他倡導變法維新的理論根據，對於研究戊戌變法以及康有爲本人的思想，都有重要參考價值。

本書據一九二〇年萬木草堂重刊本標點排印。原書没有序文，從不忍雜誌第一册録出，印在前面。書中比較顯著的錯誤衍脱字句已經酌改。錯字衍字用小號字排，外加圓括號（　），改補的字加方括號〔　〕。如有缺漏和改錯的地方，請讀者隨時指正，以便重版時修改。

一九五八年七月

孔子改制考目錄

敘

孔子卒後二千三百七十六年，康有爲讀其遺言，淵淵然思，淒淒然悲，曰：嗟夫！使我不得見太平之（澤）〔治〕，被大同之樂者，何哉？使我中國二千年，方萬里之地，四萬萬神明之裔，不得見太平之治，被大同之樂者，何哉？使大地不早見太平之治，逢大同之樂者，何哉？

天既哀大地生人之多艱，黑帝乃降精而救民患，爲神明，爲聖王，爲萬世作師，爲萬民作保，爲大地敎主。生于亂世，乃據亂世而立三世之法，而垂精太平；乃因其所生之國而立三世之義，而注意於大地遠近大小若一之大一統。乃立元以統天，以天爲仁，以神氣流形而敎庶物，以不忍心而爲仁政。合鬼神山川、公侯庶人、昆蟲草木一統于其敎，而先愛其圓顱方趾之同類，改除亂世勇亂戰爭角力之法，而立春秋新王行仁之制。其道本神明，配天地，育萬物，澤萬世，明本數，係末度，小大精粗，六通四闢，無乎不在。此制乎，不過于元中立諸天，于一天中立地，于一地中立世，于一世中隨時立法，務在行仁，憂民憂以除民患而已。易之言曰：「書不盡言，言不盡意。」詩、書、禮、樂、易、春秋爲其書，口傳七十子後學爲其言。此制乎，不過其夏葛冬裘，隨時救民之言而已。

若夫聖人之意，窈矣，深矣，博矣，大矣。世運既變，治道斯移，則始于粗糲，終于精微。敎化大行，家給人足，無怨望忿怒之患，強弱〔□□〕之難，無殘賊妒疾之人。民修德而美好，被髮銜哺而游，毒蛇不螫，猛獸不搏，抵蟲不觸，朱草生，醴泉出，鳳凰麒麟遊于郊（棷）〔陬〕，囹圄空虛，畫衣裳而民不犯。則斯制也，利用發蒙，聲色之以化民，末矣。

夫兩漢君臣、儒生，尊從春秋撥亂之制而雜以霸術，猶未盡行也。聖制萌芽，新歆遽出，僞左盛行，古文篡亂。于是削移孔子之經而爲周公，降孔子之聖王而爲先師，公羊之學廢，改制之義湮，三世之說微，太平之治，大同之樂，闇而不明，鬱而不發。我華我夏，雜以魏、晉、隋、唐佛老、詞章之學，亂以氐、羌、突厥、契丹、蒙古之風，非惟不識太平，並求漢人撥亂之義亦乖剌而不可得，而中國之民遂二千年被暴主、夷狄之酷政。耗矣，哀哉！

朱子生於大統絕學之後，揭鼓揚旗而發明之，多言義而寡言仁，知省身救過而少救民患，蔽于據亂之說而不知太平大同之義，雜以佛老，其道觳苦。所以爲治教者，亦僅如東周、劉蜀、蕭詧之偏安而已。大昏也，博夜也，冥冥汝汝，雺霧霿霿，重重錮昏，皎日墜淵。萬百億千縫掖俊民，跂跂脈脈而望，篝燈而求明，囊螢而自珍，然卒不聞孔子天地之全，太平之治，大同之樂。悲夫！

天哀生民，默牖其明，白日流光，煥炳瑩晶。予小子夢執禮器而西行，乃覩此廣樂鈞天，復見宗廟百官之美富。門戶既得，乃掃荆榛而開塗徑，撥雲霧而覽日月，非復人間世矣。不敢隱匿大道，乃與門人數輩朝夕鉤擿，八年于茲，删除繁蕪，就成簡要，爲改制考(三十)〔二十一〕卷。同邑陳千秋禮吉、曹泰箸偉，雅才(好)〔□〕博，好學深思，編檢尤勞，墓草已宿。然使大地大同太平之治可見，其亦不負二三子鉛槧之勞也夫！

嗟夫！見大同太平之治也，猶孔子之生也。孔子改制考成書，去孔子之生二千四百四十九年也。

光緒二十四年，正月，元日，南海康有爲廣厦記。

孔子改制考卷一

南海康有爲廣厦撰

上古茫昧無稽考

人生六七齡以前，事跡茫昧，不可得記也。開國之始，方略缺如，不可得詳也。况太古開闢，爲萌爲芽，漫漫長夜，舟車不通，書契難削，疇能稽哉？大地人道皆蘊蓴於洪水後。然印度婆羅門前，歐西希臘前，亦已茫然，豈特秘魯之舊劫，墨洲之古事，黯芴渺昧，不可識耶？吾中國號稱古名國，文明最先矣。然六經以前，無復書記，夏、殷無徵，周籍已去，共和以前，不可年識，秦、漢以後，乃得詳記；而譙周、蘇轍、胡宏、羅泌之流，乃敢於考古，實其荒誕；崔東壁乃爲考信錄以傳信之，豈不謬哉！夫三代文教之盛，實由孔子推託之故。故得一孔子而日月光華，山川焜耀。然夷考舊文，實猶茫昧，雖有美盛，不盡可考焉。

子曰：「夏禮，吾能言之，杞不足徵也；殷禮，吾能言之，宋不足徵也：文獻不足故也，足則吾能徵之矣。」論語八佾

子曰：「吾說夏禮，杞不足徵也；吾學殷禮，有宋存焉；吾學周禮，今用之。吾從周。」禮記中庸

子曰：「我欲觀夏道，是故之杞，而不足徵也，吾得夏時焉；我欲觀殷道，是故之宋，而不足徵也，吾得

坤乾焉。」禮記禮運

杞、宋無徵，說凡三見。且著於論語、中庸，引於史記世家、白虎通，並非僻書。則孔子時夏、殷之道，夏、殷之禮，不可得考至明。孔子謂「足則吾能徵之，」則二代之不足，孔子之不徵；可徵者僅有夏時、坤乾二書，自此外皆無存。此可爲夏、殷禮制全亡無徵之據。

北宮錡問曰：「周室班爵祿也，如之何？」孟子曰：「其詳不可得聞也。諸侯惡其害己也，而皆去其籍。」孟子萬章

詩云：「雨我公田，遂及我私。」惟助爲有公田。由此觀之，雖周亦助也。孟子滕文

北宮錡在周時能來問學，必是士大夫。本朝班爵祿，最粗淺之事，無人不知，卽無大周會典，亦有縉紳可考，且亦耳目習聞，何待問於孟子？孟子爲當時大賢巨儒，自應博聞强記，熟諳本朝掌故，乃亦不聞其詳。又著去籍之故，出於諸侯惡其害己。可知成周之書籍亦不傳。今周禮及經、子、雜史所傳，以禮書綱目、五禮通考之例補編一大周會典、會典則例、大周通禮、大周會要，尙極詳博。而孟子乃謂不聞其詳，所言其略者，乃僅如縉紳頭數句，是孟子爲空疏謭陋之村學究也。若孟子爲通博大儒，則是周籍之已去而無徵可信也。又與滕文公言田制，自當徵引會典、會要乃足爲據，乃一字不能引出，僅引一詩言爲證，則當時絕無掌故之書，無可引據，與去籍之說正合。此可存爲周籍已去不可聞之據。

楊子曰：「太古之事滅矣，孰誌之哉？三皇之事若存若亡，五帝之事若覺若夢，三王之事或隱或顯，億

不識一；當身之事或聞或見，萬不識一；目前之事或存或廢，千不識一。太古至于今日，年數固不可勝紀。伏羲已來三十餘萬歲，賢愚、好醜、成敗、是非無不消滅。」（列子楊朱）

太古之事已滅，若存若亡，若覺若夢，可爲三古茫昧之據。而崔東壁尚欲爲考信錄以實之，不亦謬乎！又謂伏羲以來三十餘萬歲，則當無正史可考。楊朱不從孔學，故述舊聞如此。渺茫擬議，各述傳聞，如後世皇王大紀、路史之類，茫昧極矣。泰西之述亞當夏娃，日本之述開國八神，亦同此義，皆渺茫不可考者也。其云三王之事億不識一，亦可爲三代無徵之證。

五帝之外無傳人，非無賢人也，久故也；五帝之中無傳政，非無善政也，久故也。（荀子非相）

後世一代之興，名賢名士傳述充棟，功績典章志略彌滿，而五帝時人與政無一傳者，可見茫昧極矣。

聖王有百，吾孰法焉？故曰，文久而息，節族久而絕。（荀子非相）

文息，節絕，可知百王之道皆茫昧而無稽矣。

孔子、墨子俱道堯、舜，而取舍不同，皆自謂眞堯、舜。堯、舜不復生，將誰使定儒、墨之誠乎？殷、周七百餘歲，虞、夏二千餘歲，而不能定儒、墨之眞。今乃欲審堯、舜之道於三千歲之前，意者其不可必矣。無參驗而必之者，愚也；弗能必而據之〔者〕，誣也。故明據先王，必定堯、舜者，非愚則誣也。（韓非子顯學）

孔子謂堯、舜明堂五采，服喪三年；墨子謂堯、舜茅茨葛衣，服喪三月：所謂「取舍不同。」韓非當時已謂儒、墨近稱殷、周、虞、夏，不能定其眞；至稱堯、舜尤無參驗，不可信據。則堯、舜事跡，必已茫昧，故孔子、墨子得各託其義。若有古書可參驗，如今之漢、晉、唐、宋之史，則引用者豈能相反乎？

韓非又謂堯、舜在三千年前，虞、夏在二千年前，殷亦七百歲，則與今五帝德、帝繫、世本、史記所傳絕異，與楊朱稱伏羲以來三十餘萬歲，張壽王逃黃帝曆稱黃帝以來六千餘歲，各傳異說正同。雖不合儒家經術，然堯、舜三代之茫昧，無實在年代事跡可據依可見。故韓非偏引羣說，疑以傳疑，謂皆無參驗，明據先王，必定堯、舜，非愚則誣。此當時實情，正可藉諸子之紛呶以考太古之情狀矣。

管仲曰：「古者封泰山、禪梁父者七十二家，而夷吾所記者十有二焉。」管子封禪

封禪大典，泰山又在齊，管子既不能詳，則古事之湮沒者何可勝道？

自伏羲以來，漢永和元年，凡四十萬九千三百八十九歲。易緯辨終備

伏羲以上未有聞焉。禮緯稽命徵

伏羲實無可稽考，五帝德不敢詳焉。列子謂「伏羲以來三十餘萬歲，」其傳聞之謬俱同。大約開闢之始，傳聞有伏羲其人，如泰西之稱亞當。孔子繫易，託爲人元，而亞當於埃及古音，卽爲「人」之稱。則伏羲之究爲何如，亦不得而知也。

五帝三代之記尚矣。自殷以前，諸侯不可得而譜，周以來乃頗可著。史記三代世表

殷以前不可得而譜，蓋孔子時夏、殷無徵，非惟五帝然。則夏、殷之事茫昧無稽可見。

百家言黃帝，其文不雅馴，薦紳先生難言之。史記五帝本紀

余嘗西至空峒，北過涿鹿，東漸於海，南浮江、淮矣。至長老皆各往往稱黃帝、堯、舜之處，風敎固殊焉。書缺有間矣，其軼乃時時見於他說。並同上

黃帝之言，皆百家所託。薦紳爲孔子後學，茫昧之說故難言之。東西南朔言黃帝、堯、舜風敎皆殊，蓋事跡已遠，皆百家所託，故言人人殊。韓非所謂堯、舜不可復生，誰使定堯、舜之眞也。見於他說皆百家所託。其實黃帝、堯、舜之事，書缺有間，茫昧無稽也。

太史公曰：「農、工、商交易之路通，而龜、貝、金錢、刀、布之幣興焉，所從來久遠。自高辛氏之前尚矣，靡得而記云。」史記平準書

高辛前靡得而記，則伏羲、神農、黃帝、顓頊茫昧無稽，而百家所稱出於假託，可見矣。

蓋聞昔者黃帝合而不死，名察度驗，定淸濁，起五部，建氣物分數，然蓋尚矣。書缺樂弛，朕甚閔焉。朕唯未能循明也。史記曆書

欲定星曆而書缺，蓋茫昧無稽，實無如何。

秦以前尚略矣，其詳靡得而記焉。史記

秦前尚略，其詳靡記，與孟子其詳不可得聞，諸侯去籍同。然則周制亦茫昧矣。此條最爲確據。惟其不詳，故諸子得以紛紛假託，或爲神農之言，或多稱黃帝，或法夏，或法周，或稱三代；皆由於書缺籍去，混混茫茫，然後諸子可以隨意假託。惟秦之後，乃得其詳，故漢志藝文事跡日著。然東平王欲乞史記，奏請而未得；揚雄欲見羣書，假觀於班嗣。故劉歆尚得僞爲鐘鼎，假託金絲，造作古文，徧僞傳記。降自晉、唐，書册日盛。孟蜀刻書，刊傳益易。近世事跡，乃如日中，雖有王肅、劉炫、楊愼、豐坊之流，祇能間僞逸書，不復能亂史事。古今迥異，不能以近世而律太古也。

先王之道乍存乍亡，公責卜者言必信，不亦惑乎？史記日者列傳

壽王及待詔李信治黃帝調曆，課皆疏闊。又言黃帝至元鳳三年六千餘歲。丞相屬寶長安、單安國、安陵桮育治終始，言黃帝以來三千六百二十九歲，不與壽王合。壽王又移帝王，錄舜、禹年歲，不合人年。壽王言化益爲天子代禹，驪山女亦爲天子，在殷、周間，皆不合經術。漢書律曆志

武帝時孔學已一統，然舊說尚存，可以參證。夏後有化益爲天子，周前有驪山女爲天子，壽王述黃帝歷必非杜撰。此如後世王莽、武后更世易朝，大統雖爲漢、唐，朝代實易新、周。孔子欲裁成三代以爲三統，又惡陰乘陽位，女爲天子，故去之。其實王莽、武后後世尚有之，況太古乎？至黃帝紀年各不相合，共和以上無得稱焉。要太古削簡艱難，難傳久遠，況結繩之後，草昧荒荒？今欲考美洲以前秘魯古事，已是極難，何疑於上古乎？合比考之，三代文明，皆藉孔子發揚之，實則茫昧也。

百王太平升封太山，太山之上封可見者七十有二，紛綸湮滅者不可勝數。論衡書虛

紛綸湮滅，蓋太古簡削艱難，流傳已失，故無可考。

五經之前至於天地始開，帝王初立者，主名爲誰，儒生又不知也。論衡謝短

太古茫昧，孔子無從杜撰，儒生安得而知？仲任以劉歆博古僞派傲儒生，其實少昊、羿、(促)〔浞〕率多僞造，儒生不必知也。

儒生猶曰：「上古久遠，其事闇昧，故經不載而師不說也。」論衡謝短

世傳三王五帝，多以爲伏羲、神農爲三皇，其一者或曰燧人，或曰祝融，或曰女媧，其是與非未可知也。

我聞古有天皇、地皇、人皇，以爲或及此謂，亦不敢明。凡斯數者，於五經皆無正文。潛夫論五美志

蓋天地剖分，萬物萌毓，非有典藝之文，堅基可據。推當今以覽太古，自昭昭而本冥冥。乃欲審其事而建其論，董其是非而綜其詳矣，言也實爲難哉！風俗通王霸

孔子改制考卷二

南海康有爲廣厦撰

周末諸子並起創教考

諸子並起創教總義

子桑伯子創教

原壤創教

棘子成創教

管子創教

晏子創教

少正卯創教

許行創教

白圭創教

陳仲子創教

墨家創教

道家創教

法家創教

名家創教

陰陽家創教

縱橫家創教

兵家創教

諸家創教緒論

凡物積粗而後精生焉，積賤而後貴生焉，積愚而後智生焉，積土石而草木生，積蟲介而禽獸生，人爲萬物之靈，其生尤後者也。洪水者，大地所共也。人類之生皆在洪水之後，故大地民衆皆蘆萌於夏禹之時。積人積智，二千年而事理咸備。於是才智之尤秀傑者，蠭出挺立，不可遏靡；各因其受天之質，生人之遇，樹論語，聚徒衆，改制立度，思易天下。惟其質毗於陰陽，故其說亦多偏蔽，各明一義，如耳目鼻口不能相通。然皆堅苦獨行之力，精深奧瑋之論，毅然自行其志，思立教以範圍天下者也。外國諸教亦不能外是矣。當是時，印度則有佛婆羅門及九十六外道並創術學，波斯則有祚樂阿士對創開新教，泰西則希臘文教極盛，彼國號稱同時七賢並出，而索格底集其成。故大地諸教之出，尤盛於春秋戰國時哉！積諸子之盛，其尤神聖者，衆人歸之，集大一統，遂範萬世。論衡稱孔子爲諸子之卓，豈不然哉？天下咸歸依孔子，大道遂合，故自漢以後無諸子。今考春秋戰國諸子有門戶者，舉其宗旨，明其時會，其立一說，樹一行，索隱行怪，後世無述者，亦附及之。雖不能盡，抑可考萬年古今之會，大地學術之變矣。

假今之世，飾邪說，文姦言，以梟亂天下，欺惑愚衆，矞宇嵬瑣，使天下混然不知是非治亂之所存者，有人矣。縱情性，安恣睢，禽獸之行，不足以合文通治；然而其持之有故，其言之成理，足以欺惑愚衆：是它囂、魏牟也。忍情性，綦谿利跂，苟以分異人爲高，不足以合大衆，明大分；然而其持之有故，其言之成理，足以欺惑愚衆：是陳仲、史鰌也。不知壹天下、建國家之權稱，上功用，大儉約，而僈差等，曾不足以容辨異，縣君臣；然而其持之有故，其言之成理，足以欺惑愚衆：是墨翟、宋鈃也。尙法而無法，下脩而好作，上則取聽於上，下則取從於俗，終日言成文典，及紃察之，則倜然無所歸宿，不可以經國定分；然而其持之有故，其言之成理，足以欺惑愚衆：是愼到、田駢也。不法先王，不是禮義，而好治怪說，玩琦辭，甚察而不惠，辯而無用，多事而寡功，不可以爲治綱紀；然而其持之有故，其言之成理，足以欺惑愚衆：是惠施、鄧析也。略法先王而不知其統，猶然而材劇志大，聞見雜博，案往舊造說，謂之五行，甚僻違而無類，幽隱而無說，閉約而無解，案飾其辭而祗敬之曰，此眞先君子之言也。子思唱之，孟軻和之，世俗之溝猶瞀儒，嚾嚾然不知其所非也，遂受而傳之，以爲仲尼、子游爲茲厚於後世：是則子思、孟軻之罪也。若夫總方略，齊言行，壹統類，而羣天下之英傑而告之以太古，敎之以至順；奧窔之間，簟席之上，斂然聖王之文章具焉，佛然平世之俗起焉，則六說者不能入也，十二子者不能親也，無置錐之地而王公不能與之爭名，在一大夫之位則一君不能獨畜，一國不能獨容，成名況乎諸侯，莫不願以爲臣；是聖人之不得勢者也，仲尼、子弓是也。一天下，財萬物，養長生民，兼利天下，通達之屬莫不服從；六說者立息，十二子者遷化：則聖人之得勢者，舜、禹是也。今夫仁人將何務哉？上則法舜、禹之制，下則法仲尼、子弓之義，以務息十二子之說。如是，則天下之害除，仁人之事畢，聖王之跡著矣。信信，信也；疑疑，亦信也。貴賢，仁也；賤不肖，亦仁也。言而當，知也；默而當，亦知也。故知默猶知言也。故多言而類，聖人也；少言而法，君子也；多少無法而流湎然，雖辯，小人也。故勞力而不當民務，謂之姦事；勞知而不律先王，謂之姦心；辯說譬諭，齊給便利，而不順禮義，謂之姦說：此三姦者，聖王之所禁也。知而險，賊而神，爲詐而巧，言無用而辯，辯不惠而察：治之大殃也。行辟而堅，飾非而好，玩姦而澤，言辯而逆：古之大禁也。知而無法，勇而無憚，察辯而操僻淫，大而用之，好姦而與衆，利足而迷，負石而墜：是天下之所棄也。兼服天下之心，高上尊貴，不以驕人；聰明聖智，不以窮人；齊給速通，不爭先人；剛毅勇敢，不以傷人；不知則問，不能則學，雖能必讓，然後爲德。遇君則修臣下之義，遇鄉則脩長幼之義，遇長則脩子弟之義，遇友則脩禮節辭讓之義，遇賤而少者則脩告導寬容之義；故無不愛也，無不敬也，無與人爭也，恢然如天地之苞萬物。如是，則賢者貴之，不肖者親之；如是而不服者，則可謂訞怪狡猾之人矣，雖則子弟之中，刑及之而宜。詩云：「匪上帝不時，殷不用舊。雖無老成人，尚有典刑。曾是莫聽，大命以傾！」此之謂也。古之所謂士仕者，厚敦者也，合羣者也，樂富貴者也，樂分施者也，遠罪過者也，務事理者也，羞獨富者也；今之所謂士仕者，汙漫者也，賊亂者也，恣睢者也，貪利者也，觸抵者也，無禮義而唯權勢之嗜者也。古之所謂處士者，德盛者也，能靜者也，脩正者也，知命者也，著是者也；今之所謂處士者，無能而云能者也，無知而云知者也，利心無足而佯無欲者也，行僞險穢而彊高言謹慤者也，以不俗爲俗、離縱而跂訾者也。士君子之所不能爲：君子能爲可貴，不能使人必貴己；能爲可信，不能使人必信己；能爲可用，不能使人必用己。故君子恥不脩，不恥見汙；恥不信，不恥不見信；恥不能，不恥不見用。是以不誘於譽，不恐於誹，率道而行，端然正己，不爲物傾側：夫是之謂誠君子。詩云：「溫溫恭人，維德之基。」此之謂也。士君子之容——其冠進，其衣逢，其容良；儼然，壯然，祺然，蕼然，恢恢然，廣廣然，昭昭然，蕩蕩然：是父兄之容也。其冠進，其衣逢，其容愨，儉然，恀然，輔然，端然，訾然，洞然，綴綴然，瞀瞀然：是子弟之容也。吾語汝學者之嵬容——其冠絻，其纓禁緩，其容簡連，塡塡然，狄狄然，莫莫然，瞡瞡然，瞿瞿然，盡盡然，盱盱然；酒食聲色之中，則瞞瞞然，瞑瞑然；禮節之中，則疾疾然，訾訾然；勞苦事業之中，則儢儢然，離離然；偷儒而罔，無廉恥而忍謑詢：是學者之嵬也。第佗其冠，神禫其辭，禹行而舜趨：是子張氏之賤儒也。正其衣冠，齊其顏色，嗛然而終日不言：是子夏氏之賤儒也。偷儒憚事，無廉恥而耆飲食，必曰君子固不用力：是子游氏之賤儒也。彼君子則不然，佚而不惰，勞而不慢，宗原應變，曲得其宜。如是，然後聖人也。荀子非十二子

天下之治方術者多矣，皆以其有，爲不可加矣。古之所謂道術者，果惡乎在？曰：無乎不在。曰：神何由降？明何由出？聖有所生，王有所成，皆原於一。不離於宗，謂之天人；不離於精，謂之神人；不離於眞，謂之至人。以天爲宗，以德爲本，以道爲門，兆於變化，謂之聖人。以仁爲恩，以義爲理，以禮爲行，

以樂爲和，薰然慈仁，謂之君子。以法爲分，以名爲表，以參爲驗，以稽爲決，其數一二三四是也，百官以此相齒；以事爲常，以衣食爲主，蕃息畜藏，老弱孤寡爲意，皆有以養，民之理也。古之人其備乎！配神明，醇天地，育萬物，和天下，澤及百姓；明於本數，係於末度，六通四辟，大小精粗，其運無乎不在，其明而在數度者，舊法世傳之史尚多有之。其在於詩、書、禮、樂者，鄒、魯之士、搢紳先生多能明之。詩以道志，書以道事，禮以道行，樂以道和，易以道陰陽，春秋以道名分。其數散於天下而設於中國者，百家之學，時或稱而道之。天下大亂，賢聖不明，道德不一，天下多得一察焉以自好，譬如耳目鼻口皆有所明，不能相通，猶百家衆技也。皆有所長，時有所用，雖然，不該不徧，一曲之士也。判天地之美，析萬物之理，察古人之全，寡能備於天地之美，稱神明之容。是故內聖外王之道，闇而不明，鬱而不發。天下之人，各爲其所欲焉以自爲方。悲夫！百家往而不反，必不合矣！後世之學者，不幸不見天地之純，古人之大體，道術將爲天下裂！不侈於後世，不靡於萬物，不暉於數度，以繩墨自矯而備世之急，古之道術有在於是者，墨翟、禽滑釐聞其風而說之。爲之大過，已之大順。作爲非樂，命之曰節用。生不歌，死無服。墨子汎愛兼利而非鬭，其道不怒，又好學而博不異，不與先王同，毁古之禮樂。黃帝有咸池，堯有大章，舜有大韶，禹有大夏，湯有大濩，文王有辟雍之樂，武王、周公作武。古之喪禮，貴賤有儀，上下有等：天子棺槨七重，諸侯五重，大夫三重，士再重。今墨子獨生不歌，死不服，桐棺三寸而無槨，以爲法式。以此敎人，恐不愛人；以此自行，固不愛己。未敗墨子道。雖然，歌而非歌，哭而非哭，樂而非樂，是果類乎？其生也勤，其死也薄，其道大觳，使人憂，使人悲。其行難爲也，恐其不可以爲聖人之道，反天下之心，天下不堪。墨子雖獨能任，奈天下何？離於天下，其去王也遠矣！墨子稱道曰：「昔者禹之湮洪水、決江河而通四夷九州也，名川三百，支川三千，小者無數。禹親自操槖耜，而九雜天下之川。腓無胈，脛無毛，沐甚風，櫛疾雨，置萬國。禹，大聖也，而形勞天下也如此。」使後世之墨者，多以裘褐爲衣，以跂蹻爲服，日夜不休以自苦爲極。曰：「不能如此，非禹之道也，不足爲墨。」相里勤之弟子，五侯之徒，南方之墨者苦獲、已齒、鄧陵子之屬，俱誦墨經，而倍譎不同，相謂「別墨。」以堅白同異之辯相訾，以觭偶不仵之辭相應，以巨子爲聖人，皆願爲之尸，冀得爲其後世，至今不決。墨翟、禽滑釐之意則是，其行則非也。將使後世之墨者，必自苦以腓無胈，脛無毛，相進而已矣，亂之上也，治之下也。雖然，墨子眞天下之好也，將求之不得也，雖枯槁不舍也，才士也夫！不累於俗，不飾於物，不苟於人，不忮於衆，願天下之安寧以活民命，人我之養，畢足而止，以此白心，古之道術有在於是者，宋鈃、尹文聞其風而悅之。作爲華山之冠以自表。接萬物以別宥爲始，語心之容，命之曰「心之行。」以胹合驩，以調海內，請欲置之以爲主。見侮不辱，救民之鬬；禁攻寢兵，救世之戰。以此周行天下，上說下教，雖天下不取，强聒而不舍者也。故曰，上下見厭而强見也。雖然，其爲人太多，其自爲太少。曰：「請欲固置五升之飯足矣，先生恐不得飽，弟子雖饑，不忘天下。」日夜不休，曰：「我必得活哉，圖傲乎救世之士哉！」曰：「君子不爲苛察，不以身假物，以爲無益於天下者，明之不如已也。」以禁攻寢兵爲外，以情欲寡淺爲內。其小大精粗，其行適至是而止。公而不當，易而無私，決然無主，趣物而不兩，不顧於慮，不謀於知，於物無擇，與之俱往，古之道術有在於是者。彭蒙、田駢、愼到聞其風而悅之，齊萬物以爲首，曰：「天能覆之，而不能載之；地能載之，而不能覆之；大道能包之而不能辯之：知萬物皆有所可，有所不可。」故曰：「選則不偏，敎則不至，道則無遺者矣。」是故愼到棄知去己，而緣不得已，冷汰於物以爲道理。曰：「知不知，將薄知而後鄰傷之者也。」謑髁無任，而笑天下之尙賢也；縱脫無行，而非天下之大聖。椎拍輐斷，與物宛轉，舍是與非，苟可以免。不師知慮，不知前後，魏然而已矣。推而後行，曳而後往，若飄風之還，若羽之旋，若磨石之隧，全而無非，動靜無過，未嘗有罪。是何故？夫無知之物，無建己之患，無用知之累，動靜不離於理，是以終身無譽。故曰：「至於若無知之物而已，無用賢聖，夫塊不失道。」豪傑相與笑之曰：「愼到之道，非生人之行，而至死人之理，適得怪焉。」田駢亦然，學於彭蒙，得不敎焉。彭蒙之師曰：「古之道人，至於莫之是、莫之非而已矣。」其風窢然，惡可而言？常反人不見觀，而不免於魭斷。其所謂道非道，而所言之韙不免於非。彭蒙、田駢、愼到不知道。雖然，概乎皆嘗有聞者也。以本爲精，以物爲粗，以有積爲不足，澹然獨與神明居，古之道術有在於是者，關尹、老聃聞其風而悅之。建之以常無有，主之以太一，以濡弱謙下爲表，以空虛不毀萬物爲實。關尹曰：「在己無居，形物自著，其動若水，其靜若鏡，其應若響，芴乎若亡，寂乎若清，同焉者和，得焉者失，未嘗先人而常隨人。」老聃曰：「知其雄，守其雌，爲天下谿。知其白，守其辱，爲天下谷。」人皆取先，己獨取後，曰：「受天下之垢。」人皆取實，己獨取虛。無藏也故有餘，巋然而有餘。其行身也，徐而不費，無爲也而笑巧。人皆求福，己獨曲全，曰：「苟免於咎。」以深爲根，以約爲紀，曰：「堅則毀矣，銳則挫矣。」常寬容於物，不削於人，可謂至極。關尹老聃乎，古之博大眞人哉！芴漠無形，變化無常，死與？生與？天地並與？神明往與？芒乎何之？忽乎何適？萬物畢羅，莫足以歸，古之道術有在於是者，莊周聞其風而悅之。以謬悠之說，荒唐之言，無端崖之辭，時恣縱而不儻，不以觭見之也。以天下爲沈濁，不可與莊語，以巵言爲曼衍，以重言爲眞，以寓言爲廣。獨與天地精神往來，而不傲倪於萬物，不譴是非以與世俗處。其書雖瓌瑋而連犿無傷也，其辭雖參差而諔詭可觀。彼其充實不可以已，上與造物者遊而下與外死生、無終始者爲友。其於本也，弘大而辟，深閎而肆。其於宗也，可謂稠適而上遂矣。雖然，其應於化而解於物也，其理不竭，其來不蛻，芒乎昧乎，未之盡者。惠施多方，其書五車，其道舛駁，其言也不中。厤物之意曰：「至大無外謂之大一，至小無內謂之小一。無厚不可積也，其大千里。天與地卑，山與澤平。日方中方睨，物方生方死。大同而與小同異，此之謂小同異；萬物畢同畢異，此之謂大同異。南方無窮而有窮。今日適越而昔來。連環可解也。我知天下之中央，燕之北、越之南是也。汎愛萬物，天地一體也。」惠施以此爲大觀於天下而曉辯者，天下之辯者相與樂之：「卵有毛。鷄三足。郢有天下。犬可以爲羊。馬有卵。丁子有尾。火不熱。山出口。輪不蹍地。目不見。指不至。至不絕。龜長於蛇。矩不方。規不可以爲圓。鑿不圍枘。飛鳥之景未嘗動也。鏃矢之疾而有不行不止之時。狗非犬。黃馬驪牛三。白狗黑。孤駒未嘗有母。一尺之棰，日取其半，萬世不竭。」辯者以此與惠施相應，終身無窮。桓團、公孫龍辯者之徒，飾人之心，易人之意，能勝人之口，不能服人之心。辯者之囿也。惠施日以其知與人之辯，特與天下之辯者爲怪，此其柢也。然惠施之口談，自以爲最賢。曰：「天地其壯乎？」施存雄而無術。南方有倚人焉，曰黃繚，問天地所以不墜、不陷、風雨、雷霆之故。惠施不辭而應，不慮而對，徧爲萬物說，說而不休，多而無已，猶以爲寡，益之以怪。以反人爲實而欲以勝人爲名，是以與衆不適也。弱於德，強於物，其塗隩矣。由天地之道，觀惠施之能，其猶一蚉一蝱之勞者也，其於物也何庸？夫充一尚可曰愈，貴道幾矣。惠施不能以此自寧，散於萬物而不厭，卒以善辯爲名。惜乎惠施之才，駘蕩而不得，逐萬物而不反，是窮響以聲，形與影競走也，悲夫！莊子天下

乃論六家之要指曰：易大傳：「天下一致而百慮，同歸而殊塗。」夫陰陽、儒、墨、名、法、道德，此務爲治者也。直所從言之異路，有省不省耳。嘗竊觀陰陽之術大祥而衆忌諱，使人拘而多所畏。然其序四時之大順，不可失也。儒者博而寡要，勞而少功，是以其事難盡從。然其序君臣父子之禮，列夫婦長幼之別，不可易也。墨者儉而難遵，是以其事不可徧循。然其彊本節用，不可廢也。法家嚴而少恩。然其正君臣上下之分，不可改矣。名家使人儉而善失眞。然其正名實，不可不察也。道家使人精神專一，動合無形，贍足萬物。其爲術也，因陰陽之大順，采儒、墨之善，撮名、法之要；與時遷移，應物變化，立俗施事，無所不宜，指約而易操，事少而功多。儒者則不然。以爲人主，天下之儀表也。主倡而臣和，主先而臣隨。如此，則主勞而臣逸。至於大道之要，去健羨，絀聰明，釋此而任術。夫神大用則竭，形大勞則敝，形神騷動，欲與天地長久，非所聞也。夫陰陽、四時、八位、十二度、二十四節，各有敎令，順之者昌，逆之者不死則亡，未必然也。故曰「使人拘而多畏。」夫春生，夏長，秋收，冬藏，此天道之大經也，弗順則無以爲天下綱紀。故曰「四時之大順，不可失也。」夫儒者以六藝爲法。六藝經傳以千萬

數，累世不能通其學，當年不能究其禮，故曰「博而寡要，勞而少功。」若夫列君臣、父子之禮，序夫婦、長幼之別，雖百家弗能易也。墨者亦尙堯、舜道，言其德行，曰：「堂高三尺，土階三等。茅茨不翦，采椽不刮。食土簋，啜土刑，糲粱之食，藜藿之羹。夏日葛衣，冬日鹿裘。」其送死，桐棺三寸，舉音不盡其哀，敎喪禮必以此爲萬民之率，使天下法。若此，則尊卑無別也。夫世異時移，事業不必同，故曰「儉而難遵。」要曰彊本節用，則人給家足之道也，此墨子之所長，雖百家弗能廢也。法家不別親疏，不殊貴賤，一斷於法，則親親尊尊之恩絕矣，可以行一時之計而不可長用也，故曰「嚴而少恩。」若尊主，卑臣，明分職不得相踰越，雖百家弗能改也。名家苛察繳繞，使人不得反其意，專決於名而失人情，故曰「使人儉而善失眞。」若夫控名責實，參伍不失，此不可不察也。道家無爲，又曰無不爲，其實易行，其辭難知。其術以虛無爲本，以因循爲用，無成埶，無常形，故能究萬物之情。不爲物先，不爲物後，故能爲萬物生。有法無法，因時爲業，有度無度，因物與合，故曰：「聖人不朽，時變是守。」虛者道之常也，因者君之綱也，羣臣並至使各自明也。其實中其聲者謂之端，實不中其聲者謂之窾，窾言不聽，姦乃不生，賢不肖自分，白黑乃形，在所欲用耳，何事不成？乃合大道，混混冥冥。光耀天下，復反無名。凡人所生者神也，所託者形也。神大用則竭，形大勞則敝，形神離則死。死者不可復生，離者不可復反，故聖人重之。由是觀之，神者生之本也，形者生之具也，不先定其神而曰我有以治天下，何由哉？史記太史公自序

老子學商容，見舌而知守柔矣；列子學壺子，觀景柱而知持後矣。故聖人不爲物先而常制之。淮南子繆

或曰：「莊周有取乎？」曰：「少欲。」「鄒衍有取乎？」曰：「自持至周，罔君臣之義，衍無知於天地之間，雖隣不覿也。」法言問道

客曰：「將爲太子奏方術之士有資略者，若莊周、魏牟、楊朱、墨翟、便蜎、詹何之倫，使之論天下之精微，理萬物之是非；孔老覽觀，孟子持籌而算之，萬不失一：此亦天下之要言妙道也。」枚乘七發

百家異說，各有所出。若夫墨、楊、申、商之於治道，猶蓋之無一橑而輪之無一輻，有之可以備數，無之未有害於用也。己自以爲獨擅之，不通之於天地之情也。淮南子俶眞訓

楊朱、墨翟之言盈天下，天下之言不歸楊則歸墨。孟子滕文

故聖人聽於無聲，視於無形，詹何、田子方、老耼是也。呂氏春秋重言

枝於仁者，擢德塞性以收名聲，使天下簧鼓以奉不及之法，非乎？而曾、史是已。駢於辯者，纍瓦結繩竄句，遊心於堅白同異之間，而敝跬譽無用之言，非乎？而楊、墨是已。莊子駢拇

周衰之末，戰國縱橫，用兵爭强，以相侵奪。當世取士，務先權謀，以爲上賢。先王大道，陵遲隳廢。異端並起，若楊朱、墨翟放蕩之言，以干時惑衆者非一。孟子題辭

故吳子以法治楚、魏，申、商以法彊秦、韓也。鹽鐵論申韓

昔楊朱、墨翟、申不害、韓非、田駢、公孫龍汩亂乎先王之道，譸張乎戰國之世。中論考僞

墨子蔽於用而不知文，宋子蔽於欲而不知得，愼子蔽於法而不知賢，申子蔽於勢而不知知，惠子蔽於辭

而不知實，莊子蔽於天而不知人。故由用謂之，道盡利矣；由欲謂之，道盡嗛矣；由法謂之，道盡數矣；由勢謂之，道盡便矣；由辭謂之，道盡論矣；由天謂之，道盡因矣：而此數具者，皆道之一隅也。荀子解蔽

百川異源而皆歸於海，百家殊業而皆務於治。淮南子氾論訓

右諸子並起創教總義。

仲弓問子桑伯子，子曰：「可也，簡。」論語雍也

孔子見子桑伯子。伯子不衣冠而處。弟子曰：「夫子何爲見此人乎？」曰：「其質美而無文，吾欲說而文之。」孔子去。子桑伯子門人不說，曰：「何爲見孔子乎？」曰：「其質美而文繁，吾欲說而去其文。」故曰，文質修者謂之君子，有質而無文謂之易野。子桑伯子易野，欲同人道於牛馬，故仲弓曰「太簡。」說苑修文

孔子問子桑虖曰：「吾再逐於魯，伐樹於宋，削迹於衞，窮於商、周，圍於陳、蔡之間。吾犯此數患，親交益疏，徒友益散，何與？」子桑虖曰：「子獨不聞假人之亡與？林回棄千金之璧，負赤子而趨。或曰：『爲其布與？赤子之布寡矣。爲其累與？赤子之累多矣。棄千金之璧，負赤子而趨，何也？』林回曰：『彼以利合，此以天屬也。』夫以利合者，迫窮禍患害相棄也；以天屬者，迫窮禍患害相收也。夫相收之與相棄亦遠矣。且君子之交淡若水，小人之交甘若醴；君子淡以親，小人甘以絕。彼無故以合者，則無故以離。」孔子曰：「敬聞命矣。」徐行翔佯而歸。絕學捐書，弟子無挹於前，其愛益加進。異

曰，桑雽又曰：「舜之將死，眞泠禹曰：『汝戒之哉！形莫若緣，情莫若率。緣則不離，率則不勞。不離不勞，則不求文以待形。不求文以待形，固不待物。』」莊子山木

右子桑伯子創教。

孔子之故人曰原壤，其母死，夫子助之沐槨。原壤登木曰：「久矣予之不託於音也。」歌曰：「貍首之斑然，執女手之卷然。」夫子爲弗聞也者而過之。禮記檀弓

右原壤創教。

棘子成曰：「君子質而已矣，何以文爲？」論語顏淵

棘子成欲彌文，子貢譏之。謂文不足奇者，子成之徒也。論衡書解

右棘子成創教。

齊桓公之時，天子卑弱，諸侯力征，南夷北狄交伐中國，中國之不絕如綫。齊國之地，東負海而北彰河，地狹田少而民多智巧。桓公憂中國之患，苦夷、狄之亂，欲以存亡繼絕，崇天子之位，廣文、武之業，故管子之書生焉。淮南子要略

管子曰：「四維：一曰禮，二曰義，三曰廉，四曰恥。四維不張，國迺滅亡。」新書俗激

管子曰：「倉廩實而知禮節，衣食足而知榮辱。」新書無蓄

右管子創教。

晏平仲祀其先人，豚肩不掩豆，賢大夫也而難爲下也。君子上不僭上，下不偪下。禮記雜記

晏平仲祀其先人，豚肩不揜豆，浣衣濯冠以朝，君子以爲隘矣。禮記禮器

右晏子創教。

門人進問曰：「夫少正卯，魯之聞人也。夫子爲政而先誅，得無失乎？」孔子曰：「居，吾語汝其故。人有惡者五，而竊盜姦私不與焉。一曰心達而險，二曰行僻而堅，三曰言僞而辯，四曰彊記而博，五曰順非而澤。此五者有一於人，則不免君子之誅，而少正卯兼有之。故居處足以聚徒成羣，言談足以飾邪熒衆，彊記足以反是獨立，此小人雄桀也。」尹文子大道

少正卯在魯，與孔子竝。孔子之門，三盈三虛。論衡講瑞

右少正卯創教。

有爲神農之言者許行，自楚之滕，踵門而告文公曰：「遠方之人聞君行仁政，願受一廛而爲氓。」文公與之處。其徒數十人，皆衣褐、捆屨、織席以爲食。陳良之徒陳相，與其弟辛，負耒耜而自宋之滕，曰：「聞君行聖人之政，是亦聖人也，願爲聖人氓。」陳相見許行而大悅，盡棄其學而學焉。陳相見孟子，道許行之言曰：「滕君則誠賢君也，雖然，未聞道也。賢者與民並耕而食，饔飧而治。今也，滕有倉廩府庫，則是厲民而以自養也，惡得賢？」孟子滕文

右許行創教。

子莫執中，執中爲近之。執中無權，猶執一也。所惡執一者，爲其賊道也，舉一而廢百也。孟子盡心

右子莫創教。

白圭，周人也。當魏文侯時，李克務盡地力；而白圭樂觀時變，故人棄我取，人取我與。能薄飲食，忍嗜欲，節衣服，與用事僮僕同苦樂。趨時若猛獸摯鳥之發，故曰：「吾治生產，猶伊尹、呂尙之謀。孫、吳用兵，商鞅行法是也。」史記貨殖傳

白圭曰：「吾欲二十而取一，何如？」孟子曰：「子之道，貉道也。」孟子告子

右白圭創敎。

陳仲子豈不誠廉士哉？居於陵，三日不食，耳無聞，目無見也。井上有李，螬食實者過半矣。匍匐往將食之，三咽，然後耳有聞，目有見。孟子曰：「於齊國之士，吾必以仲子爲巨擘焉。雖然，仲子惡能廉？充仲子之操，則蚓而後可者也！」孟子滕文

孟子曰：「仲子，不義與之齊國而弗受，人皆信之。」孟子盡心

右陳仲子創敎。

墨家者流，蓋出於清廟之守。茅屋采椽，是以貴儉；養三老五更，是以兼愛；選士大射，是以上賢；宗祀嚴父，是以右鬼；順四時而行，是以非命；以孝視天下，是以上同。此其所長也。及蔽者爲之，見儉之利，因以非禮；推兼愛之意而不知別親疏。漢書藝文志

墨子學儒者之業，受孔子之術。以爲其禮煩擾而不悅，厚葬靡財而貧民，復傷生而害事，故背周道而用夏政。禹之時，天下大水。禹身執虆垂以爲民先，剔河而道九歧，鑿江而通九路，辟五湖而定東海。當此之時，燒不暇撌，濡不給扢，死陵者葬陵，死澤者葬澤，故節財薄葬閑服生焉。淮南子要略

兼愛，尚賢，右鬼，非命，墨子之所立也。淮南子氾論訓

右墨家創教。

道家者流，蓋出於史官。歷記成敗、存亡、禍福、古今之道，然後知秉要執本，清虛以自守，卑弱以自持。此君人南面之術也，合於堯之克攘，易之嗛嗛，一謙而四益，此其所長也。及放者爲之，則欲絕去禮學，兼棄仁義，曰獨任清虛，可以爲治。漢書藝文志

老子者，楚苦縣厲鄉曲仁里人也。姓李氏，名耳，字伯陽，謚曰聃，周守藏室之史也。孔子適周，將問禮於老子。老子曰：「子所言者，其人與骨皆已朽矣，獨其言在耳。且君子得其時則駕，不得其時則蓬累而行。吾聞之，良賈深藏若虛，君子盛德容貌若愚。去子之驕氣與多欲，態色與淫志，是皆無益於子之身。吾所以告子，若是而已。」孔子去，謂弟子曰：「鳥，吾知其能飛；魚，吾知其能游；獸，吾知其能走。走者可以爲罔，游者可以爲綸，飛者可以爲矰。至於龍，吾不知其能乘風雲而上天。吾今日見老子，其猶龍邪！」老子修道德，其學以自隱無名爲務。居周久之，見周之衰，迺遂去。至關，關令尹喜曰：「子將隱矣，彊爲我著書。」於是老子迺著書上下篇，言道德之意，五千餘言。而去，莫知其所終。或曰：老萊子，亦楚人也。著書十五篇，言道家之用。與孔子同時云。蓋老子百有六十餘歲，或言二百餘歲，以其修道而養壽也。自孔子死之後百二十九年，而史記周太史儋見秦獻公曰：「始秦與周合而離，離五百歲而復合，合七十歲而霸王者出焉。」或曰：儋卽老子。或曰：非也。世莫知其然否。老子，隱君子也。老子之子名宗。宗爲魏將，封於段干。宗子注。注子宮。宮玄孫假。假仕於漢孝文帝。

而假之子解爲膠西王卬太傅，因家於齊焉。世之學老子者則絀儒學，儒學亦絀老子，道不同不相爲謀，豈謂是邪？李耳無爲自化，淸靜自正。（史記老子韓非列傳）

南榮趎曰：「里人有病，里人問之。病者能言其病，然其病病者猶未病也。若趎之聞大道，譬猶飲藥以加病也。趎願聞衞生之經而已矣。」老子曰：「衞生之經，能抱一乎？能勿失乎？能無卜筮而知吉凶乎？能止乎？能已乎？能舍諸人而求諸己乎？能翛然乎？能侗然乎？能兒子乎？兒子終日嗥而嗌不嗄，和之至也。終日握而手不掜，共其德也。終日視而目不瞚，偏不在外也。行不知所之，居不知所爲，與物委蛇而同其波，是衞生之經已。」（莊子庚桑楚）

常摐張其口而示老子曰：「吾舌存乎？」老子曰：「然。」「吾齒存乎？」老子曰：「亡。」常摐曰：「子知之乎？」老子曰：「夫舌之存也，豈非以其柔耶？齒之亡也，豈非以其剛耶？」常摐曰：「嘻，是已！天下之事已盡矣，無以復語子哉！」（說苑敬愼）

孔子見溫伯雪子，不言而出。子貢曰：「夫子之欲見溫伯雪子好矣，今也見之而不言其故，何也？」孔子曰：「若夫人者，目擊而道存矣，不可以容聲矣。」故未見其人而知其志，見其人而心與志皆見，天符同也。聖人之相知，豈待言哉？（呂氏春秋精諭）

全性保眞，不以物累形，楊子之所立也。（淮南子氾論訓）

楊朱曰：「伯成子高不以一毫利物，舍國而隱耕；大禹不以一身自利，一體偏枯。古之人損一毫利天下，不與也；悉天下奉一身，不取也。人人不損一毫，人人不利天下，天下治矣。」（列子楊朱）

莊子者，蒙人也，名周。周嘗爲蒙漆園吏，與梁惠王、齊宣王同時。其學無所不闚，然其要本歸於老子之言。故其著書十餘萬言，大抵率寓言也。作漁父、盜跖、胠箧以詆訿孔子之徒，以明老子之術。畏累虛、亢桑子之屬，皆空語無事實。然善屬書離辭，指事類情，用剽剝儒墨，雖當世宿學，不能自解免也。其言洸洋自恣以適己，故自王公大人不能器之。楚威王聞莊周賢，使使厚幣迎之，許以爲相。莊周笑謂楚使者曰：「千金，重利；卿相，尊位也。子獨不見郊祭之犧牛乎？養食之數歲，衣以文繡，以入太廟。當是之時，雖欲爲孤豚，豈可得乎？子亟去，無汚我！我寧游戲汚瀆之中自快，無爲有國者所羈，終身不仕，以快吾志焉。」史記老子韓非列傳

鄭之神巫相壺子林，見其徵，告列子。列子行泣報壺子。壺子持以天壤，名實不入，機發於踵，壺子之視死生亦齊矣。子求行年五十有四而病傴僂，脊管高於頂，腸下迫頤，兩脾在上，燭營指天。匍匐自闚於井，曰：「偉哉造化者，其以我爲此拘拘邪！」此其視變化亦同矣。故覩堯之道，乃知天下之輕也；觀禹之志，乃知天下之細也；原壺子之論，乃知生死之齊也；見子求之行，乃知變化之同也。淮南子精神訓

夫列子御風而行，泠然善也，旬有五日而後反。彼於致福者，未數數然也。此雖免乎行，猶有所待者也。莊子逍遙遊

列御寇爲伯昏无人射，引之盈貫，措杯水其肘上，發之，適矢復沓，方矢復寓，當是時，猶象人也。伯昏无人曰：「是射之射，非不射之射也。嘗與汝登高山，履危石，臨百仞之淵，若能射乎？」於是无人遂

登高山，履危石，臨百仞之淵，背逡巡，足二分垂在外，揖御寇而進之。御寇伏地，汗流至踵。伯昬无人曰：「夫至人者，上闚青天，下潛黃泉，揮斥八極，神氣不變。今女怵然有恂目之志，爾於中也殆矣夫。」莊子田子方

子列子問關尹曰：「至人潛行不窒，蹈火不熱，行乎萬物之上而不慄，請問何以至於此？」關尹曰：「是純氣之守也，非知巧果敢之列。」莊子達生

先物行、先理動之謂前識。前識者，無緣而忘意度也。何以論之？詹何坐，弟子侍。有牛鳴於門外。弟子曰：「是黑牛也而白題。」詹何曰：「然，是黑牛也而白在其角。」使人視之，果黑牛而以布裹其角。以詹子之術嬰衆人之心，華焉殆矣。故曰：「道之華也。」嘗試釋詹子之察，而使五尺之愚童子視之，亦知其黑牛而以布裹其角也。故以詹子之察，苦心傷神，而後與五尺之愚童子同功，是以曰愚之首也。故曰：「前識者道之華也，而愚之首也。」韓非子解老

單豹好術，離俗棄塵，不食穀實，不衣芮溫，身處山林巖堀以全其生，不盡其年而虎食之。呂氏春秋必已

或曰：「以德報怨，何如？」子曰：「何以報德？以直報怨，以德報德。」論語憲問

以德報怨，其學出於老子。

右道家創教。

法家者流，蓋出於理官。信賞必罰，以輔禮制。易曰：「先王以明罰飭法。」此其所長也。及刻者爲之，則無教化，去仁愛，專任刑法而欲以致治，至於殘害至親，傷恩薄厚。漢書藝文志

秦國之俗，貪狠强力，寡義而趨利，可威以刑而不可化以善，可勸以賞而不可厲以名。被險而帶河，四塞以爲固，地利形便，畜積殷富。孝公欲以虎狼之勢而吞諸侯，故商鞅之法生焉。淮南子要略

國富民强，器械完飾，蓄積有餘。是以征敵伐國，攘地斥境，不賦百姓而師以贍，故用不竭而民不知。鹽鐵論非鞅

昔商君相秦也，內立法度，嚴刑罰，飾政教，姦僞無所容；外設百倍之利，收山澤之税。

今申不害言術而公孫鞅爲法。術者，因任而授官，循名而責實，操殺生之柄，課羣臣之能者也。此人主之所執也。韓非子定法

申不害者，京人也。故鄭之賤臣，學術以干韓昭侯。昭侯用爲相。內修政教，外應諸侯，十五年，終申子之身，國治兵彊，無侵韓者。申子之學本於黄、老而主刑名，著書二篇，號曰申子。史記老子韓非列傳

申子者，韓昭釐之佐。韓，晉别國也，地墽民險而介於大國之間。晉國之故禮未滅，韓國之新法重出，先君之令未收，後君之令又下，新故相反，前後相繆，百官背亂，不知所用，故刑名之書生焉。淮南子要略

韓非者，韓之諸公子也，喜刑名法術之學，而其歸本於黄、老。非爲人口吃，不能道説而善著書。與李斯俱事荀卿，斯自以爲不如非。非見韓之削弱，數以書諫韓王，韓王不能用。於是韓非疾治國不務修明其法制，執勢以御其臣下，富國强兵而以求人任賢，反舉浮淫之蠹而加之於功實之上。以爲儒者用文亂法，而俠者以武犯禁。寬則寵名譽之人，急則用介胄之士。今者所養非所用，所用非所養。悲廉直不容於邪枉之臣，觀往者得失之變，故作孤憤、五蠹、內外儲、説林、説難十餘萬言。史記老子韓非列傳

鄧析操兩可之説，設無窮之辭。當子産執政，作竹刑，鄭國用之。數難子産之治，子産屈之。列子力命

子產治鄭，鄧析務難之。與民之有獄者約，大獄一衣，小獄襦袴。民之獻衣襦袴而學訟者，不可勝數。以非爲是，以是爲非，是非無度而可與不可日變。所欲勝因勝，所欲罪因罪。呂氏春秋離謂

右法家創教。

名家者流，蓋出於禮官。古者名位不同，禮亦異數。孔子曰：「必也正名乎！名不正則言不順，言不順則事不成。」此其所長也。及警者爲之，則苟鉤鈲析亂而已。漢書藝文志

公孫龍，六國時辯士也。疾名實之散亂，因資材之所長，爲守白之論，假物取譬，以守白辯。公孫龍子跡府

或問：「公孫龍詭辭數萬以爲法，法歟！」法言吾子

宋子曰：「聖人與聖法何以異？」彭蒙曰：「子之亂名甚矣！聖人者，自己出也；聖法者，自理出也。理出於己，己非理也；己能出理，理非己也。故聖人之治，獨治者也；聖法之治，則無不治矣。此萬世之利，唯聖人能該之。」宋子猶惑，質於田子。田子曰：「蒙之言然。」尹文子大道

惠子曰：「不益生何以有其身？」莊子曰：「道與之貌，天與之形，無以好惡內傷其身。今子外乎子之神，勞乎子之精，倚樹而吟，據高梧而瞑，天選子之形，子以堅白鳴。」莊子德充符

右名家創教。

陰陽者流，蓋出於羲和之官。敬順昊天，歷象日月星辰，敬授民時，此其所長也。及拘者爲之，則牽於禁忌，泥於小數，舍人事而任鬼神。漢書藝文志

陰陽者，順時而發，推刑德，隨斗擊，因五勝，假鬼神而爲助者也。

天文者，序二十八宿，步五星日月以紀吉凶之象，聖王所以參政也。易曰：「觀乎天文以察時變。」然星事殈悍，非湛密者弗能由也。夫觀景以譴形，非明王亦不能服聽也。以不能由之臣，諫不能聽之主，此所以兩有患也。

歷譜者，序四時之位，正分至之節，會日月五星之辰，以考寒暑殺生之實。故聖王必正歷數以定三統服色之制，又以探知五星日月之會，凶阨之患，吉隆之喜，其術皆出焉。此聖人知命之術也，非天下之至材，其孰與焉。道之亂也，患出於小人而強欲知天道者，壞大以爲小，削遠以爲近，是以道術破碎而難知也。並同上

鄒衍大言天事，謂之談天。五經通義

鄭有神巫曰季咸，知人之死生、存亡、禍福、壽夭，期以歲月旬日若神。鄭人見之，皆棄而走。列子見之而心醉。歸以告壺子曰：「始吾以夫子之道爲至矣，則又有至焉者矣。」莊子應帝王

右陰陽家創教。

從橫家者流，蓋出於行人之官。孔子曰：「誦詩三百，使於四方，不能顓對，雖多，亦奚以爲？」又曰：「使乎！使乎！」言其當權事制宜，受命而不受辭，此其所長也。及邪人爲之，則上詐諼而棄其信。漢書藝文志

晚世之時，六國諸侯，谿異谷別，水絕山隔，各自治其境內，守其分地，握其權柄，擅其政令。下無方伯，上無天子。力征爭權，勝者爲右。恃連與國，約重致，剖信符，結遠援，以守其國家，持其社稷，故縱橫

倐短生焉。淮南子要略

儀、秦學乎鬼谷術，而習乎縱橫言，安中國者各十餘年。法言淵騫

文學曰：「蘇秦以從顯於趙，張儀以衡任於秦。」鹽鐵論褒賢

景春曰：「公孫衍、張儀，豈不誠大丈夫哉？一怒而諸侯懼，安居而天下熄。」孟子滕文

右縱横家創教。

兵家者，蓋出古司馬之職，王官之武備也。洪範八政，八曰師。孔子曰：「爲國者足食足兵。以不教民戰，是謂棄之。」明兵之重也。易曰：「古者弦木爲弧，剡木爲矢，弧矢之利，以威天下。」其用上矣。後世爍金爲刃，割革爲甲，器械甚備。下及湯、武受命，以師克亂而濟百姓，動之以仁義，行之以禮讓，司馬法是其遺事也。自春秋至於戰國，出奇設伏，變詐之兵並作。漢興，張良、韓信序次兵法，凡百八十二家，删取要用，定著三十五家。諸呂用事而盜取之。武帝時，軍政楊僕捃摭遺逸，紀奏兵錄，猶未能備。至於孝成，命任宏論次兵書爲四種。漢書藝文志

齊之田單，楚之莊蹻，秦之衞鞅，燕之繆蟣，是皆世俗之所謂善用兵者也。荀子議兵

吳起長兵攻取，楚人騷動，相與泣悼王。鹽鐵論非鞅

右兵家創教。

諸子十家，其可觀者，九家而已。皆起於王道既微，諸侯力政，時君世主，好惡殊方。是以九家之術，蠭出並作，各引一端，崇其所善，以此馳說，取合諸侯。其言雖殊，辟猶水火，相滅亦相生也。仁之與義，敬

之與和，相反而皆相成也。易曰：「天下同歸而殊塗，一致而百慮。」今異家者各推所長，窮知究慮以明其指，雖有蔽短，合其要歸，亦六經之支與流裔。使其人遭明王聖主，得其所折中，皆股肱之材已。仲尼有言，禮失而求諸野。方今去聖久遠，道術缺廢，無所更索。彼九家者，不猶瘉於野乎？若能修六藝之術，而觀此九家之言，舍短取長，則可以通萬方之略矣。漢書藝文志

右附錄諸家創教緒論。

孔子改制考卷三

南海康有爲廣厦撰

諸子創教改制考

墨子改制
管子改制
晏子改制
棘子成原壤老子改制
楊子改制
宋鈃尹文愼到改制
惠子改制
許子改制
白圭改制
騶子改制
公孫龍改制

鄧析改制

林既改制

商君申子韓非子改制

孔子改制之說，自今學廢沒，古學盛行後，迷惑人心，人多疑之。吾今不與言孔子，請攷諸子，諸子何一不改制哉？後世風俗，法密如網，天下皆俛首奉法，無敢妄作者。然江充之見武帝，紗縠禪衣，禪纚步搖，飛翮之英。雋不疑之見暴勝之，冠進賢冠，褒衣博帶。宋世司馬公、朱子尚自製深衣。明張鳳翼尚以菊花繡衣謁巡撫。則儒服之創何異哉？其他懸為虛論，待之後王，則有若黃梨州之明夷待訪錄，顧亭林之日知錄，更何足言乎？今揭諸子改制之說。諸子之改制明，況大聖制作之孔子，坐睹亂世，忍不損益，撥而反之正乎？知我罪我，惟義所在，固非曲士夏蟲所能知矣。

子墨子制為葬埋之法曰：棺三寸足以朽骨，衣三領足以朽肉。掘地之深，下無菹漏，氣無發洩於上，壟足以期其所，則止矣。哭往哭來，反從事乎衣食之財，佴乎祭祀，以致孝於親。故曰，子墨子之法，不失死生之利者，此也。墨子節葬

故古聖王制為葬埋之法曰：棺三寸足以朽體，衣衾三領足以覆惡。以及其葬也，下無及泉，上無通臭，壟若參耕之畝，則止矣。死者既以葬矣，生者必無久哭。而疾而從事，人為其所能，以交相利也。同上

不久哭而疾從事，宜孟子以為薄而無父矣。荀子以為知用而不知文，誠切中其病。

子墨子游。魏越曰：「既得見四方之君，子則將先語？」子墨子曰：「凡入國，必擇務而從事焉。國家

昏亂，則語之尚賢、尚同；國家貧，則語之節用、節葬；國家憙音湛湎，則語之非樂、非命；國家淫僻無禮，則語之尊天、事鬼；國家務奪侵淩，則語之兼愛、非〔攻。故〕曰，擇務而從事焉。」墨子魯問

公孟子謂子墨子曰：「子以三年之喪爲非，子之三日之喪亦非也。」三日當爲三月 子墨子曰：「子以三年之喪非三日之喪，是猶果謂撅者不恭也。」墨子公孟

上稽之堯、舜、禹、湯、文、武之道而政逆之，下稽之桀、紂、幽、厲之事猶合節也。若以此觀，則厚葬久喪，其非聖王之道也。今執厚葬久喪者言曰：「厚葬久喪，果非聖王之道，夫胡說中國之君子，爲而不已，操而不擇哉？」子墨子曰：「此所謂便其習而義其俗者也。昔者越之東有輆沭之國者，其長子生則解而食之，謂之宜弟。其大父死，負其大母而棄之，曰：鬼妻不可與居處。此上以爲政，下以爲俗，爲而不已，操而不擇；則此豈實仁義之道哉？此所謂便其習而義其俗者也。楚之南有炎人國者，其親戚死，朽其肉而棄之，然後埋其骨，乃成爲孝子。秦之西有儀渠之國者，其親戚死，聚柴薪而焚之，燻上謂之登遐，然後成爲孝子。此上以爲政，下以爲俗，爲而不已，操而不擇；則此豈實仁義之道哉？此所謂便其習而義其俗者也。若以此若三國者觀之，則亦猶薄矣。若中國之君子觀之，則亦猶厚矣。如彼則大厚，如此則大薄，然則葬埋之有節矣。故衣食者，人之生利也，然且猶尚有節；葬埋者，人之死利也，夫何獨無節於此乎？」墨子節葬

堂高三尺，土堦三等，茅茨不翦，采椽不刮。食土簋，啜土刑，糲粱之食，藜藿之羹。夏日葛衣，冬日鹿裘。其送死桐棺三寸，舉音不盡其哀。墨子佚文

兼愛，尙賢，右鬼，非命，墨子之所立也。淮南子氾論訓

昔者聖王爲法曰：丈夫年二十毋敢不處家，女子年十五無敢不事人，此聖王之法也。聖王既沒，于民次也，其欲蚤處家者，有所二十年處家；其欲晚處家者，有所四十年處家。以其蚤與其晚相踐，後聖王之法十年，若純三年而字子，生可以二三年矣，此不惟使民蚤處家，而可以倍與？墨子節用

子墨子曰：爲樂，非也。何以知其然也？曰：先王之書，湯之官刑有之曰：「其恆舞於宮，是謂巫風。其刑，君子出絲二衞，小人否。似二伯黃徑。乃言曰：嗚呼，舞佯佯，黃言孔章，上帝弗常，九有以亡！上帝不順，降之百殃，其家必壞喪。」察九有之所以亡者，徒從飾樂也。於武觀曰：「啓乃淫溢康樂，野于飲食，將將銘莧磬以力；湛濁於酒，渝食于野，萬舞翼翼，章聞于天，天用弗式。」故上者天鬼弗戒，下者萬民弗利。墨子非樂

且惟昔者虞、夏、商、周三代之聖王，其始建國營都，日必擇國之正壇置以爲宗廟，必擇木之脩茂者立以爲菆位，必擇國之父兄慈孝貞良者以爲祝宗，必擇六畜之勝腯肥倅毛以爲犧牲，珪、璧、琮、璜稱財爲度，必擇五穀之芳黃以爲酒醴粢盛，故酒醴粢盛與歲上下也。故古聖王治天下也，故必先鬼神而後人者，此也。故曰：官府選効，必先祭器、祭服，畢藏於府，祝宗有司畢立於朝，犧牲不與昔聚羣，故古者聖王之爲政若此。墨子明鬼

按此墨子諸篇，皆墨子特創之義，卽墨子所改之制也。然曰「擇務而從事，」則亦深觀時勢，曲有斟酌，非持偏論而概施之。莊子謂墨子眞天下之好，求之天下無有。誠哉是言！但總諸篇之旨，節葬、

非命、非樂、非儒，皆顯與孔子之學爲敵，又其聲名徒衆與孔子相比，故述孔子者必力攻之。非獨孔子義理之粹，亦所謂子不私其父則不成爲子，臣不私其君則不成爲臣也。若韓愈謂孔子必用墨子，墨子必用孔子，二家交攻，非二師之道本然，則讆言也。雖然，退之一文人之雄耳，安足責以大道之源流哉！

不侈於後世，不靡於萬物，不暉於數度，以繩墨自矯而備世之急，古之道術有在於是者，墨翟、禽滑釐聞其風而悅之。爲之大過，已之大順，作爲非樂，命之曰節用。生不歌，死無服。墨子汎愛兼利而非鬭，其道不怒。又好學而博不異，不與先王同，毀古之禮樂。黃帝有咸池，堯有大章，舜有大韶，禹有大夏，湯有大濩，文王有辟雍之樂，武王、周公作武。古之喪禮，貴賤有儀，上下有等：天子棺椁七重，諸侯五重，大夫三重，士再重。今墨子獨生不歌，死不服，桐棺三寸而無椁，以爲法式。以此教人，恐不愛人；以此自行，固不愛已；未敗墨子道。雖然，歌而非歌，哭而非哭，樂而非樂，是果類乎？其生也勤，其死也薄，其道大觳，使人憂，使人悲。其行難爲也，恐其不可以爲聖人之道，反天下之心，天下不堪。墨子雖獨能任，奈天下何？離於天下，其去王也遠矣。墨子稱道曰：「昔者禹之湮洪水，決江河，而通四夷九州也，名山三百，支川三千，小者無數。禹親自操橐耜，而九雜天下之川，腓無胈，脛無毛，沐甚風，櫛疾雨，置萬國。禹，大聖也，而形勞天下也如此。」使後世之墨者，多以裘褐爲衣，以跂蹻爲服，日夜不休，以自苦爲極。曰：「不能如此，非禹之道也，不足謂墨。」相里勤之弟子，五侯之徒，南方之墨者苦獲、已齒、鄧陵子之屬，俱誦墨經，而倍譎不同，相謂「別墨。」以堅白同異之辯相訾，以觭偶不仵之辭相應，以巨子爲聖人，皆願爲之尸，冀得爲其後世，至今不決。墨翟、禽滑釐之意則是，其行則非也。將使後世之墨者，必自苦以腓無胈，脛無毛，相進而已矣，亂之上也，治之下也。雖然，墨子眞天下之好也，將求之不得也，雖枯槁不舍也，才士也夫！莊子天下

墨者之法曰：「殺人者死，傷人者刑。」此所以禁殺傷人也。夫禁殺傷人者，天下之大義也。呂氏春秋去私

墨者亦尚堯、舜道，言其德行，曰：堂高三尺，土階三等，茅茨不翦，采椽不刮。食土簋，啜土刑，糲粱之食，藜藿之羹。夏日葛衣，冬日鹿裘。其送死桐棺三寸，舉音不盡其哀，敎喪禮必以此爲萬民之率。史記太史公自序

右墨子改制。

管仲鏤簋朱紘，山節藻棁，君子以爲濫矣。禮記禮器

孔子曰：「管仲鏤簋而朱紘，旅樹而反坫，山節而藻棁。賢大夫也而難爲上也。」禮記雜記

管仲會國用，三分，二在賓客，其一在國。管子中匡

公曰：「民辦君事矣，則可乎？」對曰：「不可。甲兵未足也，請薄刑罰以厚甲兵。」於是死罪不殺，刑罪不罰，使以甲兵贖。死罪，以犀甲一戟。刑罰，以脅盾一戟。過罰，以金。軍無所計而訟者，成以束矢。同上

桓公曰：「參國奈何？」管子對曰：「制國以爲二十一鄉：商工之鄉六，士農之鄉十五。公帥十一鄉，高子帥五鄉，國子帥五鄉。參國，故爲三軍。公立三官之臣，市立三鄉，工立三族，澤立三虞，山立三

衡。制五家爲軌，軌有長；十軌爲里，里有司；四里爲連，連有長；十連爲鄉，鄉有良人；三鄉一帥。」桓公曰：「五鄙奈何？」管子對曰：「制五家爲軌，軌有長；六軌爲邑，邑有司；十邑爲率，率有長；十率爲鄉，鄉有良人；三鄉爲屬，屬有帥；五屬一大夫。武政聽屬，文政聽鄉，各保而聽，毋有淫佚者。」管子小匡

管子對曰：「修舊法，擇其善者，舉而嚴用之。」

管子對曰：「作內政而寓軍令焉。爲高子之里，爲國子之里，爲公里，三分齊國以爲三軍，擇其賢民，使爲里君。鄉有行伍卒長，則其制令，且以田獵，因以賞罰，則百姓通於軍事矣。」桓公曰：「善。」於是乎管子乃制五家以爲軌，軌爲之長；十軌爲里，里有司；四里爲連，連爲之長；十連有鄉，鄉有良人以爲軍令。是故五家爲軌，五人爲伍，軌長率之；十軌爲里，故五十人爲小戎，里有司率之；四里爲連，故二百人爲卒，連長率之；十連爲鄉，故二千人爲旅鄉，良人率之；五鄉一師，故萬人一軍，五鄉之師率之。三軍，故有中軍之鼓，有高子之鼓，有國子之鼓。春以田，曰蒐，振旅；秋以田，曰獮，治兵。是故卒伍政定於里，軍旅政定於郊。內敎既成，令不得遷徙。

管子對曰：「制重罪，入以兵甲犀脅二戟；輕罪，入蘭盾鞈革二戟；小罪，入以金鈞；分宥薄罪，入以半鈞；無坐抑而訟獄者，正三禁之而不直，則入束矢以罰之。美金以鑄戈、劍、矛、戟，試〔諸〕狗、馬；惡金以鑄斤、斧、鉏、夷、鋸、欘，試諸木、土。」並同上

其後齊中衰，管子修之，設輕重九府。史記貨殖傳

管仲父出朱蓋青衣，置鼓而歸。庭有陳鼎，家有三歸。韓非子外儲

右管子改制。

曾子曰：「晏子可謂知禮也已，恭敬之有焉。」有若曰：「晏子一狐裘三十年，遣車一乘，及墓而反。國君七个，遣車七乘；大夫五个，遣車五乘。晏子焉知禮？」曾子曰：「國無道，君子恥盈，禮焉。國奢則示之以儉，國儉則示之以禮。」禮記檀弓

晏平仲祀其先人，豚肩不掩豆，澣衣濯冠以朝，君子以爲隘矣。禮記禮器

晏平仲祀其先人，豚肩不掩豆，賢大夫也而難爲下也。禮記雜記

右晏子改制。

棘子成曰：「君子質而已矣，何以文爲？」論語顏淵

原壤夷俟。論語憲問

孔子之故人曰原壤，其母死，夫子助之沐槨。原壤登木曰：「久矣，予之不託於音也。」歌曰：「貍首之班然，執女手之卷然。」夫子爲弗聞也者而過之。從者曰：「子未可以已乎？」夫子曰：「丘聞之，親者毋失其爲親也，故者毋失其爲故也。」禮記檀弓

或曰：「以德報怨，何如？」子曰：「何以報德？以直報怨，以德報德。」論語憲問

說苑謂以德報怨爲老子說，則與孔子並時改制之人也，其道不近人情，自難行。

右棘子成、原壤、老子改制。

楊朱

楊朱曰：「古語有之：『生相憐，死相捐。』此語至矣。相憐之道，非唯情也；勤能使逸，饑能使飽，寒之能使溫，窮能使達也。相捐之道，非不相哀也；不含珠玉，不服文錦，不陳犧牲，不設明器也。」列子楊朱

「死相捐」與墨子薄葬同。楊、墨殊途，其制間合，猶三統之因革也。

季梁之死，楊朱望其門而歌；隨梧之死，楊朱撫其尸而哭。列子仲尼

論語：「子於是日哭，則不歌。」臨喪而歌，必非孔子之制。檀弓載季武子喪，曾點倚其門而歌。案季武子卒於昭公七年，是時孔子纔十八歲。論語序曾皙在子路後，子路少孔子九歲，是時曾皙尚未十歲，安有倚門而歌事，殆後儒僞竄耳。若楊朱、原壤同出老子，望門登木，後先一轍。後世蒿里、薤露，此風固有自來歟？

右楊子改制。

不累於俗，不飾於物，不苟於人，不忮於衆，願天下之安寧以活民命，人我之養畢足而止，以此白心，古之道術有在於是者，宋鈃尹文聞其風而悅之。作爲華山之冠以自表。接萬物以別宥爲始，語心之容命之曰「心之行。」(與)〔以〕聏合驩，以調海內，請欲置之以爲主。見侮不辱，救民之鬬；禁攻寢兵，救世之戰。以此周行天下，上說下敎，雖天下不取，强聒而不舍者也。莊子天下

名有三科，法有四呈：一曰，命物之名，方員白黑是也；二曰，毁譽之名，善惡貴賤是也；三曰，况謂之名，賢愚愛憎是也。一曰，不變之法，君臣上下是也；二曰，齊俗之法，能鄙同異是也；三曰，治衆之

法，慶賞刑罰是也；四曰，平准之法，律度權衡是也。尹文子大道

士不兼官則職寡，寡則易守，故士位可世。愼子威德

世官爲諸子之制，可見選舉實爲孔子創制。

故古之爲國者，無使民自貧富。貧富皆由於君，則君專所制，民知所歸矣。尹文子大道

君專所制，開後世君主之風。

明君動事分官由慧，定賞分財由法，行德制中由禮。故欲不得于時，愛不得犯法，貴不得踰親，祿不得踰位，士不得兼官，工不得兼事。以能受事，以事受利。若是者，上無羨賞，下無羨財。愼子威德

右宋鈃、尹文、愼到改制。

惠子爲魏惠王爲法。爲法已成，以示諸民人，民人皆善之。獻之惠王，惠王善之，以示翟翦。翟翦曰：「善也。」惠王曰：「可行耶？」翟翦曰：「不可。」惠王曰：「善而不可行，何故？」翟翦對曰：「〔令〕〔今〕舉大木者，前呼輿謣，後亦應之。此其於舉大木者善矣，豈無鄭、衞之音哉？然不若此其宜也。夫國亦木之大者也。」呂氏春秋淫辭

按惠子爲法而翟翦以爲不可行，此則必非魏之舊法矣。

右惠子改制。

有爲神農之言者許行，自楚之滕，踵門而告文公曰：「遠方之人聞君行仁政，願受一廛而爲氓。」文公與之處。其徒數十人，皆衣褐，捆屨，織席以爲食。陳良之徒陳相，與其弟辛，負耒耜而自宋至滕，曰：

「聞君行聖人之政，是亦聖人也，願爲聖人氓。」陳相見許行而大悅，盡棄其學而學焉。陳相見孟子，道許行之言曰：「滕君則誠賢君也，雖然，未聞道也。賢者與民並耕而食，饔飧而治。今也滕有倉廩府庫，則是厲民而以自養也，惡得賢？」孟子滕文

從許子之道，則市賈不貳，國中無僞。雖使五尺之童適市，莫之或欺。布帛長短同，則賈相若；麻縷絲絮輕重同，則賈相若；五穀多寡同，則賈相若；屨大小同，則賈相若。同上

右許子改制。

白圭曰：「吾欲二十而取一，何如？」孟子曰：「子之道，貉道也。萬室之國一人陶，則可乎？」曰：「不可。器不足用也。」曰：「夫貉，五穀不生，惟黍生之。無城郭、宮室、宗廟、祭祀之禮，無諸侯、幣帛、饔飧，無百官、有司，故二十取一而足也。今居中國，去人倫，無君子，如之何其可也？陶以寡，且不可以爲國，況無君子乎？欲輕之於堯、舜之道者，大貉、小貉也；欲重之於堯、舜之道者，大桀、小桀也。」孟子告子

右白圭改制。

騶衍睹有國者益淫侈，不能尚德，若大雅整之於身，施及黎庶矣。乃深觀陰陽消息而作怪迂之變、終始、大聖之篇十餘萬言。其語閎大不經，必先驗小物，推而大之，至於無垠：先序今，以上至黄帝，學者所共術，大並世盛衰；因載其禨祥、度制，推而遠之，至天地未生，窈冥不可考而原也。先列中國名山、大川、通谷禽獸，水土所殖，物類所珍，因而推之，及海外人之所不能睹。稱引天地剖判以來，五德轉移，

治各有宜，而符應若茲。以爲儒者所謂中國者，於天下乃八十一分居其一分耳。中國名曰赤縣神州。赤縣神州內自有九州，禹之序九州是也，不得爲州數。中國外如赤縣神州者九，乃所謂九州也。於是有裨海環之，人民禽獸莫能相通者如一區中者乃爲一州。如此者九，乃有大瀛海環其外，天地之際焉。其術，皆此類也。史記孟子荀卿列傳

右騶子改制。

或問：「公孫龍詭辭數萬以爲法，法歟？」曰：「斷木爲棊，梡革爲鞠，亦皆有法焉。不合乎先王之法者，君子不法也。」法言吾子

右公孫龍改制。

世俗之爲說者曰：「治古無肉刑而有象刑，墨黥，慅嬰，共艾畢，菲紨屨，殺，赭衣而不純。治古如是。」荀子正論

荀子謂治古不然，是象刑之制爲諸子所改定無疑。

右鄧析改制。

林既衣韋衣而朝齊景公。齊景公曰：「此君子之服也？小人之服也？」林既逡巡而作色曰：「夫服事何足以端士行乎？」說苑善說

按朝覲之服本有一定。林既衣韋衣而景公以君子小人疑之，可知林既所衣之衣，必自爲改制，異於常人矣。子華子作華山之冠以自表，莊子衣儒服而見楚王。戰國諸子紛紛改制，大率如是。

右林既改制。

孝公既用衞鞅。鞅欲變法，恐天下議己。衞鞅曰：「疑行無名，疑事無功。且夫有高人之行者，固見非於世；有獨知之慮者，必見敖於民。愚者闇於成事，知者見於未萌。民不可與慮始，而可與樂成。論至德者不和於俗，成大功者不謀於衆。是以聖人苟可以彊國，不法其故；苟可以利民，不循其禮。」史記商君列傳

常人安於故俗，學者溺於所聞，以此兩者，居官守法可也，非所與論於法之外也。三代不同禮而王，五伯不同法而霸。智者作法，愚者制焉；賢者更禮，不肖者拘焉。

衞鞅曰：「治世不一道，便國不法古。故湯、武不循古而王，夏、殷不易禮而亡；反古者不可非，而循禮者不足多。」並同上

鞅去衞適秦，能明其術，强霸孝公，後世遵其法。史記太史公自序

公孫鞅之法也，重輕罪。重罪者，人之所難犯也；而小過者，人之所易去也。韓非子內儲

今申不害言術而公孫鞅爲法。術者，因任而授官，循名而(貴)〔責〕實，操殺生之柄，課羣臣之能者也，此人主之所執也；法者，憲令著於官府，刑罰必於民心，賞存乎愼法，而罰加乎姦令者也。此臣之所師也。君無術則弊於上，臣無法則亂於下，此不可一無，皆帝王之具也。韓非子定法

申子之學，本於黃、老而主刑名。史記韓非列傳

殷之法，刑棄灰於街者。子貢以爲重，問之仲尼。仲尼曰：「知治之道也。夫棄灰於街必掩人，掩人人

必怒，怒則鬬，鬬必三族相殘也。此殘三族之道也，雖刑之可也。且夫重罰者，人之所惡也；而無棄灰，人之所易也。使人行之所易而無離所惡，此治之道。」一曰：殷之法，棄灰於公道者，斷其手。子貢曰：「棄灰之罪輕，斷手之罰重，古人何太毅也？」曰：「無棄灰，所易也；斷手，所惡也。行所易不關所惡，古人以爲易，故行之。」韓非子內儲

故明主之國，無書簡之文，以法爲敎；無先王之語，以吏爲師；無私劍之捍，以斬首爲勇。是境內之民，其言談者必軌於法，動作者歸之於功，爲勇者盡之於軍。是故無事則國富，有事則兵强，此之謂王資。既畜王資而承敵國之亹，超五帝、侔三王者，必此法也。韓非子五蠹

故明主之行制也天，其用人也鬼。天則不非，鬼則不因。勢行敎嚴，逆而不違，毀譽一行而不議。韓非子八經

是故明君之蓄其臣也，盡之以法，質之以備。謂薄其賞賜也。故不赦死，不宥刑。赦死，宥刑，是謂威淫，社稷將危，國家偏威。是故大臣之祿雖大，不得藉威城市；黨與雖衆，不得臣士卒。故人臣處國無私朝，居軍無私交，其府庫不得私貸於家，此明君之所以禁其邪。是故不得四從，不載奇兵，非傳非遽；載奇兵革，罪死不赦。此明君之所以備不虞者也。韓非子愛臣

七術：一曰衆端參觀，二曰必罰明威，三曰信賞盡能，四曰一聽責下，五曰疑詔詭使，六曰挾知而問，七曰倒言反事。韓非子內儲

右商君、申子、韓非子改制。

孔子改制考卷四

南海康有爲廣厦撰

諸子改制託古考

託古要旨
墨子託古
老子託古
楊子託古
莊子託古
列子託古
騶子託古
尸子託古
商君託古
韓非託古
管子託古

呂氏託古

內經託古

鶡冠子託古

淮南子託古

方士託古

榮古而虐今，賤近而貴遠，人之情哉！耳目所聞覩，則遺忽之；耳目所不覩聞，則敬異之，人之情哉！慧能之直指本心也，發之於己，則捻道人、徐遵明耳；託之於達摩之五傳迦葉之衣鉢，而人敬異矣，敬異則傳矣。袁了凡之創功過格也，發之於己，則石奮、鄧訓、柳玭耳；託之於老子、文昌，而人敬異矣，敬異則傳矣。漢高之神叢狐鳴，摩訶末西奈之天使，莫不然。莊子曰：其言雖敎，謫之實也。古之有也，非吾有也。古之言莫如先王，故百家多言黃帝，尚矣。一時之俗也。當周末，諸子振敎，尤尚寓言哉！

世俗之人，多尊古而賤今，故爲道者必託之於神農、黃帝而後能入說。淮南子脩務訓

淮南子尚知諸子託古之風俗，此條最爲明確。蓋當時諸子紛紛創敎，競標宗旨，非託之古，無以說人。

寓言十九，重言十七。巵言日出，和以天倪。寓言十九，藉外論之，親父不爲其子媒，親父譽之，不若非其父者也。非吾罪也，人之罪也，與己同則應，不與己同則反，同於己爲是之，異於己爲非之。重言十

七，所以已言也。是爲耆艾，年先矣，而無經緯本末，以期年耆者，是非先也；人而無以先人，無人道也；人而無人道，是之謂陳人。卮言日出，和以天倪，因以曼衍，所以窮年。莊子寓言

莊子一書所稱黃帝、堯、舜、孔子、老聃，皆是寓言。既自序出，人皆知之。然此實戰國諸子之風，非特莊子爲然，凡諸子皆然。所謂親父不爲其子媒，親父譽之，不若非其父者也。故必託之他人而爲寓言。寓言於誰？則少年不如耆艾，今人不如古人，耆古之言則見重矣。耆艾莫如黃帝、堯、舜，故託於古人以爲重，所謂重言也。凡諸子託古皆同此。莊子既皆寓言，故皆不錄。

今逮至昔者三代聖王既沒，天下失義。後世之君子，或以厚葬、久喪以爲仁也，義也，孝子之事也；或以厚葬、久喪以爲非仁義，非孝子之事也。曰，二子者，言則相非，行卽相反，皆曰吾上祖述堯、舜、禹、湯、文、武之道者也，而言卽相非，行卽相反。於此乎後世之君子皆疑惑乎二子者言也。墨子節葬

皆曰吾上祖述堯、舜、禹、湯、文、武云云，則當時諸子紛紛託古矣。然同託於堯、舜、禹、湯、文、武而相反若是，與韓非顯學所謂：「孔子、墨翟皆自以爲眞堯、舜，堯、舜不復生，誰使定孔、墨之誠乎？」可知當日同爲託古，彼此互知，以相攻難。

孔子、墨子俱道堯、舜而取舍不同，皆自謂眞堯、舜。堯、舜不復生，將誰使定儒、墨之誠乎？韓非子顯學

同是堯、舜而孔、墨稱道不同，韓非當日著說猶未敢以爲據，非託而何？不能定堯、舜之眞，則諸子皆託以立教，可無疑矣。

今儒、墨者稱三代文、武而弗行，是言其所不行也。淮南子氾論訓

有爲神農之言者許行。孟子滕文

許行託古，人多信之者，得無孟子闢之乎？然信此而疑彼，是亦知二五而不知一十之數也。

且夫世之愚學，皆不知治亂之情，讘𧬊多誦先古之書，以亂當世之治。韓非子姦劫弑臣

夫稱上古之傳，頌辯而不慤，道先王仁義而不能正國者，此亦可以戲而不可以爲治也。韓非子外儲說左

太史公曰：「學者多稱五帝，尚矣。然尚書獨載堯以來，而百家言黃帝，其文不雅馴，薦紳先生難言之。孔子所傳宰予問五帝德及帝繫姓，儒者或不傳。余嘗西至空桐，北過涿鹿，東漸於海，南浮江、淮矣。至長老皆各往往稱黃帝、堯、舜之處，風敎固殊焉。總之，不離古文者近是。予觀春秋、國語，其發明五帝德、帝繫姓章矣，顧弟弗深考。其所表見皆不虛，書缺有閒矣，其軼乃時時見於他說，非好學深思，心知其意，固難爲淺見寡聞者道也。余幷論次，擇其言尤雅者，故著爲本紀，書首。」史記五帝本紀

見於大戴，安得謂儒者或不傳？此與古文近是，皆劉歆竄改。百家多稱黃帝，可見託古之盛。

公見乎談士辯人乎？慮事定計，必是人也。然不能以一言說人主意，故言必稱先王，語必道上古。慮事定計，飾先王之成功，語其敗害以恐喜人主之志，以求其欲。多言誇嚴，莫大於此矣。史記日者列傳

戰國諸子皆談士辯人，言必稱先王，飾先王之成功。至漢時，人尚知之。

右託古要旨

子墨子言曰：古者明王聖人所以王天下、正諸侯者，彼其愛民謹忠，利民謹厚，忠信相連，又示之以利；是以終身不饜，殁(二十)〔世〕而不(卷)〔倦〕。古者明王聖人，其所以王天下、正諸侯者，此也。是故古者

聖王制爲節用之法，曰：凡天下羣百工輪車、鞼匏、陶冶、梓匠，使各從事其所事能。曰，凡足以奉給民用則止，諸加費不加於民利者，聖王弗爲。古者聖王制爲飲食之法，曰：足以充虛繼氣，强股肱，使耳目聰明則止，不極五味之調，芬香之和，不致遠國珍怪異物。何以知其然？古者堯治天下，南撫交阯，北降幽都，東西至日所出入，莫不賓服。逮至其厚愛，黍稷不二，羹胾不重，飲於土塯，啜於土形，斗以酌。俛仰周旋威儀之禮，聖王弗爲。古者聖王制爲衣服之法，曰：冬服紺緅之衣，輕且暖，夏服絺綌之衣，輕且凊，則止，諸加費不加於民利者，聖王弗爲。古者，聖人爲猛禽狡獸暴人害民，於是教民以兵行，日帶劍，爲刺則入，擊則斷，旁擊而不折，此劍之利也。甲爲衣則輕且利，動則兵且從，此甲之利也。車爲服重致遠，乘之則安，引之則利。安以不傷人，利以速至，此車之利也。古者聖王爲大川廣谷之不可濟，於是利爲舟楫，足以將之則（上）〔止〕。雖上者三公諸侯至，舟楫不易，津人不飾，此舟之利也。古者聖王制爲節葬之法，曰：衣三領足以朽肉，棺三寸足以朽骸，堀穴深不通於泉，流不發洩，則止。死者既葬，生者毋久喪用哀。古者人之始生，未有宮室之時，因陵邱堀穴而處焉。聖王慮之，以爲堀穴，曰，冬可以辟風寒；逮夏，下潤溼，上熏烝，恐傷民之氣，於是作爲宮室而利。然則爲宮室之法將奈何哉？子墨子言曰：其旁可以圉風寒，上可以圉雪霜雨露，其中蠲潔可以祭祀，宮牆足以爲男女之別則止，諸加費不加民利者，聖王弗爲。墨子節用

內則：八珍籩豆鼎俎之實。春秋說天子四十豆，諸公二十六豆，又有玉瓚玉豆。書稱日、月、星、辰、山、龍、華、蟲、藻、火、粉、米，以五采章施於五色作服。士喪禮：衣衾絞紟十九襲，棺槨七寸，天子七

重。宮室則明堂、淸廟四阿重屋，丹漆雕幾，靈臺、靈沼。固知黍稷不二，羹胾不重，土簋土形，夏止絺綌，冬止紺緅，衣三領，棺三寸，皆墨子之制而託之先王也。

昔之聖王禹、湯、文、武兼愛天下之百姓，率以尊天事鬼，其利人多。故天福之，使立爲天子。墨子法儀

尊天事鬼皆墨子之法，而託之先王。

故夏書曰：「禹七年水。」殷書曰：「湯五年旱。」此其離凶餓甚矣，然而民不凍餓者，何也？其生財密，其用之節也。墨子七患

節用墨法，而託之先王。

子墨子曰：古之民未知爲宮室時，就陵阜而居，穴而處，下潤溼傷民，故聖王作爲宮室。爲宮室之法，曰：高足以辟潤溼，邊足以圉風寒，上足以待雪霜雨露，宮牆之高足以別男女之禮，謹此則止。墨子辭過

禮有明堂，四阿重屋，丹楹刻桷。以爲僅足避潤溼，圉風寒，待雪霜雨露，此墨子之制而託之先王。

古之民未知爲衣服時，衣皮帶茭，冬則不輕而溫，夏則不輕而凊。聖王以爲不中人之情，故作誨婦人，治絲麻，梱布絹，以爲民衣。爲衣服之法，冬則練帛之中，以爲輕且煖，夏則絺綌〔之中，足以爲〕輕且凊，謹此則止。墨子辭過

禮有五服五章、袞冕、黼黻。此墨子法而託之先王。

凡回於天地之間，包於四海之內，天壤之情，陰陽之和，莫不有也，雖至聖不能更也。何以知其然？聖人有傳：天地也則曰上下，四時也則曰陰陽，人情也則曰男女，禽獸也則曰牡牝雄雌也。眞天壤之情，

雖有先王，不能更也。雖上世至聖，必蓄私不以傷行，故民無怨，宮無拘女，故天下無寡夫。內無拘女，外無寡夫，故天下之民衆。墨子辭過

墨子以久喪爲敗男女之交，故尚短喪，其意專欲繁民也。

程繁問於子墨子曰：「〔夫子曰〕：『聖王不爲樂。』昔諸侯倦於聽治，息於鐘鼓之樂；士大夫倦於聽治，息於竽瑟之樂；農夫春耕、夏耘、秋斂、冬藏，息於聆缶之樂。今夫子曰：『聖王不爲樂。』此譬之猶馬駕而不稅，弓張而不弛，無乃非有血氣者之所不能至邪？」子墨子曰：「昔者堯、舜有茅茨者且以爲禮，且以爲樂。湯放桀於大水，環天下自立以爲王，事成功立，無大後患，因先王之樂，又自作樂，命曰護，又脩九招。武王勝殷，殺紂，環天下自立以爲王，事成功立，無大後患，因先王之樂，又自作樂，命曰象。周成王因先王之樂，命曰騶虞。周成王之治天下也不若武王，武王之治天下也不若成湯，成湯之治天下也不若堯、舜，故其樂逾繁者其治逾寡。自此觀之，樂非所以治天下也。」程繁曰：「子曰：『聖王無樂。』此亦樂已，若之何其謂聖王無樂也？」子墨子曰：「聖王之命也，多寡之。食之利也，以知饑而食之者智也，(因)〔固〕爲無智矣。今聖〔王〕有樂而少，此亦無也。」墨子三辯

墨子以堯、舜之樂爲茅茨，以招爲湯。墨子非樂，當非僞託，或舊名也。護、象、騶虞亦即舊名，孔子因之而制新樂耳。

故古者聖王之爲政，列德而尚賢。雖在農與工肆之人，有能則舉之；高予之爵，重予之祿，任之以事，斷予之令。墨子尚賢

故古者堯舉舜於服澤之陽，授之政，天下平。禹舉益於陰方之中，授之政，九州成。湯舉伊尹於庖廚之中，授之政，其謀得。文王舉閎夭、泰顛罝罔之中，授之政，西土服。是故子墨子言曰：得意，賢士不可不舉；不得意，賢士不可不舉。尙欲祖述堯、舜、禹、湯之道，將不可以不尙賢。夫尙賢者，政之本也。並同上

三代時尙世爵，故孔、墨皆尙賢，而託其義於古人。

且以尙賢爲政之本者，亦豈獨子墨子之言哉！此聖人之道，先王之書，距年之言也。傳曰：「求聖君哲人，以裨輔而身。」湯誓曰：「聿求元聖，與之戮力同心，以治天下。」則此言聖之不失以尙賢使能爲政也。故古者聖王唯能審以尙賢使能爲政，無異物雜焉，天下皆得其利。古者舜耕歷山，陶河瀕，漁雷澤。堯得之服澤之陽，舉以爲天子，與接天下之政，治天下之民。伊摯，有莘氏女之私臣，親爲庖人。湯得之，舉以爲己相，與接天下之政，治天下之民。傅說被褐帶索，庸築乎傅巖。武丁得之，舉以爲三公，與接天下之政，治天下之民。墨子尙賢

然昔吾所以貴堯、舜、禹、湯、文、武之道者，何故以哉？以其唯毋臨衆發政而治民，使天下之爲善者可而勸也，爲暴者可而沮也。然則此尙賢者也，與堯、舜、禹、湯、文、武之道同矣。

故古聖王以審以尙賢使能爲政，而取法於天。雖天亦不辯貧富、貴賤、遠邇、親疏，賢者舉而尙之，不肖者抑而廢之。然則富貴爲賢以得其賞者誰也？曰：若昔者三代聖王堯、舜、禹、湯、文、武者是也。

是故昔者堯之舉舜也，湯之舉伊尹也，武丁之舉傅說也，豈以爲骨肉之親、無故富貴、面目美好者哉？

惟法其言，用其謀，行其道，上可而利天，中可而利鬼，下可而利人，故推而上之。並同上

是故子墨子言曰：古者聖王爲五刑，(請)〔誠〕以治其民，譬若絲縷之有紀，罔罟之有綱，所〔以〕連收天下之百姓不尚同其上者也。墨子尚同

墨子惡時之專用世爵，故託古聖以申尚賢之義。

子墨子曰：方今之時，復古之民始生未有正長之時，蓋其語曰，天下之人異義。是以一人一義，十人十義，百人百義。其人數茲衆，其所謂義者亦茲衆。是以人是其義而非人之義，故相交非也。內之父子兄弟作怨讎，皆有離散之心，不能相和合。至乎舍餘力不以相勞，隱匿良道不以相敎，腐㱙餘財不以相分。天下之亂也至如禽獸然，無君臣、上下、長幼之節，父子、兄弟之禮，是以天下亂焉。同上

墨子雖尚同，亦有君臣、上下之節，父子、兄弟之禮矣。

故古者聖王明天鬼之所欲，(不)〔而〕避天鬼之所憎，以求興天下之利，除天下之害。是以率天下之萬民，齊戒沐浴，潔爲酒醴粢盛以祭祀天鬼。其事鬼神也，酒醴粢盛不敢不蠲潔，犧牲不敢不腯肥，珪璧幣帛不敢不中度量，春秋祭祀不敢失時幾，聽獄不敢不中，分財不敢不均，居處不敢怠慢，曰其爲正長若此。是故出誅勝者何故之以也？曰：唯以尚同爲政者也，故古者聖王之爲政若此。墨子尚同

凡墨子之尊天事鬼，皆託之先王。

故古者聖人之所以濟事成功、垂名於後世者，無他故異物焉，曰：唯能以尚同爲政者也。是以先王之書周頌之道之曰：「載來見(彼)〔辟〕王，聿求厥章。」則此語古者國君諸侯之以春秋來朝聘天子之廷，受

天子之嚴敎，退而治國，政之所加，莫敢不賓。當此之時，本無有敢紛天子之敎者。詩曰：「我馬維駱，六轡沃若，載馳載驅，周爰咨度。」又曰：「我馬維騏，六轡若絲，載馳載驅，周爰咨謀。」卽此語也。古者國君諸侯之聞見善與不善也，皆馳驅以告天子。是以賞當賢，罰當暴，不殺不辜，不失有罪，則此尚同之功也。墨子尚同

故曰，治天下之國若治一家，使天下之民若使一夫，意獨子墨子有此而先王無(此其有)〔有此〕邪？則亦然也。聖王皆以尚同爲政，故天下治。何以知其然也？於先王之書也大誓之言然。曰：「小人見姦巧，乃聞不言也，發罪鈞。」此言見淫辟不以告者，其罪亦猶淫辟者也。故古之聖王治天下也，其所差論，以自左右羽翼者皆良。外爲之人助之視聽者衆，故與人謀事，先人得之；與人舉事，先人成之；光譽令聞先人發之。唯信身而從事，故利若此。古者有語焉，曰：一目之視也不若二目之視也，一耳之聽也不若二耳之聽也，一手之操也不若二手之彊也。夫唯能信身而從事，故利若此。是故古之聖王之治天下也，千里之外有賢人焉，其鄉里之人皆未之均聞見也，聖人得而賞之；千里之內有暴人焉，其鄉里未之均聞見也，聖王得而罰之。同上

古者禹治天下，西爲西河、漁竇以泄渠孫皇之水；北爲防原(派)〔泒〕；注后之邸、嘑池之竇，洒爲底柱，鑿爲龍門，以利燕、代、胡、貉與西河之民；東(方)〔爲〕漏(之)〔大〕陸，防孟諸之澤，灑爲九澮，以楗東土之水，以利冀州之民；南爲江、漢、淮、汝，東流之注五湖之處，以利荆、楚、于越南夷之民。此言禹之事，吾今行兼矣。昔者文王之治西土，若日若月，乍光於四方，於西土。不爲大國侮小國，不爲衆庶侮鰥

寡，不爲暴勢奪穡人黍稷狗彘。天屑臨文王慈，是以老而無子者有所得終其壽，（連）〔矜〕獨無兄弟者有所雜於生人之間，少失其父母者有所放依而長。此文王之事，則吾今行兼矣。昔者武王將事泰山隧，傳曰：「泰山，有道曾孫周王有事。大事既獲，仁人尙作，以祇商、夏，蠻夷醜貉。雖有周親，不若仁人，萬方有罪，惟予一人！」此言武王之事，吾今行兼矣。（墨子兼愛）

言禹治水，與禹貢同意異名。文王則與康誥、孟子有相同者，詞則迥異。是墨子之書經與儒敎之書經不同也。「雖有周親，不如仁人」四語，與論語同。此二家採集古書並同處，必確爲古書語矣。

今若夫兼相愛，交相利，此自先聖六王者親行之。何知先聖六王之親行之也？子墨子曰：吾非與之並世同時，親聞其聲，見其色也；以其所書於竹帛，鏤於金石，琢於槃盂，傳遺後世子孫者知之。泰誓曰：「文王若日若月，乍照光於四方，於西土。」卽此言文王之兼愛天下之博大也，譬之日月兼照天下之無有私也，卽此文王兼也。雖子墨子之所謂兼者，於文王取法焉。且不惟泰誓爲然，雖禹誓卽亦猶是也。禹曰：「濟濟有衆，咸聽朕言：非惟小子，敢行稱亂。蠢茲有苗，用天之罰。若予既率爾羣對諸羣，以征有苗。」禹之征有苗也，非以求以重富貴、干福祿、樂耳目也，以求興天下之利，除天下之害，卽此禹兼也。雖子墨子之所謂兼者於禹求焉。且不惟禹誓爲然，雖湯說卽亦猶是也。湯曰：「惟予小子履，敢用元牡，告於上天后曰：今天大旱，卽當朕身履，未知得罪於上下，有善不敢蔽，有罪不敢赦，簡在帝心。萬方有罪，卽當朕身，朕身有罪，無及萬方！」卽此言，湯貴爲天子，富有天下，然且不憚以身爲犧牲，以祠說于上帝鬼神，卽此湯兼也。雖子墨子之所謂兼者，於湯取法焉。且不惟誓命與湯說爲然，周詩卽亦猶是也。周詩曰：「王道蕩蕩，不偏不黨，王道平平，不黨不偏，其直若矢，其易若底。君子之所履，小人之所視。」若吾言非語道之謂也，古者文、武爲正均分，賞賢罰暴，勿有親戚弟兄之所阿，卽此文、武兼也。雖子墨子之所謂兼者，於文、武取法焉。墨子兼愛

泰誓、禹誓、湯說、周詩皆墨子之詩、書也，與孔子之詩、書同而删定各異，以行其說。今僞古文採用之人忘之矣。

昔者有三苗大亂，天命殛之。日妖宵出，雨血三朝，龍生廟，犬哭乎市，夏冰，地坼及泉，五穀變化，民乃大振。高陽乃命元宮。禹親把天之瑞令以征有苗。四電誘祇，有神人面鳥身，若瑾以侍，搤矢有苗之祥。苗師大亂，後乃遂幾。禹既已克有三苗，焉磨爲山川，別物上下，卿制大極而神民不違，天下乃靜。則此禹之所以征有苗也。還至乎夏王桀，天有䡖命，日月不時，寒暑雜至，五穀焦死，鬼呼國，鶴鳴十夕餘。天乃命湯於鑣宮，用受夏之大命：「夏德大亂，予既卒其命於天矣，往而誅之，必使汝堪之。」湯焉敢奉率其衆，是以鄉有夏之境。帝乃使陰暴毀有夏之城。少少有神來告曰：「夏德大亂，往攻之，予必使汝大堪之。予既受命於天，天命融隆火，于夏之城間西北之隅。」湯奉桀衆以克有，屬諸侯於薄，薦章天命，通于四方，而天下諸侯莫敢不賓服，則此湯之所以誅桀也。還至乎商王紂，天不序其德，祀用失時，兼夜中，十日雨土于薄，九鼎遷止，婦妖宵出，有鬼宵吟，有女爲男，天雨肉，棘生乎國道，王兄自縱也。赤烏銜珪降周之岐社，曰：「天命周文王伐殷有國。」泰顛來賓，河出綠圖，地出乘黃。武王踐功，夢見三神，曰：「予既沈漬殷紂于酒德矣，往攻之，予必使汝大堪之。」武王乃攻狂夫，反商之周。

天賜武王黃鳥之旗。王既已克殷，成帝之來，分主諸神，祀紂先王，通維四夷，而天下莫不賓，焉襲湯之緒。此卽武王之所以誅紂也。（墨子非攻）

此言征有苗事，亦必墨子之書。經必是舊文，而墨子稍附己意者。儒書文王無伐殷事，三分服事，孔子所以發明文王爲純臣也。據墨子則有之，必有一家託古者。

昔者聖王爲法曰：丈夫年二十毋敢不處家，女子年十五毋敢不事人。此聖王之法也。聖王既沒，于民次也，其欲蚤處家者，有所二十年處家；其欲晚處家者，有所四十年處家。以其蚤與其晚相踐，後聖王之法十年；若純三年而字子，生可以二三年矣，此不惟使民蚤處家而可以倍與？（墨子節用）

墨子恐人敗男女之交，故婚嫁特早。禮：男子三十而娶，女子二十而嫁。故知爲墨子改制之託先王也。

故古聖王制爲葬埋之法曰：棺三寸足以朽體，衣衾三領足以覆惡。以及其葬也，下毋及泉，上毋通臭，壟若參耕之畝則止矣。死者既以葬矣，生者必無久哭，而疾而從事，人爲其所能以交相利也。此聖王之法也。今執厚葬久喪者之言曰：「厚葬久喪，雖使不可以富貧、衆寡、定危、治亂，然此聖王之道也。」子墨子曰：「不然。昔者堯北敎乎八狄，道死，葬蛩山之陰。衣衾三領，穀木之棺，葛以緘之。既氾而後哭。滿埳無封，已葬而牛馬乘之。舜西敎乎七戎，道死，葬南已之市。衣衾三領，穀木之棺，葛以緘之。已葬而市人乘之。禹東敎乎九夷，道死，葬會稽之山。衣衾三領，桐棺三寸，葛以緘之。絞之不合，通之不埳。（土）〔掘〕地之深，下毋及泉，上無通臭，既葬，收餘壤其上，壟若參耕之畝則止矣。若以此若三聖王者觀之，則厚葬久喪，果非聖王之道。故三王者，皆貴爲天子，富有天下，豈憂財用之不足哉？以爲如此葬埋之法。墨子節葬

太古不知重魂，惟重尸體。埃及古王陵，至今猶在，裹尸亦在博物院焉。二婢夾我，三良爲殉，驪山雖暴，尚是舊俗，故漢陵尚沿其制。乃知孔子之制，已損之盡。制衣衾三領，桐棺三寸，荀子攻之，以爲刑徒之禮；而墨子制之，其爲託古猶明。韓非所謂孔子、墨翟同稱堯、舜，堯、舜不可復生，誰使定堯、舜之眞也。

故昔三代聖王禹、湯、文、武欲以天之爲政於天子，明說天下之百姓，故莫不犓牛羊，豢犬彘，潔爲粢盛酒醴，以祭祀上帝鬼神而求祈福於天。我未嘗聞天下之所求祈福於天子者也，我所以知天之爲政於天子者也。故天子者，天下之窮貴也，天下之窮富也，故於富且貴者，當天意而不可不順。順天意者，兼相愛，交相利，必得賞；反天意者，別相惡，交相賊，必得罰。然則是誰順天意而得賞者？誰反天意而得罰者？子墨子言曰：昔三代聖王禹、湯、文、武，此順天意而得賞也；昔三代之暴王桀、紂、幽、厲，此反天意而得罰者也。然則禹、湯、文、武其得賞何以也？子墨子言曰：其事上尊天，中事鬼神，下愛人。然則桀、紂、幽、厲，得其罰何以也？子墨子曰：其事上詬天，中詬鬼，下賊人。墨子天志

夫愛人、利人、順天之意、得天之賞者，誰也？曰：若昔三代聖王堯、舜、禹、湯、文、武者是也。堯、舜、禹、湯、文、武焉所從事？曰：從事兼，不從事別。同上

墨子少條理，以孔子多條理爲別，因以其制託於先王。

何以知天之愛百姓也？吾以賢者之必賞善罰暴也。何以知賢者之必賞善罰暴也？吾以昔者三代之聖王知之。故昔也三代之聖王堯、舜、禹、湯、文、武之兼愛之天下也，從而利之，移其百姓之意，焉率以敬上帝山川鬼神。墨子天志

昔者武王之攻殷誅紂也，使諸侯分其祭，曰：「使親者受內祀，疏者受外祀。」故武王必以鬼神爲有，是故攻殷伐紂，使諸侯分其祭。若鬼神無有，則武王何祭分哉？非惟武王之事爲然也，故聖王其賞也必於祖，其僇也必於社。賞於祖者何也？告分之均也；僇於社者何也？告聽之中也。非惟若書之說爲然也。且惟昔者虞、夏、商、周三代之聖王，其始建國營都，日必擇國之正壇置以爲宗廟，必擇木之脩茂者立以爲菆位，必擇國之父兄慈孝貞良者以爲祝宗，必擇六畜之勝腯肥倅毛以爲犧牲，珪、璧、琮、璜稱財爲度，必擇五穀之芳黃以爲酒醴粢盛，故酒醴粢盛與歲上下也。故古聖王治天下也，故必先鬼神而後人者，此也。故曰：官府選効，必先祭器、祭服，畢藏於府。祝宗有司畢立於朝，犧牲不與昔聚羣。故古者聖王之爲政若此，古者聖王必以鬼神爲，其務鬼神厚矣。又恐後世子孫不能知也，故書之竹帛，傳遺後世之子孫；咸恐其腐蠹絕滅，後世之子孫不得而記，故琢之盤盂，鏤之金石以重之，有恐後世子孫不能敬蓍以取羊；故先王之書，聖人一尺之帛，一篇之書，語數鬼神之有也，重有重之。此其故何？則聖王務之。今執無鬼者曰，鬼神者固無有。則此反聖王之務。反聖王之務，則非所以爲君子之道也。今執無鬼者之言曰，先王之書，愼無一尺之帛，一篇之書，語數鬼神之有，重有重之，亦何書之有哉？子墨子曰：周書大雅有之。大雅曰：「文王在上，於昭于天。周雖舊邦，其命維新。有周不顯，帝命不時。

文王陟降，在帝左右。穆穆文王，令聞不已。」若鬼神無有，則文王既死，彼豈能在帝之左右哉？此吾所以知周書之鬼也。且周書獨鬼而商書不鬼，則未足以爲法也。然則姑嘗上觀乎商書，曰：「嗚呼！古者有夏方未有禍之時，百獸貞蟲，允及飛鳥，莫不比方。矧佳人面，胡敢異心？山川鬼神亦莫敢不寧，若能共允，佳天下之合，下土之葆。」察山川鬼神之所以莫敢不寧者，以佐謀禹也。此吾所以知商（周）〔書〕之鬼也。且商書獨鬼而夏書不鬼，則未足以爲法也。然則姑嘗上觀乎夏書。禹誓曰：「大戰于甘，王乃命左右六人，下聽誓于中軍曰：『有扈氏威侮五行，怠棄三正，天用勦絕其命。』有〔又〕曰：『日中，今予與有扈氏爭一日之命。且爾卿大夫庶人，予非爾田野葆士之欲也，予共行天之罰也。左不共于左，右不共于右，若不共命，御非爾馬之政，若不共命，是以賞於祖而僇於社。』」賞於祖者何也？言分命之均也。僇於社者何也？言聽獄之事也。故古聖王必以鬼神爲賞賢而罰暴，是故賞必於祖而僇必於社，此吾所以知夏書之鬼也。故尚（書）〔者〕夏書，其次商周之書，語數鬼神之有也，重有重之，此其故何也？則聖王務之。以若書之說觀之，則鬼神之有，豈可疑哉？於古曰：吉日丁卯，周代祝社方，歲于社者考，以延年壽。若無鬼神，彼豈有所延年壽哉？墨子明鬼

巫馬子謂子墨子曰：「鬼神孰與聖人明智？」子墨子曰：「鬼神之明智於聖人，猶聰耳明目之與聾瞽也。昔者夏后開使蜚廉採金於山川，而陶鑄之於昆吾。是使翁難乙卜於目若之龜，龜曰：『鼎成三足而方，不炊而自烹，不舉而自臧，不遷而自行，以祭於昆吾之墟，上鄉。』乙又言兆之由曰：『饗矣，逢逢白雲，一南一北，一西一東。九鼎既成，遷於三國：夏后氏失之，殷人受之；殷人失之，周人受之。』夏后、殷、

周之相受也，數百歲矣。使聖人聚其良臣，與其桀相而諫，豈能智數百歲之後哉？而鬼神智之。是故曰，鬼神之明智於聖人也，猶聰耳明目之與聾瞽也。」墨子耕柱

託禹卜以明鬼神之明智，然後能申其明鬼之說。

是故子墨子曰：爲樂非也。何以知其然也？曰：先王之書湯之官刑有之，曰：「其恆舞于宮，是謂巫風，其刑：君子出絲二衞，小人否。似二伯黃徑，乃言曰：嗚呼！舞佯佯，黃言孔章。上帝弗常，九有以亡；上帝不順，降之百殃，其家必壞喪。」察九有之所以亡者，徒從飾樂也。於武觀曰：「啓乃淫溢康樂，野于飲食，將將銘，莧磬以力，湛濁于酒，渝食于野，萬舞翼翼，章聞于天，天用弗式。」故上者天鬼弗戒，下者萬民弗利。墨子非樂

六代之樂，豈非先王者乎？墨子何不引之？故知託古以申其說。

嘗尚觀於先王之書。先王之書所以出國家、布施百姓者，憲也。先王之憲亦嘗有曰：福不可請而禍不可諱，敬無益，暴無傷者乎？所以聽獄制罪者刑也，先王之刑亦嘗有曰：福不可請，禍不可諱，敬無益、暴無傷者乎？所以整設師旅進退師徒者，誓也，先王之誓亦嘗有曰：福不可請，禍不可諱，敬無益、暴無傷者乎？故子墨子言曰：吾當未鹽此盡字之譌數天下之良書，不可盡計數，大方論數而五者是也。墨子非命

「福不可請，禍不可諱，」此墨子自申其無命之說。其言先王之誓亦皆有此說，則此誓蓋墨子之書託先王以明之者。孔子之書湯誓有曰：「天命殛之。」甘誓曰：「天用勦絕其命。」此何嘗非言命者哉？

於仲虺之告曰：「我聞于夏，人矯天命，布命于下，帝伐之惡，龔喪厥師。」此言湯之所以非桀之執有命也。於太誓曰：「紂夷處，不肎事上帝鬼神，禍厥先神禔不祀。乃曰，吾民有命，無廖排漏，天亦縱之棄而弗葆。」此言武王所以非紂執有命也。墨子非命

仲虺之告，今爲僞古文所竄。此墨子書之篇名，言湯之執有命，武王之執有命，皆所以託先王而言命之不可恃也。今書高宗肜日曰：「民中絕命。」咎繇謨曰：「天命有德。」召誥曰：「天既遐終大邦殷之有命。」康誥曰：「惟命不如常。」孔子之言命多矣。

墨子專持無命之說以攻孔子。翟之意，蓋以人人皆以命爲可恃，則饑以待食，寒以待衣。翟仁而愚，急欲行其道，故堅守此義，託之先王，當時儒者亦莫如之何也。夫卽孔子之淺而論之，論語則首以學而後知命，孔子立名之後，命卽隨之。蓋命所以視其有一定之理，不可强求，卽孟子所云，孔子得不得之義也。名則興起撥亂之治矣。夫有行而後有命，無行是無命也。翟獨昧於此而力爭之，眞莊子所謂「其道大觳，」徒成其爲才士也夫！

今夫有命者言曰：「我非作之後世也，自昔三代有若言以傳流矣，今故先生畢注生當爲王對之？」曰：「夫有命者，不志昔也三代之聖善人與，意亡昔三代之暴不肖人也？何以知之！」墨子非命

墨子謂三代先王不言命。夫先王，禹、湯、文、武耳，而書般庚有曰：「恪謹天命。」金縢又曰：「無墜天之降寶命。」皆顯明言命者。今書中不可縷指。然則墨子之言非命，非託之先王而何？墨子託先王以非命，孔子之言命，亦何莫非託先王以明斯義哉？

聖王之患此也，故書之竹帛，琢之金石。於先王之書仲虺之告曰：「我聞有夏，人矯天命，布命于下。帝式是惡，用闕師。」此語夏王桀之執有命也。湯與仲虺共非之。先王之書太誓之言然，曰：「紂夷之居，而不肯事上帝，棄闕其先神而不祀也，曰：我民有命，毋僇其務。天亦不棄縱而不葆。」此言紂之執有命也，武王以太誓非之，有於三代不國有之，曰：「女毋崇天之有命也，命三不國，亦言命之無也。」於召公之執令於然，且敬哉無天命，惟予二人而無造言，不自降天之哉得之。在於商、夏之詩書曰：「命者暴王作之。」墨子非命

仲虺之告，太誓之言，皆墨子之書，絕不言命，與今書不符。可知皆出於託也。

禹之總德有之曰：「允不著，惟天民不而葆，既防凶心，天加之咎，不愼厥德，天命焉葆？」仲虺之告曰：「我聞有夏，人矯天命，于下帝式是增，用爽厥師。」彼用無爲有，故謂矯。若有而謂有，夫豈爲矯哉？」昔者，桀執有命而行，湯爲仲虺之告以非之。太誓之言也，於去發曰：「惡乎君子！天有顯德，其行甚章，爲鑑不遠，在彼殷王。謂人有命，謂敬不可行，謂祭無益，謂暴無傷。上帝不常，九有以亡。上帝不順，祝降其喪。惟我有周，受之大帝。」昔紂執有命而行，武王爲太誓去發以非之。曰，子胡不尙考之乎商、周、虞、夏之記，從十簡之篇以尙皆無之，將何若者也？墨子非命

書大誥曰：「予惟小子不敢替上帝命。」康誥：「天乃大命文王。」固知墨翟非命而言禹、湯、文、武者，託古也。

墨子攻孔子立命之說，引書爲證。而今書則頻稱天命，足見墨子之書亦墨子删改而成，其言皆託古

墨子之書而非三代之書。其明鬼篇引大雅「其命維新，」則安得謂十簡無之？益以見其假託也。

墨子以書十簡以上皆無命，可徵書之言命者折之。

公孟子曰：「君子必古言服，然後仁。」子墨子曰：「昔者商王紂卿士費仲爲天下之暴人，箕子、微子爲天下之聖人，此同言而或仁不仁也。周公旦爲天下之聖人，關叔爲天下之暴人，此同服或仁或不仁。然則不在古服與古言矣。且子法周而未法夏也，子之古非古也。」墨子公孟

禽滑釐問於墨子曰：「錦繡絺紵，將安用之？」墨子曰：「惡，是非吾用務也！古有無文者，得之矣，夏禹是也。卑小宮室，損薄飲食，土階三等，衣裳細布。當此之時，黻無所用而務在於完堅。殷之盤庚，大其先王之室而改遷於殷。茅茨不翦，采椽不斲，以變天下之視。當此之時，文采之帛將安所施？夫品庶非有心也，以人主爲心，苟上不爲，下惡用之？二王者以化，身先於天下，故化隆於其時，成名於今世也。且夫錦繡絺紵，亂君之所造也，其本皆興於齊。景公喜奢而忘儉，幸有晏子以儉鐫之，然猶幾不能勝。夫奢安可窮哉！紂爲鹿臺、糟邱、酒池、肉林，宮牆文畫，彫琢刻鏤，錦繡被堂，金玉珍瑋，婦女優倡，鐘鼓管絃，流漫不禁，而天下愈竭，故卒身死國亡爲天下戮，非惟錦繡絺紵之用邪？今當凶年，有欲予子隋侯之珠者，不得賣也，珍寶而以爲飾；又欲予子一鍾粟者。得珠者不得粟，得粟者不得珠，子將何擇？」禽滑釐曰：「吾取粟耳，可以救窮。」墨子曰：「誠然，則惡在事夫奢也？長無用好，末淫非聖人之所急也。故食必常飽，然後求美；衣必常暖，然後求麗；居必常安，然後求樂。爲可長，行可久，先質而後文，此聖人之務。」禽滑釐曰：「善。」墨子佚文

墨子多託於禹，以尚儉之故。禹卑宮室以開闢洪荒，未善制作之故，當是實事，故儒、墨交稱之。至孔子謂致美黻冕，墨子謂衣裳細布，黻無所用，此則各託先王以明其宗旨。至於盤庚之世，茅茨不翦，則不可信；且與墨制同，其爲墨子所託，不待言矣。蕭道成謂使我治天下十年，當使黃金與糞土同價。黃金不可與糞土同；錦繡絺紵亦必不可去，以非人情也。

堯葬於穀林，通樹之；舜葬於紀市，不變其肆；禹葬於會稽，不變人徒。是故先王以儉節葬死也。呂氏春秋安死

墨子薄葬，託於堯、舜、禹以發之，其義更明。

墨者亦尚堯、舜道，言其德行，曰：堂高三尺，土階三等，茅茨不翦，采椽不刮。食土簋，啜土刑，糲粱之食，藜藿之羹。夏日葛衣，冬日鹿裘。其送死桐棺三寸，舉音不盡其哀，敎喪禮必以此爲萬民之率，使天下法。史記太史公自序

墨者所稱堯、舜與孔子相反，太史公亦知當時諸子皆託古矣。

右墨子託古。

老聃曰：「小子少進，余語女三王五帝之治天下。黃帝之治天下，使民心一，民有其親死不哭而民不非也。堯之治天下使民心親，民有爲其親殺其殺而民不非也。舜之治天下使民心競，民孕婦十月生子，子生五月而能言，不至乎孩而始誰，則人始有天矣。禹之治天下使民心變，人有心而兵有順，殺盜非殺，人自爲種，而天下耳，是以天下大駭，儒、墨皆起，其作始有倫，而今乎婦女，何言哉？余語女三皇

五帝之治天下，名曰治之而亂莫甚焉。」莊子天運

此老、莊之託古以申其「在宥」、「無爲」之宗旨。豈知太古之世，人獸相爭，部落相爭，幾經治化，乃有三代聖王作爲治法。安得三皇五帝亂天下之說？

古之善爲士者，微妙元通，深不可識。老子道德經

古之善爲道者，非以明民，將以愚之。同上

偕、堯之時，混吾之美在下，其道非獨出人也。山不童而用贍，澤不弊而養足，耕以自養，以其餘應良，天子故平。牛馬之牧不相及，人民之俗不相知，不出百里而來足，故卿而不理，靜也。其獄一踦腓、一踦屨而當死。今周公斷指滿稽，斷首滿稽，斷足滿稽，而死，民不服，非人性也，敝也。管子侈靡

此老氏學。百里之地，雞犬相聞，使民老死不相往來，卽是義。其獄一踦腓、一踦屨而當死，則老學亦有制度矣。

黃帝言曰：「聲禁重，色禁重，衣禁重，香禁重，味禁重，室禁重。」堯有子十人，不與其子而授舜，舜有子九人，不與其子而授禹，至公也。呂氏春秋去私

黃帝曰：帝無常處也，有處者乃無處也。以言不刑蹇，圜道也。人之竅九，一有所居則八虛，八虛甚久則身斃。故唯而聽唯止，聽而視聽止。以言說一，一不欲留，留運爲敗，圜道也，一也。齊至貴莫知其原，莫知其端，莫知其始，莫知其終，而萬物以爲宗。」呂氏春秋圜道

黃帝曰：「芒芒昧昧，從天之道，與元同氣。」淮南子繆稱訓

爲天下及國莫如以德，莫如行義。以德以義，不賞而民勸，不罰而邪止，此神農、黄帝之政也。呂氏春秋上德

凡言黄帝，皆老氏所託古者。

右老子託古。

楊朱曰：「太古之人，知生之暫來，知死之暫往，故從心而動，不違自然所好；當身之娱，非所去也，故不爲名所勸；從性而游，不逆萬物所好，死後之名，非所取也，故不爲刑所及。名譽先後，年命多少，非所量也。」列子楊朱

楊朱曰：「古語有之：『生相憐，死相捐。』此語至矣。相憐之道，非唯情也，勤能使逸，饑能使飽，寒能使溫，窮能使達也；相捐之道，非不相哀也，不含珠玉，不服文錦，不陳犧牲，不設明器也。」

楊朱曰：「伯成子高不以一毫利物，舍國而隱耕；大禹不以一身自利，一體偏枯。古之人損一毫利天下，不與也；悉天下奉一身，不取也。人人不損一毫，人人不利天下，天下治矣。」

楊朱曰：「豐屋，美服，厚味，姣色，有此四者，何求於外？有此而求外者，無猒之性。無猒之性，陰陽之蠹也。忠不足以安君，適足以危身；義不足以利物，適足以害生。安上不由於忠，而忠名滅焉；利物不由於義，而義名絶焉。君臣皆安，物我兼利，古之道也。」並同上

楊朱以爲我爲宗旨，所言以縱慾爲事。拔一毫利天下不爲，而皆託之於古。

右楊子託古。

南伯子葵曰：「子獨惡乎聞之？」曰：「聞諸副墨之子。副墨之子聞諸洛誦之孫。洛誦之孫聞之瞻明。瞻明聞之聶許。聶許聞之需役。需役聞之於謳。於謳聞之玄冥。玄冥聞之參寥。參寥聞之疑始。」莊子大宗師

如此名目，莊子書中甚多，蓋隨意假託，非眞實有其人。其餘諸子亦然。

若夫乘道德而浮遊則不然，無譽無訾，一龍一蛇，與時俱化，而無肯專爲；一上一下，以和爲量，浮游乎萬物之祖，物物而不物於物，則胡可得而累邪？此神農、黃帝之法則也。莊子山木

顏淵東之齊，孔子有憂色。子貢下席而問曰：「小子敢問，回東之齊，夫子有憂色，何邪？」孔子曰：「善哉女問！昔者管子有言，丘甚善之，曰：『褚小者不可以懷大，綆短者不可以汲深。』夫若是者，以爲命有所成而形有所適也，夫不可損益。吾恐回與齊侯言堯、舜、黃帝之道，而重以燧人、神農之言，彼將內求於己而不得。不得則惑人。惑則死。莊子至樂

狶韋氏得之以挈天地；伏戲得之以襲氣母；維斗得之終古不忒；日月得之終古不息；堪坏得之以襲崐崙；馮夷得之以遊大川；肩吾得之以處太山；黃帝得之以登雲天；顓頊得之以處玄宮；禺强得之立乎北極；西王母得之坐乎少廣，莫知其始，莫知其終；彭祖得之上及有虞，下及五霸；傅說得之以相武丁，奄有天下，乘東維、騎箕尾而比於列星。莊子大宗師

莊子寓言人皆知之，不知當時風氣實如此。

北門成問於黃帝曰：「帝張咸池之樂於洞庭之野，吾始聞之懼，復聞之怠，卒聞之而惑，蕩蕩默默，乃不

自得。」莊子天運

齧缺問於王倪，四問而四不知。齧缺因躍而大喜，行以告蒲衣子。蒲衣子曰：「而今乃知之乎？有虞氏不及泰氏，有虞氏其猶藏仁以要人，亦得人矣，而未始出於非人。泰氏其臥徐徐，其覺于于，一以己爲馬，一以己爲牛，其知情信，其德甚眞，而未始入於非人。」莊子應帝王

陽子居見老聃曰：「有人於此，嚮疾彊梁，物徹疏明，學道不勸，如是者可比明王乎？」老聃曰：「是於聖人也，胥易技係，勞形怵心者也。且也虎豹之文來田，猨狙之便、執斄之狗來藉，如是者可比明王乎？」陽子居蹴然曰：「敢問明王之治？」老聃曰：「明王之治，功蓋天下而似不自己，化貸萬物而民弗恃，有莫舉名，使物自喜，立乎不測，而遊於無有者也。」同上

莊子寓言，無人不託，卽老聃亦是託古也。

堯讓天下於許由，曰：「日月出矣，而爝火不息，其於光也，不亦難乎？時雨降矣，而猶浸灌，其於澤也，不亦勞乎？夫子立而天下治，而我猶尸之，吾自視缺然，請致天下。」許由曰：「子治天下，天下既已治也，而我猶代子，吾將爲名乎？名者，實之賓也。吾將爲賓乎？鷦鷯巢於深林，不過一枝；偃鼠飮河，不過滿腹。歸休乎君，予無所用天下爲！庖人雖不治庖，尸祝不越樽俎而代之矣。」莊子逍遙遊

故昔者堯問於舜曰：「我欲伐宗、膾、胥敖，南面而不釋然，其故何也？」舜曰：「夫三子者，猶存乎蓬艾之間，若不釋然，何哉？昔者十日並出，萬物皆照，而況德之進乎日者乎？」莊子齊物

昔者堯攻叢枝、胥敖，禹攻有扈，國爲虛厲，身爲刑戮。其用兵不止，其求實無已，是皆求名實者也，而

獨不聞之乎？」莊子人間世

黃帝立爲天子十九年，令行天下。聞廣成子在於空同之上，故往見之，曰：「我聞吾子達於至道，敢問至道之精。吾欲取天地之精以佐五穀，以養民人。吾又欲官陰陽以遂羣生。爲之奈何？」廣成子曰：「而所欲問者，物之質也；而所欲官者，物之殘也。自而治天下，雲氣不待族而雨，草木不待黃而落，日月之光益以荒矣，而佞人之心翦翦者，又奚足以語至道！」黃帝退，捐天下，築特室，席白茅。閒居三月，復往邀之。廣成子南首而臥，黃帝順下風膝行而進，再拜稽首而問曰：「聞吾子達於至道，敢問治身奈何而可以長久？」廣成子蹶然而起曰：「善哉問乎！來，吾語女至道。至道之精，窈窈冥冥；至道之極，昏昏默默。無視無聽，抱神以靜，形將自正，必靜必淸。無勞女形，無搖女精，乃可以長生。目無所見，耳無所聞，心無所知，女神將守形，形乃長生。愼女內，閉女外，多知爲敗。我爲女遂於大明之上矣，至彼，至陽之原也；爲女入於窈冥之門矣，至彼，至陰之原也。天地有官，陰陽有藏，愼守女身，物將自壯。我守其一以處其和，故我修身千二百歲矣，吾形未嘗衰。」黃帝再拜稽首曰：「廣成子之謂天矣。」莊子在宥

夫赫胥氏之時，民居不知所爲，行不知所之，含哺而熙，鼓腹而遊，民能已此矣。及至聖人，屈折禮樂以匡天下之形，縣跂仁義以慰天下之心，而民乃始踶跂好知，爭歸於利，不可止也，此亦聖人之過也。莊子馬蹄

門無鬼與赤張滿稽觀於武王之師。赤張滿稽曰：「不及有虞氏乎？故離此患也。」門無鬼曰：「天下均

治而有虞氏治之邪？其亂而後治之與？」赤張滿稽曰：「天下均治之爲願，而何計以有虞氏爲？有虞氏之藥瘍也，禿而施髢，病而求醫。孝子操藥以脩慈父，其色燋然。聖人羞之。」莊子天地

昔者舜問於堯曰：「天王之用心何如？」堯曰：「吾不敖無告，不廢窮民苦死者，嘉孺子而哀婦人，此吾所以用心已。」舜曰：「美則美矣，而未大也。」堯曰：「然則何如？」舜曰：「天德而出寧，日月照而四時行，若晝夜之有經，雲行而雨施矣。」堯曰：「然則膠膠擾擾乎？子，天之合也；我，人之合也。」夫天地者，古之所大也，而黃帝、堯、舜之所共美也。故古之王天下者奚爲哉？天地而已矣。莊子天道

文王觀於臧，見一丈人釣，而其釣莫釣，非持其釣，有釣者也，常釣也。文王欲舉而授之政，而恐大臣父兄之弗安也；欲終而釋之，而不忍百姓之無天也。於是旦而屬之大夫曰：「昔者寡人夢，見良人黑色而頿，乘駁馬而偏朱蹄，號曰：『寓而政於臧丈人，庶幾乎民有瘳乎！』」諸大夫蹴然曰：「先君王也。」文王曰：「然則卜之。」諸大夫曰：「先君之命王，其無它，又何卜焉？」遂迎臧丈人而授之政，典法無更，偏令無出。三年，文王觀於國，則列士壞植散羣，長官者不成德，斔斛不敢入於四竟。列士壞植散羣，則尚同也；長官者不成德，則同務也；斔斛不敢入於四竟，則諸侯無二心也。文王於是焉以爲太師，北面而問曰：「政可以及天下乎？」臧丈人昧然而不應，泛然而辭，朝令而夜遁，終身無聞。顏淵問於仲尼曰：「文王其猶未邪？又何以夢爲乎？」仲尼曰：「默，女無言。夫文王盡之也，而又何論刺焉！彼直以循斯須也。」莊子田子方

知不得問，反於帝宮，見黃帝而問焉。黃帝曰：「無思無慮始知道，無處無服始安道，無從無道始得

道。」知問黃帝曰：「我與若知之，彼與彼不知也，其孰是邪？」黃帝曰：「彼無爲，謂眞是也。狂屈似之，我與汝終不近也。夫知者不言，言者不知，故聖人行不言之敎。道不可致，德不可至，仁可爲也，義可虧也，禮相僞也；故曰，失道而後德，失德而後仁，失仁而後義，失義而後禮，禮者，道之華而亂之首也。」莊子知北遊

黃帝將見大隗乎具茨之山，方明爲御，昌寓驂乘，張若、謵朋前馬，昆閽、滑稽後車，至於襄城之野，七聖皆迷，無所問塗。適遇牧馬童子，問塗焉，曰：「若知具茨之山乎？」曰：「然。」「若知大隗之所存乎？」曰：「然。」黃帝曰：「異哉小童！非徒知具茨之山，又知大隗之所存。請問爲天下。」小童曰：「夫爲天下者，亦若此而已矣，又奚事焉？予少而自遊於六合之內，予適有瞀病。有長者敎予曰：『若乘日之車而遊於襄城之野。』今予病少痊，予又且復遊於六合之外。夫爲天下亦若此而已，予又奚事焉？」黃帝曰：「夫爲天下者則誠非吾子之事，雖然，請問爲天下。」小童辭。黃帝又問。小童曰：「夫爲天下者亦奚以異乎牧馬者哉？亦去其害馬者而已矣。」黃帝再拜稽首，稱天師而退。莊子徐無鬼

齧缺遇許由，曰：「子將奚之？」曰：「將逃堯。」曰：「奚謂邪？」曰：「夫堯畜畜然仁，吾恐其爲天下笑。後世其人與人相食與？夫民不難聚也，愛之則親，利之則至，譽之則勸，致其所惡則散。愛利出乎仁義。捐仁義者寡，利仁義者衆。夫仁義之行，唯且無誠，且假夫禽貪者器，是以一人之斷制利天下，譬之猶一覕也。夫堯知賢人之利天下也，而不知其賊天下也，夫唯外乎賢者知之矣。」有暖姝者，有濡需者，有卷婁者。所謂暖姝者，學一先生之言，則暖暖姝姝而私自說也，自以爲足矣，而未知未始有

物也，是以謂暖姝者也。濡需者，豕蝨是也。擇疏鬣自以爲廣宮大囿，奎蹏曲隈，乳間股脚，自以爲安室利處。不知屠者之一旦鼓臂布草操煙火，而已與豕俱焦也。此以域進，此以域退，此其所謂濡需者也。卷婁者，舜也。羊肉不慕蟻，蟻慕羊肉，羊肉羶也。舜有羶行，百姓悦之，故三徙成都，至鄧之虚而十有萬家。堯聞舜之賢，舉之童土之地，曰：「冀得其來之澤。」舜舉乎童土之地，年齒長矣，聰明衰矣，而不得休歸，所謂卷婁者也。同上

舜以天下讓其友北人無擇。北人無擇曰：「異哉后之爲人也！居於畎畝之中而遊堯之門。不若是而已，又欲以其辱行漫我。吾羞見之。」因自投淸冷之淵。湯將伐桀，因卞隨而謀。卞隨曰：「非吾事也。」湯曰：「孰可？」曰：「吾不知也。」湯又因瞀光而謀。瞀光曰：「非吾事也。」湯曰：「孰可？」曰：「吾不知也。」湯曰：「伊尹何如？」曰：「强力忍垢，吾不知其他也。」湯遂與伊尹謀伐桀，尅之，以讓卞隨。卞隨辭曰：「后之伐桀也，謀乎我，必以我爲賊也。勝桀而讓我，必以我爲貪也。吾生乎亂世，而無道之人再來漫我，以其辱行，吾不忍數聞也！」乃自投椆水而死。湯又讓瞀光曰：「智者謀之，武者遂之，仁者居之，古之道也。吾子胡不立乎？」瞀光辭曰：「廢上，非義也。殺民，非仁也。人犯其難，我享其利，非廉也。吾聞之曰：『非其義者不受其祿，無道之世不踐其土。』況尊我乎！吾不忍久見也；」乃負石而自沈於廬水。昔周之興，有士二人，處於孤竹，曰伯夷、叔齊。二人相謂曰：「吾聞西方有人似有道者，試往觀焉。」至於岐陽。武王聞之，使叔旦往見之，與之盟曰：「加富二等，就官一列，血牲而埋之。」二人相視而笑曰：「嘻，異哉，此非吾所謂道也！昔者神農之有天下也，時祀

盡敬而不祈喜；其於人也，忠信盡治而無求焉，樂與政爲政，樂與治爲治，不以人之壞自成也，不以人之卑自高也，不以遭時自利也。今周見殷之亂而遽爲政，上謀而下行，貨阻兵而保威，割牲而盟以爲信，揚行以說衆，殺伐以要利，是推亂以易暴也。」莊子讓王

右莊子託古。

黄帝書曰：「形動不生形而生影，聲動不生聲而生響，無動不生無而生有。形必終者也。天地終乎？與我偕終。終進乎不知也。道終乎本無始，進乎本不久。有生則復於不生，有形則復於無形。不生者，非本不生者也；無形者，非本無形者也；生者，理之必終者也。終者不得不終，亦如生者之不得不生，而欲恆其生，畫其終，惑於數也。」列子天瑞

粥熊曰：「運轉亡已，天地密移，疇覺之哉？故物損於彼者盈於此，成於此者虧於彼。損盈成虧，隨世隨死，往來相接，不可省，疇覺之哉？凡一氣不頓進，一形不頓虧，亦不覺其成，亦不覺其虧。亦如人自世至老，貌色智態亡日不異，皮膚爪髮隨世隨落，非嬰孩時有停而不易也，閒不可覺，俟至後知。」杞國有人憂天地崩墜，身亡所寄，廢寢食者。又有憂彼之所憂者，因往曉之曰：「天積氣耳，亡處亡氣。若屈伸呼吸，終日在天中行止，奈何憂崩墜乎？」其人曰：「天果積氣，日月星宿不當墜邪？」曉之者曰：「日月星宿亦積氣中之有光耀者，只使墜亦不能有所中傷。」其人曰：「奈地壞何？」曉者曰：「地積塊耳，充塞四虛，亡處亡塊。若躇步跐蹈，終日在地上行止，奈何憂其壞？」其人舍然大喜，曉之者亦舍然大喜。長廬子聞而笑之曰：「虹蜺也，雲霧也，風雨也，四時也，此積氣之成乎天者也。山岳也，河

海也，金石也，火木也，此積形之成乎地者也。知積氣也，知積塊也，奚謂不壞？夫天地空中之一細物，有中之最巨者，難終難窮，此固然矣；難測難識，此固然矣。憂其壞者誠爲大遠，言其不壞者亦爲未是。天地不得不壞，則會歸於壞。遇其壞時，奚爲不憂哉？」子列子聞而笑曰：「言天地壞者亦謬，言天地不壞者亦謬。壞與不壞，吾所不能知也。雖然，彼一也，此一也，故生不知死，死不知生，來不知去，去不知來，壞與不壞，吾何容心哉！」舜問乎烝曰：「道可得而有乎？」曰：「汝身非汝有也，汝何得有夫道？」舜曰：「吾身非吾有，孰有之哉？」曰：「是天地之委形也。生非汝有，是天地之委和也；性命非汝有，是天地之委順也；孫子非汝有，是天地之委蛻也。故行不知所往，處不知所持，食不知所以。天地强陽氣也，又胡可得而有邪？」同上

狀不必童童當作同而智童，智不必童而狀童。聖人取童智而遺童狀，衆人近童狀而疏童智。狀與我童者，近而愛之；狀與我異者，疏而畏之。有七尺之骸，手足之異，戴髮含齒倚而趣者謂之人，而人未必無獸心，雖有獸心，以狀而見親矣。傅翼、戴角、分牙、布爪、仰飛、伏走謂之禽獸，而禽獸未必無人心，雖有人心，以狀而見疏矣。庖犧氏、女媧氏、神農氏、夏后氏蛇身、人面、牛首、虎鼻，此有非人之狀而有大聖之德。夏桀、殷紂、魯桓、楚穆狀貌七竅皆同於人，而有禽獸之心。而衆人守一狀以求至智，未可幾也。黄帝與炎帝戰於阪泉之野，帥熊、羆、狼、豹、貙、虎爲前驅，鵰、鶡、鷹、鳶爲旗幟，此以力使禽獸者也。堯使夔典樂，擊石拊石，百獸率舞，簫韶九成，鳳凰來儀，此以聲致禽獸者也。此引書可知出孔子後也。然則禽獸之心奚爲異人？形音與人異而不知接之之道焉。聖人無所不知，無所不通，故得引而使之

焉。禽獸之智有自然與人童者，其齊欲攝生亦不假智於人也。牝牡相偶，母子相親；避平依險，違寒就溫；居則有羣，行則有列；少者居內，壯者居外；飲則相攜，食則鳴羣。太古之時，則與人同處，與人竝行；帝王之時始驚駭散亂矣；逮於末世，隱伏逃竄以避患害。今東方介氏之國，其國人數數解六畜之語者，蓋偏知之所得。太古神聖之人，備知萬物情態，悉解異類音聲，會而聚之，訓而受之，同於人民。故先會鬼神魑魅，次達八方人民，末聚禽獸蟲蛾，言血氣之類心智不殊遠也。神聖知其如此，故其所敎訓者，無所遺逸焉。列子黃帝

與佛氏樹敎衆生同義，而託之太古神聖。

殷湯問於夏革曰：「古初有物乎？」夏革曰：「古初無物，今惡得物？後之人將謂今之無物，可乎？」殷湯曰：「然則物無先後乎？」夏革曰：「物之終始，初無極已。始或爲終，終或爲始，惡知其紀？然自物之外，自事之先，朕所不知也。」殷湯曰：「然則上下八方有極盡乎？」革曰：「不知也。」湯固問。革曰：「無則無極，有則有盡，朕何以知之？然無極之外復無無極，無盡之中復無無盡。無極復無無極，無盡復無無盡，朕以是知其無極無盡也，而不知其有極有盡也。」湯又問曰：「四海之外奚有？」革曰：「猶齊州也。」湯曰：「汝奚以實之？」革曰：「朕東行至營，人民猶是也。問營之東，復猶營也。西行至豳，人民猶是也。問豳之西，復猶豳也。朕以是知四海、四荒、四極之不異是也。故大小相含，無窮極也。含萬物者亦如含天地。含萬物也故不窮，含天地也故無極。朕亦焉知天地之表，不有大天地者乎？亦吾所不知也。然則天地亦物也，物有不足。故昔者女媧氏練五色石以補其闕，斷鼇之

足以立四極。其後共工氏與顓頊爭爲帝，怒而觸不周之山，折天柱，絕地維。故天傾西北，日月星辰就焉，地不滿東南，故百川水潦歸焉。」湯又問：「物有巨細乎？有修短乎？有同異乎？」革曰：「勃海之東不知幾億萬里，有大壑焉，實惟無底之谷，其下無底，名曰歸墟。八紘九野之水，天漢之流，莫不注之而無增無減焉。其中有五山焉：一曰岱輿，二曰員嶠，三曰方壺，四曰瀛洲，五曰蓬萊。其山高下周旋三萬里，其頂平處九千里，山之中間相去七萬里，以爲鄰居焉。其上臺觀皆金玉，其上禽獸皆純縞，珠玕之樹皆叢生華實，皆有滋味，食之皆不老不死。所居之人皆仙聖之種，一日一夕飛相往來者，不可數焉。而五山之根無所連著，常隨潮波上下往還，不得暫峙焉。仙聖毒之，訴之於帝。帝恐流於西極，失羣聖之居，乃命禺彊使巨鼇十五舉首而戴之，迭爲三番，六萬歲一交焉。五山始峙。而龍伯之國有大人，舉足不盈數步而暨五山之所，一釣而連六鼇，合負而趣歸其國，灼其骨以數焉。於是岱(與)〔輿〕、員嶠二山流於北極，沈於大海，仙聖之播遷者巨億計。帝憑怒，侵減龍伯之國使阨，侵小龍伯之民使短。至伏羲、神農時，其國人猶數十丈。從中州以東四十萬里得僬僥國，人長一尺五寸。東北極有人名曰諍人，長九尺。荆之南有冥靈者，以五百歲爲春，五百歲爲秋。上古有大椿者，以八千歲爲春，八千歲爲秋。朽壤之上有菌芝者，生於朝，死於晦。春夏之月有蠓蚋者，因雨而生，見陽而死。終髮北之北，有溟海者，天池也。有魚焉，其廣數千里，其長稱焉，其名爲鯤。有鳥焉，其名爲鵬，翼若垂天之雲，其體稱焉。世豈知有此物哉！大禹行而見之，伯益知而名之，夷堅聞而志之。江浦之間生麼蟲，其名曰焦螟，羣飛而集於蚊睫，弗相觸也，栖宿去來，蚊弗覺也。離朱、子羽方晝拭眥，揚眉而望之，弗見其形。䰰俞、師曠方夜擿耳，俛首而聽之，弗聞其聲。唯黄帝與容成子居空桐之上，同齋三月，心死形廢，徐以神視，塊然見之，若嵩山之阿；徐以氣聽，砰然聞之，若雷霆之聲。吳、楚之國有大木焉，其名爲櫾，碧樹而冬生，實丹而味酸，食其皮汁，已憤厥之疾，齊州珍之。渡淮而北，而化爲枳焉。鸜鵒不踰濟，貉踰汶則死矣，地氣然也。雖然，形氣異也，性鈞已，無相易已，生皆全已，分皆足已，吾何以識其巨細，何以識其修短，何以識其同異哉？」列子湯問

是故聖人見出以知入，觀往以知來，此其所以先知之理也。度在身，稽在人。人愛我，我必愛之，人惡我，我必惡之。湯、武愛天下故王，桀、紂惡天下故亡，此所稽也。稽度皆明而不道也，譬之出不由門，行不從徑也，以是求利，不亦難乎？嘗觀之神農、有炎之德，稽之虞、夏、商、周之書，度諸法士賢人之言，所以存亡廢興而非由此道者，未之有也。列子説符

右列子託古。

騶衍睹有國者益淫侈，不能尚德，若大雅整之於身，施及黎庶矣。乃深觀陰陽消息而作怪迂之變、終始、大聖之篇十餘萬言。其語閎大不經，必先驗小物，推而大之，至於無垠。先序今以上至黄帝。史記孟荀列傳

騶衍書，史公及劉向時皆見之，惜其不傳。其言仁義六親猶是儒術，蓋託之黄帝，不從孔子也。

右騶子託古。

堯養無告，禹愛辠人，湯、武及禽獸，此先王之所以安危而懷遠也。尸子綽子

堯瘦，舜墨，禹脛不生毛，文王日昃不暇飲食。故富有天下，貴爲天子矣。尸子卷下人之言君天下者，瑤臺九累，而堯白屋；黼衣九種，而堯大布；宮中三市，而堯鶉居；珍羞百種，而堯糲飯菜粥；騏驎青龍，而堯素車元駒。禹治水，爲喪法曰：毀必杖，哀必三年，是則水不救也。故使死於陵者葬於陵，死於澤者葬於澤，桐棺三寸，制喪三月。並同上

所稱堯、禹皆述墨學。

神農氏夫負妻戴以治天下。堯曰：「朕之比神農，猶旦與昏也。」尸子卷下有虞氏身有南畝，妻有桑田。神農并耕而王。同上

此皆並耕之說，託古以行道者。

古者明王之求賢也，不避遠近，不論貴賤，卑爵以下賢，輕身以先士。故堯從舜於畎畝之中，北面而見之，不爭禮貌，此先王之所以能正天地、利萬物之故也。尸子明堂堯問於舜曰：「何事？」舜曰：「事天。」問：「何任？」曰：「任地。」問：「何務？」曰：「務人。」尸子仁意堯南撫交阯，北懷幽都，東西至日月之所出入，有餘日而不足以治者，恕也。尸子卷下務成昭之教舜曰：「避天下之逆，從天下之順，天下不足取也；避天下之順，從天下之逆，天下不足失也。」

舜云：「從道必吉，反道必凶，如影如響。」並同上

右尸子託古。

伏犧、神農教而不誅，黃帝、堯、舜誅而不怒。及至文、武，各當時而立法，因事而制禮。商子更法昔者昊英之世，以伐木殺獸，人民少而木獸多。黃帝之世，不麛不卵，官無供備之民，死不得用槨。事不同皆王者，時異也。神農之世，民耕而食，婦織而衣，刑政不用而治，甲兵不起而王。神農既沒，以強勝弱，以衆暴寡。故黃帝作爲君臣上下之儀，父子兄弟之禮，夫婦妃匹之合，內行刀鋸，外用甲兵，故時變也。商子畫策

地方百里者，山陵處什一，藪澤處什一，谿谷流水處什一，都邑蹊道處什一，惡田處什二，良田處什四，以此食作夫五萬。其山陵、谿谷、藪澤可以給其材，都邑、谿道足以處其民，先王制土分民之律也。商子徠民

商子有什一、什二、什四而稅之說，而皆託之先王。

右商君託古。

昔者舜使吏決洪水，先令有功而舜殺之。禹朝諸侯之君會稽之上，防風之君後至而禹斬之。以此觀之，先令者殺，後令者斬，則古者先貴如令矣。韓非子飾邪

韓非以法爲法，故附會古聖。韓非蓋法家者流也。

古人亟於德，中世逐於智，當今爭於力。古者寡事而備簡，樸陋而不盡，故有珧銚而推車者。古者人寡

而相親，物多而輕利易讓，故有揖讓而傳天下者。韓非子八說

黄帝有言曰：「上下一日百戰。下匿其私用試其上，上操度量以割其下。」韓非子楊權

韓非本法家者流，尊上抑下，刻酷少恩，故所稱引如此。

堯以天下讓許由，許由逃之，舍於家人，家人藏其皮冠。夫棄天下而家人藏其皮冠，是不知許由者也。韓非子說林

堯之王天下也，茅茨不翦，采椽不斲；糲粢之食，藜藿之羹；冬日麑裘，夏日葛衣。雖監門之服養，不虧於此矣。禹之王天下也，身執耒臿以爲民先，股無(肢)〔胈〕，脛不生毛。雖臣虜之勞，不苦於此矣。以是言之，夫古之讓天子者，是去監門之養而離臣虜之勞也。韓非子五蠹

此墨子之所託古，韓非引之。

昔者黄帝合鬼神於泰山之上，駕象車而六蛟龍。畢方並鎋，蚩尤居前，風伯進掃，雨師灑道。虎狼在前，鬼神在後，騰蛇伏地，鳳皇覆上，大合鬼神，作爲清角。韓非子十過

方士多託黄帝，多言鬼神。韓非引之，瓌奇詭異，與佛稱諸天阿修羅乾闥婆緊那羅等。

臣聞昔者堯有天下，飯於土簋，飲於土鉶。其地南至交阯，北至幽都，東西至日月之所出入者，莫不賓服。堯禪天下，虞舜受之，作爲食器，斬山木而財之，削鋸修之迹，流漆墨其上，輸之於宮以爲食器。諸侯以爲益侈，國之不服者十三。舜禪天下而傳之於禹。禹作爲祭器，墨染其外而朱畫其內，縵帛爲茵，蔣席頗緣，觴酌有采，而樽俎有飾。此彌侈矣，而國之不服者三十三。夏后氏沒，殷人受之，作爲大路

而建九旒，食器雕琢，觴酌刻鏤，四壁堊墀，茵席雕文。此彌侈矣，而國之不服者五十三。君子皆知文章矣，而欲服者彌少。臣故曰：儉其道也。韓非子十過

書稱堯、舜服山龍袞冕，與土簋、土鉶相反，道皆不稱而同託之堯。至謂舜作漆器，國多不服，尙足爲舜哉？禹尤以儉著，朱器，縵茵，緣席，采觴，飾尊，彌侈彌不服，此尙儉之謬說。但知通其託古之意，不足辨也。

二世責問李斯曰：「吾有私議而有所聞於韓子也，曰：堯之有天下也，堂高三尺，采椽不斲，茅茨不翦，雖逆旅之宿不勤於此矣。冬日鹿裘，夏日葛衣，粢糲之食，藜藿之羹，飯土匭，啜土鉶，雖監門之養不觳於此矣。禹鑿龍門，通大夏，疏九河，曲九防，決渟水致之海，而股無胈，脛無毛，手足胼胝，面目黎黑，遂以死于外，葬於會稽，臣虜之勞不烈於此矣。」史記李斯列傳

凡韓非所傳，皆墨學也。

堯欲傳天下於舜。鯀諫曰：「不祥哉，孰以天下而傳之於匹夫乎！」堯不聽，舉兵而誅殺鯀於羽山之郊。共工又諫曰：「孰以天下而傳之於匹夫乎！」堯不聽，又舉兵而誅共工於幽州之都。於是天下莫敢言無傳天下於舜。仲尼聞之曰：「堯之知舜之賢，非其難者也。夫至乎誅諫者，必傳之舜，乃其難也。」一曰：「不以其所疑敗其所察，則難也。」韓非子外儲說右

此必韓非託古，並託爲孔子之言以自成其說。

方吾子曰：「君聞之，古禮：行不與同服者同車，不與同族者共家。」韓非子外儲說右

韓非是荀學，故知儒禮。

右韓非託古。

湯七年旱，禹五年水。民之無糧賣子者。湯以莊山之金鑄幣，而贖民之無糧賣子者，禹以歷山之金鑄幣，而贖民之無糧賣子者。故天權失，人地之權皆失也。管子山權

昔者桀霸有天下而用不足，湯有七十里之薄而用有餘。天非獨爲湯雨菽粟，而地非獨爲湯出財物也。伊尹善通移輕重，開闔決塞，通於高下徐疾之筴，坐起之費時也。黄帝問於伯高曰：「吾欲陶天下而以之爲一家，爲之有道乎？」伯高對曰：「請刈其莞而樹之，吾謹逃其蚤牙，則天下可陶而爲一家。」黄帝曰：「此若言可得聞乎？」伯高對曰：「上有丹沙者，下有黄金；上有慈石者，下有銅金；上有陵石者，下有鉛、錫、赤銅；上有赭者下有鐵，此山之見榮者也。」管子地數

管子創輕重開闔礦學，亦託於禹、湯、伊尹、黄帝。

燧人以來，未有不以輕重爲天下也。共工之王，水處什之七，陸處什之三，乘天勢以隘制天下。至於黄帝之王，謹逃其爪牙，不利其器，燒山林，破增藪，焚沛澤，逐禽獸，實以益人，然後天下可得而收也。至於堯、舜之王，所以化海內者，北用禺氏之玉，南貴江、漢之珠，其勝禽獸之仇，以大夫隨之。桓公曰：「何謂也？」管子對曰：「令諸侯之子將委質者，皆以雙(武)〔虎〕之皮，卿大夫豹飾，列大夫豹幨。大夫散其邑粟與其財物以市虎豹之皮。故山林之人刺其猛獸，若從親戚之仇。此君冕服於朝，而猛獸勝於外，大夫已散其財物，萬人得受其流，此堯、舜之數也。」管子揆度

又以輕重偏託古皇。然古者人與獸爭地，其說或有自來。

管子對曰：「夫昔者武王有巨橋之粟，貴糴之數。」桓公曰：「爲之奈何？」管子對曰：「武王立重泉之戍，令曰：『民自有百鼓之粟者不行。』民舉所最粟以避重泉之戍，而國穀二什倍。巨橋之粟亦二什倍。武王以巨橋之粟二什倍而市繒帛，軍五歲毋籍衣於民；以巨橋之粟二什倍而衡黄金百萬，終身無藉於民，准衡之數也。」管子地數

又以輕重之法託之武王。

昔者桀之時女樂三萬人，端譟晨樂聞於三衢，是無不服文繡衣裳者。伊尹以薄之游女工文繡，纂組一純，得粟百鍾於桀之國。夫桀之國者，天子之國也。桀無天下憂，飾婦女鐘鼓之樂，故伊尹得其粟而奪之流。此之謂來天下之財。管子輕重甲

管子曰：「女華者，桀之所愛也，湯事之以千金。曲逆者，桀之所善也，湯事之以千金。內則有女華之陰，外則有曲逆之陽。陰陽之議合而得成其天子，此湯之陰謀也。」同上

此並以陰謀託之湯、伊尹矣。故戰國諸子無事不託古。

女樂三萬，桀之惡未必至是，想亦託也。湯事女華亦類此。

桓公問於管子曰：「輕重安施？」管子對曰：「自理國，虙戲以來，未有不以輕重而能成其王者也。」公曰：「何謂？」管子對曰：「虙戲作造六峜以迎陰陽，作九九之數以合天道，而天下化之。」管子輕重戊

昔者，堯之治天下也，猶埴之在埏也，唯陶之所以爲；猶金之在鑪，恣冶之所以鑄。其民引之而來，推

之而往，使之而成，禁之而止。故堯之治也，善明法禁之令而已矣。黄帝之治天下也，其民不引而來，不推而往，不使而成，不禁而止。故黄帝之治也，置法而不變，使民安其法者也。所謂仁義禮樂者，皆出於法，此先聖之所以一民者也。管子任法

堯、舜，古之明主也。天下推之而不倦，譽之而不厭，久遠而不忘者，有使民不忘之道也。管子形勢解

古者，武王地方不過百里，戰卒之衆不過萬人。然能戰勝攻取，立爲天子，而世謂之聖王者，知爲之之術也。同上

武王乘文王戡黎、伐密、伐崇、伐邘之後，三分有二，豈止百里？此皆稱孔制而託之古。

昔者，黄帝得蚩尤而明於天道，得大常而察於地利，得奢龍而辯於東方，得祝融而辯於南方，得大封而辯於西方，得后土而辯於北方。黄帝得六相而天地治，神明至。蚩尤明乎天道，故使爲當時；大常察乎地利，故使爲廩者；奢龍辯乎東方，故使爲土師；祝融辨乎南方，故使爲司徒；大封辨於西方，故使爲司馬；后土辨乎北方，故使爲李。是故春者，土師也；夏者，司徒也；秋者，司馬也；冬者，李也。昔黄帝以其緩急作五聲以政五鍾，令其五鍾：一曰青鍾，大音；二曰赤鍾，重心；三曰黄鍾，灑光；四曰景鍾，昧其明；五曰黑鍾，隱其常。管子五行

六官之始出管子，而亦託之黄帝。

黄帝立明臺之議者，上觀於賢也。堯有衢室之問者，下聽於人也。舜有告善之旌，而主不蔽也。禹立諫鼓於朝而備訊唉。湯有總街之庭，以觀人誹也。武王有靈臺之復，而賢者進也。此古聖帝明王所以

有而勿失，得而勿忘者也。桓公曰：「吾欲效而爲之，其名云何？」對曰：「名曰嘖室之議。」管子桓公問

管子創議院，亦託先王。

凡萬物陰陽兩生而參視，先王因其參而慎所入所出。以卑爲卑，卑不可得；以尊爲尊，尊不可得：桀、舜是也。先王之所以最重也，得之必生，失之必死者，何也？唯無得之堯、舜、禹、湯、文、武（孝）（者）已斯待以成天下，必待以生，故先王重之。一日不食比歲歉，三日不食比歲饑，五日不食比歲荒，七日不食無國土，十日不食無疇類，盡死矣。先王貴誠信，誠信者，天下之結也。管子樞言

昔者，聖王之治其民也不然，廢上之法制者必負以恥。財厚博惠以私親於民，正經而自正矣。亂國之道，易國之常，賜賞恣於己者，聖王之禁也。管子法禁

昔者，聖王之治人也，不貴其人博學也，欲其人之和同以聽令也。同上

此愚民之術，而託之古昔聖王。

昔者，三代之相授也，安得二天下而殺之？貧民，傷財，莫大於兵；危國，憂主，莫速於兵。此四患者明矣，古今莫之能廢也。兵當廢而不廢，則古今惑也。此二者不廢而欲廢之，則亦惑也。此二者傷國，一也。黄帝、唐虞，帝之隆也，資有天下，制在一人。當此之時也，兵不廢。今德不及三帝，天下不順，而求廢兵，不亦難乎？管子法法

右管子託古。

舜自爲詩曰：「普天之下，莫非王土；率土之濱，莫非王臣。」所以見盡有之也。呂氏春秋慎人 古人隨意引用，託古之義明矣。

按注，王伯厚云：「疑與咸邱蒙同一說，而託之於舜。」此見今詩未必爲舜。

五帝先道而後德，故德莫盛焉；三王先敎而後殺，故事莫功焉；五伯先事而後兵，故兵莫彊焉。當今之世，巧謀並行，詐術遞用，攻戰不休，亡國辱主愈衆，所事者末也。夏后相與有扈戰於甘澤而不勝，六卿請復之。夏后相曰：「不可，吾地不淺，吾民不寡，戰而不勝，是吾德薄而敎不善也。」於是乎處不重席，食不貳味，琴瑟不張，鐘鼓不修，子女不飭，親親，長長，尊賢，使能，期年而有扈氏服。呂氏春秋先己

夏啓當天地開闢時，安得盛琴瑟鐘鼓？與五帝、三王、五伯，皆託也。其言六卿，周官說蓋出於此。

昔者，神農氏之有天下也，時祀盡敬而不祈福也。其於人也，忠信盡治而無求焉。樂正與爲正，樂治與爲治，不以人之壞自成也，不以人之庳自高也。呂氏春秋誠廉

故子華子曰：「厚而不博，敬守一事，正性是喜，羣衆不周，而務成一能。盡能既成，四夷乃平。唯彼天符，不周而周。此神農之所以長，而堯、舜之所以章也。」呂氏春秋知度

堯治天下，伯成子高立爲諸侯。堯授舜，舜授禹，伯成子高辭諸侯而耕。禹往見之，則耕在野。禹趨就下風而問曰：「堯理天下，吾子立爲諸侯。今至於我而辭之，故何也？」伯成子高曰：「當堯之時，未賞而民勸，未罰而民畏，民不知怨，不知說，愉愉其如赤子。今賞罰甚數而民爭利，且不服，德自此衰，利自此作，後世之亂自此始。夫子盍行乎？無慮吾農事。」協而耰，遂不顧。呂氏春秋長利

堯戰於丹水之浦以服南蠻，舜卻苗民，更易其俗，禹攻曹、魏、屈驁、有扈以行其敎。三王以上，固皆用兵也。呂氏春秋召類

神農師悉諸，黄帝師大撓，帝顓頊師伯夷父，帝嚳師伯招，帝堯師子州父，帝舜師許由，禹師大成贄，湯師小臣，文王、武王師呂望、周公旦。呂氏春秋尊師

周公爲文子武弟，安得師之？此不待辨。戰國人自申其說，無往而不託之古人矣。

堯葬於穀林，通樹之；舜葬於紀市，不變其肆；禹葬於會稽，不變人徒。是故先王以儉節葬死也，非愛其費也，非惡其勞也，以爲死者慮也。先王之所惡，惟死者之辱也。發則必辱，儉則不發，故先王之葬，必儉，必合，必同。何謂合？何謂同？葬於山林則合乎山林，葬於阪隰則同乎阪隰，此之謂愛人。呂氏春秋安死

維秦八年，歲在涒灘秋甲子朔。朔之日，良人請問十二紀。文信侯曰：「嘗得學黄帝之所以誨顓頊矣，爰有大圜在上，大矩在下，汝能法之，爲民父母。」呂氏春秋序意

凡帝王者之將興也，天必先見祥乎下民。黄帝之時，天先見大螾大螻。黄帝曰：「土氣勝。」土氣勝，故其色尚黄，其事則土。及禹之時，天先見草木秋冬不殺。禹曰：「木氣勝。」木氣勝，故其色尚青，其事則木。及湯之時，天先見金刃生於水。湯曰：「金氣勝。」金氣勝，故其色尚白，其事則金。及文王之時，天先見火，赤烏銜丹書集于周社。文王曰：「火氣勝。」火氣勝，故其色尚赤，其事則火。呂氏春秋名類

神農之治法，黃帝誨顓頊之言，豈復可考？皆託古之言。百家多稱黃帝，故託黃帝之言尤多，發明於此。

神農之敎曰：「士有當年而不耕者，則天下或受其饑矣；女有當年而不績者，則天下或受其寒矣。」故身親耕，妻親績，所以見致民利也。呂氏春秋愛類

此亦託古，所謂有爲神農之言。神農荒遠，安得有遺言乎？

右呂氏託古。

昔在黃帝，生而神靈，弱而能言，幼而徇齊，長而敦敏，成而登天。迺問於天師曰：「余聞上古之人，春秋皆度百歲，而動作不衰。今時之人，年半百而動作皆衰者，時世異邪？人將失之耶？」岐伯對曰：「上古之人，其知道者，法於陰陽，和於術數，飲食有節，起居有常，不妄作勞，故能形與神俱，而盡終其天年，度百歲乃去。今時之人不然也，以酒爲漿，以妄爲常，醉以入房，以欲竭其精，以耗散其眞，不知持滿，不時御神，務快其心，逆於生樂，起居無節，故半百而衰也。夫上古聖人之敎下也，皆謂之虛邪賊風，避之有時，恬淡虛無，眞氣從之，精神內守，病安從來？是以志閑而少欲，心安而不懼，形勞而不倦，氣從以順，各從其欲，皆得所願。故美其食，任其服，樂其俗，高下不相慕，其民故曰朴。是以嗜欲不能勞其目，淫邪不能惑其心，愚智賢不肖不懼於物，故合於道，所以能年皆度百歲而動作不衰者，以其德全不危也。」內經上古天眞論

黃帝曰：「余聞上古有眞人者，提挈天地，把握陰陽，呼吸精氣，獨立守神，肌肉若一。故能壽敝天地，

无有終時，此其道生。中古之時，有至人者，淳德全道，和於陰陽，調於四時，去世離俗，積精全神，游行天地之間，視聽八達之外，此蓋益其壽命而强者也，亦歸於眞人。其次有聖人者，處天地之和，從八風之理，適嗜欲於世俗之間，无恚嗔之心，行不欲離於世，被服章舉不欲觀於俗，外不勞形於事，內无思想之患，以恬愉爲務，以自得爲功，形體不敝，精神不散，亦可以百數。其次有賢人者，法則天地，象似日月，辯列星辰，逆從陰陽，分別四時，將從上古，合同於道，亦可使益壽而有極時。」同上

黄帝問曰：「余聞古之治病，惟其移精變氣，可祝由而已。今世治病，毒藥治其內，鍼石治其外，或愈或不愈，何也？」岐伯對曰：「往古人居禽獸之間，動作以避寒，陰居以避暑。內無眷慕之累，外無伸宦之形，此恬憺之世邪，不能深入也。故毒藥不能治其內，鍼石不能治其外，故可移精祝由而已。」內經移精變氣論

祝由之科，傳流必極古。今瓊州生番、廣西苗人、雲南野人山之野人，皆有蠱術，亦能移之。印度無來由人，卽穆拉油人，有降乩術，亦其類也。皆野番之俗尙之故。祝由必傳自太古，若素問文詞，皆戰國時語，其所稱黄帝、岐伯皆託古之詞，史記所謂百家多稱黄帝，其言不雅馴，搢紳難言。蓋當時無人不託古，而託黄帝尤多也。

帝曰：「上古聖人作湯液醪醴，爲而不用，何也？」岐伯曰：「自古聖人之作湯液醪醴者，以爲備耳。夫上古作湯液，故爲而弗服也。中古之世，道德稍衰，邪氣時至，服之萬全。」內經湯液醪醴論

帝曰：「善其法星辰者，余聞之矣。願聞法往古者。」岐伯曰：「法往古者，先知鍼經也。」內經八正神明論

黃帝坐明堂，召雷公而問之，曰：「子知醫之道乎？」雷公對曰：「誦而頗能解，解而未能別，別而未能明，明而未能彰，足以治羣僚，不足治侯王。願得受樹天之度，四時陰陽合之，別星辰與日月光。以彰經術，後世益明。上通神農，著至教，疑於二皇。」帝曰：「善，無失之。」內經著至教論

右內經託古。

泰上成鳩之道，一族用之，萬八千歲。鶡冠子王鈇

成鳩氏之道，未有離天曲日術者。天曲者，明而易循也。日術者，要而易行也。龐子曰：「願聞天曲日術。」鶡冠子曰：「其制邑理都使矔習者，五家爲伍，伍爲之長；十伍爲里，里置有司；四里爲扁，扁爲之長；十扁爲鄉，鄉置師；五鄉爲縣，縣有嗇夫治焉；十縣爲郡，有大夫守焉；命曰官屬。郡大夫退修其屬，縣嗇夫退修其鄉，鄉師退修其扁，扁長退修其里，里有司退修其伍，伍長退修其家。事相斥正，居處相察，出入相司。里五日報扁，扁十日報鄉，鄉十五日報縣，縣三十日報郡，郡四十五日報柱國，柱國六十日以聞天子，天子七十二日遣使勉有功，罰不。如此，所以與天地總下情，六十日一上聞上惠，七十二日一下究，此天曲日術也。」並同上

泰上成鳩之道，亦託古也。

泰一者，執大同之制，調泰鴻之氣，正神明之位者也。故九皇受傳以索其然之所生。傳謂之得天之解，傳謂之得天地之所始，傳謂之道，得道之常，傳謂之聖人之道與神明相得。故曰，道德郄始窮初，得齊之所出，九皇殊制而政莫不效焉，故曰泰一。泰皇問泰一曰：「天，地，人事，三者孰急？」泰一曰：「愛

精養神內端者，所以希天。天也者，神明之所根也。醇化四時，陶埏無形，刻鏤未萌，離文將然者也。地者，承天之演，備載以寧者也。吾將告汝神明之極，天、地、人事三者復一也。」鶡冠子泰鴻

五帝在前，三王在後。上德已衰矣，兵知俱起。黃帝百戰，蚩尤七十二。堯代有唐，禹服有苗，天不變其常，地不易其則，陰陽不亂其氣，生死不俛其位，三光不改其用，神明不徙其法，得失不兩張，成敗不兩立，所謂賢不肖者，古今一也。鶡冠子世兵

右鶡冠子託古。

昔者，神農之治天下也，神不馳於胸中，智不出於四域，懷其仁誠之心。甘雨時降，五穀蕃植，春生，夏長，秋收，冬藏。月省時考，歲終獻功，以時嘗穀，祀於明堂。明堂之制，有蓋而無四方，風雨不能襲，寒暑不能傷。遷延而入之，養民以公。其民樸重端愨，不忿爭而財足，不勞形而功成。因天地之資而與之和同。是故威厲而不殺，刑錯而不用，法省而不煩，故其化如神。其地南至交趾，北至幽都，東至暘谷，西至三危，莫不聽從。當此之時，法寬刑緩，囹圄空虛，而天下一俗，莫懷姦心。淮南子主術訓

昔者黃帝治天下而力牧太山稽輔之，以治日月之行律，治陰陽之氣，節四時之度，正律歷之數；別男女，異雌雄，明上下，等貴賤，使强不掩弱，衆不暴寡，人民保命而不夭，歲時熟而不凶，百官正而無私，上下調而無尤，法令明而不闇，輔佐公而不阿；田者不侵畔，漁者不爭隈，道不拾遺，市不豫賈，城郭不關，邑無盜賊，鄙旅之人相讓以財，狗彘吐菽粟於路而無忿爭之心。於是日月精明，星辰不失其行，風雨時節，五穀登孰，虎狼不妄噬，鷙鳥不妄搏，鳳皇翔於庭，麒麟游於郊，青龍進駕，飛黃伏皁，諸北儋耳

之國莫不獻其貢職。然猶未及虙戲氏之道也。淮南子覽冥訓

託於極治，安得若此？此亦託古也。

五帝三王輕天下，細萬物，齊死生，同變化，抱大聖之心以鏡萬物之情，上與神明爲友，下與造化爲人。今欲學其道，不得其清明玄聖，而守其法籍憲令，不能爲治，亦明矣。淮南子齊俗訓

細萬物，齊生死，是道家說。彼託之五帝三王。又如此攻儒者，則謂其法籍憲令矣。

故神農之法曰：「丈夫丁壯而不耕，天下有受其饑者；婦人當年而不織，天下有受其寒者。」故身自耕，妻親織，以爲天下先。其導民也，不貴難得之貨，不器無用之物。是故其耕不强者，無以養生；其織不强者，無以揜形。有餘不足，各歸其身。衣食饒溢，姦邪不生。安樂無事，而天下均平。故孔丘、曾參無所施其善，孟賁、成荊無所行其威。淮南子齊俗訓

此許行並耕之說，而託始於神農者。

是故古者明堂之制，下之潤溼弗能及，上之霧露弗能入，四方之風弗能襲。土事不文，木工不斲，金器不鏤。衣無隅差之削，冠無觚贏之理。堂大足以周旋，理文靜潔足以享上帝，禮鬼神，以示民知儉節。淮南子本經訓

此墨子明堂之制，引以託之古。

夫鉗且、大丙不施轡銜，而以善御聞於天下。伏戲、女媧不設法度，而以至德遺於後世。何則？至虛無純一，而不嘐喋苛事也。淮南子覽冥訓

禹之趨時也，履遺而弗取，冠挂而弗顧，非爭其先也，而爭其得時也。淮南子原道訓

是故禹之決瀆也，因水以爲師；神農之播穀也，因苗以爲教。同上

及世之衰也，至伏羲氏，其道昧昧芒芒然，吟德懷和，被施頗烈，而知乃始昧昧晽晽，皆欲離其童蒙之心而覺視於天地之間，是故其德煩而不能一。乃至神農、黄帝，剖判太宗，竅領天地，襲九窾，重九㙞，提挈陰陽，嫥捖剛柔，枝解葉貫，萬物百族使各有經紀條貫，於此萬民睢睢盱盱然，莫不竦身而載聽視，是故治而不能和下。淮南子俶眞訓

故皋陶瘖而爲大理，天下無虐刑，有貴于言者也；師曠瞽而爲太宰，晉無亂政，有貴于見者也。故不言之令，不視之見，此伏犧、神農之所以爲師也。淮南子主術訓

皋陶昌言賡歌，見於書。至明而謂之爲瘖，此不待辨。諸子皆隨意託古人以成其說，不計事實也。

昔者，夏鯀作三仞之城，諸侯背之，海外有狡心。禹知天下之叛也，乃壞城平池，散財物，焚甲兵，施之以德。海外賓伏，四夷納職，合諸侯於塗山，執玉帛者萬國。故機械之心藏于胸中，則純白不粹，神德不全。淮南子原道訓

作城之害，壞城之利，託之鯀、禹以申其說。

昔東戶季子之世，注：東戶季子，古之人君。道路不拾遺，耒耜餘糧宿諸晦首，使君子小人各得其宜也。淮南子繆稱訓

五帝三王殊事而同指，異路而同歸。晚世學者不知道之所一體，德之所總要，取成之迹相與危坐而說

之，鼓歌而舞之，故博學多聞而不免於惑。淮南子本經訓

取成之迹，至危坐而說，鼓歌而舞，當時託古之風盛極一時。

堯之有天下也，非貪萬民之富而安人主之位也；以爲百姓力征，强凌弱，衆暴寡，於是堯乃身服節儉之行，而明相愛之仁以和輯之。是故茅茨不翦，采椽不斲，大路不畫，越席不緣，太羹不和，粢食不毇，巡狩行敎，勤勞天下，周流五嶽。豈其奉養不足樂哉？舉天下而以爲社稷，非有利焉。年衰志憫，舉天下而傳之舜，猶卻行而脫蹝也。淮南子主術訓

故葬薶足以收斂蓋藏而已。昔舜葬蒼梧，市不變其肆。禹葬會稽之山，農不易其畝。明乎生死之分，通乎侈儉之適者也。淮南子齊俗訓

故伊尹之興士功也，脩脛者使之跖钁，强脊者使之負土，眇者使之準，傴者使之塗，各有所宜而人性齊矣。同上

禹之時，以五音聽治，懸鐘、鼓、磬、鐸，置鞀，以待四方之士。爲號曰：「敎寡人以道者擊鼓，諭寡人以義者擊鐘，告寡人以事者振鐸，語寡人以憂者擊磬，有獄訟者搖鞀。」當此之時，一饋而十起，一沐而三捉髮，以勞天下之民。此而不能達善效忠者，則才不足也。淮南子氾論訓

自古及今，五帝三王，未有能全其行者也。故易曰：「小過亨，利貞。」言人莫不有過而不欲其大也。同上

昔者五帝三王之莅政施敎，必用參五。何謂參五？仰取象於天，俯取度於地，中取法於人。淮南子泰族訓

右淮南子託古。

少君言於上曰：「祠竈則致物。致物而丹砂可化爲黃金。黃金成以爲飲食器則益壽。益壽而海中蓬萊僊者可見。見之以封禪則不死，黃帝是也。」史記孝武本紀

方士謬託黃帝，最易惑人主聽聞。

亳人薄誘忌奏祠泰一方，曰：「天神貴者泰一。泰一佐曰五帝。古者天子以春秋祭泰一東南郊，用太牢，具七日，爲壇開八，通之鬼道。」於是天子令太祝立其祠長安東南郊，常奉祠如忌方。其後人有上書言：「古者天子三年一用太牢，具祠神三：一，天；一，地；一，泰一。」天子許之。令太祝領祠之忌泰一壇上如其方。後人復有上書言：「古者天子常以春秋解祠，祠黃帝用一梟、破鏡，冥羊用羊，祠馬行用一青牡馬，泰一、皋山、山君、地長用牛，武夷君用乾魚，陰陽使者以一牛。」令祠官領之如其方，而祠於忌泰一壇旁。史記孝武本紀

方士謬論，尙多託於先王。

天子既聞公孫卿及方士之言，黃帝以上封禪，皆致怪物，與神通。欲放黃帝，以嘗接神僊人蓬萊士，高世比德於九皇，而頗采儒術以文之。史記孝武本紀

方士既謬託先王，又文飾儒術，其計甚巧。人主所以易爲所惑也。

齊人公孫卿曰：「今年得寶鼎，其冬辛巳朔旦冬至，與黃帝時等。」卿有札書曰：「黃帝得寶鼎。宛侯問於鬼臾區。區對曰：『黃帝得寶鼎神筴，是歲己酉朔旦冬至，得天之紀，終而復始。於是黃帝迎日推

筴，後率二十歲得朔旦冬至，凡二十推，三百八十年，黃帝僊登於天。』」卿因所忠欲奏之。所忠視其書不經，疑其妄。書謝曰：「寶鼎事已決矣，尚何以爲？」卿因嬖人奏之，上大說召問。卿對曰：「受此書申功，申功已死。」上曰：「申功，何人也？」卿曰：「申功，齊人也，與安期生通，受黃帝言，無書，獨有此鼎書曰：『漢興，復當黃帝之時，漢之聖者在高祖之孫且曾孫也。寶鼎出而與神通封禪，封禪七十二王，唯黃帝得上泰山封。』申功曰：『漢主亦當上封，上封則能僊登天矣。黃帝時萬諸侯，而神靈之封居七千，天下名山八，而三在蠻夷，五在中國。中國華山、首山、太室、泰山、東萊，此五山，黃帝之所常遊與神會。黃帝且戰且學僊，患百姓非其道，乃斷斬非鬼神者，百餘歲然後得與神通。黃帝郊雍上帝，宿三月。鬼臾區號大鴻，死葬雍，故鴻冢是也。其後黃帝接萬靈明廷，明廷者，甘泉也，所謂寒門者，谷口也。黃帝采首山銅，鑄鼎於荊山下。鼎既成，有龍垂胡髯下迎黃帝。黃帝上騎，羣臣後宮從上龍七十餘人，龍乃上去。餘小臣不得上，乃悉持龍髯。龍髯拔，墮黃帝之弓。百姓仰望。黃帝既上天，乃抱其弓與龍胡髯號。故後世因名其處曰鼎湖，其弓曰烏號。』」史記孝武本紀

方士託古誕謬，人皆易知，然亦戰國之餘風。

濟南人公玉帶上黃帝時明堂圖。史記孝武本紀

公玉帶曰：「黃帝時雖封泰山，然風后、封鉅、岐伯令黃帝封東泰山，禪凡山，合符，然後不死焉。」同上

按公玉帶尚託黃帝而以不死爲主，是老子之學派也。

公卿曰：「古者祠天地皆有樂，而神祇可得而禮。或曰，泰帝使素女鼓五十弦瑟，悲，帝禁不止，故破其

瑟爲二十五弦。」史記孝武本紀

漢時以傳聞爲學，未一儒統，託古之謬說尚紛紛。

右方士託古。

孔子改制考卷五

南海康有爲廣廈撰

諸子爭教互攻考

諸子互攻總義
墨攻諸子
墨攻楊朱
墨攻吴慮
老攻儒墨
老攻墨學
老攻名家
老攻法術家
老攻刑名法術縱横家
老攻諸子
儒道攻法術家

儒道攻諸子

名法家交攻

名家攻縱横家

法家攻楊學

人莫不尊知而火馳，自是而人非。抱有者咸有之，匪振以私。夫天之道圓，圓則無宗無相，人能之哉！足跌若圓，不能自立。有形體則礙，有牆壁則蔽，奈之何哉！於是堅壁樹壘，立溝營家，紛而封哉！自信而攻人，自大而滅人。爭政者以兵，爭教者以舌，樹頞立説，徒黨角立，衍而彌溢。佛與婆羅門九十六外道，立壇騰辨。然則諸子互攻，固宜然哉！編其諸説，考古今之故焉。

夫弦歌鼓舞以爲樂，盤旋揖讓以修禮，厚葬久喪以送死，孔子之所立也，而墨子非之。兼愛，尚賢，右鬼，非命，墨子之所立也，而楊子非之。全性保眞，不以物累形，楊子之所立也，而孟子非之。淮南子氾論訓

墨子本孔子後學，楊子爲老子弟子。戰國時，諸子雖並爭，而兼愛以救人，爲我以自私，皆切於人情，故徒屬極衆，與孔子並。故當時楊、墨與儒相攻最多。

墨子貴兼，孔子貴公，皇子貴衷，田子貴均，列子貴虚，料子貴別囿，其學之相非也數世矣，而已皆弇於私也。天、帝、后、皇、辟、公、弘、廓、宏、溥、介、純、夏、憮、冢、晊、昄，皆大也，十有餘名而實一也。若使兼、公、虚、均、衷、平、易，別囿一實，則無相非也。尸子廣澤

皇子、田子、料子之學不傳，然尸子以與孔、墨並稱，亦其時改制巨子也。貴均，貴別，其學皆可想。

貴衷不知若何？孟子云：「子莫執中。」中、衷音義俱同，殆卽一人也。

巫馬子謂子墨子曰：「子兼愛天下，未云利也，我不愛天下，未云賊也。功皆未至，子何獨自是而非我哉？」子墨子曰：「今有燎者於此，一人奉水將灌之，一人摻火將益之。功皆未至，子何貴於二人？」巫馬子曰：「我是彼奉水者之義，而非夫摻火者之意。」子墨子曰：「吾亦是吾意而非子之意也。」墨子耕柱

今諸侯異政，百家異說，則必或是或非，或理或亂。荀子解蔽

故惠子從車百乘以過孟諸，莊子見之者其餘；魚歸胡飲水數斗而不足，鱓鮪入口若露而死；智伯有三晉而欲不贍，林類、榮啓期衣若縣衰而意不慊：由此觀之，則趣行各異，何以相非也？淮南子齊俗訓

古者楊、墨塞路，孟子辭而闢之，廓如也。後之塞路者有矣，竊自比於孟子。或曰，人各是其所是而非其所非，將誰使正之？法言吾子

右諸子互攻總義。

今天下之士君子之書不可勝載，言語不可盡計，上說諸侯，下說列士，其於仁義則大相遠也。何以知之？曰，我得天下之明法以度之。墨子天志

書不勝載，語不可計，則當時子書多甚，如今諸敎之藏經矣。墨子皆徧攻之，以爲遠於仁義。蓋墨子經上篇以算言理也。

右墨攻諸子。

禽子問楊朱曰：「去子體之一毛以濟一世，汝爲之乎？」楊子曰：「世固非一毛之所濟。」禽子曰：「假濟，爲之乎？」楊子弗應。禽子出，語孟孫陽。孟孫陽曰：「子不達夫子之心，吾請言之。有使若肌膚獲萬金者，若爲之乎？」曰：「爲之。」孟孫陽曰：「有斷若一節，得一國，子爲之乎？」禽子默然有間。孟孫陽曰：「一毛微於肌膚，肌膚微於一節，省矣。然則積一毛以成肌膚，積肌膚以成一節。一毛固一體萬分中之一物，奈何輕之乎？」禽子曰：「吾不能所以答子。然則以子之言問老聃、關尹，則子之言當矣；以吾言問大禹、墨翟，則吾言當矣。」孟孫陽顧與其徒說他事。列子楊朱

拔一毛以濟天下，不爲。儒攻之，墨亦攻之，而孟孫陽竟能張其宗旨以絀人。楊朱得此後勁，老學所由徧天下哉！

右墨攻楊朱。

魯之南鄙人有吳慮者，冬陶，夏耕，自比於舜。子墨子聞而見之。吳慮謂子墨子：「義耳義耳，焉用言之哉？」子墨子曰：「子之所謂義者，亦有力以勞人，有財以分人乎？」吳慮曰：「有。」子墨子曰：「翟嘗計之矣，翟慮耕天下而食之人矣，盛，然後當一農之耕，分諸天下不能人得一升粟。籍而以爲得一升粟，其不能飽天下之饑者，既可睹矣。翟慮織而衣天下之人矣，盛，然後當一婦人之織，分諸天下不能人得尺布。籍而爲得尺布，其不能煖天下之寒者，既可睹矣。翟慮被堅執銳，救諸侯之患，盛，然後當一夫之戰。一夫之戰，其不御三軍，既可睹矣。翟以爲不若誦先王之道而求其說，通聖人之言而察其辭，上說王公大人，次匹夫徒步之士。王公大人用吾言，國必治；匹夫徒步之士用吾言，行必脩。

故翟以爲雖不耕而食饑，不織而衣寒，功賢於耕而食之、織而衣之者也。故翟以爲雖不耕織乎，而功賢於耕織也。」吳慮謂子墨子曰：「義耳義耳，焉用言之哉？」子墨子曰：「籍設而天下不知耕，教人耕，與不教人耕而獨耕者，其功孰多？」吳慮曰：「教人耕者其功多。」子墨子曰：「籍設而攻不義之國，鼓而使衆進戰，與不鼓而使衆進戰而獨進戰者，其功孰多？」吳慮曰：「鼓而進衆者其功多。」子墨子曰：「天下匹夫徒步之士少知義，而教天下以義者功亦多，何故弗言也？若得鼓而進於義，則吾義豈不益進哉？」墨子魯問

吳慮蓋丈人、荷蕢、沮、溺之流，專尙躬行，獨善其身，自尙其力。然自比於舜，則自命甚至。蓋亦當時一巨子，如顏習齋之比。墨子專以救人爲主，故辨之甚力。

右墨攻吳慮。

故孔、墨之後，儒分爲八，墨離爲三。取舍相反不同，而皆自謂眞孔、墨。孔、墨不可復生，將誰使定後世之學乎？孔子、墨子俱道堯、舜，而取舍不同，皆自謂眞堯、舜。堯、舜不復生，將誰使定儒、墨之誠乎？殷、周七百餘歲，虞、夏二千餘歲，而不能定儒、墨之眞。今乃欲審堯、舜之道於三千餘歲之前，意者其不可必乎？無參驗而必之者愚也，弗能必而據之者誣也。故明據先王，必定堯、舜者，非愚則誣也。愚誣之學，雜反之行，明主弗受也。墨者之葬也，冬日冬服，夏日夏服，桐棺三寸，服喪三月，世以爲儉而禮之。儒者破家而葬，服喪三年，大毀扶杖，世主以爲孝而禮之。夫是墨子之儉，將非孔子之侈也；是孔子之孝，將非墨子之戾也。今孝戾侈儉，俱在儒、墨，而上兼禮之。韓非子顯學

孔、墨俱改制，上託堯、舜。韓非在儒、墨外，猶知其託古，故得而攻之。異教相攻，原不足計，然儒、墨之託古可爲據矣。

儒以文亂法，俠以武犯禁，而人主兼禮之，此所以亂也。夫離法者罪，而諸先王以文學取；犯禁者誅，而羣俠以私劍養。韓非子五蠹

國平養儒俠，難至用介士，所利非所用，所用非所利；是故服事者簡其業，而游學者日衆，是世之所以亂也。同上

韓非學於荀子，本爲儒家。然解老、喻老，專言刑名法術，歸宿在老學，故攻儒、墨也。墨子之學，以死爲義，以救人爲事，俠卽其流派，故與儒並攻。當時諸子之學，亦無與儒並馳者。墨之爲俠，猶孔之爲儒，或以姓行，或以道顯耳。

以爲儒者用文亂法，而俠者以武犯禁。史記老莊申韓列傳

儒者，孔子也。俠者，墨子也。流派各分。墨子之學不畏死，故其學爲俠。俠者，墨學之號，猶孔學之稱儒。諸子史中或稱孔、墨舉其姓，或稱儒、俠舉其號，至稱儒、墨者，雜舉之也。太史公云者，蓋史談爲老學，不滿於儒、墨也；而云二者交譏，亦見二學之至盛也。

孔、墨之弟子，皆以仁義之術敎導於世，然而不免於僇身，猶不能行也，又況所敎乎？是何則？其道外也。淮南子俶眞訓

此老氏學攻儒、墨之言。老氏內學爲多。

夫三年之喪，是强人所不及也，而以僞輔情也。三月之服，是絕哀而迫切之性也。夫儒、墨不原人情之終始，而務以行相反之制，五縗之服。淮南子齊俗訓

此在儒、墨之外而兼譏二敎者。

今世殊死者，相枕也；桁楊者，相推也；刑戮者，相望也。而儒、墨乃始離跂攘臂乎桎梏之間，意！甚矣哉！其無愧而不知恥也！莊子在宥

此道家攻儒墨之說。

道之所一者，德不能同也；知之所不能知者，辯不能舉也。名若儒、墨而凶矣。故海不辭東流，大之至也。聖人並包天地，澤及天下，而不知其誰氏。莊子徐無鬼

故有儒、墨之是非，以是其所非而非其所是。莊子齊物

右老攻儒、墨。

二世責問李斯曰：「吾有私議而有所聞於韓子也，曰：『堯之有天下也，堂高三尺，采椽不斲，茅茨不翦，雖逆旅之宿，不勤於此矣。冬日鹿裘，夏日葛衣，粢糲之食，藜藿之羹，飯土匭，啜土鉶，雖監門之養，不觳於此矣。禹鑿龍門，道大夏，疏九河，曲九防，決渟水致之海，而股無胈，脛無毛，手足胼胝，面目黎黑，遂以死于外，葬於會稽，臣虜之勞，不烈於此矣。』然則夫所貴於有天下者，豈欲苦形勞神，身處逆旅之宿，口食監門之養，手持臣虜之作哉！此不肖人之所勉也，非賢者之所務也。彼賢人之有天下也，專用天下適己而已矣，此所以貴於有天下也。」史記李斯列傳

韓非有解老、喻老之篇，是老氏學，故太史公以之與老子同傳。此爲楊氏學。楊朱爲老子弟子，即老氏學，故韓非兼收老、楊之學者。秦始愚民，韓非以老學行之，遂至今日。然則統論諸子爲害之大莫若韓非，關係之重亦莫若韓非矣。

右老攻墨學。

惠子爲惠王爲國法，已成，而示諸先生，先生皆善之。奏之惠王，惠王甚說之，以示翟煎。曰：「善。」惠王曰：「善可行乎？」翟煎曰：「不可。」惠王曰：「善而不可行，何也？」翟煎對曰：「今夫舉大木者，前呼邪許，後亦應之，此舉重勸力之歌也。豈無鄭、衞激楚之音哉？然而不用者，不若此其宜也。治國有禮，不在文辯，故老子曰：『法令滋彰，盜賊多有。』此之謂也。」淮南子道應訓

翟煎引老子，蓋是老學而攻名家者。

右老攻名家。

問者曰：「徒術而無法，徒法而無術，其不可何哉？」對曰：「申不害，韓昭侯之佐也。韓者，晉之別國也。晉之故法未息，而韓之新法又生，先君之令未收，而後君之令又下。申不害不擅其法，不一其憲令，則姦多。故利在故法前令，則道之；利在新法後令，則道之；利在故新相反，前後相悖，則申不害雖十使昭侯用術，而姦臣猶有所譎其辭矣。故託萬乘之勁韓，七十年而不至於霸王者，雖用術於上，法不勤飾於官之患也。公孫鞅之治秦也，設告相坐而責其實，連什伍而同其罪，賞厚而信，刑重而必，是以其民用力勞而不休，逐敵危而不卻，故其國富而兵强。然而無術以知姦，則以其富强也，資人臣而已

矣。及孝公、商君死，惠王即位，秦法未敗也，而張儀以秦殉韓、魏。惠王死，武王即位，甘茂以秦殉周。武王死，昭襄王即位，穰侯越韓、魏而東攻齊，五年而秦不益尺土之地，乃城其陶邑之封；應侯攻韓八年，城其汝南之封。自是以來，諸用秦者，皆應、穰之類也。故戰勝則大臣尊，益地則私封立，主無術以知姦也。商君雖十飾其法，人臣反用其資，故乘强秦之資，數十年而不至於帝王者，法不勤飾於官，主無術於上之患也。」韓非子定法

問者曰：「主用申子之術，而官行商君之法，可乎？」對曰：「申子未盡於法也。申子言治不踰官，雖知弗言。治不踰官，謂之守職可也；知而弗言，是謂過也。人主以一國目視，故視莫明焉；以一國耳聽，故聽莫聰焉。今知而弗言，則人主尙安假借矣？商君之法曰：斬一首者爵一級，欲爲官者爲五十石之官；斬二首者爵二級，欲爲官者爲百石之官。官爵之遷，與斬首之功相稱也。今有法曰：斬首者令爲醫匠，則屋不成而病不已。夫匠者手巧也，而醫者齊藥也，而以斬首之功爲之，則不當其能。今治官者，智能也，今斬首者，勇力之所加也，以勇力之所加，而治智能之官，是以斬首之功爲醫匠也。故曰，二子之於法術，皆未盡善也。」同上

韓非學於申、商而並攻之，然以軍功爲吏，至今猶從焉，是亦不可解矣。後世英主駕馭臣下，多有術相傳，此申子之後學哉！

故商鞅立法而支解，吳起刻削而車裂。治國辟若張琴，大絃組則小絃絕矣。淮南子繆稱訓

右老攻法術家。

公孫龍粲於辭而貿名，鄧析巧辯而亂法，蘇秦善說而亡國。由其道則善無章，修其理則巧無名。淮南子詮言訓

吳起、張儀，智不若孔、墨而爭萬乘之君，此其所以車裂支解也。淮南子主術訓

今商鞅之啓塞，申子之三符，韓非之孤憤，張儀、蘇秦之從橫，皆掇取之權，一切之術也，非治之大本，事之恆常，可博聞而世傳者也。淮南子泰族訓

刑名、法術、縱橫之術，施之於一時，而不能行於後世者，以其權術逐末，如烏喙、天雄，非可常服。治天下之大本，事之恆常，可博聞而世傳者，儒道也。此尊儒而攻刑名、法術、縱橫家者。

右老攻刑名、法術、縱橫家。

且夫世之愚學，皆不知治亂之情，讘談多誦先古之書，以亂當世之治。智慮不足以避穽井之陷，又妄非有術之士。聽其言者危，用其計者亂，此亦愚之至大，而患之至甚者也。俱與有術之士，有談說之名而實相去千萬也，此夫名同而實有異者也。夫世愚學之人比有術之士也，猶螘垤之比大陵也，其相去遠矣。韓非子姦劫弒臣

先物行、先理動之謂前識。前識者，無緣而忘意度也。何以論之？詹何坐，弟子侍。有牛鳴於門外，弟子曰：「是黑牛也而白題。」詹何曰：「然，是黑牛也，而白在其角。」使人視之，果黑牛而以布裹其角。以詹子之術，嬰衆人之心，華焉殆矣！故曰：「道之華也。」嘗試釋詹子之察，而使五尺之愚童子視之，亦知其黑牛而以布裹其角也。故以詹子之察，苦心傷神，而後與五尺之愚童子同功，是以曰愚之首也。

韓非子解老

詹何爲前識之學，與老又不同，故韓非攻之。

枝於仁者，擢德塞性，以收名聲，使天下簧鼓以奉不及之法，非乎？而曾、史是已。駢於辯者，纍瓦結繩，竄句遊心於堅白同異之間，而敝跬譽無用之言，非乎？而楊、墨是已。莊子駢拇

削曾、史之行，鉗楊、墨之口，攘棄仁義，而天下之德始玄同矣。莊子胠篋

故萇弘、師曠先知禍福，言無遺策，而不可與衆同職也。公孫龍折辯抗辭，別同異，離堅白，不可與衆同道也。北人無擇非舜而自投淸泠之淵，不可以爲世儀。魯般、墨子以木爲鳶而飛之，三日不集，而不可使爲工也。故高不可及者，不可以爲人量；行不可逮者，不可以爲國俗。淮南子齊俗訓

至理精言，凡不可乎人情者，必不能大行。佛說微妙而不能盡人從之，儒術以人治人，故人人可從。

右老攻諸子。

周書曰：「掩雉不得，更順其風。」今若夫申、韓、商鞅之爲治也，掉拔其根，蕪棄其本，而不窮究其所由生何以至此也。鑿五刑爲刻削，乃背道德之本，而爭於錐刀之末。斬艾百姓，殫盡太半，而忻忻然常自以爲治。是猶抱薪而救火，鑿竇而出水。淮南子覽冥訓

此儒、道攻法術之說。

右儒、道攻法術家。

百家異說，名有所出。若夫墨、楊、申、商之於治道，猶蓋之無一橑而輪之無一幅，有之可以備數，無之

未有害於用也。己自以爲獨擅之，不通之於天地之情也。淮南子原道訓

右儒、道攻諸子。

白圭謂魏王曰：「市邱之鼎以烹雞，多洎之則淡而不可食，少洎之則焦而不熟。然而視之蝺焉美，無所可用。惠子之言有似於此。」惠子聞之，曰：「不然。使三軍饑而居鼎旁，適爲之甑，則莫宜之此鼎矣。白圭聞之曰『無所可用』者，意者徒加其甑邪？白圭之論自悖，其少魏王大甚！以惠子之言『蝺焉美，無所可用，』是魏王以言無所可用者爲仲父也，是以言無所用者爲美也。」呂氏春秋應言

解在乎白圭之非惠子也，公孫龍之說燕昭王以偃兵及應空洛之遇也，孔穿之議公孫龍，翟煎之難惠子之法。此四士者之議皆多故矣，不可不獨論。呂氏春秋聽言

魏惠王謂惠子曰：「上世之有國，必賢者也。今寡人實不若先生，願得傳國。」惠子辭。王又固請，曰：「寡人莫有之國於此者也，而傳之賢者，民之貪爭之心止矣，欲先生之以此聽寡人也。」惠子曰：「若王之言，則施不可而聽矣。王固萬乘之主也，以國與人猶尚可。施，布衣也，可以有萬乘之國而辭之，此其止貪爭之心愈甚也。」惠王謂惠子曰，古之有國者必賢者也，夫受而賢者舜也，是欲惠子之爲舜也；夫辭而賢者許由也，是惠子欲爲許由也；傳而賢者堯也，是惠王欲爲堯也。堯、舜、許由之作，非獨傳舜而由辭也，他行稱此。今無其他而欲爲堯、舜、許由，故惠王布冠而拘于鄄，齊威王幾弗受。惠子易衣、變冠、乘輿而走，幾不出乎魏境。凡自行不可以幸爲必誠。匡章謂惠子於魏王之前曰：「蝗螟，農夫得而殺之，奚故？爲其害稼也。今公行多者數百乘，步者數百人，少者數十乘，步者數十人，此

無耕而食者，其害稼亦甚矣。」惠王曰：「惠子，施也難以辭與公相應。雖然，請言其志。」惠子曰：「今之城者，或者操大築乎城上，或負畚而赴乎城下，或操表掇以善晞望，若施者其操表掇者也。使工女化而爲絲不能治絲，使大匠化而爲木不能治木，使聖人化而爲農夫不能治農夫。施而治農夫者也，公何事比施於螣螟乎？」惠子之治魏爲本，其治不治。當惠王之時，五十戰而二十敗，所殺者不可勝數，大將愛子有禽者也。大術之愚爲天下笑，得擧其諱，乃請令周太史更著其名。圍邯鄲三年而弗能取，士民罷潞，國家空虛，天下之兵四至，衆庶誹謗，諸侯不譽。謝於翟翦而更聽其謀，社稷乃存。名寶散出，土地四削，魏國從此衰矣。仲父，大名也；讓國，大實也。說以不聽不信，聽而若此，不可謂工矣。不工而治，賊天下莫大焉。幸而獨聽於魏也。以賊天下爲實，以治之爲名，匡章之非，不亦可乎？白圭新與惠子相見也，惠子說之以彊。白圭無以應。惠子出，白圭告人曰：「人有新取婦者，婦至，宜安矜，煙視媚行。豎子操蕉火而鉅，新婦曰：『蕉火大鉅。』入於門，門中有斂陷，新婦曰：『塞之，將傷人之足。』此非不便之家氏也，然而有大甚者。今惠子之遇我尙新，其說我有大甚者。」惠子聞之曰：「不然。詩曰：『愷悌君子，民之父母。』愷者，大也；悌者，長也。君子之德長且大者，則爲民父母。父母之敎子也豈待久哉，何事比我於新婦乎？詩豈曰『愷悌新婦』哉！」誹汙因汙，誹辟因辟，是誹者與所非同也。白圭曰「惠子之遇我尙新，其說我有大甚者，」惠子聞而誹之，因自以爲爲之父母。其非有甚於白圭，亦有大甚者。呂氏春秋不屈

白圭似墨子尙質而不尙文者，而公孫龍、惠子名家者流，尙文而不尙質者也。孔穿爲孔子六世孫，亦

儒家者。然而白圭、惠子相攻甚力，以其一文一質，宗旨不同，所以交譏。此皆不該不徧一曲之士也。孔子云：「文質彬彬，然後君子。」二子不知孔子改制文質相因之義，故交攻如是。

右名、法家交攻。

趙惠王謂公孫龍曰：「寡人事偃兵十餘年矣而不成，兵不可偃乎？」公孫龍對曰：「偃兵之意，兼愛天下之心也。兼愛天下，不可以虚名爲也，必有其實。今藺、離石入秦，而王縞素出總；東攻齊得城，而王加膳置酒。秦得地而王出總，齊亡地而王加膳，所非兼愛之心也，此偃兵之所以不成也。今有人於此，無禮慢易而求敬，阿黨不公而求令，煩號數變而求靜，暴戾貪得而求定，雖黄帝猶若困。」呂氏春秋審應

公孫龍爲墨子弟子，以堅白鳴者，故亦言兼愛。

右名家攻縱横家。

人君唯無好全生，則羣臣皆全其生，而生又養生。養，何也？曰：滋味也，聲色也，然後爲養生；然則從欲妄行，男女無别，反於禽獸。然則禮義廉恥不立，人君無以自守也。故曰，全生之説勝，則廉恥不立。管子立政九敗解

全生之説，則楊學也。

右法家攻楊學。

孔子改制考卷六

南海康有爲廣厦撰

墨老弟子後學考表附

大教之行，各有龍象。其教力之所嘘吸，皆有聰敏堅强之士爲之先後、疏附、奔走、禦侮焉。雖然，讀遼、金、大理、南詔之書，其人才光誦於口、膾炙於時者寡矣。若王猛、慕容恪、王朴之流，才略冠古今，獨不能與蕭、張、房、魏爭功臣之享，況范增、荀彧者哉！嗟夫！仕非其主，功名夭枉，況事師從教，垂於萬世者乎！顔、冉、由、賜之徒，俎豆莘莘，樂舞鏗鏘，烹牛莘羊，既苾既芬，翼翼嚳宗，萬方嚴宏，龍袞縫掖，甸匐振振，若諸子後世可述者，其有幾人哉？拾遺補墜，表附於後。此皆當時之誤於攀龍鱗、附鳳翼者，蓋湮沒闇汶於草土不齒數者久矣。士青雲之附，豈可不善擇耶？

墨子弟子後學。

孔子弟子七十，養徒三千人，皆入孝出悌，言爲文章，行爲儀表，教之所成也。墨子服役者百八十人，皆可使赴火、蹈刃、死不還踵，化之所致也。淮南子泰族訓

百八十人死不旋踵，疑即孟勝之事附於墨子者。觀其稱孔子之徒曰「孝悌」、「文章」、「儀表，」而稱墨子之徒曰「赴火、蹈刃、死不還踵，」合於孟勝之傳巨子，墨子之答戰死者之父。則墨子以死

爲教，確乎其爲任俠之傳哉！耶蘇及摩訶末徒衆僅十二，猶能大成，況此百八十乎？使孔丘、墨翟脩先聖之術，通六藝之論。口道其言，身行其志，慕義從風而爲之服役者，不過數十人。使居天子之位，則天下徧爲儒、墨矣。淮南子主術訓

孔、墨之後學顯榮於天下者衆矣，不可勝數。呂氏春秋當染

孟子去墨子、楊子爲時不遠，而其徒盈天下，其道亦可謂盛矣。天下之言不歸楊則歸墨。孟子滕文

諸侯放恣，處士橫議，楊朱、墨翟之言盈天下。

書傳之微者惟聖人能論之。今取新聖人書名之孔、墨，則弟子句指而受者必衆矣。淮南子脩務訓

蓋當時孔、墨之號爲聖人久矣，託於其名，受者必衆。然則諸子改制之託於先王，有以夫。

禽滑釐　許犯　田繫　索盧參

禽滑釐學於墨子，許犯學於禽滑釐，田繫學於許犯。呂氏春秋當染

莊子稱墨子，亦並稱禽滑釐。禽蓋墨子第一傳道巨子。許犯田繫，當亦再三傳之巨子也。

子墨子曰：「公輸子之意不過欲殺臣；殺臣，宋莫能守，可攻也。然臣之弟子禽滑釐等三百人，已持臣守圉之器在宋城上而待楚寇矣。」墨子公輸

禽滑釐子事子墨子三年，手足胼胝，面目黧黑，役身給使，不敢問欲。墨子備梯

禽滑釐之事墨子如此，與邵子之事李之才，黃勉齋之見朱子，皆備極眞實刻苦，宜其冠墨門也。

索盧參，東方之鉅狡也，學於禽滑黎。呂氏春秋尊師

孟勝　田襄子　徐弱

墨者鉅子孟勝，善荆之陽城君。陽城君令守於國，毀璜以爲符，約曰：「符合聽之。」荆王薨，羣臣攻吳起，兵於喪所，陽城君與焉。荆罪之。陽城君走。荆收其國。孟勝曰：「受人之國，與之有符，今不見符而力不能禁，不能死，不可。」其弟子徐弱諫孟勝曰：「死而有益陽城君，死之可矣；無益也而絶墨者於世，不可。」孟勝曰：「不然。吾於陽城君也，非師則友也，非友則臣也。不死，自今以來，求嚴師必不於墨者矣，求賢友必不於墨者矣，求良臣必不於墨者矣。死之，所以行墨者之義而繼其業者也。我將屬鉅子於宋之田襄子。田襄子，賢者也，何患墨者之絶世也？」徐弱曰：「若夫子之言，弱請先死以除路。」還歿頭前於孟勝。因使二人傳鉅子於田襄子。孟勝死，弟子死之者百八十三人。以致令於田襄子，欲反死孟勝於荆。田襄子止之曰：「孟子已傳鉅子於我矣。」(當)〔不〕聽，遂反死之。墨者以爲不聽。鉅子不察，嚴罰厚賞不足以致此。今世之言治多以嚴罰厚賞，此上世之若客也。呂氏春秋上德

墨道尚俠，以友失國之故而爲之死，弟子以其師故而爲死者至百餘人，輕身尚氣，與西敎之十三傳弟子皆喪身獅口略同。蓋專以悍勝，不必其精義也。然悍則可畏矣。儒者無自命爲大賢者，亦無人齎送之者。墨子巨子有傳授，有齎送，則必有衣鉢印綬之類矣。死而後傳，則不並立。此如佛之有達賴、班禪，天主之有敎皇矣。故謂中國墨學若行，必有敎皇出焉，此所以異於孔子之道乎？

相里勤　五侯　苦獲　已齒　鄧陵子　相夫氏

相里勤之弟子五侯之徒，南方之墨者苦獲、已齒、鄧陵子之屬，俱誦墨經，而倍譎不同，相謂別墨。以堅

白同異之辯相訾，以觭偶不仵之辭相應。以巨子爲聖人，皆願爲之尸，冀得爲其後世，至今不決。墨翟、禽滑釐之意則是，其行則非也。莊子天下

相里、鄧陵、相夫三家，見於韓非，誠爲當時大宗矣。而倍譎不同，爭爲後世，如儒之孟、荀、朱、陸然。一師之門，其鬨如市，諸敎皆然，爭爲之尸，如宋人之論道統然。墨氏有巨子，如天主之有敎皇，故其爭尤甚哉！堅白同異之說，則公孫龍亦墨子之大宗也。

自墨子之死也，有相里氏之墨，有相夫氏之墨，有鄧陵氏之墨。故孔、墨之後，儒分爲八，墨離爲三。韓非子顯學

公孫龍　桓團　惠施　黃繚

桓團、公孫龍辯者之徒，飾人之心，易人之意，能勝人之口，不能服人之心，辯者之囿也。惠施日以其知與人之辯，特與天下之辯者爲怪，此其柢也。然惠施之口談自以爲最賢，曰：「天地其壯乎？」施存雄而無術。南方有倚人焉，曰黃繚，問天地所以不墜、不陷、風雨(雹)〔雷〕霆之故。惠施不辭而應，不慮而對，偏爲萬物說。莊子天下

孔穿、公孫龍相與論於平原君所，深而辯至於藏三牙。公孫龍言藏之三牙甚辯。孔穿不應。少選，辭而出。明日，孔穿朝。平原君謂孔穿曰：「昔者公孫龍之言甚辯。」孔穿曰：「然。幾能令藏三牙矣。雖然，難。願得有問於君：謂藏三牙甚難而實非也，謂藏兩牙甚易而實是也，不知君將從易而是者乎？將從難而非者乎？」平原君不應。明日謂公孫龍曰：「公無與孔穿辯。」呂氏春秋淫辭

公孫龍名家之學，本於墨子經上、經下，莊子亦以爲學墨者「以觭仵不偶之辭相應」是也。趙惠王謂公孫龍曰：「寡人事偃兵十餘年矣，而不成，兵不可偃乎？」公孫龍對曰：「偃兵之意，兼愛天下之心也。兼愛天下，不可以虚名爲也，必有其實。今藺、離石入秦而王縞素出總，東攻齊得城，而王加膳置酒。秦得地而王出總，齊亡地而王加膳，所非兼愛之心也，此偃兵之所以不成也。今有人於此，無禮慢易而求敬，阿黨不公而求令，煩號數變而求静，暴戾貪得而求定，雖黄帝猶若困。」呂氏春秋審應

公孫龍言兼愛，當爲墨學無疑。

程繁

程繁問於子墨子曰：「聖王不爲樂？昔諸侯倦於聽治，息於鐘鼓之樂；士大夫倦於聽治，息於竽瑟之樂；農夫春耕、夏耘、秋斂、冬藏，息於聆缶之樂。今夫子曰『聖王不爲樂，』此譬之猶馬駕而不稅，弓張而不弛也，乃非有血氣者之所不能至邪？」墨子三辯

程繁曰：「子曰『聖王無樂，』此亦樂已，若之何其謂聖王無樂也？」同上

墨子非樂，其徒程繁亦有不安於心者。

荆耕柱

子墨子遊荆耕柱子於楚。二三子過之，食之三升，客之不厚。二三子復於子墨子曰：「耕柱子處楚無益矣。二三子過之，食之三升，客之不厚。」子墨子曰：「未可智也。」毋幾何而遺十金於子墨子曰：

「後生不敢死。有十金於此，願夫子之用也。」（墨子耕柱）

管黔敖　高石子

子墨子使管黔敖游高石子於衞。衞君致祿甚厚，設之於卿。高石子三朝必盡言，而言無行者。去而之齊，見子墨子曰：「君以夫子之故，致祿甚厚，設我於卿。石三朝必盡言，而言無行，是以去之也。衞君無乃以石爲狂乎？」子墨子曰：「去之苟道，受狂何傷？古者周公旦非關叔，辭三公，東處於商。蓋人皆謂之狂，後世稱其德，揚其名，至今不息。且翟聞之，爲義非避毀就譽，去之苟道，受狂何傷？」高石子曰：「石去之焉敢不道也？昔者夫子有言曰：『天下無道，仁士不處厚焉。』今衞君無道而貪其祿爵，則是我爲苟陷人長也。」子墨子說，而召子禽子曰：「姑聽此乎？」（墨子耕柱）

高何　縣子石

高何、縣子石，齊國之暴者也，指於鄉曲，學於子墨子。（呂氏春秋尊師）

縣子碩問於子墨子曰：「爲義孰爲大務？」子墨子曰：「譬若築牆然，能築者築，能實壤者實壤，能欣者欣，然後牆成也。」（墨子耕柱）

按縣子碩卽縣子石。

駱滑氂

子墨子謂駱滑氂曰：「我聞子好勇。」駱滑氂曰：「然。我聞其鄉有勇士焉，吾必從而殺之。」子墨子曰：「天下莫不欲與其所好，度其所惡。今子聞其鄉有勇士焉，必從而殺之，是非好勇也，是惡勇也。」

同上

弦唐子

子墨子南遊使衛，關中載書甚多。弦唐子見而怪之，曰：「吾夫子教公尙過曰：『揣曲直而已。』今夫子載書甚多，何有也？」墨子貴義

朱子謂陸梭山，言其弟子靜竟夜不寢讀書，而教人束書不觀古今。六祖自謂不識字。教主多此類，墨子有焉。

跌鼻

子墨子有疾。跌鼻進而問曰：「先生以鬼神爲明，能爲禍福，善者賞之，爲不善者罰之。今先生，聖人也，何故有疾？意者先生之言有不善乎？鬼神不明知乎？」墨子公孟

墨子弟子皆以墨子爲聖人。

公尙過

子墨子游公尙過於越。公尙過說越王。越王大說，謂公尙過曰：「先生苟能使子墨子於越而敎寡人，請裂故吳之地方五百里以封子墨子。」公尙過許諾。遂爲公尙過束車五十乘以迎子墨子於魯，曰：「吾以夫子之道說越王。越王大說，謂過曰：『苟能使子墨子至於越而敎寡人，請裂故吳之地方五百里以封子。』」墨子魯問

墨子極能薦其徒屬弟子於時王，如游耕柱於楚，使管黔敖游高石子於衛，游公尙過於越，使勝綽事

項子牛。而其弟子得祿，待其師友極厚，故其徒屬甚盛。

曹公子

曹公子而於宋，三年而反。睹子墨子曰：「始吾游於子之門，短褐之衣，藿羹，朝得之則夕弗得，祭祀鬼神。而以夫子之政，家厚始也，有家厚，謹祭祀鬼神；然而人徒多死，六畜不蕃，身湛於病。吾未知夫子之前之可用也。」墨子魯問

彭輕生子

彭輕生子曰：「往者可知，來者不可知。」子墨子曰：「藉設而親在百里之外則遇難焉，……」墨子魯問

勝綽　高孫子

子墨子使勝綽事項子牛。項子牛三侵魯地，而勝綽三從。子墨子聞之，使高孫子請而退之。墨子魯問

墨子以非攻立義，勝綽犯戒，故退之。亦可見墨子行道之嚴。

魏越

子墨子游。魏越曰：「既得見四方之君子，則將先語？」墨子魯問

宋鈃　尹文

不累於俗，不飾於物，不苟於人，不忮於衆，願天下之安寧以活民命，人我之養畢足而止，以此白心，古之道術有在於是者，宋鈃、尹文聞其風而悅之。作爲華山之冠以自表，接萬物以別宥爲始，語心之容，命之曰，心之行。以聏合驩，以調海內，請欲置以爲主。見侮不辱，救民之鬬，禁攻寢兵，救世之戰。以

此周行天下，上說下教，雖天下不取，强聒而不舍者也。莊子天下

夷之

墨者夷之因徐辟而求見孟子。孟子滕文

腹䵍

墨者有鉅子腹䵍，居秦，其子殺人。秦惠王曰：「先生之年長矣，非有他子也，寡人已令吏弗誅矣。先生之以此聽寡人矣。」腹䵍對曰：「墨者之法曰：『殺人者死，傷人者刑。』此所以禁殺傷人也。夫禁殺傷人者，天下之大義也。王雖爲之賜，而令吏弗誅，腹䵍不可不行墨子之法。」不許惠王，而遂殺之。子，人之所私也，忍所私以行大義，鉅子可謂公矣。呂氏春秋去私

墨之鉅子皆有高義，如孟勝之死友，腹䵍之殺子，宜其能風動當世也。

謝子 唐姑果

東方之墨者謝子將西見秦惠王。惠王問秦之墨者唐姑果。唐姑果恐王之親謝子賢於己也，對曰：「謝子，東方之辯士也。其爲人甚險，將奮於說以取少主也。」王因藏怒以待之。謝子至，說王，王弗聽。謝子不說，遂辭而行。呂氏春秋去宥

田鳩

墨者有田鳩。呂氏春秋首時

墨者師

司馬喜難墨者師於中山王前以非攻，曰：「先生之所術非攻夫。」墨者師曰：「然。」曰：「今王興兵而攻燕，先生將非王乎？」墨者師對曰：「然則相國是攻之乎？」司馬喜曰：「然。」墨者師曰：「今趙興兵而攻中山，相國將是之乎？」司馬喜無以應。呂氏春秋應言

墨者師必如儒者之博士、西教牧師、神甫之類。

聶政　荆軻　田光　高漸離

聶政者，軹深井里人也。殺人避仇。濮陽嚴仲子與韓相俠累有郤，恐誅，求人可以報俠累者。至齊，齊人或言聶政。嚴仲子至門請，數反。聶政曰：「老母在，政身未敢以許人也。」久之，聶政母死。乃西至濮陽見嚴仲子，曰：「前日所以不許仲子者，徒以親在。今不幸母以天年終。仲子所欲報仇者爲誰？請得從事焉。」嚴仲子具告曰：「臣之仇，韓相俠累。俠累又韓君之季父也。」聶政乃辭，獨行，仗劍至韓。韓相俠累方坐府上，持兵戟而衞侍者甚衆。聶政直入上階，刺殺俠累。史記刺客傳

荆卿好讀書擊劍，愛燕之狗屠，及善擊筑者高漸離。燕之處士田光先生，知其非庸人也。僂行見荆軻曰：「光與子相善，燕人莫不知。今太子聞光壯盛之時，不知吾形已不逮也，幸而教之曰：『燕、秦不兩立，願先生留意也。』光竊不自外，言足下於太子也，願足下過太子於宮。」荆軻曰：「謹奉教。」田光曰：「吾聞之，長者爲行，不使人疑之。今太子告光曰：『所言者國之大事也，願先生勿泄。』是太子疑光也。夫爲行而使人疑之，非節俠也。」因自殺以激荆卿。荆卿遂見太子。至秦。秦王發圖，圖窮而匕首見。因左手把秦王之袖，而右手持匕首揕之。未至身，秦王起。於是左右前殺軻。其明年，秦并

天下，逐太子丹、荆軻之客，皆亡。高漸離變名姓爲人庸保，匿作於宋子。宋子傳客之。聞於秦始皇。秦始皇召見。人有識者，乃曰：「高漸離也。」秦皇帝惜其善筑，重赦之，使矐筑，稍益近之。高漸離乃以鉛置筑中，舉筑扑秦始皇，不中。於是遂誅高漸離。同上

田光之行義與孟勝略同，當爲墨學。

太史公曰：「吾嘗過薛，其俗閭里率多暴桀子弟，與鄒、魯殊。問其故，曰：孟嘗君招致天下任俠姦人入薛中，蓋六萬餘家矣。」史記孟嘗君傳

墨學任俠，其流或爲强暴，蓋有之。六(百)〔萬〕餘家，蓋盛極矣。

右戰國墨子後學。

朱家 田仲

魯朱家者，與高祖同時。魯人皆以儒教，而朱家用俠聞。所藏豪士以百數。史記游俠傳

楚田仲以俠聞，喜劍，父事朱家，自以爲行弗及。田仲已死，而雒陽有劇孟，周人，以商賈爲資。而劇孟以任俠顯諸侯。同上

季布 季心

季布者，楚人也，爲氣任俠，有名於楚。史記季布欒布列傳

季布弟季心，氣蓋關中。遇人恭謹，爲任俠，方數千里士皆爭爲之死。同上

劇孟 王孟 瞯氏 陳氏 周庸 白氏 韓無辟 薛况 韓况 韓孺 郭解 籍少公 樊仲子 趙

王孫　高公子　郭公仲　鹵公孺　兒長卿　田君孺　姚氏　杜氏　仇景　趙他羽　趙調

盎曰：「劇孟雖博徒，然母死，客送葬，車千餘乘，此亦有過人者。且緩急人所有，夫一旦有急叩門，不以親爲解，不以存亡爲辭，天下所望者，獨季心、劇孟耳。」史記袁盎鼂錯列傳

符離人王孟，亦以俠稱江、淮之間。是時濟南瞷氏、陳氏、陳周庸，亦以豪聞。景帝聞之，使盡誅此屬。其後代諸白、梁韓無辟、陽翟薛況、俠韓孺，紛紛復出焉。史記游俠列傳

郭解，軹人也，字翁伯。善相人者許負外孫也。解父以任俠，孝文時誅死。及解年長，折節爲儉，以德報怨，厚施而薄望。然其自喜爲俠益甚。臨晉籍少公，素不知解。解冒因求出關。籍少公已出解，解轉入太原，所過輒告主人家。吏逐之，跡至籍少公。少公自殺，口絕。

自是之後，爲俠者極衆，敖而無足數者。然關中長安樊仲子、槐里趙王孫、長陵高公子、西河郭公仲、太原鹵公孺、臨淮兒長卿、東陽田君孺雖爲俠而逡逡有退讓君子之風。至若北道姚氏、西道諸杜、南道仇景、東道趙他羽公子、南陽趙調之徒，此盜跖居民間者耳，曷足道哉！此乃鄉者朱家之羞也。並同上

灌夫

夫不善文學，好任俠，已然諾。史記魏其武安侯傳

鄭當時　汲黯

孝文時，當時以任俠自喜，脫張羽於阸，聲聞梁、楚間。孝景時，爲太子舍人。每五日洗沐，常置驛馬長安諸郊，請謝賓客，夜以繼日，至明旦，常恐不徧。當時好黃、老言，其慕長者如恐不稱。漢書鄭當時傳

黠爲（入）〔人〕性倨，少禮，面折，不能容人之過，合己者善待之，不合己者不能忍見，士亦以此不附焉。然好學，游俠，任氣節，內行脩絜，好直諫，數犯主之顏色，常慕傅柏、袁盎之爲人也。史記汲鄭列傳

宛俠　野王俠　種代俠

宛亦一都會也，俗雜，好事，業多賈。其任俠交通潁川，故至今謂之夏人。史記貨殖傳

野王好氣任俠，衞之風也。

種、代，石北也。地邊胡，數被寇。人民矜懻忮，好氣，任俠。並同上

游俠之風開於墨氏，故所載游俠諸人，皆列爲墨子後學。

原涉　杜君敖　韓幼孺　繡君賓　漕中叔子少游

原涉，字巨先。祖父，武帝時以豪桀徙茂陵。季父爲茂陵秦氏所殺。涉居谷口半歲所，自劾去官，欲報仇。谷口豪桀爲殺秦氏。亡命歲餘，逢赦出。郡國諸豪及長安五陵諸爲氣節者，皆歸慕之。漢書游俠列傳

自哀、平間，郡國處處有豪桀，然莫足數。其名聞州郡者，霸陵杜君敖、池陽韓幼孺、馬領繡君賓、西河漕中叔皆有謙退之風。

中叔子少游，復以俠聞於世云。並同上

右西漢墨子後學。

劉林

時趙繆王子林好奇數，任俠於趙、魏間，多通豪猾。後漢王昌傳

隗崔

季父崔，素豪俠，能得衆聞。後漢隗囂傳

王遵

遵少豪俠，有才辯。後漢隗囂傳

竇融

連結閭里豪傑，以任俠爲名。後漢竇融傳

馬嚴　馬敦

初，兄子嚴、敦並喜譏議，而通輕俠客。後漢馬援傳

杜保

杜季良豪俠好義，憂人之憂，樂人之樂，清濁無所失。父喪致客，數郡畢至。後漢馬援傳

杜碩

杜篤子碩，豪俠，以貨殖聞。後漢文苑列傳

王渙

渙少好俠，尚氣力。後漢循吏列傳

鄭颯　董騰

中常侍鄭颯，中黃門董騰，並任俠。後漢千乘貞王伉傳

右東漢墨子後學。

老子弟子後學

關尹

以本爲精，以物爲粗，以有積爲不足，澹然獨與神明居，古之道術有在於是者，關尹、老聃聞其風而悅之。建之以常無有，主之以大一。以濡弱謙下爲表，以空虛不毀萬物爲實。關尹曰：「在己無居，形物自著。其動若水，其靜若鏡，其應若響，芴乎若亡，寂乎若淸，同焉者和，得焉者失，未嘗先人而常隨人。」老聃曰：「知其雄，守其雌，爲天下谿；知其白，守其辱，爲天下谷。」人皆取先，己獨取後，曰：「受天下之垢。」人皆取實，己獨取虛。無藏也故有餘，巋然而有餘。其行身也徐而不費，無爲也而笑巧。人皆求福，己獨曲全，曰：「苟免於咎。」以深爲根，以約爲起，曰：「堅則毀矣，銳則挫矣。」常寬容於物不削於人，可謂至極。關尹、老聃乎，古之博大眞人哉！莊子天下

老子脩道德，其學以自隱無名爲務。居周久之。見周之衰，迺遂去。至關，關令尹喜曰：「子將隱矣，彊爲我著書。」於是老子迺著書上下篇，言道德之意五千餘言，而去，莫知其所終。史記老莊申韓列傳

楊朱 孟孫陽 心都子

陽子居南之沛，老聃西遊於秦，邀於郊，至於梁而遇老子。老子中道仰天而嘆曰：「始以汝爲可敎，今不可也。」陽子居不答。至舍，進盥漱巾櫛，脫履戶外，膝行而前，曰：「向者弟子欲請夫子，夫子行不

閒，是以不敢。今閒矣，請問其故？」老子曰：「而睢睢盱盱，而誰與居？大白若辱，盛德若不足。」陽子居蹵然變容曰：「敬聞命矣。」其往也，舍者迎將其家。公執席，妻執巾櫛，舍者避席，煬者避竈。其反也，舍者與之爭席矣。莊子寓言

子居即「朱」音轉，蓋楊朱也。論語太師摯，史記作太師疵。書西伯戡黎，史記作伐飢。此類書傳甚多，古人重音不重字也。故楊朱即老子弟子。

禽子問楊朱曰：「去子體之一毛以濟一世，汝爲之乎？」楊子曰：「世固非一毛之所濟。」禽子曰：「假濟，爲之乎？」楊子弗應。禽子出語孟孫陽。孟孫陽曰：「子不達夫子之心，吾請言之。有侵若肌膚獲萬金者，若爲之乎？」曰：「爲之。」孟孫陽曰：「有斷若一節得一國，子爲之乎？」禽子默然有閒。孟孫陽曰：「一毛微於肌膚，肌膚微於一節，省矣。然則積一毛以成肌膚，積肌膚以成一節，一毛固一體萬分中之一物，奈何輕之乎？」禽子曰：「吾不能所以荅子。然則以子之言問老聃、關尹，則子之言當矣；以吾言問大禹、墨翟，則吾言當矣。」孟孫陽顧與其徒說他事。列子楊朱

拔一毛以濟天下不爲，儒攻之，墨亦攻之，而孟孫陽竟能張其宗旨以絀人。楊朱得此後勁，老學所由徧天下哉？

楊子之鄰人亡羊，既率其黨，又請楊子之豎追之。楊子曰：「嘻，亡一羊，何追者之衆？」鄰人曰：「多歧路。」既反，問：「獲羊乎？」曰：「亡之矣。」曰：「奚亡之？」曰：「歧路之中又有歧焉，吾不知所之，所以反也。」楊子戚然變容，不言者移時，不笑者竟日。門人怪之，請曰：「羊，賤畜，又非夫子之

有，而損言笑者，何哉？」楊子不答，門人不獲所命。弟子孟孫陽出，以告心都子。心都子他日與孟孫陽偕入而問曰：「昔有昆弟三人，游齊、魯之間，同師而學，進仁義之道而歸。其父曰：『仁義之道若何？』伯曰：『仁義使我愛身而後名。』仲曰：『仁義使我殺身以成名。』叔曰：『仁義使我身名並全。』彼三術相反而同出於儒，孰是孰非邪？」楊子曰：「人有濱河而居者，習於水，勇於泅，操舟鬻渡，利供百口。裹糧就學者成徒，而溺死者幾半。本學泅，不學溺，而利害如此。若以爲孰是孰非？」心都子默然而出。孟孫陽讓之曰：「何吾子問之迂，夫子答之僻？吾惑愈甚。」心都子曰：「大道以多歧亡羊，學者以多方喪生。學非本不同，非本不一，而末異若是，唯歸同反一，爲亡得喪。子長先生之門，習先生之道，而不達先生之況也，哀哉！」列子說符

孟孫陽、心都子俱稱楊朱爲先生，又能闡楊朱之意以拒外敎，當爲楊朱兩大弟子。

庚桑楚 南榮趎

老聃之役有庚桑楚者，偏得老聃之道，以北居畏壘之山。莊子庚桑楚

南榮趎贏糧七日七夜至老子之所。同上

昔者南榮疇恥聖道之獨亡於己身，淬霜露，敕蹻跌，跋涉山川，冒蒙荆棘，百舍重跰，不敢休息，南見老聃，受敎一言。精神曉冷，鈍聞條達，欣然七日不食，如饗太牢。是以明照四海，名施後世，達略天地，察分秋毫，稱譽葉語，至今不休。此所謂名可彊立者。淮南子修務訓

莊子作南榮趎，蓋「趎」「疇」亦音轉也。

莊周

莊子者，蒙人也，名周。周嘗爲蒙漆園吏，與梁惠王、齊宣王同時。其學無所不闚，然其要本歸於老子之言。故其著書十餘萬言，大抵率寓言也。史記老莊申韓列傳

列禦寇　百豐

子列子窮，容貌有饑色。客有言之於鄭子陽曰：「子列禦寇，蓋有道之士也。居君之國而窮，君無乃爲不好士乎？」鄭子陽令官遺之粟數十秉。子列子出見使者，再拜而辭。使者去。子列子入，其妻望而拊心曰：「聞爲有道者妻子，皆得逸樂。今妻子有饑色矣，君過而遺先生食，先生又弗受也，豈非命也哉！」子列子笑而謂之曰：「君非自知我也，以人之言而遺我粟也；至已而罪我也，有罪且以人言。此吾所以不受也。」呂氏春秋觀世

子列子適衞，食於道。見百歲髑髏，攓蓬而指。顧謂其弟子百豐曰：「惟予與彼知而未嘗生未嘗死也。」列子天瑞

彭蒙　田駢　愼到　接子　環淵　顔𩬊

公而不當，易而無私，決然無主，趣物而不兩，不顧於慮，不謀於知，於物無擇，與之俱往，古之道術有在於是者，彭蒙、田駢、愼到聞其風而悅之。齊萬物以爲首，曰：「天能覆之而不能載之，地能載之而不能覆之，大道能包之而不能辯之。」知萬物皆有所可，有所不可，故曰：「選則不徧，敎則不至，道則無遺者矣。」是故愼到棄知去己，而緣不得已，泠汰於物，以爲道理，曰：「知不知，將薄知而後鄰傷之者

也。」謑髁無任，而笑天下之尚賢也，縱脫無行，而非天下之大聖，椎拍輐斷，與物宛轉，舍是與非，苟可以免，不師知慮，不知前後，魏然而已矣。推而後行，曳而後往，若飄風之還，若羽之旋，若磨石之隧，全而無非，動靜無過，未嘗有罪。是何故？夫無知之物，無建己之患，無用知之累，動靜不離於理，是以終身無譽。故曰：「至於若無知之物而已，無用賢聖，夫塊不失道。」豪傑相與笑之，曰：「慎到之道，非生人之行，而至死人之理，適得怪焉。」田駢亦然。學於彭蒙，得不敎焉。彭蒙之師曰：「古之道人，至於莫之是、莫之非而已矣。」其風窢然，惡可而言？常反人不見觀，而不免於魭斷，其所謂道非道，而所言之韙不免於非。彭蒙、田駢、慎到不知道，雖然，概乎皆嘗有聞者也。莊子天下

慎到，趙人；田駢、接子，齊人；環淵，楚人：皆學黃、老道德之術，因發明序其指意。故慎到著十二論，環淵著上下篇，而田駢、接子皆有所論焉。史記孟子荀卿列傳

君子曰：「觸知足矣。歸眞反璞，則終身不辱。」戰國策齊策

按觸稱引老子，又以「知足不辱」自處，必老子後學也。

鬼谷　蘇秦　蘇代　蘇厲　州侯　張儀　陳軫　史舉　甘茂　甘羅、虞卿　范雎　蔡澤　尉繚

齊之蘇秦，楚之州侯，秦之張儀，可謂態臣者也。荀子臣道

蘇秦者，東周雒陽人也。東事師於齊，而習之於鬼谷先生。史記蘇秦傳

蘇秦之弟曰代，代弟蘇厲，見兄遂，亦皆學。同上

張儀者，魏人也。始嘗與蘇秦俱事鬼谷先生學術。史記張儀列傳

陳軫者，游說之士，與張儀俱事秦惠王，皆貴重爭寵。同上

甘茂者，蔡人也，事下蔡史舉先生，學百家之說。史記樗里子甘茂列傳

甘茂有孫曰甘羅。同上

太史公云然，亦戰國之策士也。則甘羅亦學縱橫之術者也。

虞卿者，游說之士也。躡蹻擔簦，說趙孝成王。一見，賜黃金百鎰，白璧一雙；再見爲趙上卿，故號虞卿。史記平原君虞卿列傳

虞卿所著，有曰揣摩、政謀，則虞卿亦縱橫家也。

范雎者，魏人也，字叔。游說諸侯，欲事魏王。家貧，無以自資，乃先事魏中大夫須賈。史記范雎蔡澤傳

蔡澤者，燕人也，游學于諸侯。同上

大梁人尉繚來說秦王曰：「以秦之彊諸侯，譬如郡縣之君臣。但恐諸侯合從，翕而出不意，此乃智伯、夫差、湣王之所以亡也。願大王毋愛財物，賂其豪臣以亂其謀，不過亡三十萬金，則諸侯可盡。」史記秦始皇本紀

縱橫家乃鬼谷子後學，其原實出於老子，是卽爲老子後學。

申不害　韓非

申子之學本於黃、老而主刑名，著書二篇，號曰申子。史記老莊申韓列傳

韓非者，韓之諸公子也。喜刑名法術之學，而其歸本於黃、老。同上

中、韓之學皆出老子。蓋老子爲陰謀之宗，攻去仁義，自重刑名，乃勢之必然。其託爲道德，乃刑名之術耳。其所謂道，以無爲爲本，故視萬物爲芻狗，以天地聖人爲不仁，與孔子之以仁爲天心，義正相反。根本如此，枝葉安得不爲刑名法術哉！

右戰國老子後學。

河上丈人　安期生　毛翕公　樂瑕公　樂臣公　蓋公　蒯通　田叔

樂臣公學黃帝、老子，其本師號曰河上丈人，不知其所出。河上丈人教安期生，安期生教毛翕公，毛翕公教樂瑕公，樂瑕公教樂臣公，樂臣公教蓋公，蓋公教於齊高密、膠西，爲曹相師。史記樂毅傳贊

樂臣公善修黃帝、老子之言，顯聞於齊，稱賢師。史記樂毅列傳

蒯通者，善爲長短說，論戰國之權變，爲八十一首。通善齊人安期生。安期生嘗干項羽，項羽不能用其策。已而項羽欲封此兩人，兩人終不肯受，亡去。史記田儋列傳

上一條敍老學名家巨子宗派最詳，其大盛於漢，尚於文、景者，當即此脈。河上丈人五傳至蓋公，河上丈人於老子當去不遠矣。然蒯通尚及見安期生，安期生嘗干項羽，或者壽過人歟？稱蓋公教於齊，則當時老學亦開門授徒如儒者矣。

田叔者，趙陘城人也。其先齊田氏苗裔也。叔喜劍，學黃、老術於樂臣公所。叔爲人刻廉自喜，喜游諸公。史記田叔列傳

樂巨公當卽樂臣公也。

右秦、漢間老子後學。

黃石　張良

張良，其先韓人也。良游下邳圯上，有一老父墮其履圯下。良取履，因跪進。父曰：「後五日平明，與我期此。」五日平明，良往，父已先在，怒曰：「去，後五日蚤會。」五日雞鳴往，父又先在，復怒曰：「去，後五日復蚤來。」五日，良夜半往。有頃，父亦來，喜曰：「當如是。」出一編書，曰：「讀是卽爲王者師。後十年興，十三年，孺子見我濟北穀城山下黃石，卽我已。」遂去不見。旦日視其書，迺太公兵法。良因異之，常習誦。居下邳爲任俠。漢書張良傳

詔報曰：「黃石公記曰：『柔能制剛，弱能制彊。』」後漢臧宮傳

黃石自是老學，然解傳兵法。蓋老學講弱彊張歙，故爲兵家之祖。

曹參

孝惠元年，除諸侯相國法，更以參爲齊丞相。參之相齊，齊七十城，天下初定，悼惠王富於春秋；參盡召長老諸先生問所以安集百姓，而齊故諸儒以百數，言人人殊，參未知所定。聞膠西有蓋公，善治黃、老言，使人厚幣請之。既見蓋公，蓋公爲言，治道貴淸靜而民自定，推此具言之。參於是避正堂舍蓋公焉。其治要用黃、老術。漢書曹參傳

乘秦苛法後，以淸靜爲治，久亂思休，未嘗無補。然未嘗與禮立制，不嚮儒術，乃苟且之治也。

陳平

陳平，陽武戶牖鄉人也。少時家貧，好讀書，治黃帝、老子之術。漢書陳平傳

陳平以奇計聞，則所治黃、老之術，亦不外弱强張歙之術矣。

王仲

王景，字仲通，樂浪詌邯人也。八世祖仲，本瑯邪人。其人好道術，明天文。諸呂作亂，齊哀王襄謀發兵，而數問於仲。及濟北王興居反，欲委兵師仲。仲懼禍及，乃浮海東奔樂浪山中，因而家焉。後漢書循吏列傳

孝文帝　竇太后

然孝文帝本好刑名之言。史記儒林列傳

刑名本於老子，則文帝亦老子後學也。

會竇太后治黃、老言，不好儒術。史記孝武本紀

會竇太好黃、老言。漢書禮樂志

竇太后好黃、老言，而嬰、蚡、趙綰等務隆推儒術。漢書田蚡傳

張恢　鼂錯　宋孟　劉帶　鄧章

鼂錯，潁川人也。學申、商刑名於軹張恢生所，與雒陽宋孟及劉帶同師。漢書鼂錯列傳

漢初時，申、商之學尚大行，以承秦舊俗故。

賈生、晁錯明申、商。史記太史公自序

漢初時，人多雜治百家，守道不篤者。然如賈誼則幾於醇儒，如治安策皆孔子大義，戴記採之爲禮察、保傅，吐辭爲經矣，不得以申、商黜之。鄧先，（時）〔其〕子章，以脩黃、老言，顯諸公間。漢書鼂錯列傳

劉安

淮南王安，爲人好書，鼓琴，不喜弋獵、狗馬、馳騁。亦欲以行陰德，拊循百姓，流名譽。招致賓客方術之士數千人，作爲內書二十一篇，外書甚衆；又有中篇八卷，言神仙黃白之術，亦二十餘萬言。漢書淮南王安傳

淮南子以老學爲宗。且老學養魄，本與神仙長生學相近也。

上復興神仙方術之事，而淮南有枕中鴻寶苑、祕書，書言神僊使鬼物爲金之術，及鄒衍重道延命方，世人莫見。漢書劉向傳

儒書言淮南王學道，招會天下有道之人，傾一國之尊下道術之士。是以道術之士並會淮南，奇方異術莫不爭出，王遂得道。論衡道虛

淮南時，五經博士弟子未立，孔學未一，老墨並立，諸子相爭。淮南好學，廣爲搜羅，至今猶可考當時雜教也。

司馬季主

夫司馬季主者，楚賢大夫，游學長安。通易經術、黃帝、老子，博聞遠見。史記日者傳

司馬談

太史公學天官於唐都，受易於楊何，習道論於黄子。史記太史公自序

王生　張釋之

王生者，〔善〕〔善〕爲黄、老言，處士也。嘗召居廷中，三公九卿盡會立，王生老人曰：「吾韈解。」顧謂：「張廷尉爲我結韈。」釋之跪而結之。史記張釋之馮唐列傳

直不疑　張歐

不疑學老子言，其所臨爲官如故，唯恐人知其爲吏跡也。不好立名，稱爲長者。史記萬石張叔列傳爲善無近名，難知如陰，守黑守雌，老學本棄名也。

御史大夫張叔者，名歐，安邱侯說之庶子也。孝文時，以治刑名言事太子。然歐雖治刑名家，其人長者。景帝時尊重，常爲九卿。同上

鄭當時　汲黯

鄭當時，字莊，陳人也。莊好黄、老之言。史記汲鄭列傳

黯學黄、老之言，治官理民好清靜，擇丞史而任之。其治，責大指而已，不苛小。同上

田生　韓安國

御史大夫韓安國者，梁城安人也，後徙睢陽。嘗受韓子雜家說於騶田生所。史記韓長儒列傳

劉德

德字路叔，少修黄、老術，有智略。漢書楚元王傳

郅都　甯成　周陽由　司馬安　趙禹　張湯　王朝　義縱　平氏　朱彊　杜衍　王温舒　楊皆　麻戊　楊贛　成信　尹齊　楊僕　減宣　杜周

郅都者，陽人也，以郎事孝文帝。孝景時，都爲中郎將，遷爲中尉。是時，民朴，畏罪自重，而都獨先嚴酷。史記酷吏傳

郅都嚴酷，致行法不避貴戚，是申、韓後學。

甯成者，穰人也，以郎謁者事景帝。好氣，爲人小吏，必陵其長吏；爲人上，操下如束溼薪。滑賊任威，稍遷至濟南都尉。史記酷吏列傳

甯成亦申、韓後學，故其治近郅都。然觀其本傳有云：「致產數千金，爲任俠。」則甯成亦墨氏流派也。

周陽由者，父趙兼，以淮南王舅父侯周陽，故因姓周陽氏。由以宗家任爲郎，事孝文及景帝。景帝時，由爲郡守。武帝卽位，吏治尚循謹甚。然由居二千石中，最爲暴酷驕恣。所愛者撓法活之，所憎者曲法誅滅之。史記酷吏列傳

司馬安之文惡。

趙禹者，斄人，以佐史補中都官。用廉，爲令史，事太尉亞夫。亞夫爲丞相，禹爲丞相史，府中皆稱其廉平。然亞夫弗任，曰：「極知禹無害，然文深，不可以居大府。」

張湯者，杜人也。其父爲長安丞，出。湯爲兒守舍。還，而鼠盜肉。其父怒，笞湯。湯掘窟，得盜鼠及餘肉，劾鼠掠治，傳爰書，訊鞫論報，幷取鼠與肉具獄磔堂下。其父見之，視其文辭如老獄吏，大驚，遂使書獄。

王朝，齊人也，以術至右內史。邊通學長短，剛暴彊人也，官再至濟南相。

義縱，河東人也。爲少年時，嘗與張次公俱攻剽爲羣盜。縱有姊姁，以醫幸王太后。王太后問：「有子兄弟爲官者乎？」姊曰：「有弟無行，不可。」太后乃告上，拜義姁弟縱爲中郎，補上黨郡中令。治敢行，少蘊籍。縣無逋事，舉爲第一，遷爲長陵及長安令。直〔法〕（治行）〔行治〕，不避貴戚，以捕案太后外孫脩成君子仲。上以爲能，遷爲河內都尉。至則族滅其豪穰氏之屬，河內道不拾遺。

平氏、朱彊、杜衍、杜周爲縱爪牙之吏，任用，遷爲廷史。史記酷吏列傳

王溫舒者，陽陵人也。少時椎埋爲姦。已而補縣亭長，數廢。爲吏，以治獄至廷史，事張湯，遷爲御史。

徙諸名禍猾吏與從事，河內則楊皆、麻戊，關中楊贛、成信等。

尹齊者，東郡茌平人，以刀筆稍遷至御史。

楊僕者，宜陽人也，以千夫爲吏。河南守案舉以爲能，遷爲御史。

減宣者，楊人也。以佐史無害，給事河東守府。衞將軍青使買馬河東，見宣無害，言上，徵爲大廄丞。

杜周外寬，內深次骨。周爲廷尉，其治大放張湯，而善候〔伺〕，上所欲擠者，因而陷之。

至若蜀守馮當暴挫，廣漢李貞擅磔人，東郡彌僕鋸項，天水駱璧推減，河東褚廣妄殺，京兆無忌、馮翊殷

周蝮鷙，水衡閻奉扑擊賣請，何足數哉！何足數哉！並同上

酷吏傳所載諸人，深文刻酷，皆刑名家也，故列爲申、韓後學，卽爲老子後學。

主父偃

主父偃，齊臨淄人也，學長短縱横之術。史記主父偃傳

李少君

如武帝之時，有李少君，以祠竈、辟穀、卻老方見上，上尊重之。論衡道虚

田廣明　田延年　嚴延年　尹賞　尹立

田廣明，以郎爲天水司馬，功次遷河南都尉，以殺伐爲治。漢書酷吏列傳

田延年以材略給事大將軍莫府，霍光重之，遷爲長史，出爲河東太守。選拔尹翁歸等以爲爪牙，誅鉏豪彊，姦邪不敢發。

嚴延年少學法律，爲人短小精悍，敏捷於事。然疾惡泰甚，中傷者多，尤巧爲獄文。

尹賞爲江夏太守，捕格江賊及所誅吏民甚多，坐殘賊免。子立，爲京兆尹，皆尙威嚴。並同上

蔡勳

蔡邕，字伯喈，陳留圉人也。六世祖勳，好黄、老，平帝時爲郿令。後漢蔡邕傳

右西漢老子後學。

安丘先生　耿況　子弇　王伋

耿弇，字伯昭，扶風茂陵人也。父況，字俠游，以明經爲郎，與王莽從弟伋共學老子於安丘先生，後爲朔調連率。弇少好學，習父業。後漢耿弇傳

安丘先生當前漢末，老學尚有大師，如此時雖儒學一統，而老學亦終不能滅。至桓帝頻遣使祀之，晉時益盛，唐、宋後另立爲一教，於一代制度、風俗、科舉之外，力亦大矣。墨子當時與孔子爭教兼行，號稱儒、墨，而儒學一統之後，熸火不然。蓋老學尚陰，清靜自私，有合乎人之性者，且自然易行；墨學太苦，莊生所謂天下不堪，其去王遠，人所難從，故一微即滅也。

任隗

隗字仲和，少好黃、老，清靜寡欲。後漢任隗傳

杜房

余嘗過故陳令同郡杜房，見其讀老子書，言老子用恬淡養性，致壽數百歲。今行其道，寧能延年卻老乎？新論祛蔽

成翊世

成翊世，字季明。少好學，深明道術。後漢杜根傳

欒巴

欒巴，字叔元，魏郡內黃人也。好道，遷豫章太守。郡土多山川鬼怪，小人常破貲產以祈禱。巴素有道術，能役鬼神，乃悉毀壞房祀，翦理姦誣，於是妖異自消。後漢欒巴傳

王景

王景，字仲通，樂浪誹邯人也。八世祖仲，本琅邪人。其人好道術，明天文。景少學易，遂廣闚衆書，又好天文術數之事。後漢循吏傳

折像

折像，字伯式，廣漢雒人也。能通京氏易，好黄、老言。後漢方術傳

高恢　矯愼

梁鴻友人京兆高恢，少好老子，隱於華陰山中。後漢逸民傳

矯愼，字仲彦，扶風茂陵人也。少學黄、老。同上

樊曄　子融

樊曄，字仲華，南陽新野人也。爲天水太守，政嚴猛，好申、韓法。子融，有俊才。好黄、老，不肯爲吏。後漢酷吏傳

周紆

周紆，字文通，下邳徐人也。爲人刻削少恩，好韓非之術。後漢酷吏列傳

陽球

陽球，字方正，漁陽泉州人也。性嚴厲，好申、韓之學。郡吏有辱其母者，球結少年數十人，殺吏，滅其家。後漢酷吏列傳

桓帝

延熹中，桓帝事黃、老道。後漢循吏列傳

延熹八年春正月，遣中常侍左悺之苦縣祠老子。後漢桓帝紀

十一月壬子，德陽殿西閤黃門北寺火，延及廣義神虎門，燒殺人。使中常侍管霸之苦縣祠老子。同上

老至唐極尊，奉爲玄元皇帝，然始於漢時，特祠者爲左悺、管霸。以陰召陰，亦理所感歟？

是時學者稱東觀爲老氏臧室，道家蓬萊山。後漢竇章傳

蓋自史公不斷定老子爲何人，自後漢時已以藏史之老聃爲著書之老子矣。道家蓬萊，則方士之說已與老子合爲一矣。

張角

鉅鹿張角，自稱大賢良師。奉事黃、老道，畜養子弟，跪拜首過，符水咒說以療病。後漢皇甫嵩傳

張陵 子衡 孫魯

魯字公旗。初，祖父陵，順帝時客於蜀，學道鶴鳴山中，造作符書以惑百姓。受其道者輒出米五斗，故謂之米賊。陵傳子衡，衡傳於魯。魯遂自號師君。其來學者，初名爲鬼卒，後號祭酒。祭酒各領部衆，衆多者名曰理頭。皆校以誠信，不聽欺妄。有病，但令首過而已。諸祭酒各起義舍於路，同之亭傳，懸置米肉以給行旅。食者量腹取足，過多則鬼能病之。犯法者先加三原，然後行刑。不置長吏，以祭酒爲理。民夷信向。後漢劉焉傳

角祖張道陵者也，爲老學一變。有跪拜，有符咒，有療病，變老子之虛而爲實，遂大盛於晉世，號爲五斗米道。名臣如謝安、王獻之、郗愔輩皆事之，盜賊如盧循、孫恩輩皆事之，遂爲一大宗。元世尚封爲天師，明時位伙在衍聖公之上。雍正時雖降爲五品，然人間盛尊之，但有符咒而不療病耳，蓋言術而不言道，故不光大，否則爲中國之天主矣。張角於老學化精爲粗，而老學强；慧能於佛學撇粗歸精，而佛學衰。何哉？蓋人爲血氣之軀，本不能與於精絕之道，故諸教之大行者莫不精粗並舉，而粗者乃最盛行，亦可推其故矣。

右東漢老子後學。

墨老弟子後學表

當戰國、秦、漢之世孔道大行，徒屬彌滿天下；然墨學力競於戰國，老學熾餤於漢初當漢武以前，幾於鼎立哉！今屬門人等表之，以備考古敎者有所徵焉。

墨子弟子後學表一 戰國

墨翟　　禽滑釐巨子　　許犯　　田繫

索盧參以上見呂氏春秋

孟勝巨子　　田襄子巨子

相里勤

五侯

苦獲

已齒

鄧陵子以上見莊子

相夫氏見韓非

皆巨子

公孫龍

按墨子經上、經下、大取、小取，始倡堅白異同之說，而公孫龍傳之，遂開辯學，爲墨學大派。

桓團

惠施

二人爲墨子弟子與否不可知，然莊子

徐弱以上見呂氏春秋

黃繚以上見莊子

云，「桓團、公孫龍辯者之徒，」則桓團爲公孫龍同時辯學大宗，而惠施以堅白鳴，又與墨子甚近，均爲墨子弟子無疑。

程繁

荆耕柱

管黔滶

高石子

高何

縣子碩

按呂氏春秋縣子石，即此人。

駱滑氂

弦唐子

跌鼻

公尚過

曹公子

彭輕生子

勝綽

高孫子

魏越以上見墨子

宋鈃

尹文以上見莊子

二人宗旨禁攻、寢兵，與墨子非攻、兼愛同。孟子宋牼即是人，「鈃」、「牼」轉音，而孟子稱之爲先生，其亦墨門大宗矣。

夷之見孟子

按告子尙及與墨子相辯，則夷子距墨子甚近，且其時儒、

腹䵍巨子

謝子

墨相攻正力，夷之亦必一巨子，故援儒入墨以證其說。

唐姑果以上見呂氏春秋

三人俱在秦惠王時，年次稍後，故列再傳。

纏子見論衡

墨者師見呂氏春秋

名氏不可考，然在中山未亡時，且爲大師，其年行甚高，必墨子巨子無疑，故列爲一傳。

田鳩見呂氏春秋

聶政

荆軻

田光

高漸離以上見史記

墨子弟子後學表二 西漢

朱家

田仲朱家弟子

劇孟

浮布

弟心

王孟

[口閒]氏

周庸

白氏

韓無辟

薛況

韓孺

郭解

籍少公

樊仲子

趙王孫

高公子

郭公子

鹵公孺

灌夫

鄭當時

汲黯

宛俠

野王俠

棰、代俠

兒長卿

田君孺

姚氏

杜氏

仇景

趙他羽

趙調

按墨學至漢武誅戮殆盡。今可考者皆武帝以前，其後無聞焉。儒術一統，君權獨尊，俠者無所容其身矣。

萬章

樓護

陳遵

按三人一則逢迎石

顯，一則出入五侯，一則沉湎於酒，皆於俠無關。而漢書列於游俠，可謂無識，故但見於表而不箸於篇。

原涉

杜君敖

韓幼孺

繡君賓

漕中叔 子 少游

墨子弟子後學表三 東漢

劉林

隗崔

王遵

竇融

馬嚴　馬敦　杜保

通東漢之世，稱俠者惟杜季良一人，其他不過云好之而已，墨學亡矣。

杜碩　王渙

鄭颯　董騰

老子弟子後學表一 戰國

老聃　關尹

楊朱

庚桑楚

彭蒙

按莊子稱田駢、慎到學於彭蒙，是彭蒙爲當時老學大

孟孫陽

心都子

見列子

南榮趎

見莊子

莊周

莊周雖從田子方，而歸本老子，故列老學。

列禦寇

按莊、列二書，皆稱列子之師爲壺子。據此，則列子當爲老子再傳弟子。

田駢

慎到

百豐

見列子

師。又以彭蒙之師云云觀之，其爲老子弟子無疑。

接子

環淵

顏斶

鬼谷

按鬼谷、史舉親爲老子弟子與否不可知。然傳縱横之術，弟子徧天下，其年代甚先，故列爲老子一傳。戰國游説之士皆縱横家，皆老子後學。如寒泉子、景鯉、周最、田莘之、司馬錯、李讎、馮章、楊達、獻則、冷向、秦客卿造、淳于髡、馮煖、昭奚恤、黄歇、段産、段干、越人堆琴、頓弱、姚賈、鄒

蘇秦　弟代、厲

張儀

忌、段干綸、張丑、樓緩、公孫閈、夏侯章、公孫戍、譚拾子、靳尚、昭通、左爽、公孫弘、景舍、江乙，凡三十四人，見戰國策。又鶡冠子語雜黃、老，弟子龐煖、龐煥。然其所傳不詳，故均附于表而不著于篇。

史舉

陳軫

甘茂

孫
羅

申不害

虞卿

范雎

蔡澤

韓非

尉繚

老子弟子後學表二秦、楚之際

河上丈人　安期生　毛翕公　樂瑕公　樂臣公　蓋公

蒯通　田叔

老子弟子後學表三西漢

黃石公

張良

曹參

蓋公弟子

陳平

王仲

孝文帝

竇太后

鼂錯　鄧章

張恢

宋孟

劉帶

劉安

司馬季主

司馬談

王生

張釋之

直不疑

張歐

鄭當時

汲黯

田生

郅都

韓安國

劉德

甯成

周陽由

司馬安

趙禹

張湯

王朝

義縱

平氏

朱彊

杜衍

王溫舒

楊皆

廡戊

楊贛

成信

尹齊

楊僕

減宣

杜周

主父偃

李少君

田廣明

田延年

嚴延年

尹賞

子立

蔡勳

老子弟子後學表四東漢

安丘先生 —— 耿況 —— 子弇

王伋 —— 任隗 —— 杜房

成翊世

欒巴

王景

折像

高恢

矯慎

樊曄 —— 子融

周紆

陽球

桓帝

張角

張陵

子衡

孫魯

孔子改制考卷七

南海康有爲廣厦撰

儒教爲孔子所創考

孔子創儒顯證

孔子自明創儒大義

孔子弟子後學發明創儒大義

異敎非儒專攻孔子知儒爲孔子所特創

孔子創儒後其服謂之儒服

孔子創儒後其書謂之儒書

孔子創儒後諸弟子傳其口說謂之儒說

孔子創儒後從其敎者謂之儒生

僞周官謂儒以道得民，漢藝文志謂儒出於司徒之官，皆劉歆亂敎、倒戈之邪說也。漢自王仲任前，並舉儒、墨，皆知孔子爲儒敎之主，皆知儒爲孔子所創。僞古說出，而後𠳟塞掩蔽，不知儒義。以孔子修述六經，僅博雅高行，如後世鄭君、朱子之流，安得爲大聖哉！章學誠直以集大成爲周公，非孔子。

唐貞觀時，以周公爲先聖，而黜孔子爲先師，乃謂特識，而不知爲愚橫狂悖矣。神明聖王，改制教主，既降爲一抱殘守闕之經師，宜異教敢入而相爭也。今發明儒爲孔子教號，以著孔子爲萬世教主。

禮義由孔氏出。鹽鐵論論儒

儒教禮制義理，皆孔子所制，此條最可據，蓋漢諸儒皆知之。

儒家之宗孔子也，墨家之祖墨翟也。且案儒道傳而墨法廢者，儒之道義可爲，而墨之法議難從也。論衡案書

王仲任時，尚知孔子爲儒者之宗，周禮「儒以道得民」之說，蓋未行也。又知儒道傳而墨法廢，又知儒之道義可爲，墨之法議難從，兩兩對校，合韓非、論衡觀之，可見二家興廢之由，亦知儒於先王無與矣。

世之顯學，儒、墨也。儒之所至，孔丘也；墨之所至，墨翟也。韓非子顯學

孔子修成、康之道，述周公之訓，以教七十子。使服其衣冠，修其篇籍，故儒者之學生焉。孔子集語引淮南子要略

「儒者之學生焉」一語，爲孔子創儒教之確據。今幸得此微言，以考見吾教所自出。然則劉歆抑儒爲九流，其罪直上通於天矣！或者惑於修成、康，述周公，以爲孔子之道皆本諸此；不知此卽劉歆所據作僞經以奪孔子者。然改制託古，當時諸子皆然。韓非謂儒、墨皆稱先王，五蠹又謂儒、墨俱道堯、舜而取舍不同。顯學夫稱先王而不同，非託而何？通乎此，儒爲孔子所創，益明矣。

魯國服儒者之禮，行孔子之術。淮南子齊俗訓

儒爲孔子所創，故服其禮而行其術，所謂魯人皆以儒教也。

右孔子創儒顯證。

魯哀公問於孔子曰：「夫子之服，其儒服歟？」孔子對曰：「丘少居魯，衣逢掖之衣。長居宋，冠章甫之冠。丘聞之也，君子之學也博，其服也鄉，丘不知儒服。」哀公曰：「敢問儒行。」孔子對曰：「遽數之不能終其物，悉數之乃留更僕未可終也。」哀公命席。孔子侍，曰：「儒有席上之珍以待聘，夙夜强學以待問，懷忠信以待舉，力行以待取：其自立有如此者。儒有衣冠中，動作愼，其大讓如慢，小讓如僞，大則如威，小則如愧；其難進而易退也，粥粥若無能也：其容貌有如此者。儒有居處齊難，其坐起恭敬；言必先信，行必中正；道塗不爭險易之利，冬夏不爭陰陽之和；愛其死以有待也，養其身以有爲也：其備豫有如此者。儒有不寶金玉，而忠信以爲寶，不祈土地，立義以爲土地，不祈多積，多文以爲富；難得而易祿也，易祿而難畜也，非時不見，不亦難得乎？非義不合，不亦難畜乎？先勞而後祿，不亦易祿乎？其近人有如此者。儒有委之以貨財，淹之以樂好，見利不虧其義；刼之以衆，沮之以兵，見死不更其守；鷙蟲攫搏，不程勇者，引重鼎，不程其力；往者不悔，來者不豫；過言不再，流言不極；不斷其威，不習其謀：其特立有如此者。儒有可親而不可劫也，可近而不可迫也，可殺而不可辱也；其居處不淫，其飲食不溽，其過失可微辨而不可面數也：其剛毅有如此者。儒有忠信以爲甲胄，禮義以爲干櫓，戴仁而行，抱義而處；雖有暴政，不更其所：其自立有如此者。儒有一畝之宮，環堵之室，篳門

圭窬，蓬戶甕牖，易衣而出，幷日而食；上答之不敢以疑，上不答不敢以諂：其仕有如此者。儒有今人與居，古人與稽，今世行之，後世以爲楷；適弗逢世，上弗援，下弗推，讒諂之民有比黨而危之者，身可危也而志不可奪也，雖危，起居竟信其志，猶將不忘百姓之病也：其憂思有如此者。儒有博學而不窮，篤行而不倦，幽居而不淫，上通而不困；禮之以和爲貴，忠信之美，優游之法，慕賢而容衆，毁方而瓦合：其寬裕有如此者。儒有內稱不辟親，外舉不辟怨，程功積事，推賢而進達之，不望其報；君得其志，苟利國家，不求富貴：其舉賢援能有如此者。儒有聞善以相告也，見善以相示也，爵位相先也，患難相死也，久相待也，遠相致也：其任舉有如此者。儒有澡身而浴德，陳言而伏，靜而正之，上弗知也，麤而翹之，又不急爲也；不臨深而爲高，不加少而爲多；世治不輕，世亂不沮，同弗與，異弗非也：其特立獨行有如此者。儒有上不臣天子，下不事諸侯；愼靜而尙寬，强毅以與人，博學以知服；近文章，砥厲廉隅，雖分國如錙銖，不臣不仕：其規爲有如此者。儒有合志同方，營道同術，並立則樂，相下不厭，久不相見，聞流言不信；其行本方、立義，同而進，不同而退：其交友有如此者。溫良者仁之本也，敬愼者仁之地也，寬裕者仁之作也，孫接者仁之能也，禮節者仁之貌也，言談者仁之文也，歌樂者仁之和也，分散者仁之施也；儒皆兼此而有之，猶且不敢言仁也：其尊讓有如此者。儒有不隕穫於貧賤，不充詘於富貴，不慁君王，不累長上，不閔有司，故曰儒。今衆人之命儒也妄，常以儒相詬病。」孔子至舍，哀公館之。聞此言也，言加信，行加義，終沒吾世，不敢以儒爲戲。禮記儒行

此篇是孔子爲其敎所定之行，如佛之有百法明門，禪之有百文法規。考後漢人行誼，皆與之合，而程

子譏爲漢儒之說，此不知孔子教術之大者也。如儒有上不臣天子，樊英實行之，而朱子以爲行之大過矣。人性萬品，而以一律限之，自謂析理於秋毫，豈知聖人之理，廣博無量，不可以一端盡哉？吾有儒行傳，編漢人爲之。

子謂子夏曰：「女爲君子儒，無爲小人儒。」論語雍也

儒爲孔子時創教名，孔子且口自述之，箸於論語。但儒爲教名，雖爲儒教中人，而或爲大儒，或爲小儒，或爲雅儒，或爲俗儒，或爲通儒，或爲愚儒，或爲迂儒、陋儒，此君子小人之別也。如轅固、公孫弘皆學六經，則皆儒也；而轅爲君子，弘爲小人，以轅正學直言，弘曲學阿世也。

右孔子自明創儒大義。

孟子曰：「逃墨必歸於楊，逃楊必歸於儒。歸斯受之而已矣。」孟子盡心

孟子爲儒教大宗，楊、墨門下多有逃而歸之者，孟子道廣，歸則受之，如後世之自佛還俗者，不必追其既往。昌黎送靈徹詩，所謂「材調眞可惜，朱丹在磨研。方將斂之道，且欲冠其巔。」廣吾道之招徠，甚得孟子意也。若儒是先王之教，則墨子日述禹、湯、文、武，何所逃而何所歸哉？以其爲孔子創立之教，楊、墨鼎立，故其門下有逃有歸耳。若陳良之徒陳相，學於許行，是逃儒而歸於墨者也。

秦昭王問孫卿子曰：「儒無益於人之國？」孫卿子曰：「儒者法先王，隆禮義，謹乎臣子而致貴其上者也。人主用之，則埶在本朝而宜，不用，則退編百姓而愨，必爲順下矣。雖窮困凍餒，必不以邪道爲貪。無置錐之地而明於持社稷之大義，（嗚）〔嘄〕呼而莫之能應。然而通乎財萬物養百姓之經紀，埶在人上，

則王公之材也；在人下，則社稷之臣、國君之寶也。雖隱於窮閻漏屋，人莫不貴之，道誠存也。仲尼將爲司寇，沈猶氏不敢朝飲其羊，公愼氏出其妻，愼潰氏踰境而徙，魯之粥牛馬者不豫賈，必蚤正以待之也。居於闕黨，闕黨之子弟罔不必分，有親者取多，孝弟以化之也。儒者在本朝則美政，在下位則美俗，儒之爲人下如是矣。荀子儒效

一明儒效，便舉孔子，所謂宗師仲尼也。

大儒者，善調一天下者也，無百里之地，則無所見其功。輿固馬選矣，而不能以至遠，一日而千里，則非造父也；弓調矢直矣，而不能以射遠中微，則非羿也；用百里之地而不能以調一天下，制彊暴，則非大儒也。彼大儒者，雖隱於窮閻漏屋，無置錐之地，而王公不能與之爭名；在一大夫之位，則一君不能獨畜，一國不能獨容，成名況乎諸侯，莫不願得以爲臣；用百里之地，而千里之國莫能與之爭勝，笞棰暴國，齊一天下，而莫能傾也：是大儒之徵也。其言有類，其行有禮，其舉事無悔，其持險應變曲當，與時遷徙，與世偃仰，千舉萬變，其道一也：是大儒之稽也。其窮也俗儒笑之，其通也英傑化之，嵬瑣逃之，邪說畏之，衆人媿之；通則一天下，窮則獨立貴名；天不能死，地不能埋，桀、跖之世不能汙，非大儒莫之能立：仲尼、子弓是也。故有俗人者，有俗儒者，有雅儒者，有大儒者：不學問，無正義，以富利爲隆，是俗人者也。逢衣淺帶，解果其冠，略法先王而足亂世術，繆學雜舉，不知法後王而一制度，不知隆禮義而殺詩、書；其衣冠行僞已同於世俗矣，然而不知惡者，其言議談說已無以異於墨子矣，然而明不能別；呼先王以欺愚者而求衣食焉，得委積足以揜其口，則揚揚如也，隨其長子，事其便辟，舉其上客，億

然若終身之虜而不敢有他志，是俗儒者也。法後王，一制度，隆禮義而殺詩、書，其言行已有大法矣，然而明不能齊法教之所不及，聞見之所未至，則知不能類也；知之曰知之，不知曰不知，內不自以誣，外不自以欺，以是尊賢畏法而不敢怠傲，是雅儒者也。法先王，統禮樂，一制度，以淺持博，以古持今，以一持萬；苟仁義之類也，雖在鳥獸之中，若別白黑；倚物怪變，所未嘗聞也，所未嘗見也，卒然起一方，則舉統類而應之，無所儗㤼，張法而度之，則晻然若合符節，是大儒者也。同上

儒創自孔子，見於論語。此條亦最詳明。然儒者，但服儒服，從儒禮者，便得有此名，如爲墨、爲道、爲僧之類。莊子鄭人緩也爲儒。儒以詩、禮發冢。既已爲儒，尚有君子小人之別也。自僞周禮昧沒此義，乃與師對舉，謂「儒以道得民。」於是儒爲通道藝之人，而儒尊焉。今從祀文廟之賢亦僅稱先儒，不知其爲大儒乎，雅儒乎，抑爲曲儒、俗儒、小人儒乎？蓋久而忘其本矣。若稱先僧、先道，何貴之有？

論德使能而官施之者，聖王之道也，儒之所謹守也。荀子王霸

老子言失德後仁，又言不尙賢，不使能，大與孔子論德、使能之義相悖，故明爲儒道也。

傷國者，何也？曰：以小人尙民而威，以非所取於民而巧，是傷國之大災也。大國之主也，而好見小利，是傷國。其於聲色、臺謝、園囿也，愈厭而好新，是傷國。不好循正其所以有，啖啖常欲人之有，是傷國。三邪者在匈中，而又好以權謀傾覆之人斷事其外，若是，則權輕，名辱，社稷必危，是傷國者也。大國之主也，不隆本行，不敬舊法，而好詐故；若是，則夫朝廷羣臣亦從而成俗，不隆禮義而好傾覆也。

朝廷羣臣之俗若是，則夫衆庶百姓亦從而成俗於不隆禮義而好貪利矣。君臣上下之俗莫不若是，則地雖廣，權必輕，人雖衆，兵必弱，刑罰雖繁，令不下通，夫是之謂危國，是傷國者也。儒者爲之不然，必將曲辨朝廷，必將隆禮義而審貴賤；若是，則士大夫莫不敬節死制者矣。百官，則將齊其制度，重其官秩；若是，則百吏莫不畏法而遵繩矣。關市，幾而不征，質律，禁止而不偏；如是，則商賈莫不敦慤而無詐矣。百工，將時斬伐，佻其期日而利其巧任；如是，則百工莫不忠信而不楛矣。縣鄙，將輕田野之稅，省刀布之斂，罕舉力役，無奪農時；如是，則農夫莫不朴力而寡能矣。士大夫務節死制，然而兵勁；百吏畏法循繩，然後國常不亂；商賈敦慤無詐，則商旅安貨通財而國求給矣；百工忠信而不楛，則器用巧便而財不匱矣；農夫樸力而寡能，則上不失天時，下不失地利，中得人和，而百事不廢：是之謂政令行，風俗美，以守則固，以征則彊，居則有名，動則有功。此儒之所謂曲辨也。荀子王霸

佚而治，約而詳，不煩而功：治之至也。秦類之矣。雖然，則有其諰矣。兼是數具者而盡有之，然而縣之以王者之功名，則倜倜然其不及遠矣。是何也？則其殆無儒邪。荀子彊國

孔子創儒教，齊、魯之間先行之。太史公謂魯人以儒教是也。儒者傳道，不爲其國，但以教爲主。如佛氏及今耶、回諸教皆然，務欲人國之行其教也。自魯至秦相去二千里，當時各國自爲風氣，自爲政教，譏察甚嚴，山河阻絕，舟輿不接，非如今日輪船鐵路，地球可以旬日至也。故孔子西行不到秦。秦奉儒甚遲，荀子謂秦無儒者，欲秦之從儒。而秦立博士七十人，諸生皆誦說詩、書，法孔子，則孔教大行於秦矣。

儒者，儒也，儒之爲言無也，不易之術也。千舉萬變其道不窮，六經是也。若夫君臣之義，父子之親，夫婦之別，朋友之序，此儒者之所謹守日切磋而不舍也。韓詩外傳

齊宣王問匡倩曰：「儒者博乎？」曰：「不也。」王曰：「何也？」匡倩對曰：「博貴梟。勝者必殺梟，殺梟者是殺所貴也；儒者以爲害義，故不博也。」又問曰：「儒者弋乎？」曰：「不也。弋者從下畏於上者也，是從下傷君也；儒者以爲害〔義〕，故不弋。」又問：「儒者鼓瑟乎？」曰：「不也。夫瑟以小絃爲大聲，以大絃爲小聲，是大小易序，貴賤易位；儒者以爲害義，故不鼓也。」宣王曰：「善。」韓非子外儲

春秋大一統者，天地之常經，古今之通誼也。今師異道，人異論，百家殊方，指意不同。是以上亡以持一統，法制數變，下不知所守。臣愚以爲諸不在六蓺之科、孔子之術者，皆絕其道勿使並進，邪辟之說滅息，然後統紀可一而法度可明，民知所從矣。漢書董仲舒列傳

平原君曰：「儒之爲名，何取爾？」子高曰：「取包衆美，兼六藝，動靜不失中道。」孔叢子儒服

所以貴儒術者，貴其處謙推讓，以道盡人。鹽鐵論國病

孟子傷楊、墨之議大奪儒家之論。論衡對作

楊、墨攻儒者，仲任知之。

右孔子弟子後學發明創儒大義。

儒者曰：「親親有術，尊賢有等。」言親疏尊卑之異也。其禮曰：「喪父母三年，其妻後子三年，伯父、

叔父、弟、兄、庶子其，戚族人五月。」若以親疏爲歲月數，則親者多而疏者少矣，是妻後子與父同也；若以尊卑爲歲月數，則是尊其妻子與父母同，而親伯父宗兄而卑子也：逆孰大焉！其親死，列尸弗登屋，窺井，挑鼠穴，探滌器，而求其人焉。以爲實在，則贛愚甚矣，如其亡也，必求焉，僞亦大矣。取妻身迎，祗褍爲僕，秉轡授綏，如仰嚴親。昏禮威儀，如承祭祀。顛覆上下，悖逆父母，下則妻子，妻子上侵。事親若此，可謂孝乎？儒者迎妻，妻之奉祭祀，子將守宗廟，故重之。應之曰：此誣言也。其宗兄，守其先宗廟數十年，死喪之期，兄弟之妻奉其先之祭祀，弗散，則喪妻子三年，必非以守奉祭祀也。夫憂妻子以大負絫，有曰所以重親也，爲欲厚所至私，輕所至重，豈非大姦也哉？有强執有命以說議曰：壽夭、貧富、安危、治亂，固有天命，不可損益，窮達、賞罰、幸否，有極，人之知力不能爲焉。羣吏信之則怠於分職，庶人信之則怠於從事。不治則亂，農事緩則貧。貧且亂政之本，而儒者以爲道敎，是賤天下之人者也。且夫繁飾禮以淫人，久喪僞哀以謾親，立命緩貧而高浩居，倍本棄事而安怠傲，貪於飲酒，惰於作務，陷於饑寒，危於凍餒，無以違之，是若人氣，鼸鼠藏，而羝羊視，賁彘起。君子笑之。怒曰：「散人焉知良儒？」夫夏乞麥禾，五穀既收，大喪是隨，子姓皆從，得厭飲食，畢治數喪，足以至矣。因人之家翠以爲，恃人之野以爲尊。富人有喪，乃大說喜曰：「此衣食之端也。」儒者曰：「君子必服古言，然後仁。」應之曰：所謂古之者皆嘗新矣，而古人服之，則君子也。然則必法非君子之服，言非君子之言，而後仁乎？又曰：「君子循而不作。」應之曰：古者羿作弓，伃作甲，奚仲作車，巧垂作舟。然則今之鮑、函、車、匠皆君子也，而羿、伃、奚仲、巧垂皆小人邪？且其所循，人必或作之，然則其所循皆小人道也。

又曰：「君子勝不逐奔，揜函弗射，施則助之胥車。」應之曰：皆仁人也，則無說而相與。仁人以其取舍是非之理相告，無故從有故也，弗知從有知也。無辭必服，見善必遷，何故相？若兩暴相爭，其勝者欲不逐奔，揜函弗射，施則助之胥車，雖盡能猶且不得爲君子也。意暴殘之國也，聖將爲世除害，興師誅罰，勝將因用傳術令士卒曰：毋逐奔，揜函勿射，施則助之胥車。暴亂之人也得活，天下害不除，是爲羣殘父母而深賤世也，不義莫大焉！又曰：「君子若鐘，擊之則鳴，弗擊不鳴。」應之曰：夫仁人事上竭忠，事親得孝，務善則美，有過則諫，此爲人臣之道也。今擊之則鳴，弗擊不鳴，隱知豫力，恬漠待問而後對，雖有君親之大利，弗問不言；若將有大寇亂，盜賊將作，若機辟將發也，他人不知，己獨知之，雖其君親皆在，不問不言，是夫大亂之賊也。以是爲人臣不忠，爲子不孝，事兄不弟，交遇人不貞良。夫執後不言之，朝物，見利使已，雖恐後言。君若言而未有利焉，則高拱下視，會噎爲深，曰：惟其未之學也，用誰急，遺行遠矣。夫一道術學業仁義也，昔大以治人，小以任官，遠施用徧，近以循身。不義不處，非理不行，務興天下之利，曲折周旋，〔不〕利則止，此君子之道也。以所聞孔某之行，則本與此相反謬也。

齊景公問晏子曰：「孔子爲人何如？」晏子不對。公又復問，不對。景公曰：「以孔某語寡人者衆矣，俱以賢人也。今寡人問之而子不對，何也？」晏子對曰：「嬰不肖，不足以知賢人。雖然，嬰聞所謂賢人者，入人之國必務合其君臣之親，而弭其上下之怨。孔某之荆，知白公之謀而奉之以石乞。君身幾滅而白公僇。嬰聞賢人得上不虛，得下不危，言聽於君必利人，敎行下必於上，是以明言而易知也，行易而從也，行義可謀乎民，謀慮可通乎君臣。今孔某深慮同謀以奉賊，勞思盡知以行邪，勸下亂上，敎臣殺君，非賢人之行也。入人之國而與人之賊，非義之類也。知人不忠，趣之爲亂，非仁義之也。逃人而後謀，避人而後言，行義不可明於民，謀慮不可通於君臣，嬰不知孔某之有異於白公也。是以不對。」景公曰：「嗚乎！貺寡人者衆矣，非夫子，則吾終身不知孔某之與白公同也。」孔某之齊見景公。景公說，欲封之以尼谿，以告晏子。晏子曰：「不可。夫儒，浩居而自順者也，不可以敎下；好樂而淫人，不可使親治；立命而怠事，不可使守職；崇喪循哀，不可使慈民；機服勉容，不可使導衆。孔某盛容修飾以蠱世，弦歌鼓舞以聚徒，繁登降之禮以示儀，務趨翔之節以勸衆；儒學不可使議世，勞思不可以補民，絫壽不能盡其學，當年不能行其禮，積財不能贍其樂。繁飾邪術以營世君，盛爲聲樂以淫遇民。其道不可以期世，其學不可以導衆。今君封之以利齊俗，非所以導國先衆。」公曰：「善。」於是厚其禮，留其封，敬見而不問其道。孔乃恚，怒於景公與晏子，乃樹鴟夷子皮於田常之門，告南郭惠子以所欲爲，歸於魯。有頃，閒齊將伐魯，告子貢曰：「賜乎！舉大事，於今之時矣。」乃遣子貢之齊，因南郭惠子以見田常，勸之伐吳。以敎高、國、鮑、晏，使毋得害田常之亂。勸越伐吳。三年之內，齊、吳破國之難，伏尸以言術數，孔某之誅也。孔某爲魯司寇，舍公家而奉季孫。季孫相魯君而走，季孫與邑人爭門關，决植。孔某窮於蔡、陳之間，藜羹不糂，十日。子路爲享豚。孔某不問肉之所由來而食。號人衣以酤酒，孔某不問酒之所由來而飲。哀公迎孔某，席不端弗坐，割不正弗食。子路進請曰：「何其與陳、蔡反也？」孔某曰：「來，吾與女。曩與女爲苟生，今與女爲苟義。」夫饑約則不辭妄取以活身，贏飽僞行以自飾，汙邪詐僞，孰大於此？孔某與其門弟子閒坐，曰：「夫舜見瞽叟就然，此時天下圾乎！周公旦非其人也邪，何爲亦舍家室而託寓也。」孔某所行，心術所至也。其徒屬弟子皆效孔某。子貢、季路輔孔悝亂乎衛，陽貨亂乎齊，佛肸以中牟叛，漆雕刑殘，莫大焉。夫爲弟子後生，其師必脩其言，法其行，力不足知弗及而後已。今孔某之行如此，儒士則可以疑矣。墨子非儒

親親、尊賢、喪服、親迎，皆六經禮義之大者，所謂三代同之。而墨子一則曰儒者曰，再則曰其禮曰，三則曰儒者迎妻；攻之爲逆、爲僞、爲誣、爲大奸。然則親親、尊賢、喪服、親迎，皆孔子所創，而非先王之舊，最爲明據矣。墨子固動引禹、湯、文、武者，若是先王之舊，墨子豈敢肆口慢罵。至景公、晏子與田常、白公前後不同時，誣不待辨。至攻及褫衣酤酒，等於市人角口，益爲異教攻誣，所見墨子倒戈叛逆，輕薄恣肆而已。孟子攻其無父，尚屬大端。昌黎似未讀此篇，攘斥佛、老者，豈能謂孔、墨以相用，反若疑孟子攻之過甚耶？然今幸得此篇，從仇家親供大題，考見孔子創教名目義旨，儒之爲孔教，遂成鐵証矣。直道守節所謂倨傲自順，崇喪玉藻容經所謂噲噎爲深立命，機服盛容，弦歌鼓舞，登降趨翔，皆孔子大義，從異教所攻，亦可攷儒家宗旨矣。

子墨子與程子辯，稱於孔子。程子曰：「非儒，何故稱於孔子也。」墨子公孟

夷子曰：「儒者之道，古之人若保赤子，此言何謂也？之則以爲愛無差等，施由親始。」孟子滕文

「古之人若保赤子，」是書康誥之言。墨子亦稱說詩、書，何夷之以屬之儒者，於墨無關，何哉？此亦絕異之論。蓋六經爲孔子所定，以爲儒書。墨子所稱之詩、書，乃墨子自定，別是一書。莊子天下篇所謂苦獲、已齒、鄧陵子之屬，俱誦墨經是也。蓋詩、書是舊典，孔、墨改制皆託先王，并用其名。

其徒俱尊爲經，而實各行其道，各成其書，故夷之以康誥爲儒者之道，則爲孔子之書，非先王之書可見。若眞是康誥，則墨子日稱文、武，豈肯獨讓儒者哉？藉異端之口以證六經爲孔子之作，又見於孟子之書，此條最爲明據。

右異教非儒，專攻孔子，知儒爲孔子所特創。

魯哀公問於孔子曰：「夫子之服，其儒服與？」孔子對曰：「丘少居魯，衣縫掖之衣，長居宋，冠章甫之冠。丘聞之也，君子之學也博，其服也鄉，丘不知儒服。」禮記儒行

儒服，衣因魯制，冠因宋制，可考見儒服所自來。亦如殷輅周冕，合集而成。哀公蓋聞人有儒服之名而問之，孔子託於鄉服而答之。然衣朝鮮之衣，冠本朝之冠，雖生長異地，而裝束雜遝，苟非剏制，亦覺不倫矣。

孔子對曰：「生乎今之世，志古之道，居今之俗，服古之服，舍此而爲非者，不亦鮮乎？」哀公曰：「然則今夫章甫、句屨、紳帶而搢笏者，此皆賢乎？」大戴記哀公

章甫、句屨、紳帶、搢笏，蓋孔子所改定之儒服也。孝經所謂「非先王之法服不敢服，」孟子所謂「服堯之服，」此所謂「服古之服。」

魯哀公問於孔子曰：「紳委章甫，有益於仁乎？」孔子蹵然曰：「君號然也？資衰苴杖者不聽樂，非耳不能聞也，服使然也；黼衣黻裳者不茹葷，非口不能味也，服使然也。且丘聞之，好肆不守折，長者不爲市，竊其有益與其無益，君其知之矣。」荀子哀公問

儒者創爲儒服，時人多有議之，否亦以爲行道自行道，無須變服之詭異。豈知易其衣服而不從其禮樂喪服，人得攻之；若不易其服，人得遁於禮樂喪服之外，人不得議之。此聖人不得已之苦心，故立改正朔、易服色之制。佛亦必令去髮、衣袈裟而後爲皈依也。

子路性鄙，好勇力，志伉直，冠雄雞，佩豭豚，陵暴孔子。孔子設禮稍誘子路。子路後儒服委質，因門人請爲弟子。史記仲尼弟子列傳

冠雄雞，佩豭豚，可見春秋衣服甚詭，聽人所爲。或雄雞之冠，爲當時勇士之服乎？

孔子外變二三子之服。鹽鐵論殊路

當時凡入儒教者，必易其服，乃號爲儒，可望而識，略如今僧道衣服之殊異矣。

公孟子戴章甫，搢笏，儒服而以見子墨子曰：「君子服然後行乎？其行然後服乎？」墨子公孟

公孟蓋孔子後學，故儒服。凡儒服者百數條，皆章甫、句屨、逢掖、搢笏。

莊子見魯哀公。哀公曰：「魯多儒士，少爲先生方者。」莊子曰：「魯少儒。」哀公曰：「舉魯國而儒服，何謂少乎？」莊子曰：「周聞之，儒者冠圜冠者知天時，履句屨者知地形，緩佩玦者事至而斷。君子有其道者未必爲其服也，爲其服者未必知其道也。公固以爲不然，何不號於國中曰：無此道而爲此服者其罪死。」於是哀公號之，五日而魯國無敢儒服者。獨有一丈夫，儒服而立乎公門。公卽召而問以國事，千轉萬變而不窮。莊子曰：「以魯國而儒者一人耳，可謂多乎？」莊子田子方

莊子固多寓言，而魯人化孔子之教，舉魯國皆儒服，則當時實事矣。

田贊衣儒衣而見荆王。荆王曰：「先生之衣，何其惡也？」新序雜事

今夫子必儒服而見王，事必大逆。莊子說劍

當時新教異服，有極尊之者，必有極惡之者，略如後世僧道然。爲儒見王，必衣儒服，如今僧見君上及貴人，亦衣袈裟也。

子高衣長裾，振褒袖，方屐麤翣見平原君。君曰：「吾子亦儒服乎？」子高曰：「此布衣之服，非儒服也。儒服非一也。」平原君曰：「請吾子言之。」答曰：「夫儒者，居位行道，則有衮冕之服；統御師旅，則有介冑之服；從容徒步，則有若穿之服：故曰非一也。」平原君曰：「儒之爲名何取爾？」子高曰：「取包衆美，兼六藝，動而不失中道。」孔叢子儒服

叔孫通儒服，漢王憎之。迺變其服，服短衣楚製。史記劉敬叔孫通列傳

豐、沛隸楚，漢高是楚人。叔孫通媚說取容，故服楚製。然則漢高至文、景，五世百年，及蕭、曹羣臣，盈庭皆楚製矣。史、漢作於儒術大盛之後，多沒舊制而不道。今人讀經既熟，忘忽其故，以爲長衣乃從古皆然，豈知孔子創儒服，制爲衣裳，褒衣逢掖，乃有長衣耳。鶡冠子：「齊、魯薦紳之徒，皆肆長衣。」孔叢子：「子高振長裾。」然則自齊、魯之外，多短衣矣。楚自若敖蚡冒始啓山林，開闢不過數百年，去野番舊俗不遠。吳、越尚斷髮文身，取〔衣〕蔽體，豈能爲長衣廣裳以自文飾？楚靈奢侈，不過取資秦之復陶耳。今泰西短衣，不過如吾楚製之舊。然彼教士猶尚長衣。則凡有教之人，莫不以長衣爲貴矣。

初，沛公引兵過陳留。酈生謁軍門，上謁曰：「高陽賤民酈食其，竊聞沛公暴露，將兵助楚討不義，敬勞從者，願得望見，口畫天下便事。」使者入通。沛公方洗，問使者曰：「何如人也？」使者對曰：「狀貌類大儒，衣儒衣，冠測注。」沛公曰：「爲我謝之，言我方以天下爲事，未暇見儒人也。」史記酈生陸賈列傳

酈生被儒衣，往說漢王，迺非也。

騎士曰：「沛公不好儒。諸侯冠儒冠來者，沛公輒解其冠，溲溺其中。與人言，常大罵。未可以儒上說也。」並同上

漢高是一無賴子，又遠處沛、豐，不知孔子之大道。猶吾鄉人曉起見僧，輒唾爲不祥，不論其爲高僧與否也。其後爲酈、陸所化，過魯，能以太牢祀孔子，則重儒矣。

夫儒服，先王之服也。新序雜事

劾壽王吏八百石，古之大夫服儒衣。漢書律歷志

漢至武帝時儒教一統，盛誦五經，故以爲古之大夫盛服儒衣也。

文學褒衣博帶，竊周公之服；鞠躬踧踖，竊仲尼之容。鹽鐵論利議

漢武之後，儒既一統爲國教，賢良文學，褒衣博帶，以儒服爲章服矣。

衣儒衣，冠儒冠，而不能行其道，非眞儒也。鹽鐵論刺議

子夏從孔子之教時，孔子已有君子儒、小人儒之別。從者既多，雖從其教，服其服，而不行其道者固多。如今僧穿衲衣而不守戒法。當時議之，故以爲非眞儒也。

衣冠有以殊於鄉曲。鹽鐵論相刺

漢高尚有溺儒冠事，蓋儒者衣冠殊異，一望可知。

進賢冠，古緇布冠也，文儒者之服也。後漢輿服志

漢世用孔子之制。緇布冠卽玄，卽章甫。孔子所創之儒冠，至是行於天下。

假儒衣、書，服而讀之，三月不歸，孰曰非儒也？法言孝至

當時讀儒書，必言服儒服，則儒者之辨，不僅在其書，並在其服矣。今衣袈裟而誦佛書，是僧也。若不剃髮，不衣袈裟，而僅讀佛典，天下斷無有目爲僧者。聖者之立法，制其外以養其內，故外之冠服亦甚巨矣。

右孔子創儒後，其服謂之儒服。

公及齊侯、邾子盟于顧。齊人責稽首。因歌之曰："魯人之皋，數年不覺，使我高蹈。唯其儒書，以爲二國憂。"左傳哀二十一年

御覽八百九十七引論衡："儒書稱孔子與顏淵俱登魯東山。"孔子集語附

"唯其儒書，以爲二國憂。"至論衡時，尚以六經傳記爲儒書，猶今稱二教書爲佛典、道藏，皆以其教名。吾今編孔子改制考、孔子大義考、孔子微言考、周漢文字記，寫定五經、七十子後學記，統名儒者，還其本也。

哀公二十一年，孔子方沒，儒書大行如此，所謂魯以儒教也。凡教主皆生前其道大行，佛、回亦然，惟

遠方外國乃遲之又久耳。白香山詩，雞林賈人購之；東坡詩，高麗使臣購之；李、杜詩文，生前而冠絕當時；朱子集注，身後而行於金：文人大師，其力猶能自行如此，況聖人乎！

夫儒以六藝爲法。史記太史公自序

詩、春秋，學之美者也，皆衰世之造也。儒者循之，以教導於世。淮南子氾論訓

春秋之爲孔子作，人皆知之；詩亦爲孔子作，人不知也。儒者多以二學爲教，蓋詩與春秋尤爲表裏也。

孔子所傳宰予問、五帝德及帝繫姓，儒者或不傳。史記五帝本紀

此出戴記，眞乃儒者所共傳，而史公以爲儒者不傳，不可解。蓋劉歆變亂五帝，故竄改以抑之，以爲此乃明說或有不傳也。

夫五經，亦漢家之所立。儒生善政大義，皆出其中。論衡程材

傳言黃帝龍顏，顓頊戴午，帝嚳駢齒，堯眉八采，舜目重瞳，禹耳三漏，湯臂再肘，文王四乳，武王望陽，周公背僂，皋陶馬口，孔子反宇。斯十二聖者，皆在帝王之位，或輔主憂世。世所共聞，儒所共說。在經傳者較著可信。若夫短書俗記，竹帛胤文，非儒者所見，衆多非一。論衡骨相

儒書所載權變非一。論衡答佞

儒書稱堯、舜之德，至優至大。論衡儒增

儒書又言：「溟(涬)〔濛〕澒，氣未分之類也；及其分離，清者爲天，濁者爲地。」如說易之家。儒書之言

天地始分，形體尙少，相去近也。論衡談天

夫如是，儒書之文，難以實事。案附從以知鳳皇，未得實也。論衡講瑞

儒書言舜葬於蒼梧，禹葬於會稽者。論衡書虛

儒書稱：「楚養由基善射。」論衡儒增

儒書言：「衞有忠臣弘演。」

儒書言：「楚熊渠子出見寢石，以爲伏虎。」

儒書稱：「魯般、墨子之巧，刻木爲鳶，飛之三日而不集。」

儒書言：「禽息薦百里奚，繆公未聽。禽息出，當門仆頭，碎首而死。」

儒書言：「荆軻爲燕太子刺秦王。」

儒書言：「董仲舒讀春秋，專精一思，志不在他，三年不窺園菜。」

儒書言：「夏之方盛也，遠方圖物，貢金九牧，鑄鼎象物而爲之備。」並同上

儒書言：「齊王疾痟，使人之宋迎文摯。」論衡道虛

右孔子創儒後，其書謂之儒書。

儒者學，學儒矣。傳先師之業，習口說以敎。論衡定賢

傳者傳學，不妄一言，先師古語，到今具存。同上

傳先師之業，習口說以敎，是漢時傳孔學大法。劉歆攻博士，謂信口說而背傳說，於是今學亡矣。

儒者說曰：「太平之時，人民侗長，百歲左右。」氣和之所生也。論衡氣壽

春秋言太平，遠近大小如一。地球一統之後，乃有此。時煩惱憂悲已無，不食土性鹽類質，養生日精，此言必驗。

儒者論曰：「天地故生人。」論衡物勢

儒者曰：「天，氣也。」論衡談天

儒者說孔子周流應聘不濟，閔道不行。論衡問孔

儒者曰：「日朝見，出陰中。」論衡說日

儒者曰：「冬日短，夏日長。」

儒者或曰：「日月有九道。」

儒者論曰：「天左旋，日月之行不繫於天。」

儒者說曰：「日行一度。」

儒者謂：「日月之體皆至圓。」

儒者說日及工伎之家，皆以日爲一。並同上

儒者之說又言：「人君失政，天爲異。」論衡譴告

文王得赤雀，武王得白魚赤烏。儒者論之，以爲雀則文王受命，魚烏則武王受命。論衡初稟

儒者說：鳳皇麒麟爲聖王來，以爲鳳皇麒麟，仁聖禽也。論衡指瑞

儒者咸稱鳳皇之德，欲以表明王之治。論衡指瑞

春秋曰：「西狩獲（麟死騂）〔死麟〕，人以示孔子。孔子曰：「孰爲來哉！孰爲來哉！」反袂拭面，泣涕沾襟。」儒者說之，以爲天以（騂）〔麟〕命孔子，孔子不王之聖也。同上

儒者之論，自說見鳳皇麒麟而知之。論衡講瑞

儒者論太平瑞應，皆言氣物卓異，朱草、醴泉、翔鳳、甘露、景星、嘉禾、萐脯、蓂莢、屈軼之屬。論衡是應

儒者又言：「太平之時，屈軼生於庭之末，若草之狀，主指佞人。」同上

儒者之議，以爲人死有命。論衡命義

儒者說夫婦之道，取法於天地。論衡自然

如儒者之言，五代皆一受命。論衡恢國

儒者論曰：「王者推行道德，受命於天。」同上

儒者論聖人，以爲前知千歲，後知萬世。論衡實知

中庸：「至誠之道，可以前知。」編書以秦繼周，何疑之有？

儒者或見其義，說不空生。論衡祭意

京房易傳曰：「上不儉，下不節，盛火數起，燔宮室。」儒說火以明爲德，而主禮。後漢五行志

五年二月，隴西地震。儒說民安土者也，將大動，行大震。九月，匈奴單于於除鞬叛，遣使發邊郡兵討之。

七年九月癸卯，京都地震。儒説奄官無陽施，猶婦人也。是時，和帝與中常侍鄭衆謀奪竇氏權，德之，因任用之。及幸常侍蔡倫，二人始並用權。

又先儒言：瑞與非時則爲妖孼，而民訛言生龍語，皆龍孼也。

儒説：諸侯專權，則其應多在日所宿之國。

中元元年十一月甲子晦，日有蝕之，在斗二十度。斗爲廟，主爵禄。儒説十一月甲子時，王日也，又爲星紀，主爵禄，其占重。

十六年五月戊午晦，日有蝕之，在柳十五度。儒説：五月戊午，猶十一月甲子也。又宿在京都，其占重。後二歲，宮車晏駕。

永元七年四月辛亥朔，日有蝕之，在觜觿，爲葆旅，主收斂。儒説：葆旅，宮中之象。收斂，貪妒之象。並同上

五行之學出於洪範，爲孔門一説。今五行志多出於尚書家歐陽、夏侯氏，故爲儒説。

諸儒或曰：「今五星失晷，天時謬錯。辰星久而不效，太白出入過度，熒惑進退見態，鎮星繞帶天街，歲星不舍氏房，」以爲「諸如此占，歸之國家。」後漢書蘇竟傳附

右孔子創儒後，諸弟子傳其口説，謂之儒説。

孟子、孫卿，儒術之士。戰國策劉向序

始皇並有天下，燔燒詩、書，坑殺儒士。同上

於是徵從齊、魯之儒生博士七十人，至乎泰山下。史記封禪書

沛公不好儒，諸客冠儒冠來者，沛公輒解其冠，溲溺其中。與人言，常大駡，未可以儒生說也。史記酈陸列傳

諸弟子儒生隨臣久矣。史記叔孫通列傳

軹有儒生。史記郭解列傳

自孔子卒，京師莫崇庠序。唯建元、元狩之間，文辭粲如也。作儒林傳。史記太史公自序

太學之制，自古未立，故謂自孔子卒後，未崇庠序。至武帝始立，故謂粲如。史記時，儒未一統，故史公創作此傳，如後世之考敎派，創之宜也。後世儒學一統，無人不在儒中，尚何專傳之立者？後漢之後，經新歆之亂制，蓋已不知此義矣。

天之道不在仲尼乎？仲尼駕說者也。不在茲儒乎？如將復駕其所說，則莫若使諸儒金口而木舌。法言學行

通天、地、人曰儒，通天地而不通人曰伎。法言君子

凡從孔子敎，衣儒衣冠、讀儒書者，便謂之儒。其上者聖儒，次者大儒、通儒、名儒。若夫通天、地、人，則大儒之列也。揚子之言，尊儒太過，忘敎旨矣。彼固知假儒衣、書，服而讀之，孰曰非儒；則亦知儒不過服儒衣、讀儒書而已。

鄉部親民之吏，皆用儒生。後漢左雄傳

雄又奏徵海內名儒爲博士。後漢左雄傳

前此蓋選吏人及百家者，自是，小吏皆儒生爲之，儒道大行。而後世吏道雜而多端，甚者乃至白丁捐納，而歸咎於儒無益人國，可乎？

世儒學者好信師而是古。論衡問孔

使世孔子，則七十子之徒，今之儒生也。同上

是故儒者稱論，皆言孔子之後當封，以泗水卻流爲證。論衡書虛

五經以道爲務，事不如道，道行事立，無道不成。然則儒生所學者道也。論衡程材

儒生治本。

儒生擿經，窮竟聖意。並同上

五經之儒，抱經隱匿。論衡佚文

唐、虞、夏、殷同載在二尺四寸，儒者推讀，朝夕講習。論衡宣漢

孔子傳五經，皆用二尺四寸簡。漢時猶然。

案仲舒之書不違儒家，不及孔子。論衡案書

儒家之徒董無心。論衡福虛

著作者爲文儒，說經者爲世儒。論衡書解

世儒說聖人之經，解賢者之傳，義理廣博，無不實見。故在官常位，位最尊者爲博士。門徒聚衆，招會

千里，身雖死亡，學傳於後。論衡書解

今賢儒懷古今之學，負荷禮義之重。論衡狀留

夫儒生，禮義也；耕戰，飲食也。貴耕戰而賤儒生，是棄禮義求飲食也。論衡非韓

儒者之在世，禮義之舊防也。

今儒者之操，重禮愛義。

官不可廢，道不可棄。儒生，道、官之吏也。以爲無益而棄之，是棄道也。並同上

儒生學大義以道事。論衡量知

文儒懷先王之道，含百家之言。論衡效力

能博學問謂之上儒。論衡別通

而儒生以學問爲力。論衡效力

儒生力多者博達疏通。故博達疏通，儒生之力也。同上

猶博士之官，儒生所由興也。論衡別通

或與論立說、結連篇章者，文人鴻儒也。論衡超奇

故夫能說一經者爲儒生，博覽古今者爲通人，采掇傳書以上書奏記者爲文人，能精思著文、連結篇章者爲鴻儒。故儒生過俗人，通人勝儒生，文人踰通人，鴻儒超文人。夫鴻儒所謂超而又超者也。以超之奇退與儒生相料，文軒之比於敝車，錦繡之方於緼袍也，其相過遠矣。

然鴻儒，世之金玉也，奇而又奇矣。奇而又奇，才相超乘，皆有品差。儒生說名於儒門，過俗之遠也。並同上

夫儒生之所以過文吏者，學問日多，簡練其性，雕琢其材也。論衡量知

知文吏儒生筆同，而儒生胸中之藏，尚多奇餘。

文吏儒生有似於此，俱有材能，並用筆墨，而儒生奇有先王之道。並同上

後世以法律治天下，幾等於秦。經義僅供帖括文章之用，無關治事。則通學大儒，與筆帖式同矣。

夫儒生與文吏程材，而儒生侈有經傳之學。論衡量知

儒生不爲非而文吏好爲姦者，文吏少道德而儒生多仁義也。夫文吏之學，學治文書也，當與木土之匠同科，安得程於儒生哉！並同上

儒生材無不能敏，業無不能達，志不有爲。今俗見不習，謂之不能；睹不爲，謂之不達。科用累能，故文吏在前，儒生在後，是從朝廷謂之也；如從儒堂訂之，則儒生在上，文吏在下矣。論衡程材

論者多謂儒生不及彼文吏，見文吏利便而儒生陊落，則詆訾儒生，以爲淺短，稱譽文吏，謂之深長，是不知儒生，亦不知文吏也。儒生文吏皆有材智，非文吏材高而儒生智下也，文吏更事，儒生不習也。謂文吏更事，儒生不習，可也；謂文吏深長，儒生淺短，知妄矣。世俗共短儒生，儒生之徒亦自相少，何則？並好仕學宦，用吏爲繩表也。儒生有闕，俗共短之，文吏有過，俗不敢訾；歸非於儒生，付是於文吏也。夫儒生材非下於文吏，又非所習之業非所當爲也，然世俗共短之者，見將不好用也。將之不好用之者，

事多己不能理，須文吏以領之也。夫論善謀能，施用累能，期於有益。文吏理煩，身役於職，職判功立，將尊其能；儒生栗栗不能當劇，將有煩疑不能効力，力無益於時，則官不及其身也。將以官課材，材以官爲驗，是故世俗常高文吏，賤下儒生。儒生之下，文吏之高，本由不能之將。世俗之論，緣將好惡。今世之將，材高知深，通達衆凡，舉綱持領，事無不定。其置文吏也，備數滿員，足以輔己志。志在修德，務在立化，則夫文吏瓦石，儒生珠玉也。夫文吏能破堅理煩，不能守身，則亦不能輔將。儒生不習於職，長於匡救。將相傾側，諫難不懼。案世間能建蹇蹇之節，成三諫之議，令將檢身自勑，不敢邪曲者，率多儒生。同上

吏道是周、秦以來任官之舊，仕學院中人也。儒是以敎任職，如外國敎士之入議院者。其後雜用武夫，世爵高門，詩賦帖括，皆非儒矣。而詩賦帖括託於儒門，而以僞亂眞。至於今日，身爲儒而口不談道，若與俗人同。則敎之盡失，而仍以敎託之，悲夫！

程材量知，言儒生文吏之材不能相過，以儒生修大道，以文吏曉簿書。道勝於事，故謂儒生頗愈文吏也。此職業外相程相量也。其內各有所以爲知，未實謝也。夫儒生能說一經，自謂通大道，以驕文吏；文吏曉簿書，自謂文無害，以戲儒生。各持滿而自藏，非彼而是我，不知所爲短，不悟於己未足。論衡訓之，將使懷然各知所之。夫儒生所短，不徒以不曉簿書；文吏所劣，不徒以不通大道也。反以閉闇，不覽古今，不能各自知其所業之事未具足也。二家各短，不能自知也。世之論者而亦不能訓之，如何？夫儒生之業五經也，南面爲師，旦夕講授章句，滑習義理，究備於五經可也。五經之後，秦、漢之

事(無)不能知者，短也。夫知古不知今，謂之陸沉，然則儒生所謂陸沉者也。五經之前，至於天地始開，帝王初立者，主名爲誰，儒生又不知也。夫知今不知古，謂之盲瞽。五經比於上古，猶爲今也，徒能說經，不曉上古，然則儒生所謂盲瞽者也。儒生猶曰：「上古久遠，其事闇昧，故經不載而師不說也。」夫三王之事雖近矣，經雖不載，義所連及，五經所當共知，儒生所當審說也。論衡謝短

秦燔五經，坑殺儒士，五經之家所共聞也。秦何起而燔五經？何感而坑儒生？秦則前代也。漢國自儒生之家也，從高祖至今朝幾世？歷年迄今幾載？初受何命？復獲何瑞？得天下難易孰與殷、周？家人子弟學問歷幾歲？人問之曰：「居宅幾年？祖先何爲？」不能知者，愚子弟也。然則儒生不能知漢事，世之愚蔽人也。溫故知新，可以爲師。古今不知，稱師如何？彼人問曰：二尺四寸，聖人文語，朝夕講習，義類所及，故可務知。漢事未載於經，名爲尺籍短書，比於小道，其能知，非儒者之貴也。儒不能覩曉古今，欲各別說其經事義類，乃以不知爲貴也。同上

本朝幾世幾年，漢之儒生猶多不識，陋亦極矣。與今鄉曲之士專窮舉業者同。尊敎之餘，決多專陋，印度、羅馬亦然。當時錄五經文尚長二尺四寸，其餘尺籍謂之短書，以長短爲貴賤，猶今之分大字本、小字本也。

九月甲午，試儒生四十餘人。上第，賜位郎中；次太子舍人；下第者罷之。詔曰：「孔子歎學之不講，不講，則所識日忘。今者，儒年踰六十，去離本土，營求糧資，不得專業。結童入學，白首空歸。長委農野，永絕榮望，朕甚愍焉。其依科罷者，聽爲太子舍人。」後漢書獻帝紀

兩漢書所言儒者皆指孔子後學，詳見孔子道行。

右孔子創儒後，從其敎者謂之儒生。

孔子改制考卷八

南海康有爲廣厦撰

孔子爲制法之王考

孔子爲制法之王顯證
孔子爲新王
孔子爲素王
孔子爲文王
孔子爲聖王
孔子爲先王
孔子爲後王
孔子爲王者
孔子託王於魯
孔子爲制法之王總義

迺上古昔，尚勇競力，亂萌慘黷。天閔振救，不救一世而救百世，乃生神明聖王，不爲人主，而爲制法主。天下從之，民萌歸之，自戰國至後漢八百年間，天下學者，無不以孔子爲王者，靡有異論也。自劉歆以左氏破公羊，以古文僞傳記攻今學之口說，以周公易孔子，以述易作，於是孔子遂僅爲後世博學高行之人，而非復爲改制立法之敎主聖王，祇爲師統而不爲君統，詆素王爲怪謬，或且以爲僭竊，盡以其權歸之人主。於是天下議事者，引律而不引經，尊勢而不尊道，其道不尊，其威不重，而敎主微。敎主既微，生民不嚴不化，益頑益愚，皆去孔子素王之故。異哉！王義之誤惑不明數千載也！夫王者之正名出於孔氏。何謂之王？一畫貫三才謂之王，天下歸往謂之王。天下不歸往，民皆散而去之，謂之匹夫。以勢力把持其民謂之霸。殘賊民者謂之民賊。夫王不王，專視民之聚散向背名之，非謂其黄屋左纛，威權無上也。後世有天下者稱帝，以王封其臣子，則有親王、郡王等名。六朝則濫及善書，瀆及奴隸，皆爲王。若將就世俗通達之論識言之，則王者人臣之一爵，更何足以重孔子，亦何足以爲僭異哉？然今中國圓顱方趾者四萬萬，其執民權者二十餘朝，問人歸往孔子乎？抑歸往嬴政、楊廣乎？既天下義理制度皆從孔子，天下執經釋菜俎豆莘莘皆不歸往嬴政、楊廣而歸往大成之殿、闕里之堂，共尊孔子。孔子有歸往之實，即有王之實，有王之實而有王之名，乃其固然。然大聖不得已而行權，猶謙遜曰假其位號，託之先王，託之魯君，爲寓王爲素王云爾。故夫孔子以元統天，天猶在孔子所統之內，於無量數天之中而有一地，於地上無量國中而爲一王，其於孔子曾何足數！但考其當時，則事實同稱，徵以後世，則文宣有號，察其實義，則天下歸往，審其通名，則人臣之爵，而上昧神聖行權偶託之文法，下忘天下歸往同上之徽稱，於素王則攻以僭悖之義，於民賊私其牙爪，則許以貫三才之名，何其舛哉！今徧考秦、漢之説，證明素王之義，庶幾改制教主，尊號威力，日光復熒，而教亦再明云爾。

丘爲制法之主，黑綠不代蒼黃。春秋緯援神契

聖人不空生，必有所制以顯天心。丘爲木鐸，制天下法。春秋緯演孔圖

孔胸文曰：制作定世符運。春秋緯演孔圖

孔子爲制法之主，所謂素王也。論語曰：「天生德於予，」「天之未喪斯文也，匡人其如予何！」所謂不空生，必有所制也。左傳：仲子有文在手曰：「爲魯夫人。」十六國春秋：劉淵左手有文曰「淵。」彭神符有文在手曰「神符。」東觀漢記：公孫述自言手文有奇瑞，數移書中國。上賜述書曰：瑞應手掌成文，亦非吾所知。僭僞之人尚應符瑞，況制作之聖治萬世者乎！

孟子曰：「王者之迹熄而詩亡，詩亡然後春秋作。」孟子離婁下

春秋，天子之事。是故孔子曰：「知我者其惟春秋乎！罪我者其惟春秋乎？」孟子滕文下

考孔子道至可信據，莫若孟子。時周命未盡，王名未去，而孟子一生不至周，未嘗一勸諸侯尊周，但勸諸侯行王政，云：「以齊王，猶反手。」故李泰伯攻之，雖以孟子爲不臣可矣。然此實後世一端之義也。孟子大義云：「民爲貴。」但以民義爲主，其能養民、教民者則爲王，其殘民、賊民者則爲民賊。周自幽、厲後，威靈不能及天下，已失天子之義。孔子因其實而降爲風，夷爲列國。史記儒林傳謂「周道亡於幽、厲。」孟子謂「三代之失天下也以不仁。」蓋自周至幽、厲，孔子以爲周亡。春秋，

天子之事作，劉向、淮南、董生所謂春秋繼周也。孟子傳孔子之微言，李覯安足以知之？宋人僅知尊王攘夷之義，宜其反却視不信也。

周室既衰，諸侯恣行。仲尼悼禮廢樂崩，進修經術，以達王道，匡亂世反之於正，見其文辭，爲天下制儀法，垂六藝之統紀於後世。史記太史公自序

孔子之時，上無明君，下不得任用。故作春秋，垂空文以斷禮義，當一王之法。同上

「當一王之法，」卽董子所謂「以春秋當新王」也。

是以孔子明王道，干七十餘君莫能用，故西觀周室，論史記舊聞，興於魯而次春秋。上記隱，下至哀之獲麟；約其文辭，去其煩重，以制義法，王道備，人事浹。七十子之徒口受其傳指，爲有所刺譏襃諱挹損之文辭，不可以書見也。史記十二諸侯年表

有非力之所能致而自致者，西狩獲麟受命之符是也。然後託乎春秋正不正之間而明改制之義，一統乎天子而加憂於天下之憂也，務除天下所患而欲以上通五帝，下極三王，以通百王之道。繁露符瑞

董子醇儒，發改周受命之說，昭晰如是。孔門相傳之非常異義也。

右孔子爲制法之王顯證。

成周宣謝災，何以書？記災也。外災不書，此何以書？新周也。何注：「孔子以春秋當新王，上黜杞，下新周而故宋。因天災中興之樂器，示周不復興，故繫宣謝於成周，使若國，文黜而新之，從爲王者後，記災也。」公羊宣十六年

王降爲風，夷於諸侯，蓋孔子大義。詩云：「赫赫宗周，褒姒滅之。」周道亡於幽、厲，自是孔子以春秋繼周，改周之制，以周與宋同爲二王後。故詩之三頌，託王魯、新周、故宋之義，運之三代，傳之口說，著之公羊、穀梁，大發明於董子。太史公、劉向、何休皆無異辭。示周不興，孔子乃作，何邵公所謂非常異義，太史公所謂不可書見，口授弟子者也。

故孔子立新王之道，明其貴志以反和，見其好誠以滅僞，其有繼周之弊，故若此也。繁露玉杯

董子直謂孔子爲新王繼周。董子一醇儒，豈能爲此悖謬之論？蓋孔門口說之傳也。

春秋作新王之事，變周之制，當正黑統。而殷、周爲王者之後，絀夏，改號禹謂之帝，錄其後以小國。故曰：絀夏，存周，以春秋當新王。繁露三代改制

董生更以孔子作新王，變周制，以殷、周爲王者之後。大言炎炎，直著宗旨。孔門微言口說，於是大著。孔子爲改制教主，賴董生大明。

故春秋應天作新王之事：時正黑統，王魯，尚黑，絀夏，親周，故宋；樂宜親韶舞，故以虞錄親樂；制宜商，合伯、子、男爲一等。繁露三代改制

春秋曰：「杞伯來朝。」王者之後稱公，杞何以稱伯？春秋上黜夏，下存周，以春秋當新王。春秋當新王者，奈何？曰：王者之法必正號，絀王謂之帝，封其後以小國，使奉祀之；下存二王之後以大國，使服其服，行其禮樂，稱客而朝。同上

惟王者然後改元，立號。春秋託新王，受命於魯，故因以錄即位，明王者當繼天，奉元，養成萬物。公羊

隱元年注

今所謂新王必改制者，非改其道，非變其理；受命於天，易姓更王，非繼前王而王也，若一因前制，修故業，而無有所改，是與繼前王而王者無以別。受命之君，天之所大顯也。事父者承意，事君者儀志，事天亦然。今天大顯己，物襲所代而率與同，則不顯不明，非天志；故必徙居處，更稱號，改正朔，易服色者，無他焉，不敢不順天志而明自顯也。若夫大綱、人倫、道理、政治、敎化、習俗、文義盡如故，亦何改哉？故王者有改制之名，無易道之實。孔子曰：「無爲而治者，其舜乎？」言其主堯之道而已，此非不易之效與？問者曰：物改而天授顯矣，其必更作樂，何也？曰：樂異乎是。制爲應天，改之；樂爲應人，作之。彼之所受命者，必民之所同樂也。是故大改制於初，所以明天命也；更作樂於終，所以見天功也。繁露楚莊王篇

春秋爲新王，凡五見；親周，故宋，王魯，凡再見；新王受命改制，數數見：孔子爲繼周之王，至明。

右孔子爲新王。

孔子作春秋，先正王而繫萬事，見素王之文焉。漢書董仲舒傳

董生爲漢醇儒，漢書亦錄其素王之說，見空王之文，何礙焉？

孔子既西狩獲麟，自號素王，爲後世受命之君，制明王之法。六藝論

麟出周亡，故立春秋制素王，授當興也。春秋緯元命苞

孟子曰：「三代之失天下也以不仁。」孟子之時，周命未改，然孟子已以爲亡。史記所謂「周道亡於

幽、厲。」平王之後，王降爲風，威靈不振。孔子改制，以春秋繼周，故立素王之制也。

子夏曰：「仲尼爲素王，顏淵爲司徒。」古微書論語緯

孔子爲素王，乃出于子夏等尊師之名。素王，空王也。佛亦號空王，又號法王。凡敎主尊稱，皆取譬於人主，何異焉？

仲尼爲匹夫而稱素王。中論貴驗

制春秋之義，著素王之法。風俗通窮通

子夏六十四人共撰仲尼微言以事素王。古微書論語緯

論語爲微言，緯則其說也。素王之稱非徒公羊家，乃齊、魯論語家之說。但古文家乃剷去之，宋儒誤拾其緒耳。

曾子撰斯，問曰：「孝文手駁不同何？」子曰：「吾作孝經，以素王無爵祿之賞，斧鉞之誅，故稱明王之道。」曾子辟席復坐。子曰：「居，吾語女，順遜以避禍災，與先王以託權。」孝經緯鈎命訣

孝經家亦稱素王，且云託先王以明權，此則孔子之自稱矣。文王沒而文（王）〔不〕在茲？天生德於予，聖人亦何遜焉？

恬澹元聖，素王之道。莊子天道

莊生爲老學，然亦稱孔子爲素王，蓋素王之名徧天下矣。

孔子之通，智過於萇弘，勇服於孟賁，足躡郊菟，力招城關，能亦多矣。然而勇力不聞，伎巧不知，專行

孝道以成素王，事亦鮮矣。淮南子主術訓

淮南出自伍被之流，爲雜家。稱孔子之諱而亦尊爲素王，可知王號爲天下達尊。其云專行孝道，蓋孔子之仁，以父母爲本，實儒教宗旨，淮南實能直揭之矣。

是以孔子歷七十二君，冀道之一行而得施其德，使民生於全育，烝庶安土，萬物熙熙，各樂其終。卒不遇，故睹麟而泣，哀道不行，德澤不洽。於是退作春秋，明素王之道以示後人，思施其惠，未嘗輟忘。是以百王尊之，志士法焉。誦其文章，傳今不絕。說苑貴德

百王尊，志士法，是所謂衆所歸往也。尊之爲王，又何疑焉？

孔子作春秋以示王意，然則孔子之春秋，素王之業也；諸子之傳書，素相之事也。觀春秋以見王意，讀諸子以睹相指。論衡超奇

孔子不王，素王之業在於春秋。論衡定賢

孔子自因魯史記而修春秋，制素王之道。盧欽公羊序

右孔子爲素王。

王者孰謂？謂文王也。注：文王，周始受命之王。天之所命，故上繫天端。方陳受命，制正月，故假以爲王法。不言謚者，法其生不法其死，與後王共之，人道之始也。公羊隱元年

孔子質統爲素王，文統則爲文王。孔子道致太平，實爲文王。法生不法死，則此文王是孔子，非周文王易見矣。王愆期謂文王即孔子，蓋有傳授也。

子畏於匡，曰：「文王既沒，文不在茲乎？天之將喪斯文也，後死者不得與於斯文也；天之未喪斯文也，匡人其如予何？」論語子罕

文王既沒而文在茲，孔子之爲文王，蓋可據。此出論語，非僻書也。

孔子曰：「文王既沒，文不在茲乎？」文王之文傳在孔子，孔子爲漢制文，傳在漢也。論衡佚文

春秋曰：「王正月。」傳曰：「王者孰謂？謂文王也。曷爲先言王而後言正月？王正月也。」何以謂之王正月？曰：王者必受命而後王，王者必改正朔，易服色，制禮樂，一統於天下，所以明易姓非繼仁，通以己受之於天也。王者受命而王，制此月以應變，故作科以奉天地，故謂之王正月也。繁露三代改制

論語：「文王既沒，文不在茲？」孔子已自任之。王愆期謂文王者孔子也，最得其本。人祇知孔子爲素王，不知孔子爲文王也。或文或質，孔子兼之。王者天下歸往之謂，聖人天下所歸往，非王而何？猶佛稱爲法王云爾。

文王見禮壞樂崩，道孤無主，故禮經三百，威儀三千。禮緯稽命徵

周文王時，無禮壞樂崩之說。禮經威儀，皆孔子所制，此文王非孔子而何？

右孔子爲文王。

孔子懼，作春秋。春秋，天子之事也，是故孔子曰：「知我者其(爲)〔惟〕春秋乎？罪我者其(爲)〔惟〕春秋乎？」聖王不作，諸侯放恣，處士横議，楊朱、墨翟之言盈天下。孟子滕文

孔子作春秋而世一治。孔子沒而楊、墨起，聖王不作卽指孔子，與堯、舜既沒一例。

故凡言議、期命、是非，以聖王爲師，而聖王之分，榮辱是也。荀子王論

今聖王沒，名守慢，奇辭起，名實亂，是非之形不明；則雖守法之吏，誦數之儒，亦皆亂也。荀子正名

孔子改制，首先正名。公孫龍以堅白之說亂之，荀子攻之，所謂聖王，卽是孔子。

論德使能而官施之者，聖王之道，儒之所謹守也。荀子王霸

聖王之道卽孔子之道，故儒謹守之。

世子曰：功及子孫，光輝百世，聖王之道莫美於恕。故子先言春秋，詳己而略人，因其國而容天下。繁露兪序

右孔子爲聖王。

孔子仁知且不蔽，故學亂術足以爲先王者也。一家得周道，舉而用之，不蔽於成積也。荀子解蔽

稱孔子足爲先王，卽莊生謂墨子離於天下，其去王也遠矣，謂墨子不能爲王也，語可反勘。一家得周道，舉用之，墨子謂孔子法周未法夏，則上先王爲孔子尤明。

春秋經世先王之志。莊子齊物

莊生猶知孔子爲先王，蓋田子方所傳。若以此先王非孔子，則春秋爲何人所作耶？孔子曰：「吾志在春秋。」則先王之爲孔子益信。

莊生累稱孔子，一曰素王，一曰先王，一曰神明聖王。此非徒莊生之特識，實天下之通稱。

夫儒服，先王之服也。新序雜事

哀公問：「夫子之服，其儒服與？」是儒服爲孔子改制之服，儒者尊孔子爲先王，因尊其服爲先王之服，此孔門相傳之微言也。

禮起於何也？曰：人生而有欲，欲而不得則不能無求，求而無度量分界則不能不爭，爭則亂，亂則窮。先王惡其亂也，故制禮義以分之，以養人之欲，給人之求，使欲必不窮乎物，物必不屈於欲，兩者相持而長，是禮之所起也。荀子禮論

凡孔子後學中引禮，皆孔子之禮。所稱先王皆孔子，非三代先王也。

故先王聖人安爲之立中制節，一使足以成文理則舍之矣。然則何以分之？曰：至親以期斷。是何也？曰：天地則已易矣，四時則已徧矣，其在宇中者莫不更始矣，故先王案以此象之也。然則三年何也？曰：加隆焉，案使倍之，故再期也。由九月以下何也？曰：案使不及也，故三年以爲隆，緦小功以爲殺，期九月以爲間。上取象於天，下取象於地，中取則於人，人所以羣居和一之理盡矣。故三年之喪，人道之至文者也，夫是之謂至隆。是百王之所同，古今之所一也。荀子禮論

三年喪爲孔子之制，則此先王非孔子而何？

先王有不忍人之心，斯有不忍人之政矣。孟子公孫丑上

孟子所稱之仁政盡與公羊合，皆孔子之仁政也。所稱先王卽孔子，孟子全書皆然。

守先王之道以待後之學者。孟子滕文下

先王之道卽孔子之道，所謂篤信好學，守死善道也。

今有仁心仁聞而民不被其澤，不可法於後世者，不行先王之道也。（孟子離婁上）

詩云：「不愆不忘，率由舊章。」遵先王之法而過者，未之有也。

事君無義，進退無禮，言則非先王之道者，猶沓沓也。（並同上）

春秋之於世事也，善復古，譏易常，欲其法先王也。然而介以一言曰：王者必改制。（繁露楚莊王）

先王制樂，所以節百事。（樂緯叶圖徵）

王制，是孔子之後大賢所記先王之事。（五經異義）

右孔子爲先王。

後王之成名：刑名從商，爵名從周，文名從禮，散名之加於萬物者則從諸夏之成俗曲期。（荀子正名）

當荀子之時，周德雖衰，天命未改，秦又未帝，而立爵名從周，與商並舉，則所謂後王者，上非周王，後非秦帝，非素王之孔子而何？孟子稱孔子爲先王，荀子稱孔子爲後王，其實一也。云爵名從周，而刑名、文名不從周，則所謂後王正名者，非孔子而何？然則以爲禮名、刑名、文名爲周人之舊，而非孔子所改制者，其誤不待言矣。

天地始者，今日是也。百王之道，後王是也。君子審後王之道而論於百王之前，若端拜而議。（荀子不苟）

孔子改制爲人道之始，故謂今日爲天地之始。

故曰：欲觀聖王之迹，則於其粲然者矣，後王是也。彼後王者，天下之君也。舍後王而道上古，譬之是猶舍己之君而事人之君也。（荀子非相）

以後王爲天下之君，荀子之尊孔子可謂極矣。王者往，君者羣，孔子能羣天下人，非天下之君而何？

繆學雜舉，「不知法後王而一制度，不知隆禮義而殺詩、書，其衣冠行僞，已同於世俗矣。荀子儒效

諸子雜稱神農、黄帝而不法孔子，所謂繆學雜舉也。

法後王，一制度，隆禮義而殺詩、書，其言行已有大法矣。荀子儒效

言志意之求，不下於士；言道德之求，不二後王。道過三代謂之蕩，法二後王謂之不雅。

百家之説不及後王，則不聽也。並同上

王者之制，道不過三代，法不貳後王。荀子王制

荀子之言，皆爲當時戰國諸子高談神農、黄帝者説法。

是散名之在人者也，是後王之成名也。荀子正名

狀變而實無别而爲異者，謂之化。有化而無别，謂之一實。此事之所以稽實定數也，此制名之樞要也。

後王之成名，不可不察也。同上

凡荀子稱後王者，皆孔子也。

右孔子爲後王。

夫王者始受命，改制，布政，施敎於天下，自公侯至於庶人，自山川至於草木昆蟲，莫不一一繫於正月，

故云正敎之始。公羊隱元年注

王者必改制。繁露楚莊王

故王者有改制之名，無易道之實。同上

董子謂春秋作新王之事，變周文而從殷質，於三代改制一篇大發其義。然則所稱王者改制，即孔子也。

王者必受命而後王。繁露三代改制

王者受命而王。同上

孔子受端門之命，非王者而何。

春秋傳曰：「合伯、子、男以爲一爵。」或曰：合從子，貴中也。以春秋名鄭忽，忽者，鄭伯也，此未踰年之君，當稱子，嫌爲改赴，故名之也。地有三等不變，至爵獨變，何？地比爵爲質，故不變。王者有改道之文，無改道之實。白虎通爵篇

此春秋公羊家之説，所稱王者即指孔子。蓋師説相傳，皆以春秋當新王也。

故王者受命，改正朔，不順數而往，必迎來而受之者，授受之義也。繁露二端

右孔子爲王者。

今春秋緣魯以言王義，殺隱、桓以爲遠祖，宗定、哀以爲考妣，至尊且高，至顯且明，其基壤之所加，潤澤之所被，條條無疆。前是常數十年，鄰之幽人近其墓而高明。大國齊、宋離不言會，微國之君卒葬之禮，錄而辭繁，遠夷之君，內而不外。當此之時，魯無鄙疆，諸侯之伐哀者皆言我，邾婁庶其鼻我，邾婁大夫其於我無以親，以近之，故乃得顯明隱、桓親春秋之先人也。益師卒而不日，於稷之會言成宋亂，

以遠外也，黄池之會，以兩伯之辭言，不以爲外，以近內也。繁露奉本諸侯來朝者得褒，邾婁、儀父稱字，滕、薛稱侯，荆得人，介葛盧得名；內出言如諸侯來曰朝，大夫來曰聘，王道之意也。繁露王道

緣魯以言王義，孔子之意專明王者之義，不過言託于魯以立文字。卽如隱、桓不過託爲王者之遠祖，定、哀爲王者之考妣，齊、宋但爲大國之譬，邾婁、滕侯亦不過爲小國先朝之影，所謂其義則丘取之也。自僞左出，後人乃以事說經，于是周、魯、隱、桓、定、哀、邾、滕皆用考据求之，痴人說夢，轉增疑惑。知有事而不知有義，于是孔子之微言沒，而春秋不可通矣。尚賴有董子之說得以明之。不然，諸侯來曰朝，內出言如魯無鄙疆，董子何愚若此？所謂辭之重、意之複，必有美者存焉。

故春秋應天作新王之事，時正黑統，王魯，尚黑，絀夏，親周，故宋。三代改制

詩有三頌，周頌、魯頌、商頌，孔子寓新周故宋王魯之義。不然，魯非王者，何得有頌哉？自僞毛出而古義湮，于是此義不復知。惟太史公孔子世家有焉。公羊傳春秋託王于魯，何注頻發此義，人或疑之。不知董子亦大發之。蓋春秋之作，在義不在事，故一切皆託；不獨魯爲託，卽夏、商、周之三統，亦皆託也。

春秋王魯，託隱公以爲始受命王，因儀父先與隱公盟，可假以見褒賞之法，故云爾。公羊隱元年注

「曹無大夫，公子手何以書？憂內也。」注：「春秋託王於魯，因假以見王法，明諸侯有能從王者征伐不義，克勝有功，當褒之，故與大夫。大夫敵君不貶者，隨從王者，大夫得敵諸侯也。」公羊成二年

「滕侯卒。」傳：「何以不名？微國也。微國則其稱侯何？不嫌也。」注：「所傳聞之世未可卒，所以稱侯而卒者，春秋王魯，託隱公以爲始受命王。滕子先朝隱公，春秋褒之，以禮嗣子得以其禮祭，故稱侯見其義。」公羊隱七年

「滕侯、薛侯來朝。」傳：「其兼言之何？微國也。」注：「春秋託隱公以爲始受命王，滕、薛先朝隱公，故褒之。」公羊隱十一年

「無駭帥師入極。」傳：「展無駭也。不氏，疾始滅也，春秋之始也。」注：「春秋託王者，始起所當誅也。」公羊隱二年

注

春秋王魯，以魯爲天下化，首明親來被王化漸漬禮義者，在可備責之域。故從內，小惡舉也。公羊隱元年

春秋王魯，明當先自持正，躬自厚而薄責於人，故略外也。王者不治夷狄，錄戎者，來者勿拒，去者勿追。同上

「八月，宋公和卒。」注：「春秋王魯，死當有王文。聖人之爲文辭孫順，不可言崩，故貶外言卒，所以褒內也。宋稱公者，殷後也。王者封二王後地方百里，爵稱公，客待之而不臣也。」公羊隱三年

「辛亥，宿男卒。」注：「宿本小國，不當卒。所以卒而日之者，春秋王魯，以隱公爲始受命王。宿男先與隱公交接，故卒，褒之也。」公羊隱八年

「公子友如齊莅盟。」注：「春秋王魯，故言莅以見王義，使若王者遣使臨諸侯盟，飭以法度。言來盟，

亦因魯都以見王義，使若來之京師盟，白事於王。不加莅者，來就魯，魯已尊矣。」公羊僖三年

「齊侯來獻戎捷。」注：「言獻捷繫戎者，春秋王魯，因見王義。古者方伯征伐不道諸侯，交格而戰者，誅絕其國，獻捷於王者。」公羊莊三十一年

春秋王魯，因其始來聘，明夷狄能慕王化，修聘禮，受正朔者，當進之，故使稱人也。公羊莊二十三年注

王者起，所以必改質文者，爲承衰亂，救人之失也。天道本下，親親而質省；地道敬上，尊尊而文煩。故王者始起，先本天道以治天下，質而親親。及其衰敝，其失也，親親而不尊。故後王起，法地道以治天下，文而尊尊。及其衰敝，其失也尊尊而不親，故復反之於質也。質家爵三等者，法天之有三光也；文家爵五等者，法地之有五行也。合三從子者，制由中也。公羊桓十一年注

春秋定、哀之間文致太平，欲見王者治定無所復爲譏。唯有二名，故譏之，此春秋之制也。公羊定六年注

右孔子託王於魯。

其或繼周者，雖百世可知也。論語爲政

繼周者，卽孔子也。「百世可知，」「百世以俟聖人而不惑，」「由百世之下等百世之王，莫之能違，」是也。

夫殷變夏，周變殷，春秋變周。三代之禮不同，何古之從？淮南子氾論訓

以春秋爲變周，可爲孔子改制之證。且以春秋爲一代，當淮南時已如此，蓋莫不知孔子爲改制之素王矣。

孔子曰：「夏道不亡，商德不作；商德不亡，周德不作；周德不亡，春秋不作。」春秋作而後君子知周道亡也。」說苑君道

孟子曰：「三代之失天下也，以不仁。」孟子之時，周之天下未嘗失也。孔子以夏、殷、周爲三代，以春秋爲一代，繼周在春秋也。

「紀子伯者何？無聞焉爾。」注：「春秋有改周受命之制。孔子畏時遠害，又知秦將燔詩、書，其說口授相傳。至漢，公羊氏及弟子胡毋生等乃始記于竹帛，故有所失也。」公羊隱二年

孔子曰：「吾因行事加吾王心焉，假其位號以正人倫。」繁露俞序

孟子曰：春秋，天子之事。王愆期以文王爲孔子。自漢前莫不以孔子爲素王，春秋爲改制之書。其他尚不足信，董子號稱醇儒，豈爲誕謾，而發春秋作新王、當新王者，不勝枚舉。若非口說傳授，董生安能大發之？出自董子，亦可信矣。且云變周之制，繼周之弊，以周爲王者之後，故詩以王降爲風，論語「其或繼周，百世可知，」皆指春秋王道而言。淮南子曰：「殷變夏，周變殷，春秋變周。」說苑曰：「夏道不亡，殷德不作；殷道不亡，周德不作；周道不亡，春秋不作。」皆以春秋爲一王之治，諸說並同。尙賴口說流傳。今得考素王之統者，賴是而傳耳。

孔子曰：「詩人疾之不能默，丘疾之不能伏，是以東西南北，七十說而不用。然後退而修王道，作春秋，垂之萬世之後，天下折中焉。」鹽鐵論相刺

周道衰廢，孔子爲魯司寇，諸侯害之，大夫壅之。孔子知言之不用，道之不行也，是非二百四十二年之

中，以為天下儀表，貶天子，退諸侯，討大夫，以達王事而已矣。子曰：「我欲載之空言，不如見之於行事之深切著明也。」夫春秋上明三王之道，下辨人事之紀，別嫌疑，明是非，定猶豫，善善惡惡，賢賢賤不肖，存亡國，繼絕世，補敝起廢，王道之大者也。史記太史公自序

春秋亂世討大夫，升平世退諸侯，太平世貶天子。

夫子行說七十諸侯無定處，意欲使天下之民各得其所，而道不行。退而修春秋，采毫毛之善，貶纖介之惡，人事浹，王道備，精和聖制，上通於天，而麟至，此天之知夫子也。說苑至公

孔子曰：「丘作春秋，始於元，終於麟，王道成也。」春秋緯元命苞

西狩獲麟，曰：「吾道窮矣。」故因史記作春秋以當王法，其辭微而指博，後世學者多錄焉。史記儒林傳

所謂素王者以當王法，即董子所謂假位號以正人倫也。

故許止雖弒君而不罪，趙盾以縱賊而見書，此仲尼所以垂王法，漢世所宜遵前脩也。後漢書霍諝傳

降周迄孔，成於王道。揚子法言

孔子曰：「易本陰陽以譬於物也。掇序帝乙、箕子、高宗，著德易者，所以昭天道，定王業也。上術天聖，考諸近世，采美善以見王事，言帝乙、箕子、高宗，明有法也。美帝乙之嫁妹，順天地之道以立嫁娶之義，義立則妃匹正，妃匹正則王化全。」易緯

「於乎！吾王言，其不出而死乎？哀哉！」曾子起曰：「敢問何謂王言？」孔子不應。曾子懼，肅摳衣下席曰：「弟子知其不孫也，得夫子之閒也難，是以敢問也。」孔子不應。大戴禮王言

說春秋者曰：二百四十二年，人道浹，王道備，善善惡惡，撥亂世反諸正，莫近於春秋。若此者，人道王道適具足也。論衡正說

或說春秋二百四十二年者，上壽九十，中壽八十，下壽七十。孔子據中壽三世而作三八二十四，故二百四十年也。又說，爲赤制之中數也。又說，二百四十二年，人道浹，王道備。

紀十二公享國之年，凡有二百四十二，凡此以立三世之說矣。實孔子紀十二公者，以爲十二公事適足以見王義耶？並同上

春秋之時，騏驎嘗嫌於王孔子而至。論衡講瑞

故孔子不王，作春秋以明意。案春秋虛文業以知孔子能王之德。論衡定賢

使孔子得王，春秋不作。論衡書虛

孔子謂顏淵曰：「吾服汝，忘也；汝之服於我，亦忘也。」以孔子爲君，顏淵爲臣，尙不能譴告，況以老子爲君，文子爲臣乎？論衡自然

孔子爲君，顏淵爲臣，卽所謂仲尼爲素王、顏淵爲素相也。

右孔子爲制法之王總義。

孔子改制考卷九

南海康有爲廣厦撰

孔子創儒教改制考

凡大地教主，無不改制立法也，諸子已然矣。中國義理制度皆立於孔子，弟子受其道而傳其教，以行之天下，移易其舊俗。若冠服、三年喪、親迎、井田、學校、選舉，尤其大而著者。今採傳記發其一隅，以待學者引伸觸長焉，其詳別爲專書矣。

有非力之所能致而自致者，西狩獲麟受命之符是也。然後託乎春秋正不正之間，而明改制之義。繁露符瑞

夫殷變夏，周變殷，春秋變周。三代之禮不同，何古之從？淮南子氾論訓

以春秋爲變周，可爲孔子改制之證。且以春秋爲一代，當淮南子時已如此，蓋莫不知孔子爲改制素王矣。

周室既衰，諸侯恣行。仲尼悼禮廢樂崩，進修經術以達王道，匡亂世，反之於正，見其文辭爲天下制義法，垂六藝之統紀於後世。史記太史公自序

禮義由孔氏出。鹽鐵論論儒

儒教禮制義理，皆孔子所制，此條最可據。蓋漢諸儒皆知之。

春秋曰「王正月。」傳曰：「王者孰謂？謂文王也。曷爲先言王而後言正月？王正月也。」何以謂之王正月？曰：王者必受命而後王，王者必改正朔，易服色，制禮樂，一統於天下，所以明易姓非繼仁，通以己受之於天下也。王者受命而王，制此月以應變，故作科以奉天地，故謂之王正月也。王者改制作科奈何？曰：當十二色歷各法，而正色逆數三而復。絀三之前曰五帝，帝迭首一色，順數五而相復。禮樂各以其法，象其宜，順數四而相復。咸作國號，遷宮邑，易官名，制禮作樂。故湯受命而王，應天變夏作殷號，時正白統，親夏，故虞，絀唐謂之帝堯，以神農爲赤帝，作宮邑於下洛之陽，名相官曰尹。爵謂之帝舜，以軒轅爲黃帝，推神農〔以〕爲九皇，作宮邑於豐，名相官曰宰，作武樂，制文禮以奉天。武王受命，作宮邑於鎬，制爵五等，作象樂，繼文以奉天。周公輔成王受命，作宮邑於洛陽，成文、武之制，作汋樂以奉天。殷湯之後稱邑，示天之變，反命，故天子命無常，唯命是德慶。故春秋應天作新王之事，時正黑統，王魯，尚黑，絀夏，親周，故宋，樂宜親招武，故以虞錄親，樂制宜商，合伯、子、男爲一等。然則其略說奈何？曰：三正以黑統初正，日月朔于營室，斗建寅，天統氣始通化物，物見萌達，其色黑，故朝正服黑，首服藻黑，正路輿質黑，馬黑，大節授幘尚黑，旗黑，大寶玉黑，郊牲黑，犧牲角卵，冠于阼，昏禮逆于庭，喪禮殯于東階之上，祭牲黑牡，薦尚肝，樂器黑質，法不刑有懷任新產者，是月不殺，聽朔廢刑發德，具存二王之德也。親赤統，故日分平明，平明朝正。正白統奈何？曰：正白統者，歷正日月朔于虛，斗建丑，天統氣始蛻化物，物始芽，其色白，故朝正服白，首服藻白，正路輿質白，馬白，大節綬幘尚白，旗白，大寶玉白，郊牲白，犧牲角繭，冠于堂，昏禮逆于堂，喪事殯于楹柱之間，祭牲白牡，薦尚肺，樂器白質，法不刑有身懷任，是(日)〔月〕不殺，聽朔廢刑發德，具存二王之後也。親黑統，故日分鳴晨，鳴晨朝正。正赤統奈何？曰：正赤統者，大節綬幘尚赤，旗赤，大寶玉赤，郊牲騂，犧牲角栗，冠于房，昏禮逆于戶，喪禮殯于西階之上，祭牲騂牡，薦尚心，樂器赤質，法不刑有身重懷，藏以養微，是月不殺，聽朔廢刑發德，具存二王之後也。親白統，故日分夜半，夜半朝正。改正之義，奉元而起。古之王者，受命而王，改制稱號，正月服色定，然後郊告天地及羣神，遠追祖禰，然後布天下諸侯，廟受以告社稷宗廟山川，然後感應一其司三統之變，近夷遐方無有生煞者，獨中國然。而三代改正，必以三統天下，曰三統五端，化四方之本也。天始廢始施，地必待中，是故三代必居中國，法天奉本，執端要以統天下、朝諸侯也。是以朝正之義，天子純統色衣，諸侯統衣纏緣紐，大夫士以冠參，近夷以綏，遐方各衣其服而朝，所以明乎天統之義也。其謂統三正者，曰正者正也，統致其氣，萬物皆應而正，統正其餘皆正，凡歲之要在正月也。法正之道，正本而末應，正內而外應，動作舉錯靡不變化隨從，可謂法正也。故君子曰：武王其似正月矣。春秋曰：「杞伯來朝。」王者之後稱公，杞何以稱伯？春秋上黜夏，下存周，以春秋當新王。春秋當新王者奈何？曰：王道之法，必正號，絀王謂之帝，封其後以小國使奉祀之，下存二王之後以大國，使服其服，行其禮樂，稱客而朝，故同時稱帝者五，稱王者三，所以昭五端，通三統也。是故周人之王，尚推神農爲九皇，而改號軒轅謂之黃帝，因存帝顓頊、帝嚳、帝堯之帝號，絀虞而號舜曰帝舜，錄五帝以小國，下存禹之後於杞，存湯之後於宋，以方百里爵稱公，皆使服其服，行其禮樂，稱先王客而朝。春秋作新王之事，變周之制，當正黑統。而殷、周爲王者之後，絀夏改號禹，謂之帝，錄其後以小國，故曰絀夏存周，以春秋當新王，不以杞侯，弗同王者之後也。稱子又稱伯何？見殊之小國也。黄帝之先謚，四帝之後謚，何也？曰：帝號必存五，帝代首天之色，號至五而反。周人之王，軒轅直首天黄號，故曰黄帝云。帝號尊而謚卑，故四帝後謚也。帝，尊號也，錄以小何？曰：遠者號尊而地小，近者號卑而地大，親疏之義也。故王者有不易者，有再而復者，有三而復者，有四而復者，有五而復者，有九而復者。明此，通天地、陰陽、四時、日月、星辰、山川、人倫。德侔天地者稱皇帝。天佑而子之，號稱天子。故聖王生則稱天子，崩遷則存爲三王，絀滅則爲五帝，下至附庸絀爲九皇，下極其爲民。有一謂之三代。故雖絶地，廟位祝牲猶列於郊號，宗於代宗。故曰聲名魂魄施於虚極，壽無疆。何謂再而復、四而復？春秋鄭忽何以名？春秋曰：伯、子、男一也，辭無所貶。何以爲一？曰：周爵五等，春秋三等。春秋何三等？曰：王者以制，一商一夏，一質一文。商質者主天，夏文者主地，春秋者主人，故三等也。主天法商而王，其道佚陽，親親而多仁樸，故立嗣予子，篤母弟，妾以子貴，冠昏之禮，字子以父別眇，夫婦對坐而食，喪禮別葬，祭禮先臊，夫妻昭穆別位，制爵三等，祿士二品，制郊宮明堂員，其屋高嚴侈員，惟祭器員，玉厚九分，白藻五絲，衣制大上，首服嚴員，鸞輿尊蓋，法天列象，垂四鸞，樂載鼓，用錫儛，儛溢員，先毛血而後用聲，正刑多隱，親戚多諱，封禪於尚位。主地法夏而王，其道進陰，尊尊而多義節，故立嗣與孫，篤世子，妾不以子稱貴號，昏冠之禮，字子以母別眇，夫婦同坐而食，喪禮合葬，祭禮先亨，婦從夫爲昭穆，制爵五等，祿士三品，制郊宮明堂方，其屋卑汚方，祭器方，玉厚八分，白藻四絲，大下，首服卑退，鸞輿卑，法地周象，載垂一鸞，樂設鼓，用纖施儛，儛溢方，先亨而後用聲，正刑，天法，封壇於下位。主天法質而王，其道佚陽，親親而多質愛，故立嗣予子，篤母弟，妾以子貴，昏冠之禮，字子以父別眇，夫婦對坐而食，喪禮別葬，祭禮先嘉疏，夫婦昭穆別位，制爵三等，祿士二品，制郊宮明堂內員外橢，其屋如倚靡員橢，祭器橢，玉厚七分，白藻三絲，衣長前衽，首服員轉，鸞輿尊蓋，備天列象，垂四鸞，樂程鼓，用羽籥儛，儛溢橢，先用玉聲而後亨，正刑多隱，親戚多赦，封壇於左位。主地法文而王，其道進陰，尊尊而多禮文，故立嗣予孫，篤世子，妾不以子稱貴號，昏冠之禮，字子以母別眇，夫婦同坐而食，喪禮合葬，祭禮先秬鬯，婦從夫爲昭穆，制爵五等，祿士三品，制郊宮明堂內方外衡，其屋習而衡，祭器衡同作秩機，玉厚六分，白藻三絲，衣長後衽，服首習而垂流，鸞輿卑，備地周象，載垂二鸞，樂縣鼓，用萬儛，儛溢衡，先亨而後用樂，正刑天法，封壇於左位。四法修於所故，祖於先帝，故四法如四時然，終而復始，窮則反本。四法之天施符，受聖人王法，則性命形乎先祖，大昭乎王君。故天將授舜，主天法商而王，祖錫姓爲姚氏。至舜，形體太上而員首，而明有二童子，性長於天文，純於孝慈。天將授禹，主地法夏而王，祖錫姓爲姒氏。至禹，生發於背，形體長，長足肵，疾行先左隨以右，勞左佚右也，性長於行，習地明水。天將授湯，主天法質而王，祖錫姓爲子氏，謂契母吞元鳥卵生契。契先發於胸，性長於人倫。至湯，體長專小足，左扁而右便，勞右佚左也。性長於天光，質易純仁。天將授文王，主地法文而王，祖錫姓姬氏。謂后稷母姜原履天之跡而生后稷，后稷長於邰土，播田五穀。至文王，形體博長，有四乳而大足，性長於地文勢。故帝使禹、皋論性，知殷之德陽德也，故以子爲姓；知周之德陰德也，故

以姬爲姓。故殷王改文以男書子，周王以女書姬。故天道各以其類動，非聖人孰能明之？繁露三代改制

孔子作春秋改制之說，雖雜見他書，而最精詳可信據者，莫如此篇。稱春秋當新王者凡五，稱變周之制，以周爲王者之後，與王降爲風，周道亡於幽、厲同義。故以春秋繼周爲一代。至於親周、故宋、王魯，三統之說亦著焉，皆爲公羊大義。其他絀虞、絀夏、五帝、九皇、六十四民，皆聽孔子所推。姓姚、姓姒、姓子、姓姬，皆聽孔子所象。白黑、方圓、異同、世及，皆爲孔子所制。雖名三代，實出一家，特廣爲條理以待後人之行，故有再、三、四、五、九之復。博厚配地，高明配天，遊入其中，乃知宗廟之美，百官之富，別有世界，推之不窮。邵子謂：「日、月、星、辰齊照耀，皇、王、帝、霸大鋪舒。」惟孔子乃有之。董子爲第一醇儒，安能妄述無稽之謬說？此蓋孔門口說相傳非常異義，不敢筆之於書，故雖公羊未敢驟著其說。至董生時，時世殊易，乃敢著於竹帛。故論衡謂孔子之文傳於仲舒也。苟非出自醇實如董生者，雖有此說，亦不敢信之矣。幸董生此篇猶傳，足以證明孔子改制大義。

春秋之於世事也，善復古，譏易常，欲其法先王也。然而介以一言，曰：王者必改制。繁露楚莊王

今所謂新王必改制者，非改其道，非變其理。受命於天，易姓更王，非繼前王而王也。若一因前制，修故業而無有所改，是繼前王而王者，無以別受命之君，天之所大顯也。事父者承意，事君者儀志，事天亦然。今天大顯已，物襲所代而率與同，則不顯不明，非天志。故必徙居處，更稱號，改正朔，易服色者，無他焉，不敢不順天志而明自顯也。若夫大綱、人倫、道理、政治、教化、習俗、文義盡如故，亦何改哉？故王者有改制之名，無易道之實。孔子曰：「無爲而治者，其舜乎？」言其主堯之道而已，此非不

易之效歟？問者曰：「物改而天授顯矣，其必更作樂，何也？」曰：「樂異乎是。制爲應天改之，樂爲應人作之。彼之所受命者，必民之所同樂也。是故大改制於初，所以明天命也；更作樂於終，所以見天功也。」同上

故孔子立新王之道，明其貴志以反和，見其好誠以滅僞，其有繼周之弊，故若此也。繁露玉杯

故王者受命，改正朔，不順數而往，必迎來而受之者，授受之義也。繁露二端

莊子以孔子爲神明聖王，孟子稱先王，荀子法後王，當時多有以孔子爲王者。卽祕緯亦以素王稱之。公羊：「王者孰謂？謂文王。」論語：「文王旣沒，文不在茲？」蓋孔子改制，文質三統。素者，質也。質家則稱之素王，文家則稱爲文王。春秋改周之文，從殷之質，故春秋緯多言素王。而公羊首言文王者，則又見文質可以周而復之義也。繁露之言王者受命改制，正與緯言孔子受端門之命同。孔子旣爲素王，則百王受治亦固其所，改制之說，何足怪哉！

孔子之時，上無明君，下不得任用；故作春秋，垂空文以斷禮義，當一王之法。史記太史公自序

是以孔子明王道，干七十餘君莫能用，故西觀周室，論史記舊聞，興於魯而次春秋。上記隱，下至哀之獲麟，約其文辭，去其煩重，以制義法，王道備，人事浹。七十子之徒，口受其傳指，爲有所刺譏褒諱挹損之文辭，不可以書見也。史記十二諸侯年表

夫子行說七十諸侯無定處，意欲使天下之民各得其所，而道不行。退而修春秋，采毫毛之善，貶纖介之惡。人事浹，王道備，精和聖制，上通於天而麟至，此天之知夫子也。說苑至公

五帝殊時不相沿樂，三王異世不相襲禮。樂極則憂，禮粗則偏矣。及夫敦樂而無憂，禮備而不偏者，其唯大聖乎？禮記樂記

立權度量，考文章，改正朔，易服色，殊徽號，異器械，別衣服：此其所得與民變革者也。禮記大傳

揭改制大義。

故聖人事窮而更爲，法弊而改制，非樂變古易常也；將以救弊扶衰，黜淫濟非，以調天地之氣，順萬物之宜也。淮南子泰俗訓

春秋有改制之説，蓋初漢先師所共傳共知；故淮南猶有是説，不止董子矣。

右明孔子改制總義。

顏淵問爲邦。子曰：「行夏之時，乘殷之輅，服周之冕，樂則韶舞。」論語衞靈

此條爲改制之確證。譬如今日言用元朝之歷，乘明朝車，戴國朝朝帽，聽宋朝戲曲，豈非大異聞乎？非聖人豈能定之？

子張問：「十世可知也？」子曰：「殷因於夏禮，所損益，可知也；周因於殷禮，所損益，可知也；其或繼周者，雖百世，可知也。」論語爲政

淮南子：殷變夏，春秋變周，三代之禮不同，以春秋爲一代。説苑：夏道不亡，殷德不作；殷道不亡，周德不作；周道不亡，春秋不作。以此證之，繼周者春秋也。百世以俟聖人，由百世之後，等百世之王，以春秋治百世也。百世之後，窮則變通，又有三統也。此改制之微言也。

子路曰：「衛君待子而爲政，子將奚先？」子曰：「必也正名乎！」子路曰：「有是哉，子之迂也！奚其正！」子曰：「野哉由也！君子於其所不知，蓋闕如也。名不正則言不順，言不順則事不成，事不成則禮樂不興，禮樂不興則刑罰不中，刑罰不中則民無所措手足。故君子名之必可言也，言之必可行也。君子於其言，無所苟而已矣。」論語子路

荀子有正名篇，董子有深察名號篇，皆孔學大義。荀子謂後王之成名刑名從商，爵名從周，文名從禮，散名之加於萬物者則從諸夏之成俗曲期。既云從商從周，則後王非商、周可知，非孔子而何？刑名、爵名、文名、散名，非改制而何？此條爲論語微言，孔子改制明義也。蓋改制必改名而制乃定。

曾子撰斯，問曰：「孝文手駁不同何？」子曰：「吾作孝經，以素王無爵祿之賞，斧鉞之誅，故稱明王之道。」曾子辟席復坐。子曰：「居，吾語女，順遜以避禍災，與先王以託權。」孝經緯鉤命訣

右孔子與弟子商定改制大義。

宰我曰：「以予觀於夫子，賢於堯舜遠矣！」子貢曰：「見其禮而知其政，聞其樂而知其德，由百世之後，等百世之王，莫之能違也。自生民以來，未有夫子也！」孟子公孫丑

孔子、堯、舜，後世疑其差等。王陽明有「堯、舜萬鎰，孔子九千鎰」說，固爲大謬。朱子謂孔子賢於堯、舜，在事功似矣；然不知孔子改制，治定百世，乃爲功德無量。不然，區區删述，僅比老彭，宰我不誠阿好哉？

傷國者何也？曰：以小人尙民而威，以非所取於民而巧，是傷國之大災也。大國之主也而好見小利，是

傷國；其於聲色、臺謝、園囿也，愈厭而好新，是傷國；不好循正其所以有，啖啖常欲人之有，是傷國。三邪者在匈中，而又好以權謀傾覆之人斷事其外；若是，則權輕，名辱，社稷必危，是傷國者也。大國之主也，不隆本行，不敬舊法，而好詐故；若是，則夫朝廷羣臣亦從而成俗，不隆禮義而好傾覆也。朝廷羣臣之俗若是，則夫衆庶百姓亦從而成俗於不隆禮義而好貪利矣。君臣上下之俗莫不若是，則地雖廣，權必輕，人雖衆，兵必弱，刑罰雖繁，令不下通，夫是之謂危國，是傷國者也。儒者爲之不然，必將曲辨：朝廷，必將隆禮義而審貴賤，若是，則士大夫莫不貴節死制者矣；百官，則將齊其制度，重其官秩，若是，則百吏莫不畏法而遵繩矣；關市，譏而不征，質律，禁止而不偏，如是，則商賈莫不敦慤而無詐矣；百工，將時斬伐，佻其期日而利其巧任，如是，則百工莫不忠信而不楛矣；縣鄙，將輕田野之稅，省刀布之斂，罕舉力役，無奪農時，如是，則農夫莫不朴力而寡能矣。士大夫務節死制，然後兵勁；百吏畏法修繩，然後國常不亂；商賈敦慤無詐，則商旅安，貨通財，而國求給矣；百工忠信而不楛，則器用巧便而財不匱矣；農夫朴力而寡能，則上不失天時，下不失地利，中得人和，而百事不廢。是之謂政令行，風俗美，以守則固，以征則彊，居則有名，動則有功。此儒之所謂曲辨也。荀子王霸

荀子所言，與孟子告齊宣王、中庸九經之義相出入，蓋同爲孔子所嫡傳者也。然僞經一出，而凡百制度遂歸周制，其知爲儒制者蓋亦寡焉。荀子以爲儒者爲之，又曰：此儒者之所謂曲辨。孔子爲儒敎之祖，改制之義，不昭然若揭哉？

禮起於何也？曰：人生而有欲，欲而不得則不能無求，求而無度量分界則不能不爭，爭則亂，亂則窮。

先王惡其亂也，故制禮義以分之，以養人之欲，給人之求，使欲必不窮乎物，物必不屈於欲，兩者相持而長，是禮之所起也。故禮者，養也。芻豢稻粱，五味調香，所以養口也；椒蘭芬苾，所以養鼻也；雕琢刻鏤，黼黻文章，所以養目也；鐘鼓管磬，琴瑟竽笙，所以養耳也；疏房檖貌越席牀笫几筵，所以養體也。故禮者，養也。君子既得其養，又好其別，曷謂別？曰：貴賤有等，長幼有差，貧富輕重皆有稱者也。故天子大路越席，所以養體也；側載睪芷，所以養鼻也；前有錯衡，所以養目也；和鸞之聲，步中武、象，趨中韶、濩，所以養耳也；龍旂九斿，所以養信也；寢兕、持虎、蛟韅、絲末、彌龍，所以養威也；故大路之馬必（倍）〔信〕至，敎順然後乘之，所以養安也。孰知夫出死要節之所以養生也？孰知夫出費用之所以養財也？孰知夫恭敬辭讓之所以養安也？孰知夫禮義文理之所以養情也？故人苟生之爲見，若者必死；苟利之爲見，若者必害；苟怠惰偷儒之爲安，若者必危；苟情說之爲樂，若者必滅。故人一之於禮義，則兩得之矣；一之於情性，則兩喪之矣。故儒者將使人兩得之者也，墨者將使人兩喪之者也。是儒、墨之分也。荀子禮論

論語：「有子曰：『禮之用，和爲貴。先王之道，斯爲美。』」莊子謂：「墨子不與先王同，毀古之禮樂。」先王卽孔子，託以制禮者也。墨子以繩墨自矯，以自苦爲極，無以養人之欲，無以給人之求。乖戾不和，使人憂悲，故其道大觳，其行難爲，不可以爲聖王之道也。老子謂：「五色令人目盲，五音令人耳聾，五味令人口爽，馳騁畋獵令人心發狂，難得之貨令人行妨。」塞人之情，蔽人之欲，是亂天下也。又曰：「禮者，忠信之薄而亂之首。」開魏、晉淸談放誕之風，乖謬尤甚。老、墨皆攻孔子之禮

制者也。

百王之道，後王是也。君子審後王之道而論於百王之前，若端拜而議。荀子不苟

故曰：欲觀聖王之跡，則於其粲然者矣，後王是也。荀子非相

當荀子之前，則有禹、湯、文、武謂之先王，可爲百王之法論於百王之前。後王之道，如此舍孔子其誰當之？世之治古文者，若猶以春秋王正月之王爲周王者，其謬可見。

今夫辟地殖穀以養生送死，銳金石雜草藥以攻疾，各知構室屋以避暑雨，累臺榭以避潤溼，入知親其親，出知尊其君，內有男女之別，外有朋友之際：此聖人之德教，儒者受之傳之，以教誨於後世。今夫晚世之惡人，反非儒者曰：何以儒爲？如此人者，是非本也。說苑建本

耕鑿、醫藥、宮室、五倫，劉向以爲出於儒者。非知孔子改制，豈能爲是言？

右孔子弟子後學發明改制大義。

且夫繁飾禮以淫人，久喪僞哀以謾親，立命緩貧而高浩居。墨子非儒

夫儒浩居而自順者也，不可以教下；好樂而淫人，不可使親治；立命而怠事，不可使守職；宗喪循哀，不可使慈民；機服勉容，不可使導衆。孔某盛容修飾以蠱世，弦歌鼓舞以聚徒，繁登降之禮以示儀，務趨翔之節以勸衆。同上

公孟子曰：「國亂則治之，治則爲禮樂。國治則從事，國富則爲禮樂。」子墨子曰：「國之治，治之廢，則國之治亦廢。國之富也，從事故富也，從是廢則國之富亦廢。故雖治國，勸之無饜，然後可也。今子

曰：國治則爲禮樂，亂則治之，是譬猶噎而穿井也，死而求醫也。古者三代暴王桀、紂、幽、厲，薾爲聲樂，不顧其民，是以身爲刑僇，國爲戾虛者，皆從此道也。公孟子曰：「無鬼神。」又曰：「君子必學祭祀。」子墨子曰：「執無鬼而學祭禮，是猶無客而學客禮也，是猶無魚而爲魚罟也。」公孟子謂子墨子曰：「子以三年之喪爲非，子之三日之喪亦非也。」三日當爲三月子墨子曰：「子以三年之喪非三日之喪，是猶果謂撅者不恭也。」公孟子謂子墨子曰：「知有賢於人則可謂知乎？」子墨子曰：「愚之知有以賢於人，而愚豈可謂知矣哉？」公孟子曰：「三年之喪，學吾之慕父母。」子墨子曰：「夫嬰兒子之知，獨慕父母而已。父母不可得也，然號而不止，此其故何也？卽愚之至也。然則儒者之知，豈有以賢於嬰兒子哉？」子墨子曰：「問於儒者何故爲樂？」曰：「樂以爲樂也。」子墨子曰：「子未我應也。今我問曰：何故爲室？曰：冬避寒焉，夏避暑焉，室以爲男女之別也，則子告我爲室之故矣。今我問曰：何故爲樂？曰：樂以爲樂也。是猶曰：何故爲室？曰：室以爲室也。」子墨子謂程子曰：「儒之道足以喪天下者四政焉：儒以天爲不明，以鬼爲不神，天鬼不說，此足以喪天下。又厚葬久喪，重爲棺槨，多爲衣衾，送死若徙，三年哭泣，扶後起，杖後行，耳無聞，目無見，此足以喪天下。又弦歌鼓舞，習爲聲樂，此足以喪天下。又以命爲有，貧富、壽夭、治亂、安危有極矣，不可損益也。爲上者行之不必聽治矣，爲下者行之不必從事矣，此足以喪天下。」程子曰：「甚矣！先生之毀儒也！」子墨子曰：「儒固無此各四政者而我言之，則是毀也；今儒固有此四政者而我言之，則非毀也，告聞也。」墨子公孟

墨子尙質，貴用，故力攻孔子之禮樂、厚葬、久喪最甚。他篇攻三年喪皆不明，此謂以三年攻三日，

三日當三月之誤猶果爲撅者不恭。以同非先王之制，並是創造。若是三代舊敎，大周定禮，墨子豈敢肆口詆訶，且又舉與自己所制之三月喪同比哉？蓋當時考據通博之人，彼此皆知非三代之制矣。墨子以儒喪三年，愚若嬰兒。忘本逐識，此孟子所以謂二本也。樂以爲樂，乃懽樂之樂，孔子因人之情而文之，乃制度至精處。墨子聽聞未審，乃謂猶室以爲室，以此垂之箸書，非惟誕肆，亦太粗心。若夫尊天、明鬼，孔學中固有之義，墨子不過竊而提倡，何得據而全有之？

爲圃者曰：「子奚爲者邪？」曰：「孔丘之徒也。」爲圃者曰：「子非夫博學以擬聖，於于以蓋衆，獨弦哀歌以賣名聲於天下者乎？汝方將忘汝神氣，(隨)〔墮〕汝形骸，而庶幾乎！而身之不能治，何暇治天下乎？」莊子天地

孔子爲創敎之人，儒服周遊，人皆得別識之。此爲圃是老學者，故譏孔子。

古者，非不知繁升降槃還之禮也，蹀采齊、肆夏之容也，以爲曠日煩民而無所用，故制禮足以佐實喻意而已矣。古者，非不能陳鐘鼓，盛筦簫，揚干戚，奮羽旄，以爲費財亂政，制樂足以合歡宣意而已，喜不羨於音。非不能竭國麋民，虛府殫財，含珠鱗，施綸組節束，追送死也，以爲窮民絕業而無益於槁骨腐肉也。淮南子齊俗訓

此道家攻儒之說，而益知采齊、肆夏、羽旄、干戚、綸組、節束爲孔子所定之禮矣。

夫弦歌鼓舞以爲樂，盤旋揖讓以修禮，厚葬久喪以送死，孔子之所立也，而墨子非之。淮南子氾論訓

墨子之所非，則弦歌、揖讓、久喪之禮，皆爲孔子所改，必非先王之舊矣。

右據異教攻儒，專攻制度，知制爲孔子所改。

子路性鄙，好勇力，志伉直，冠雄雞，佩豭豚，陵暴孔子。孔子設禮稍誘子路。子路後儒服，委質，因門人請爲弟子。史記仲尼弟子列傳

冠雄雞，佩豭豚，可見春秋衣服甚詭，聽人所爲。或雄雞之冠，爲當時勇士之服乎？

孔子外變二三子之服。鹽鐵論殊路

當時凡入儒教者必易其服，乃號爲儒，可望而識，略如今僧道衣服之殊異矣。

魯哀公問於孔子曰：「夫子之服，其儒服與？」孔子對曰：「丘少居魯，衣縫掖之衣，長居宋，冠章甫之冠。丘聞之也，君子之學也博，其服也鄉，丘不知儒服。」禮記儒行

儒服，衣因魯制，冠因宋制，可考見儒服所自來。亦如殷輅、周冕，合集而成。哀公蓋聞人有儒服之名而問之，孔子託於鄉服而答之。然衣朝鮮之衣，冠本朝之冠，雖生長異地而裝束雜遝，苟非剏制，亦覺不倫矣。

魯哀公問於孔子曰：「紳委章甫，有益於仁乎？」孔子蹴然曰：「君號然也？資衰苴杖者不聽樂，非耳不能聞也，服使然也；黼衣黻裳者不茹葷，非口不能味也，服使然也。且丘聞之，好肆不守折，長者不爲市。竊其有益與其無益，君其知之矣。」荀子哀公問

儒者創爲儒服，時人多有議之者。亦以爲行道自行道，無須變服之詭異。豈知易其衣服而不從其禮樂喪服，人得攻之；若不易其服，人得遁於禮樂喪服之外，人不得議之。此聖人不得已之苦心。故

立改正朔、易服色之制。佛亦必令去髮、衣袈裟而後皈依也。

莊子見魯哀公。哀公曰：「魯多儒士，少爲先生方者。」莊子曰：「魯少儒。」哀公曰：「舉魯國而儒服，何謂少乎？」莊子曰：「周聞之，儒者冠圜冠者知天時，履句屨者知地形，緩佩玦者事至而斷。君子有其道者未必爲其服也，爲其服者未必知其道也。公固以爲不然，何不號於國中曰：無此道而爲此服者，其罪死。」於是哀公號之，五日而魯國無敢儒服者。獨有一丈夫儒服而立乎公門。公卽召而問以國事，千轉萬變而不窮。莊子曰：「以魯國而儒者一人耳，可謂多乎？」莊子田子方

莊子固多寓言，而魯人化孔子之敎，舉魯國皆儒服，則當時實事矣。

進賢冠，古緇布冠也，文儒者之服也。後漢輿服志

漢世用孔子之制。緇布冠卽玄，卽章甫。孔子所創之儒冠，至是行於天下。

右明儒服爲孔子創制。

「九月，紀履緰來逆女。」傳曰：「外逆女不書，此何以書？譏。何譏爾？譏始不親迎也。始不親迎昉於此乎？前此矣。前此，則曷爲始乎此？託始焉爾。曷爲託始焉爾？春秋之始也。」公羊隱二年

夫人姜氏至自齊，其不言翬之以來何也？公親受之于齊侯也。子貢曰：「冕而親迎，不已重乎？」孔子曰：「合二姓之好，以繼萬世之後，何謂已重乎？」穀梁桓公三年

古未嘗有親迎之禮，尊男卑女，從古已然。孔子始發君聘於臣，男先下女，創爲親迎之義。故當時陳於哀公，公訝其重。蓋爲孔子空言也，託於紀履緰逆女之事，譏其非禮，以著春秋一王之大義。後世

行親迎之禮，是用此制。通於此制而後敬之如賓，夫婦之道乃不苦。穀梁同義。僞左以卿爲君逆女，則是巡撫委道員往直隸迎婦，何足勞孔子之筆削哉？

公曰：「寡人願有言，然冕而親迎，不已重乎？」孔子愀然作色而對曰：「合二姓之好，以繼先聖之後，以爲天地宗廟社稷之主，君何謂已重乎？」大戴禮記哀公問

孔子最重父子。然夫婦不重，則父子不親，故特制親迎之禮以重其事，至於服冕。以事非先王，故哀公疑之。

孔子曰：「易本陰陽以譬於物也。掇序帝乙、箕子、高宗著德易者，所以昭天道、定王業也。上述先聖，考諸近世，采美善以見王事。言帝乙、箕子、高宗，明有法也。美帝乙之嫁妹，順天地之道以立嫁娶之義，義立則妃匹正，妃匹正則王化全。」易緯卷上

取妻身迎，祗褍爲僕。秉轡授綏，如仰嚴親。昏禮威儀，如承祭祀。墨子非儒

儒者迎妻，妻之奉祭祀，子將守宗廟，故重之。同上

古者夫婦之好，一男一女而成家室之道。及後士一妾，大夫二，諸侯有姪娣九女而已。鹽鐵論散不足

　此條猶可考舊制男女平等，自後世尊陽抑陰，乃廣備妾媵以繁子姓。泰西一男一女，猶中國古法也。

　　右明孔子親迎之制。

公儀仲子之喪，檀弓免焉。仲子舍其孫而立其子。檀弓曰：「何居，我未之前聞也。」趨而就子服伯子於門右，曰：「仲子舍其孫而立其子，何也？」伯子曰：「仲子亦猶行古之道也。昔者文王舍伯邑考而

立武王，微子舍其孫腯而立衍也。夫仲子，亦猶行古之道也。」子游問諸孔子。孔子曰：「否，立孫。」禮記檀弓

孔子三統，雖有世有及，而春秋之制，尊尊多義節，法夏法文，篤世子，立嗣予孫。公羊明大居正之義，儀禮有承重之服，與檀弓此條，皆明世嫡，至今制襲爵猶行之，名分既定，民無爭心。立子，舊制也。立孫，孔子所改之制也。

主天法商而王，其道佚陽，親親而多仁樸。故立嗣予子，篤母弟，妾以子貴。繁露三代改制

右明孔子立嗣之制。

宰我問：「三年之喪，期已久矣。君子三年不爲禮，禮必壞；三年不爲樂，樂必崩。舊穀既沒，新穀既升，鑽燧改火，期可已矣。」子曰：「食夫稻，衣夫錦，於女安乎？」曰：「安。」「女安則爲之！夫君子之居喪，食旨不甘，聞樂不樂，居處不安，故不爲也。今女安則爲之！」宰我出，子曰：「予之不仁也！子生三年，然後免於父母之懷。夫三年之喪，天下之通喪也，予也有三年之愛於其父母乎！」論語陽貨

宰我爲孔門高弟，盛德大賢。後世不肖之人，猶能勉而行三年之喪，豈有宰我反欲短喪者？證以滕國父兄百官之不欲，滕、魯先君莫之行，可知大周通禮，本無此制。孔子厚於父子，故特加隆爲三年。禮記三年問云：「至親以期斷。」孟子公孫丑曰：「爲朞之喪，猶愈於已。」與宰我所稱「可已矣，」可見古制父母朞年。墨子：公孟子謂墨子：「子以三年之喪爲非，子之三日(月)之喪亦非也。」墨子謂：「子以三年之喪非三月之喪，是猶果謂撅者不恭也。」三月之喪，墨子改制。墨子非儒，故攻三

年之喪。以均非時制，皆是創義，故謂同爲不恭也。

儒者曰：親親有術，尊賢有等，言親疏尊卑之異也。其禮曰：喪父母三年，其妻後子三年，伯父、叔父、弟、兄、庶子期，戚族人五月。墨子非儒

此數條雖攻儒之言，然從仇家之辭，更可證改制之實。若三年喪、親迎、好樂、立命果是三王之制，墨子稱述三代者，豈能非之？

子墨子謂公孟子曰：「喪禮，君與父、母、妻、後子死，三年喪服；伯父、叔父、兄、弟期；族人五月；姑、姊、舅、甥皆有數月之喪。或以不喪之間，誦詩三百，弦詩三百，歌詩三百，舞詩三百。若用子之言，則君子何日以聽治？庶人何日以從事？墨子公孟

大功廢業，則小功不廢。墨子不知此義，其宗旨貴用，故以此相難。然所攻喪禮，卽今禮經，所稱三百之詩，卽今詩經。可見詩、禮皆孔子之作。

景公祭路寢，聞哭聲，問梁邱據。對曰：「魯孔子之徒也，其母死，服喪三年，哭泣甚哀。」公曰：「豈不可哉？」晏子曰：「古聖人非不能也，而不爲者，知其無補於死者而深害生事故也。」墨子佚文

無補死者，深害生事，是墨子薄葬短喪之所由。豈知乘車曠左，齒馬有誅，所以廣敬。況罔極之恩，創深痛巨，三年之愛，報以三年，人人親親而天下平。足立者數寸之土，而翔步須廣庭大原，若掘足而黃泉，則數寸之土誰敢立之。故莊子以爲離天下之心，去王遠也。

齊宣王欲短喪。公孫丑曰：「爲朞之喪，猶愈於已乎？」孟子曰：「是猶或紾其兄之臂，子謂之姑徐徐

云爾，亦教之孝弟而已矣。」王子有其母死者，其傅爲之請數月之喪。公孫丑曰：「若此者何如也？」曰：「是欲終之而不可得也，雖加一日愈於已，謂夫莫之禁而弗爲者也。」孟子盡心

宰我稱：「舊穀既沒，新穀既升，鑽燧改火，期已可矣。」禮記三年問稱：「至親以期斷。」此條公孫丑稱：「爲春之喪。」而敍爲短喪，蓋以孔子所改三年之制律之，故以爲短喪。以宰我之問及「至親以期斷」之說考之，當時蓋父母服期也。今日本及歐洲各國皆服期，亦用穀沒火改之義。羅馬舊制則三年，與孔子同。孔子最本孝，故以孝經傳曾子，以爲天經地義，獨加隆爲三年也。

晏子對曰：「西郭徒居布衣之士盆成括也，父之孝子，兄之順弟也，又嘗爲孔子門人。今其母不幸而死，祔柩未葬。家貧，身老，子孺，恐力不能合祔，是以悲也。」晏子春秋外篇

爲孔子門人，從孔子之禮，故當合葬。與詩檀弓互證。

景公上路寢，聞哭聲，曰：「吾若聞哭聲，何爲者也？」梁邱據對曰：「魯孔丘之徒鞠語者也。明於禮樂，審於服喪。其母死，葬埋甚厚，服喪三年，哭泣甚疾。」同上

從儒教守儒律者，喪服最其大別，時人得而辨之。

刻死而附生謂之墨，刻生而附死謂之惑，殺生而送死謂之賊。大象其生以送其死，使死生終始，莫不稱宜而好善，是禮義之法式也，儒者是矣。荀子禮論

薄葬、厚葬、殉葬，皆舊制也。墨子修薄葬之義，立短喪之制，生不歌，死不服，桐棺三寸而無椁，以爲法式，是之謂刻死而附生。桓魋石椁，三年不成，孔子譏之，是之謂刻生而附死。秦穆之薨，三良殉

葬，詩人哀之，是之謂殺生而送死。皆非儒者禮義之法式也。以此證喪禮之制，爲孔子所改定，無疑矣。

故先王聖人安爲之立中制節，一使足以成文理，則舍之矣。然則何以分之？曰：至親以期斷。是何也？曰：天地則已易矣，四時則已徧矣，其在宇中者莫不更始矣，故先王案以此象之也。然則三年何也？曰：加隆焉。案使倍之，故再期也。由九月以下何也？曰：案使不及也。故三年以爲隆，緦小功以爲殺，期九月以爲間。上取象於天，下取象於地，中取則於人，人所以羣居和一之理(書)〔盡〕矣。故三年之喪，人道之至文者也，夫是之謂至隆，是百王之所同，古今之所一也。荀子禮論

儒者破家而葬，服喪三年，大毀扶杖。世主以爲孝而禮之。韓非子顯學

孔子傳教，蓋以三年喪爲第一義。父子天性，人心同具，故易於感動。世主以爲孝而禮之，蓋孔教流行之實情也。

季武子成寢。杜氏之葬在西階之下，請合葬焉。許之。入宮而不敢哭。武子曰：「合葬，非古也。自周公以來，未之有改也。」禮記檀弓

繁露三代改制質文雖有別葬、合葬，而質家別葬，文家合葬。白虎通曰：合葬所以固夫婦之道。春秋定制，蓋以合葬。故詩云：「死則同穴。」孔子合葬於防，與此互證。舊制蓋別葬，故檀弓以爲非古歟？

孔子既得合葬於防，曰：「吾聞之，古也墓而不墳。今丘也，東西南北之人也，不可以弗識也。於是封

之，崇四尺。」禮記檀弓

孔子尙魂貴精，送形而往，迎精而返，故尙廟而不尙墓。以周遊，故識以四尺之墳，否則不墳矣。墳是權制，墓是經制，合葬是孔子定制。

遣車視牢具，疏布輤，四面有章，置於四隅，載粻。有子曰：「非禮也。喪奠，脯醢而已。」禮記雜記

喪奠脯醢，蓋孔子所改之制，而有子述之。遣車視牢具，蓋舊制也。

夫三年之喪，非强而致之。聽樂不樂，食旨不甘，思慕之心未能絕也。晚世風流俗敗，嗜慾多，禮義廢，君臣相欺，父子相疑，怨尤充胸，思心盡亡，被衰戴絰，戲笑其中；雖致之三年，失喪之本也。淮南子本經訓

子生三年然後免於父母之懷，故制喪三年，所以報父母之恩也。期年之喪通乎諸侯，三年之喪通乎天子，禮之經也。同上

子夏三年之喪畢，見於孔子。孔子與之琴，使之弦。援琴而弦，衎衎而樂，作而曰：「先王制禮，不敢不及也。」子曰：「君子也。」閔子騫三年之喪畢，見於孔子。孔子與之琴，使之弦。援琴而弦，切切而悲，作而曰：「先王制禮，不敢過也。」孔子曰：「君子也。」子貢問曰：「閔子哀不盡，子曰君子也；子夏哀已盡，子曰君子也。賜也惑，敢問何謂？」孔子曰：「閔子未盡，能斷之以禮，故曰君子也；子夏哀已盡，能引而致之，故曰君子也。夫三年之喪，固優者之所屈，劣者之所勉。」齊宣王謂田過曰：「吾聞儒者喪親三年，喪君三年。君與父孰重？」田過對曰：「殆不如父重。」王忿然怒曰：「然則爲何去

親而事君？」田過對曰：「非君之土地無以處吾親，非君之祿無以養吾親，非君之爵位無以尊顯吾親。受之君，致之親，凡事君所以爲親也。」宣王邑邑而無以應。說苑修文

惟儒者喪親乃服三年，然則非儒者不爲三年喪可知，此最明矣。

右明喪葬之制爲孔子改定者。

「何言乎王正月？大一統也。」何注：「夫王者始受命改制，布政施敎於天下，自公侯至於庶人，自山川至於草木昆蟲，莫不一一繫於正月，故云政敎之始。」公羊隱公元年

周有千八國諸侯，盡京師之地不足以容，不合事理。孝經緯附錄

王制有一千八百國之說，此云不合事理，則周時必無此制而爲孔子所改者明矣。百里亦孔子之制。

此發明孔子建國之義。

李斯議曰：「周文、武所封子弟同姓甚衆，然後屬疏遠，相攻擊如仇讎，諸侯相誅伐，周天子弗能禁止。今海內賴陛下神靈一統，皆爲郡縣，諸子弟功臣以公賦稅重賞賜之，甚足，易制，天下無異意，則安寧之術也。置諸侯不便。」史記秦始皇本紀

春秋開端發大一統之義，孟、荀並傳之。李斯預聞斯義，故請始皇罷侯爲郡縣，固春秋義也。有列侯則有相爭，故封建誠非聖人意也。

右孔子定削封建、大一統之制。

河陽冬言狩，獲麟春言狩者，蓋据魯變周之春以爲冬，去周之正而行夏之時。公羊哀公十四年何注

何氏言春言狩者，變周之春以爲冬，去周之正而行夏之時，此說與論語顏淵問爲邦之說同。苟非改制以爲百王法，不幾聖人爲悖理之尤哉！然則曆學亦孔子所改定者。

孔子承周之弊，行夏之時，知繼十一月正者當用十三月也。天道左旋，改正者右行，何也？改正者非改天道也，但改日月耳。日月右行，故改正亦右行也。白虎通三正

右明授時乃孔子之制。

聖人制井田之法而口分之，一夫一婦受田百畝，以養父母妻子，五口爲一家。公田十畝，卽所謂什一而稅也，廬舍二畝半，凡爲田一頃十二畝半。八家而九頃，共爲一井，故曰井田。廬舍在內，貴人也；公田次之，重公也；私田在外，賤私也。公羊宣公十五年何注

季康子欲以田賦，使冉有訪諸仲尼，仲尼不對，私於冉有曰：「求來，汝不聞乎？先王制土，籍田以力而砥其遠邇，賦里以入而量其有無，任力以夫而議其老幼；於是乎有鰥寡孤疾，有軍旅之出則徵之，無則已。其歲收，田一井，出稯禾、秉芻、缶米，不是過也，先王以爲足。若子季孫欲其法也，則有周公之籍矣；若欲犯法，則苟而賦，又何訪焉？」國語

魯爲秉禮之國，季爲世祿之家，先祖周公之籍尚不能守，季雖不道，當不如是，此必無之事也。蓋制土籍田，實爲孔子定制。但世多是古而非今，故不得不託先王以明權，且以遠禍矣。井田，孔子之制也。

右明孔子制土籍田之制。

當春秋時，廢選舉之務，置不肖於位，輒退絶之以生過失，至於君臣忿爭出奔，國家之所以昏亂，社稷之所以危亡，故皆錄之。錄所弃者，爲受義者明當受賢者，不當受惡人也。公羊隱公元年何注

「夏四月辛卯，尹氏卒。」傳曰：「其稱尹氏何？貶。曷爲貶？譏世卿。世卿，非禮也。」公羊隱公三年

世卿之制，自古爲然，蓋由封建來者也。孔子患列侯之爭，封建可削，世卿安得不譏。讀王制選士、造士、俊士之法，則世卿之制爲孔子所削，而選舉之制爲孔子所創，昭昭然矣。選舉者，孔子之制也。

右明選舉爲孔子之制。

殺人者死，傷人者刑，是百王之所同，未有知其所由來者也。荀子正論

舜命皋陶，明於五刑，宥過無大，刑故無小，虞書詳言之。成王命康叔，敬明乃罰，殺越人于貨，愍不畏死，罔不憝，康誥詳言之。而議兵篇引帝堯之治天下也，蓋殺一人刑二人而天下治。正論篇引書曰：刑罰世輕世重。惡得謂未有知其所由來者哉？況説者謂治古者無肉刑，有象刑，以爲治古如是，又惡得謂是百王之所同哉？此實爲孔子託先王以明改制之證也。

右明孔子定刑罰之制。

孔子曰：「丘吹律定姓，一言得土曰宮，三言得火曰徵，五言得水曰羽，七言得金曰商，九言得木曰角。」樂緯篇

孔子吹律，自知殷後。論衡奇怪

繁露三代改制質文篇知殷德爲陽德，以子爲姓；周德爲陰德，以姬爲姓。又曰：「非聖人其誰知

之？」然則姓者，孔子所定也。不然，吹律而定，雖師曠之聰所不能，蓋聖人託言之耳。姓者，孔子之制也。

孔子生不知其父，若母匿之。吹律自知殷宋大夫子氏之世也。不按圖書，不聞人言，吹律精思，自知其世，聖人前知千歲之驗也。論衡實知

孔子創姓，故託於吹律耳。豈有吹律能定世乎？

右明孔子定姓之義。

子曰：「吾自衞反魯，然後樂正，雅、頌各得其所。」論語子罕

詩樂皆作於歸魯之後，時孔子六十二歲矣。

子曰：「先進於禮樂，野人也；後進於禮樂，君子也。如用之，則吾從先進。」論語先進

野人，質家也；君子，文家也。孔子作春秋，改周之文，從殷之質，故從先進。

孔子曰：「丘援律而吹，命陰，得羽之宫。」樂緯

孔子謂子夏曰：「禮以修外，樂以制內，丘已矣夫。」禮緯

禮者所以治人之魄也，樂者所以治人之魂也，魂魄治則內外修，而聖人之能事畢矣。禮樂爲孔子之制作，故曰「丘已矣夫。」

右明孔子定禮樂之義。

六經所以明君父之尊，天地之開闢，皆有教也。春秋緯説題辭

孔子論經，有鳥化爲書。孔子奉以告天。赤雀集書上，化爲黄玉，刻曰：「孔提命，作應法，爲赤制。」春秋緯演孔圖

五經之興，可謂作矣。論衡對作

孔子作法五經，運之天地，稽之圖象，質於三王，施於四海。同上

此爲孔子作六經之明證。

孝經者，篇題就號也，所以表恉括意，敍中書名出義，見道日箸。孝經鈎命訣

孔子在庶，悳無所施，功無所就，志在春秋，行在孝經。同上

孔子制作孝經，使七十二弟子向北辰而磬折，使曾子抱河洛事北向，孔子簪縹筆，絳單衣，向北辰而拜。孝經援神契

孔子曰：「欲觀我褒貶諸侯之志，在春秋；崇人倫之行，在孝經。」孝經緯

徐子以告夷子。夷子曰：「儒者之道，古之人若保赤子，此言何謂也？」孟子滕文

「古之人如保赤子，」爲書康誥文。此爲文、武之道，墨子諸篇莫不稱説文、武，安肯盡割以歸儒者，取墨子一讀可見。而夷子乃歸之於儒，可知康誥爲孔子之書，而二十八篇之書，亦皆出孔子矣。若墨子所引之書，乃墨子所定，與孔子之經各别。其或辭亦略同，而義必相反。可知其他篇名之同異多寡，亦必不同。其書之同者，當亦採之先王，而附以己意，各定其書以行其教。今墨子中所引書篇如相年，皆二十八篇之所無，蓋墨子之誦墨經指此，與吾孔子之經不相關。其他經亦類此，故謂六經

皆孔子所作。以此推之，若王鳴盛、孫星衍之徒，引墨子之書以解百篇之逸僞，彼未知學術之源，固不足責。此幸出孟子，尤可信據也。

恤由之喪，哀公使孺悲之孔子學士喪禮。士喪禮於是乎書。禮記雜記

劉歆變亂後，咸以禮爲周公之制。然恤由喪之前未有士喪禮，士喪禮由此出。則禮爲孔子之所制作，此條可爲證據。

王道缺而詩作，周室廢，禮義壞，而春秋作。詩、春秋，學之美者也，皆衰世之造也。儒者循之以教導於世，豈若三代之盛哉！淮南子氾論訓

以詩、春秋爲衰世之造，儒者所教，不若三代之盛，則詩亦非三代之文可知。蓋皆爲孔子所作，漢人皆知之。

王制是孔子之後大賢所記先王之事。五經異義

此尚知王制爲孔門大賢之記，異於以爲文帝博士刺取者矣。

孔子所以定五經者何？以爲孔子居周之末世，王道凌遲，禮樂廢壞，强陵弱，衆暴寡，天子不誅，方伯不敢伐。閔道德之不行，故周流應聘，冀行其道德。自衞反魯，自知不用，故追定五經以行其道。故孔子曰：「書曰孝乎，惟孝友于兄弟，施於有政。是亦爲政也。」孔子未定五經如何？周衰道微，綱散紀亂，五教廢壞，故五常之經咸失其所。象易失理，則陰陽萬物失其性而乖，設法謗之言，並作書三千篇，作詩三百篇，而歌謠怨誹也。白虎通五經

五經皆出於孔子，所以不云作者，以盤庚、周誥諸篇之類實有舊文，故云定也。

仲尼不遇，故論六經以俟來辟。後漢張衡傳

張衡是古學，尚知六經爲孔子所論定。

孔子不得富貴矣，周流應聘，行說諸侯，智窮策困，還定詩、書。論衡問孔

六經之文，聖人之語，動言天者，欲化無道、懼愚者之言，非獨吾心，亦天意也。論衡譴告

孔子之門講習五經。五經皆習，庶幾之才也。論衡別通

秦、漢諸子，無不以六經爲孔子所作者。書言稽古，使爲當時之史筆，則無古可稽。中國開於大禹，當夏時必有征伐之威加於外夷者，故世以中國爲中夏，亦如秦、漢、唐之世交涉於外國者多，故號稱中國爲大秦、爲漢人、爲唐人也。當舜之時，禹未立國，安得有夏？而舜典有「蠻夷猾夏」之語。合此二條觀之，書非聖人所作何人所作哉？然則諸經亦莫不然矣。

右明孔子作經以改制。

孔子改制考卷十

南海康有爲廣厦撰

六經皆孔子改制所作考

孔子爲教主，爲神明聖王，配天地，育萬物，無人、無事、無義不圍範于孔子大道中，乃所以爲生民未有之大成至聖也！而求孔子之大道乃無一字，僅有弟子所記之語錄曰論語，據赴告策書鈔謄之斷爛朝報曰春秋耳。若詩、書、禮、樂、易皆伏羲、夏、商、文王、周公之舊典，于孔子無與，則孔子僅爲後世之賢士大夫，比之康成、朱子尚未及也，豈足爲生民未有範圍萬世之至聖哉？章實齋謂集大成者周公也，非孔子也，其說可謂背謬極矣。然如舊說詩、書、禮、樂、易皆周公作，孔子僅在明者述之之列，則是說豈非實錄哉？漢以來皆祀孔子爲先聖也，唐貞觀乃以周公爲先聖，而黜孔子爲先師。孔子以聖被黜，可謂極背謬矣。然如舊說，詩、書、禮、樂、易皆周公作，孔子僅在刪贊之列，孔子之僅爲先師而不爲先聖，比于伏生、申公，豈不宜哉？然以詩、書、禮、樂、易爲先王周公舊典，春秋爲赴告策書，乃劉歆創僞古文後之說也。歆欲奪孔子之聖而改其聖法，故以周公易孔子也，漢以前無是說也。漢以前咸知孔子爲改制教主，知孔子爲神明聖王。莊生曰：「春秋經世先王之志。」荀子曰：「孔子明智且不蔽，故其術足以爲先王也。」故宰我以爲賢于堯、舜，子貢以爲生民未有也。孔子之爲教主，爲神明聖王，何在？曰：在六經。六經皆孔子所作也，漢以前之說莫不然也。學者知六經爲孔子所作，然後孔子之爲大聖，爲教主，範圍萬世而獨稱尊者，乃可明也。知孔子爲教主、六經爲孔子所作，然後知孔子撥亂世致太平之功，凡有血氣者，皆日被其殊功大德，而不可忘也。漢前舊說猶有存者，披錄而發明之，拯墜日于虞淵，洗霿霧于千載，庶幾大道復明，聖文益昭焉。

孔子所作謂之經，弟子所述謂之傳，又謂之記，弟子後學展轉所口傳謂之說，凡漢前傳經者無異論。故惟詩、書、禮、樂、易、春秋六藝爲孔子所手作，故得謂之經。如釋家佛所說爲經，禪師所說爲論也。弟子所作，無敢僭稱者。後世亂以僞古，增以傳記。樂本無文，于是南朝增周禮、禮記謂之七經，唐又不稱春秋，增三傳謂之九經，宋明道時增孟子，甚至增僞訓詁之爾雅，亦冒經名爲十三經，又增大戴記爲十四經，僭僞紛乘，經名謬甚。朱子又分禮記、大學首章爲經，餘章爲傳，則又以一記文分經傳，益更異矣。皆由不知孔子所作乃得爲經之義。今正定舊名，惟詩、書、禮、樂、易、春秋爲六經，而于經中雖繫辭之粹懿，喪服之敦慤，亦皆復其爲傳，如論語、孟子、大、小戴記之精粹，亦不得不復其爲傳，以爲經佐，而爾雅僞左咸黜落矣，今正明于此。六經文辭雖孔子新作，而書名實沿舊俗之名，蓋無徵不信，不信民弗從，欲國人所共尊而易信從也。

詩　舊名。有三千餘篇，今三百五篇，爲孔子作，齊、魯、韓三家所傳是也。詩皆孔子作也。古詩三千，孔子間有採取之者，然清廟、生民皆經塗改，堯典、舜典僅備點竄，既經聖學陶鑄，亦爲聖作；況六經同條，詩、春秋表裏，一字一義，皆大道所託，觀墨氏所攻及儒者所循，可知爲孔子之辭矣。

子墨子謂公孟子曰：「喪禮：君與父、母、妻、後子死，三年喪服；伯父、叔父、兄、弟期；族人五月；姑、姊、舅、甥皆有數月之喪。或以不喪之間誦詩三百，弦詩三百，歌詩三百，舞詩三百。若用子之言，則君子何日以聽治，庶人何日以從事？」墨子公孟

墨子開口便稱禹、湯、文、武，而力攻喪禮三年期月之服。非儒篇稱爲其禮，以此禮專屬之儒者，而儒在當時與楊、墨對舉，爲孔子敎號。見儒爲孔子創敎及儒墨對舉篇 則此禮及詩，非孔子所作而何？三百之數，亦符弦誦歌舞，與禮記王制、世子。學禮學詩，可與可立，乃孔門雅言。而墨子攻之，以爲君子無暇聽治，庶人無暇從事。反而觀之，則詩三百爲孔子所作，至明據矣。

詩、春秋，學之美者也，皆衰世之造也。儒者循之，以敎導於世，豈若三代之盛哉？以詩、春秋爲古之道而貴之，又有未作詩、春秋之時。淮南子氾論訓

春秋之爲孔子作，人皆知之；詩亦爲孔子作，人不知也。儒者多以二學爲敎，蓋詩與春秋尤爲表裏也。儒者乃循之以敎導于世，則老、墨諸子不循之以敎可知也。詩作于文、武、周公、成、康之盛，又有商湯、伊尹、高宗，而以爲衰世之造，非三代之盛，故以爲非古，非孔子所作而何？

右詩爲孔子所作。

書 舊名。舊有三千餘篇，百二十國。今二十八篇，孔子作，伏生所傳本是也。

堯典、皋陶謨、棄稷謨、禹貢、洪範，皆孔子大經大法所存。其文辭自堯典光被四表，格于上下；九族

既睦，平章百姓，協和萬邦；暘谷、幽都；南訛、朔易。禹貢之既修太原，至于岳陽，覃懷底績，至于衡、漳；九山刊旅，九川滌源，九澤既陂，四海會同，六府孔修，四事交正，皆整麗諧雅，與易乾坤卦辭「雲行雨施，品物流形，大明終始，六位時乘，」「雲從龍，風從虎，聖人作，萬物覩，本乎天者親上，本乎地者親下，」略同，皆純乎孔子之文也。況堯典制度巡狩語辭與王制全同，洪範五行與春秋災異全同，故爲孔子作也。其殷盤、周誥、呂刑聱牙之字句，容據舊文爲底草，而大道皆同，全經孔子點竄，故亦爲孔子之作。

問：說書者「欽明文思」以下，誰所言也？曰：篇家也。篇家誰也？孔子也。然則孔子鴻筆之人也。自衞反魯，然後樂正，雅、頌各得其所也。鴻筆之奮，蓋斯時也。論衡須頌

說書自「欽明文思」以下，則自堯典直至秦誓，言全書也。直指爲孔子，稱爲鴻筆，著作于自衞反魯之時，言之鑿鑿如此。仲任頗雜古學，何以得此？蓋今學家所傳授，故微言時露。今得以考知書全爲孔子所作，賴有此條，仲任亦可謂有非常之大功也。存此，可謂尙書爲孔子所作之鐵案。

夷子曰：「儒者之道，古之人若保赤子，此言何謂也？」孟子滕文公上

「古之人若保赤子，」在今書康誥中。考墨子動稱三代聖王文武，動引書，則康誥亦墨者公有之物，斷不肯割歸之於儒。夷子欲援儒入墨，以其道治其身，以彼敎之書說人必不見聽，引儒書以折儒乃能相服。然則二十八篇之中，康誥，夷子稱爲儒者之道，與彼墨敎無關，雖爲文武之道，實是儒者之道。以此推之，二十八篇皆儒書，皆孔子所作至明。若夫墨子所引之書，乃墨子所删定，與孔子雖同名而

選本各殊；即有篇章辭句取材偶同，而各明其道，亦自大相反。如墨子兼愛篇周詩曰：「王道蕩蕩，不偏不黨，王道平平，不黨不偏，其直如矢，其易若底。君子之所履，小人之所視。」孔子於王道四語，乃採之爲洪範；其直如矢四語，採之爲大雅；而墨子則以爲詩。今無從考其是詩是書，要孔、墨之各因舊文剪裁爲書可見矣。若七患篇所引：禹七年水，湯七年旱。皆今書所無。若孔書甘誓，墨子明鬼則作禹誓，其中有曰：「日中，今予與有扈氏爭一日之命。且爾卿大夫庶人，予非爾田野葆士之欲也，予共行天之罰也。」五語皆孔書所無，蓋墨子所定也。若湯誓則作湯說，是又篇名互岐。若非樂所引武觀曰：「啓乃淫溢康樂，野于飲食，將將銘莧磬以力，湛濁于酒，渝食于野，萬舞翼翼，章聞于天，天用弗式。」非命篇所引禹之總德有之曰：「允不著，惟天民不而葆，既防凶心，天加之咎，不愼厥德，天命焉葆？」此皆篇名與辭皆今書所無者。又非樂所引湯之官刑有之曰：「其恒舞于宮，是謂巫風，其刑君子出絲二衞，小人否似二伯黄徑。乃言曰：嗚呼！舞佯佯，黄言孔章，上帝弗祥，九有以亡，上帝不順，降之百殃，其家必壞喪。」尙同引先王之書術令之道曰：「惟口出好興戎。」又引先王之書相年之道曰：「夫建國設都，乃作后王君公，否用泰也，輕大夫師長，否用佚也，維辯使治天。」均皆今書所無。惟王肅僞古文採其辭，而亦不敢用其篇名。其他秦誓、仲虺之告皆然。可知孔、墨之引書雖同，其各自選材成篇絕不相同。知墨子之自作定一書，則知孔子之自作定一書矣，對勘可明。

右書爲孔子所作。

禮舊名。三代列國舊制，見予所著舊制考。今十七篇，孔子作，高堂生傳本是也，卽今儀禮。今文十七篇皆完好，爲孔子完文，漢前皆名爲禮，無名儀禮，亦無名士禮者。自劉歆僞作周官，自以爲經禮，而抑孔子十七篇爲儀禮，又僞天子巡狩等禮三十九篇，今目爲逸禮，而抑儀禮爲士禮。辨詳僞經考。

文王見禮壞樂崩，道孤無主，故禮經三百，威儀三千。禮緯命徵

王愆期謂文王卽孔子。

恤由之喪，哀公使孺悲之孔子學士喪禮。士喪禮于是乎書。禮記雜記

士喪禮在儀禮中，後世皆以爲周公舊禮。然旣是大周通禮，魯爲秉禮之邦，哀公爲周藩侯，恤由之喪，哀公命禮官開具典禮儀注可矣，何待問之孔子？何待專人詣孔子受學？且士喪禮旣爲大周通禮，則行之天下，頒之邦國，家有其書，綴學之士皆能知之，何待孔子？又何爲至此于是乎書也。士喪禮出于孔子，至孺悲而後學，恤由之喪而後書，非孔子所作而何？孔子制作已久，至哀公使孺悲來學，乃寫授之以爲國禮，自此始也。士喪禮一盥執事者四人，故晏嬰、墨翟譏孔子盛容飾，繁登降，又謂窮年積財不能殫其禮。墨翟譏厚葬久喪，皆與今士喪禮合。墨子日稱禹、湯、文、武而敢肆意攻擊，故知喪禮爲孔子所制作，而非禹、湯、文、武之制作也。

宰我問：「三年之喪，期已久矣。君子三年不爲禮，禮必壞；三年不爲樂，樂必崩。舊穀旣沒，新穀旣升，鑽燧改火，期可已矣。」子曰：「食夫稻，衣夫錦，於女安乎？」曰：「安。」「女安則爲之！夫君子之居喪，食旨不甘，聞樂不樂，居處不安，故不爲也。今女安則爲之！」宰我出，子曰：「予之不仁也！

子生三年，然後免於父母之懷。夫三年之喪，天下之通喪也，予也有三年之愛於其父母〔乎〕？」論語陽貨宰我爲聖門高弟大賢，若三年之喪是當時國制，天下人人皆已服從，今日雖極不肖之人，不能守禮，亦必勉强素服，從未聞有發言吐論以爲應改短爲期喪者，豈有聖門高弟大賢而背謬惡薄若此？卽使背謬惡薄，亦不過私居失禮而已，奚有公然與師長辨攻時王之制，以爲只可服期不應三年之久者？且此事旣是時王之制，與孔子辨亦無益。卽孔子從之，亦當上書時王言之，而二千年來亂篡弑賊之人，踵接肩望，亦未聞有人敢改短喪者，匪特不敢改，亦未有人敢言短喪者，但日益加隆，如舅姑加三年，妾母加期，嫂叔加大功而已，而高弟大賢，乃敢犯大不韙，爲必不可之舉以攻時王之制，有是理乎？蓋三年喪爲孔子所改，故宰我據舊俗服期以與孔子商略，謂孔子何必增多爲三年。蓋當創改之時，故弟子得以質疑問難也。論語此條，古今皆疑不能明，非通當時改制之故，宜其不能明也。

子張問曰：「書云：『高宗諒闇，三年不言。』何謂也？」子曰：「何必高宗，古之人皆然。」論語憲問高宗諒闇旣見于書，而子張尙疑問其有否，則當時絕無，故子張不信而疑問之也。若如後世，誰不行三年之喪，豈足疑問。孔子援引，只得一高宗，乃告子張曰：「古之人皆然。」若皆然，則高宗何獨稱，而子張何必疑問？蓋孔子所改制，故子張疑而問之。

儒者曰：「親親有術，尊賢有等。」言親疏尊卑之異也。其禮曰：「喪父母三年，其妻後子三年，伯父、叔父、弟、兄、庶子其，戚族人五月。」若以親疏爲歲月之數，則親者多而疏者少矣，是妻後子與父同也；若以尊卑爲歲月數，則是尊其妻子與父母同，而親伯父宗兄而卑子也：逆孰大焉？其親死，列尸弗登屋，窺井，挑鼠穴，探滌器而求其人焉。以爲實在，則贛愚甚矣；如其亡也，必求焉，僞亦大矣。取妻，身迎，祗褍爲僕，秉轡授綏，如仰嚴親。昏禮威儀，如承祭祀。顛覆上下，悖逆父母，下則妻子，妻子上侵。事親若此，可謂孝乎？儒者迎妻，妻之奉祭祀，子將守宗廟，故重之。應之曰：此誣言也。其宗兄，守其先宗廟數十年，死喪之其，兄弟之妻奉其先之祭祀，弗散，則喪妻子三年，必非以守奉祭祀也。夫憂妻子以大負絫，有曰所以重親也，爲欲厚所至私，輕所至重，豈非大姦也哉？墨子非儒

諸子羣書，皆以儒、墨對舉，雖孟子亦云：「逃墨必歸於楊，逃楊必歸於儒。」又標名墨者夷之，下云「儒者之道若是」之類，不勝枚舉，已見儒、墨對舉相攻等篇。墨子開口便稱禹、湯、文、武，若儒爲禹、湯、文、武之舊，墨子不敢肆口慢罵。韓非謂儒之所至，孔子也。故知儒爲孔子創敎之名，故墨子指其名、述其說而攻之。喪父母妻後子三年，伯父叔父弟子期，升屋而號，娶妻親迎，皆今之儀禮。而墨子攻儒者謂爲其禮，是於墨氏無預者，詈爲大逆、大僞、贛愚、誣言、大姦。則禮爲孔子之制而非禹、湯、文、武之制，儀禮一書爲孔子所作而非周公所作，可爲明據。

公孟子謂子墨子曰：「子以三年之喪爲非，子之三月之喪亦非也。」子墨子曰：「子以三年之喪非三月之喪，是猶果謂撅者不恭也。」公孟子謂子墨子曰：「知有賢於人則可謂知乎？」子墨子曰：「愚之知有以賢於人而愚豈可謂知矣哉？」公孟子三年之喪學吾之慕父母。子墨子曰：「夫嬰兒子之知獨慕父母而已，父母不可得也，然號而不止，此其故何也，卽愚之至也。然則儒者之知，豈有以賢于嬰兒子哉？」墨子公孟

孔子創三年之喪，墨子創三月之喪。蓋當時喪禮無定制，故聽教主隨意改作。漢時尚無喪制，故翟方進服喪三十六日，王恂服喪六年。至晉武帝，乃始定從孔子之制，服喪三年。孔子謂：「予也有三年之愛於其父母？」故公孟子亦謂「三年之喪學吾之慕父母。」

滕定公薨。世子謂然友曰：「昔者，孟子嘗與我言於宋，於心終不忘。今也不幸至於大故，吾欲使子問於孟子，然後行事。」然友之鄒問於孟子。孟子曰：「不亦善乎！親喪固所自盡也。曾子曰：『生，事之以禮；死，葬之以禮，祭之以禮。可謂孝矣。』諸侯之禮，吾未之學也。雖然，吾嘗聞之矣：三年之喪，齊疏之服，飦粥之食，自天子達於庶人，三代共之。」然友反命，定爲三年之喪。父兄百官皆不欲，曰：「吾宗國魯先君莫之行，吾先君亦莫之行也，至於子之身而反之，不可。且志曰：『喪祭從先祖。』曰，吾有所受之也。」孟子滕文

孟子所謂禮者，三年之喪，齊疏之服，飦粥之食，乃今儀禮、士喪禮中之制，古今所通。而滕之父兄百官皆不欲，則如今之親、郡王、貝勒、貝子至四品宗室、大學士至翰、詹、科、道以下會議皆不畫諾矣。如果大周通禮，大周會典、大周律例有此定制，滕之人臣雖背謬，何至舉國若狂？魯號秉禮之邦，何以自周公、伯禽至平公無一服從周制者？滕則自叔繡至文公數十君亦皆顯悖王朝定制。自成、康至宣王王靈赫濯，獨不畏變禮易服，則君流乎？又著明志亦無之，則當時會典通禮無三年之制至明。然則此禮非孔子所作而何？與宰我問短喪合觀之，其義自明。

處喪之法將奈何哉？曰：哭泣不秩聲翁，縗絰垂涕，處倚廬，寢苫枕凷，又相率强不食而爲飢，薄衣而爲

寒，使面目陷陬，顏色黧黑，耳目不聰明，手足不勁强，不可用也。又曰：上士之操喪也，必扶而能起，杖而能行，以此共三年。若法若言，行若道，使王公大人行此，則必不能蚤朝，五官六府，辟草木，實倉廩；使農夫行此，則必不能蚤出夜入，耕稼樹藝；使百工行此，則必不能修舟車爲器皿矣；使婦人行此，則必不能夙興夜寐紡績織紝。細計厚葬爲多埋賦之財者也，計久喪爲久禁從事者也。財以成者扶而埋之，後得生者而久禁之，以此求富，此譬猶禁耕而求穫也，富之說無可得焉。是故求以富家而既已不可矣，欲以衆人民，意者可邪，其說又不可矣。今惟毋以厚葬久喪者爲政，君死，喪之三年，父母死，喪之三年，妻與後子死者，五皆喪之三年，然後伯父、叔父、兄、弟、孽子其，族人五月，姑、姊、甥、舅皆有月數，則毁瘠必有制矣，使面目陷陬，顏色黧黑，耳目不聰明，手足不勁强，不可用也。又曰：上士操喪也，必扶而能起，杖而能行，以此共三年，若法若言，行若道，苟其飢約又若此矣。是故百姓冬不仞寒，夏不仞暑，作疾病死者不可勝計也。墨子節葬

哭泣不絕聲，縗絰倚廬，寢苫枕凷，三年期月喪服，皆今儀禮喪服之制，而墨子攻之。墨子日稱禹、湯、文、武，若是三代先王舊制，墨子不敢肆攻，其爲孔子所作可見。

景公上路寢，聞哭聲，曰：「吾若聞哭聲，何爲者也？」梁邱據對曰：「魯孔丘之徒鞠語者也。明于禮樂，審于服喪，其母死，葬埋甚厚，喪三年，哭泣甚疾。公曰：「豈不可哉？」而色說之。晏子曰：「古者聖人非不知能繁登降之禮，制規矩之節，行表綴之數，以教民，以爲煩人留日，故制禮不羨於便事；非不知能揚干戚、鐘鼓、竽瑟以勸衆也，以爲費財留工，故制樂不羨於和民；非不知能累世殫國以奉

死，哭泣處哀以持久也，而不爲者，知其無補死者而深害生者，故不以導民。晏子外篇惟孔子之徒乃能明于禮樂，審于服喪三年哭泣，而晏子攻之。益可知禮樂爲孔子所作，凡此皆從鄰證而得之。

右禮爲〔孔〕子所作。

樂　舊名。鄭、衞之聲，倡優侏儒，獶雜子女。是今六代之樂，黃帝咸池、堯大章、舜大韶、禹大夏、湯大頀、文王象、武王武皆孔子作，制氏所傳是也。孔子新作雅樂，故放鄭聲。鄭聲之名爲鄭，如今崑曲弋陽腔之以地得名也，蓋當時所風行天下者，非徒一國之樂。

子墨子曰：「問於儒者何故爲樂？」曰：「樂以爲樂也。」子墨子曰：「子未我應也。今我問曰：何故爲室？曰：冬避寒焉，夏避暑焉，室以爲男女之別也，則子告我爲室之故矣。今我問曰：何故爲樂？曰：樂以爲樂也。是猶曰：何故爲室？曰：室以爲室也。」墨子公孟

墨子問儒者何故爲樂？然則非儒者不爲樂矣。儒爲孔子所創，故知樂爲孔子所制，墨子乃敢肆其輕薄詆誹也。「樂所以爲樂，」懽樂之義，乃眞爲樂之故也。墨子乃云「猶室以爲室，」戲侮之甚，可見異教相攻，無所不至。此孟、荀所不能不發憤者歟？

是故子墨子曰：「爲樂非也。」何以知其然也？曰：先王之書湯之官刑有之，曰：其恒舞于宮，是謂巫風，其刑，君子出絲二衞，小人否。似二伯黃徑。乃言曰：嗚呼！舞佯佯黃言孔章，上帝弗常，九有以亡，上帝不順，降之百舛，其家必壞喪，察九有之所以亡者，徒從飾樂也。於武觀曰：啓乃淫溢康樂，野于飲

食，將將銘莧磬以力，湛濁于酒，渝食于野，萬舞翼翼，章聞于天，天用弗式。故上者天鬼弗戒，下者萬民弗利，是故子墨子曰：今天下士君子誠將欲求興天下之利，除天下之害，當在樂之爲物，將不可不禁而止也。墨子非樂

王者治定制禮，功成作樂。未制作之時，取先王之禮樂宜于今者用之，堯曰大章，舜曰簫韶，夏曰大夏，殷曰大護，周曰大武，各取其時民所樂者名之。公羊隱五年何注

黄帝之樂曰咸池。樂緯聲儀

顓頊之樂曰五莖。

帝嚳之樂曰六英。

堯樂曰大章。

舜樂曰簫韶。

禹樂曰大夏。

殷樂曰大護。

周曰酌。

孔子曰：「簫韶者，舜之遺音也。」並同上

樂則韶舞。論語顔淵

故春秋應天作新王之事，時正黑統，王魯，尚黑，絀夏，親周，故宋，樂宜親招武，故以虞錄親樂。繁露三代

改制

樂聲要眇，其傳最難，以其音節鏗鏘，寄之于聲，易于變失，三百篇之古樂存于漢者，大戴投壺僅存關雎、卷耳、葛覃、鵲巢、騶虞、鹿鳴、白駒、伐檀等八篇。漢人樂府，至六朝僅存上之回、艾如張、將進酒廿四曲。六朝樂府，至唐僅存清波、白鳩、烏棲、子夜等六十四曲。唐之「黃河遠上，」見于宋吳曾能改齋漫錄，尚有音節，餘則亡矣。宋詞之九張機、滾板、尾聲，至元而亡。元九宮曲譜北曲亦至今亡矣。晉荀勖復古樂之八十四調，至龜茲樂入而廢。耶律破晉而取之，宋、金則亡之矣。龜茲四旦二十八調，至宋而亡。宋之十六字調，至元而亡。元九調工上尺合士生一凡五六，今則僅用七字調而已。通計古今樂無能久存者。漢以後文字日備，然自漢至元三百年前之樂，無一存者。卽樂器，亦自琴瑟易而箏琶，今則箏琶亦廢，曲聲之存于今者，最古僅有明嘉靖之崑曲，然自梆子亂彈出後，亦幾等廣陵散矣。嘉靖去今僅三百餘歲，若嘉靖前之樂，則無幾微之存。漢章帝謁魯孔子廟堂，尙能陳六代之樂，安有黃帝、堯、舜至章帝將三千年，而咸池、韶樂乃能存乎？觀墨子之所攻，故知孔子之制作明矣。韶樂託之於舜，有揖讓之盛德，民主之大公，尤孔子所願望，故春秋錄之，制氏傳其鏗鏘鼓舞是也。漢藝文志雅琴五種，孔子之樂聲哉？又有周歌聲曲折七十篇，久佚矣。

子墨子謂公孟子曰：「喪禮：君與父、母、妻、後子死，三年喪服；伯父、叔父、兄、弟期；族人五月；姑、姊、舅、甥皆有數月之喪。或以不喪之間誦詩三百，弦詩三百，歌詩三百，舞詩三百。若用子之言，則君子何日以聽治？庶人何日以從事？」公孟子曰：「國亂則治之，治則爲禮樂，國治則從事，國富則爲禮樂。」子墨子曰：「國之治，治之廢則國之治亦廢；國之富也，從事故富也，從是廢則國之富亦廢。故雖治國，勸之無饜，然後可也。今子曰：國治則爲禮樂，亂則治之，是譬猶噎而穿井也，死而求醫也。古者三代暴〔王〕桀、紂、幽、厲，薾爲聲樂，不顧其民，是以身爲刑僇，國爲戾虛者，皆從此道也。」墨子公孟

攻服喪及誦詩無暇聽治從事，富而後敎，文以禮樂；攻爲噎而穿井，死而求醫。此墨子偏攻詩、禮、樂者，指明喪禮、歌詩三百、舞詩三百、弦詩三百而後攻之，可爲禮、詩、樂皆孔子作之明證。若出于三代先王，墨子不應歸之儒者而攻之。

子墨子謂程子曰：「儒之道足以喪天下者四政焉：儒以天爲不明，以鬼爲不神，天鬼不說，此足以喪天下；又厚葬久喪，重爲棺槨，多爲衣衾，送死若徙，三年哭泣，扶後起，杖後行，耳無聞，目無見，此足以喪天下；又弦歌鼓舞，習爲聲樂，此足以喪天下。」墨子公孟

墨子攻儒而述其喪禮曰：「重爲棺槨，多爲衣衾，三年哭泣。」「弦歌鼓舞，習爲聲樂。」皆孔子儀禮、詩、樂之說。故知禮、樂爲孔子作而非先王。

仲尼之齊見景公。景公說之，欲封之以爾稽，以告晏子。晏子對曰：「不可。彼浩裾自順，不可以敎下；好樂緩於民，不可使親治；立命而建事，不可守職；厚葬破民貧國，久傷道哀費日，不可使子民；行之難者在內而傳者無其外，故異於服勉於容，不可以道衆而馴百姓。自大賢之滅，周室之卑也，威儀加多而民行滋薄，聲樂繁充而世德滋衰。今孔丘盛聲樂以侈世，飾弦歌鼓舞以聚徒，繁登降之禮、趨翔之節以觀衆；博學不可以儀世，勞思不可以補民，絫壽不能殫其敎，當年不能究其禮，積財不能贍其

樂。緐飾邪術以營世君，盛爲聲樂以淫愚其民。」晏子外篇

晏子曰：「夫儒浩居而自順者也，不可以教下；好樂而淫人，不可使親治；立命而怠事，不可使守職；宗喪循哀，不可使慈民；機服勉容，不可使導衆。孔某盛容脩飾以蠱世，弦歌鼓舞以聚徒，繁登降之禮以示儀，務趨翔之節以勸衆；儒學不可使議世，勞思不可以補民，絫壽不能盡其學，當年不能行其禮，積財不能贍其樂；繁飾邪術以營世君，盛爲聲樂以淫遇民。」墨子非儒

墨子尙儉，故稱晏子攻孔子盛聲樂以淫民侈世，飾弦歌鼓舞、繁登降趨翔以聚徒觀衆。今考儀禮登降趨翔之節最繁，諸生以時習禮其家最盛，至于高祖圍魯，弦歌之音不輟，故知禮、樂二經爲孔子所制。若夫當時淫禮俗樂，則是時固有之，孔門所不聽，亦非墨子之所攻也。

右樂爲孔子所作。

易　舊名。孔子卜得陽豫，又得坤、乾，是今上下二篇孔子作。楊何、施、孟、梁丘、京所傳本是也。卦彖爻象之辭皆散附本卦，僞古本分之，抑爲十翼，亂孔子篇數之次第者也。繫辭、太史公自序稱爲大傳，則傳而非經。說卦出宣帝河內老屋，與序卦、雜卦皆僞書，非孔子作。

西伯蓋卽位五十年，其囚羑里，蓋益易之八卦爲六十四卦。史記周本紀

自伏羲作八卦，周文王演三百八十四爻，而天下治。史記日者傳

易始八卦，而文王六十四，其益可知也。法言問神篇

是以宓犧氏之作易也，緜絡天地，經以八卦，文王附六爻，孔子錯其象而彖其辭。漢書揚雄傳

易曰：「宓戲氏仰觀象於天，俯觀法於地，觀鳥獸之文與地之宜，近取諸身，遠取諸物，于是始作八卦，以通神明之德，以類萬物之情。至于殷、周之際，紂在上位，逆而暴物，文王以諸侯順命而行道，天人之占可得而効，于是易重六爻。」漢書藝文志

易言伏羲作八卦，前是未有八卦，伏羲造之，故曰作也。文王圖八自演爲六十四，故曰衍。論衡對作

伏羲作八卦，非作之。文王得成六十四，非演也。論衡正說

伏羲作八卦，文王演爲六十四，孔子作彖、象、繫辭。三聖重業，易乃具足。論衡謝短

據史記周本紀、日者傳、法言問神篇、漢書藝文志、揚雄傳、論衡對作篇皆謂文王重卦爲六十四卦三百八十四爻，無有以爲作卦辭者，是自漢以前，皆以爲孔子作，無異辭，惟王輔嗣以六十四卦爲伏犧所自重，周易正義論卦辭爻辭誰作云：「一說以卦辭爻辭並是文王所作，按繫辭云：「易之興也，其于中古乎？作易者其有憂患乎？」又曰：「易之興也，其當殷之末世、周之盛德耶？當文王與紂之事耶？」」鄭學之徒並依此說也，則影響附會，妄變楊何傳史公之眞說，其可信乎？至周公作爻辭之說，西漢前無之。漢書藝文志云：「人更三聖。」韋昭注曰：「伏羲、文王、孔子。」卽正義所引乾鑿度云：「垂皇策者犧，卦道演德者文，成命者孔。」通卦驗又云：「蒼牙通靈昌之成，孔演命明道經。」晉紀瞻曰：「昔庖犧畫八卦，陰陽之理盡矣。文王、仲尼係其遺業，三聖相承，共同一致，稱易準天，無復其餘也。」見晉書紀瞻傳亦無有及周公者，唯左傳昭二年韓宣子來聘，見易象與魯春秋，曰「吾乃今知周公德，」涉及周公。此蓋劉歆竄亂之條，與今學家不同。歆周官、爾雅、月令，無事不託於周

公，易爻辭之託于周公，亦此類。唯馬融學出于歆，故以爲爻辭周公所作。見周易正義論卦辭爻辭誰作或以爻辭並是文王作，周易正義論卦辭爻辭誰作云：以爲驗爻辭多是文王後事，升卦六四：「王用享于岐山。」武王克殷之後，始追號文王爲王，若爻辭是文王所制，不應云「王用享于岐山。」又明夷六五：「箕子之明夷。」武王觀兵之後，箕子始被囚奴，文王不宜豫言箕子之明夷。又既濟九五：「東鄰殺牛，不如西鄰之禴祭。」說者皆云：西鄰謂文王，東鄰謂紂。文王之時，紂尚南面，豈容自言己德受福勝殷，又欲抗君之國，遂言東西相鄰而已。如正義言，爻辭又不得爲文王作，則藝文志謂文王重易六爻作上下篇者謬矣。三聖無周公，然則舍孔子誰作之哉？故易之卦爻始畫于犧、文，易之辭全出于孔子，十翼之名，史遷父受易于楊何未之聞，殆出于劉歆之說。按史記孔子世家有文言、說卦而無序卦、雜卦，漢藝文志亦無雜卦，論衡正說孝宣皇帝之時，河內女子發老屋，得逸易、禮、尚書各一篇，奏之宣帝，下示博士，然後易、禮、尚書各益一篇，此說易益一篇，蓋說卦也。隋志及秦焚書，周易獨以卜筮得存，唯失說卦三篇，後河內女子得之。易既以卜筮得存，自商瞿傳至楊何以至史遷，未嘗云亡失，又未嘗有序卦、雜卦，論衡以說卦出于宣帝時，則史遷所未覩，其爲後出之僞書，孔子世家爲僞竄可知。王充云益易一篇，隋志云失三篇，因河內得之事而附序卦、雜卦，是序卦、雜卦爲劉歆僞作，可見三篇非孔子作明矣。繫辭，歐陽永叔、葉水心以爲非孔子作。考其辭頻稱「子曰，」蓋孔子弟子所推補者，故史遷以爲大傳也。彖象與卦辭爻辭相屬，分爲上下二篇，乃孔子所作原本。歆以上下二篇屬之演爻之文王既不可通，因以己所僞作之序卦、雜卦附之河內女子所得之事，而以爲孔子作十篇爲十翼，奪孔子所作而與之文王、周公，以己所作而冒之孔子，譸張爲幻，可笑可駭。然孔子作傳而非經，易有十翼而非止上下二篇，則二千年相沿，無有能少窺其作僞之跡者矣。今援引漢以前說，發露大旨，定易上下二篇爲孔子所作。

伏犧作八卦，丘合而演其文，讀而出其神，作春秋以改亂制。春秋緯

此條則以演六十四卦，亦歸孔子矣。然謂演其文，或指八卦之辭言之，而六十四卦仍文王所演歟？但文辭則一字皆孔子所作。

右易爲孔子所作。

春秋　舊名。墨子云「百國春秋，」公羊云「不脩春秋，」楚語「敎之春秋，」是今十一篇孔子作，公羊、穀梁所傳，胡母生、董子所傳本是也。春秋爲孔子作，古今更無異論。但僞古學出，力攻改制，幷剗削筆削之義，以爲赴告策書，孔子據而書之而善惡自見。杜預倡之，朱子尤主之。若此，則聖人爲一謄錄書手，何得謂之作乎？今特辨此。言作春秋者不勝錄，略引數條以成例爾。

孔子懼，作春秋。春秋，天子之事也。孔子曰：「知我者其惟春秋乎？罪我者其惟春秋乎？」孟子盡心

孔子成春秋而亂臣賊子懼。孟子滕文

王者之迹熄而詩亡，詩亡然後春秋作。孟子離婁

孔子作春秋，先正王而繫萬事，見素王之文焉。漢書董仲舒傳

仲尼之作春秋也，上探正天端。繁露俞序

孔子受端門之命，制春秋之義，使子貢等十四人求周史記得百二十國寶書，九月經立。春秋緯攷異郵

孔子作春秋，陳天人之制，記異考符。春秋緯握誠圖

哀十四年春，西狩獲麟，作春秋。九月書成。春秋緯演孔圖

孔子曰：「丘作春秋，始于元，終于麟，王道成也。」春秋緯元命苞

孔子曰：「丘作春秋，天授演孔圖。」春秋緯演孔圖

孔子曰：「詩人疾之不能默，丘疾之不能伏，是以東西南北七十說而不用，然後退而修王道，作春秋，垂之萬世之後，天下折中焉。」鹽鐵論相刺

孔子因史記作春秋，上至隱公，下訖哀公十四年，十二公，據魯，親周，故殷，運之三代，約其文而指博。史記孔子世家

周德不亡，春秋不作。春秋作而後君子知周道亡也。說苑君道

于是退作春秋，明素王之道。說苑貴德

以爲孔子作春秋，爲赤制而斷十二公。後漢書公孫述傳

孔子得史記以作春秋，及其立義、創意、褒貶、賞誅，不復因史記者，眇思自出于胸中也。論衡超奇

孔子作春秋以示王意，然則孔子之春秋，素王之業也。同上

故孔子不王，作春秋以明意。論衡定賢

問：周道不弊，孔子不作春秋，春秋之作，起周道弊也。如周道不弊，孔子不作者，未必無孔子之才無所

起也。夫如是，孔子之作春秋，未可以觀聖，有若孔子之業者，未可知賢也。曰周道弊，孔子起而作之。同上

使孔子得王，春秋不作。論衡書解

至周之時，人民久薄，故孔子作春秋。論衡齊世

玄之聞也，孔子時，周道衰亡，已有聖德無所施用，作春秋以見志。其言少從以爲天下法。五經異義

孔子作春秋，周何王時也？自衞反魯，然後樂正，春秋作矣。自衞反魯，哀公時也。自衞，何君也？俟孔子以何禮，而孔子反魯作春秋乎？孔子錄史記以作春秋，史記本名春秋乎？制作以爲經乃歸春秋也。論衡謝短

論作春秋之時，制作以爲經，最詳。

孔子，周世多力之人也。作春秋，祕書微文，無所不定。論衡效力

右春秋爲孔子所作。

仲尼作經，本一而已。申鑒時事

詩、書、禮、春秋或因或作而成於仲尼乎？其益可知也。揚子問神

孔子定六經以行其道。白虎通五經

六經之作皆有據。論衡書解

孔子修成、康之道，述周公之訓以敎七十子，使服其衣冠，修其篇籍，故儒者之學生焉。淮南說林

治世有孔子之經。潛夫論思賢

孔子作法五經，運之天地，稽之圖象，質於三王，施於四海。春秋緯演孔圖

此義與中庸「君子之道本諸身，徵之庶民，考諸三王而不謬，建諸天地而不悖，質諸鬼神而無疑，百世以俟聖人而不惑」同。若其直指五經爲孔子作，尤爲明顯。自劉歆篡亂諸經，歸之周公，而孔子制作之義晦矣。幸賴孔門口說遺文猶有存者，足以證知。吉光片羽，可謂鴻寶。

孔子曰：「文王既沒，文不在茲乎？」文王之文，傳在孔子。孔子爲漢制文，傳在漢也。受天之文。文人宜遵五經六藝爲文。論衡佚文

五經六藝之文，孔子爲漢制之，則五經六藝非孔子所作而何？王仲任猶傳微言哉！

孔子之胸有文曰：「制作定世符運。」春秋緯演孔圖

孔子謂老聃曰：「某治詩、書、禮、樂、易、春秋六經。」莊子天運

古之人其備乎！配神明，醇天地，育萬物，和天下，澤及百姓，明于本數，係于末度，六通四辟，小大精粗，其運無乎不在。其明而在數度者，舊法世傳之史尚多有之；其在於詩、書、禮、樂者，鄒、魯之士、縉紳先生多能明之。詩以道志，書以道事，禮以道行，樂以道和，易以道陰陽，春秋以道名分。其數散於天下而設於中國者，百家之學時或稱而道之。天下大亂，賢聖不明，道德不一，天下多得一察焉以自好，譬如耳目鼻口皆有所明，不能相通，猶百家衆技也，皆有所長，時有所用，雖然，不該不徧，一曲之士也。判天地之美，析萬物之理，察古人之全，寡能備於天地之美，稱神明之容。是故內聖外王之道闇而

不明，鬱而不發，天下之人各爲其所欲焉以自爲方，悲夫！百家往而不反，必不合矣。後世之學者不幸不見天地之純，古人之大體，道術將爲天下裂。莊子天下

莊子學出田子方，田子方爲子夏弟子，故莊生爲子夏再傳，實爲孔子後學。其天下篇偏論當時學術，自墨子、宋鈃、田駢、愼到、關尹、老聃、惠施，莊周亦自列一家，而皆以爲耳目鼻口僅明一義，不該不徧一曲之士，不見純體而裂道術，云鄒、魯之士搢紳先生能明之。搢紳是儒衣，鄒、魯皆孔子後學，則古人非孔子而何？所以尊孔子者云配神明，醇天地，育萬物，和天下，澤及百姓，明于本數，繫于末度，六通四闢，小大精粗，其運無乎不在。又開篇稱爲「神明聖王。」自古尊孔子、論孔子，未有若莊生者。雖子思稱孔子曰：「洋洋乎發育萬物，峻極于天，上律天時，下襲水土。」不若莊子之該舉。子貢、有若、宰我所稱，益不若子思矣，固由莊生之聰辨，故一言而能舉其大，亦由莊生曾爲後學，能知其深也。後世以論語見孔子，僅見其庸行；以春秋見孔子，僅見其據亂之制；以心學家論孔子，僅見其本數之端倪；以考据家論孔子，僅見其末度之一二。有莊生之說，乃知孔子本數、末度、小大精粗無乎不在，信乎惟天爲大，固與後儒井牖之見異也。云：「詩以道志，書以道事，禮以道行，樂以道和，易以道陰陽，春秋以道名分。」朱子謂其以一字斷語，如大斧斫下，非知之深安能道得。六經之大義，六經之次序，皆賴莊生傳之。云「其明而在數度，」「其在詩、書、禮、樂，」皆孔子所作，數度殆卽緯歟？莊子又稱「孔子繙十二經以見老子，」十二經者，六經、六緯也。孔子後學傳六經以散于天下，設敎于中國，于孔學傳經傳敎之緒亦賴此而明。莊生稱孔子「內聖外王，」與荀子「聖

者盡倫者也，王者盡制者也，」悲其闇而不明，鬱而不發，歎後學者不見之不幸，而疾呼道術之將裂，衞道之深，雖孟、荀之放淫辭而衞大道，豈有過哉？特莊生閲世過深，以爲濁世不可與莊語，故危言、寓言、重言，故爲曼衍，遂千年無知莊生者。或以古人屬禹、湯、文、武，則開端云「天下之治方術者多矣，皆以其有爲不可加，」指當時春秋戰國創教立說之諸子而言，故謂爲治方術。論衡謂孔子，諸子之傑者也。孔子在當時道未一統，孔、墨並稱，儒、墨相攻，故列在當時天下治方術諸家之內。若古之人爲三代先王，則當言古今之爲治道多矣，不當言天下之治方術。文質三正，循環遞嬗，三王方聽人人用二代之禮樂，何嘗以爲無以加？故知古之人非三代先王也。時非三代先王，則古之人爲孔子尤確，而古之人所爲詩、書、禮、樂非孔子而何？能明莊子此篇，可明當時諸子紛紛創教，益可明孔子創儒，其道最大，而六經爲孔子所作，可爲鐵案。

五經之興可謂作矣。論衡對作

丘生蒼際，觸期稽度，爲赤制；故作春秋，以明文命，綴紀譔書，定禮、樂。尚書緯考靈曜

此云撰書定禮，則書、禮爲孔子所作明矣。

聖人之制經，以遺教後賢也；譬猶巧倕之爲規矩準繩，以遺後工也。潛夫論讚學

据周史以立新經。春秋緯演孔圖

聖人不空生，必有所制以顯天心。丘爲木鐸，制天下法。春秋緯演孔圖

丘爲制法之主，黑緑不代蒼黃。春秋緯援神器

右總論六經爲孔子所作。

孔子改制考卷十一

南海康有爲廣厦撰

孔子改制託古考

孟子曰：「大人者，言不必信，惟義所在。」斯言也，何爲而發哉？大人莫若孔子，其爲孔子改制六經言耶？慈母之養子也，託之鬼神古昔以聳善戒惡。聖人愛民如子，其智豈不若慈母乎？子思曰：「無徵不信，不信民弗從。」欲徵信莫如先王。傳曰：「可與立，未可與權。」易曰：「巽以行權。」權者知輕重之謂。撥亂救民，硜硜必信，義孰重輕？巽辭託先王，俾民信從，以行權救患，孔子乎，將爲硜硜必信之小人乎？抑爲唯義所在之大人乎？況寓言尤諸子之俗哉。

子曰：「吾作孝經，以素王無爵祿之賞，斧鉞之誅，故稱明王之道。」曾子避席復坐。子曰：「居，吾語女，順孫以避災禍，與先王以託權。」孝經緯鉤命訣

孔子改制託古大義，全見於此。一曰素王之誅賞，一曰與先王以託權。守經之徒，可與立者也。聖人但求有濟於天下，則言不必信，惟義所在。無徵不信，不信民不從，故一切制度託之三代先王以行之。若謂聖人行事不可依託，則是以硜硜之小人律神化之孔子矣。布衣改制，事大駭人，故不如與之先王，既不驚人，自可避禍。

文王，周始受命之王，天之所命，故上繫天端。方陳受命，制正月，故假以爲王法。公羊隱元年何注

春秋以新王受命，而文王爲受命之王，故假之以爲王法，一切制度皆從此出，必託之文王者，董子繁露所謂時詭其實以有所諱也。必如是而後可以避禍，而後可以託王。論語：「文王既沒，文不在茲乎？」孔子明以自謂矣。何邵公非嫡傳口說，何敢謂爲假乎？

仲尼之作春秋也，上探正天端，王公之位，萬民之所欲；下明得失，起賢才，以得後聖。故引史記，理往事，正是非，見王公史記十二公之間皆衰世之事，故門人惑。孔子曰：「吾因其行事而加乎王心焉，以爲見之空言，不如行事博深切明。」繁露俞序

孔子明得失，見成敗，疾時世之不仁，失王道之體，故緣人情，赦小過。傳又明之曰：君子辭也。孔子曰：「吾因行事加吾王心焉，假其位號以正人倫，因其成敗以明順逆。」同上

孔子以布衣而改亂制，加王心，達王事，不得不託諸行事以明其義。當時門人猶惑之，況門外者乎？此孔子之微言，董子能發明之。

有非力之所能致而自至者，西狩獲麟受命之符是也。然後託乎春秋正不正之間，而明改制之義，一統乎天子而加憂於天下之憂也，務除天下之所患而欲上通五帝，下極三王，以通百王之道。繁露符瑞

孔子受天命，改亂制，通三統，法後王，託古改制之義，此條最爲顯碻，可無疑矣。

託記高祖以來事可及問聞知者，猶曰我但記先人所聞，辟制作之害。公羊哀十四年何注

略與鉤命訣義同，本文自明顯，邵公蓋深知口說者。

春秋假行事以見王法，聖人爲文辭孫順，善善惡惡，不可正言其罪。 公羊莊十年何注

太史公曰：「余聞董生曰：周道衰廢。孔子爲魯司寇，諸侯害之，大夫壅之。孔子知言之不用，道之不行也，是非二百四十二年之中，以爲天下儀表，貶天子，退諸侯，討大夫，以達王事而已矣。子曰：『我欲載之空言，不如見之於行事之深切著明也。』」 史記太史公自序

太史公、董生嫡傳。春秋之學，皆有口說相傳，故深知孔子託古改制之義。

明春秋之道亦通於三王，非主假周以爲漢制而已。 公羊桓三年何注

夏、殷、周三統皆孔子所託，故曰「非主假周」也。

昔者三代聖王既沒，天下失義。後世之君子或以厚葬久喪以爲仁也，義也，孝子之事也；或以厚葬久喪以爲非仁義，非孝子之事也。曰：二子者言則相非，行卽相反，皆曰吾上祖述堯、舜、禹、湯、文、武之道者也，而言卽相非，行卽相反，於此乎後世之君子皆疑惑乎二子者言也。 墨子節葬

厚葬久喪，孔子之制，當時未有定論。墨子攻之爲言相非，行相反，則儒敎託古之義不待辨。

孔子、墨子俱道堯、舜而取舍不同，皆自謂眞堯、舜。堯、舜不復生，將誰使定儒、墨之誠乎？ 韓非子顯學

孔子稱堯、舜五服五章，山龍藻火，大章韶樂；而墨子稱堯、舜土階茅茨，夏葛冬裘：所謂取舍不同也，皆自謂眞堯、舜。可見當時託古於先王之風，韓非猶及知之。

且夫世之愚學皆不知治亂之情，讘詖多誦先古之書，以亂當世之治。 韓非子姦刼弑臣

夫稱上古之傳，頌辯而不慤，道先王仁義而不能正國者，此亦可以戲，而不可以爲治也。 韓非子外儲說左

春秋之於世事也，善復古，譏易常，欲其法先王也。然而介以一言曰：王者必改制。自僻者得此以爲辭，曰：古苟可循，先王之道何莫相因。世迷是聞，以疑正道而信邪言，甚可患也。繁露楚莊王

孔子之作春秋，託新王以改制，而其於世事，則欲人之法先王，豈不自相刺謬？不知改制者，孔子之隱志；法先王者，春秋之託詞。在當時莫知其故。自後世口說微言，流布天下，改制之義既彰，僻者乃有「先王之道何莫相因」之說，蓋猶未明託之義，反以爲口實而相難也。

古者天下散亂，莫之能一；是以諸侯並作，語皆道古以害今，飾虛言以亂實，人善其所私學以非上之所建立。史記秦始皇紀

「侯」字疑「子」字之誤，蓋謂諸子並作，道古虛言，皆託先王以非當世也。

孔子曰：「我欲觀夏道，是故之杞而不足徵也，吾得夏時焉。我欲觀殷道，是故之宋而不足徵也，吾得坤、乾焉。坤、乾之義，夏時之等，吾以是觀之。」禮記禮運

夏、殷之禮皆無徵，而僅得坤、乾之義，夏時之等，何爲尙有此瑣碎喪祭之典，如檀弓所雜稱引者？則爲儒者之稱託何疑。

春秋王魯，託隱公以爲始受命王。因儀父先與隱公盟，可假以見褒賞之法。公羊隱元年何注

此發諸侯歸命、新王褒衰之制，孔子託此以見義。

定、哀多微辭，主人習其讀而問其傳，則未知己之有罪焉爾。公羊定元年傳

孟子道性善，言必稱堯、舜。孟子滕文

孟子書多稱引堯、舜，故言性善亦託之堯、舜以明其旨。董子亦言性善，蓋皆公羊家言也。予觀春秋、國語，其發明五帝德、帝繫姓章矣，顧弟弗深考；其所表見皆不虚，書缺有閒矣，其軼乃時時見於他説，非好學深思，心知其意，固難爲淺見寡聞道也。史記五帝本紀

繫姓古無之，孔子吹律定姓，大傳繫之以姓而不殊，百世而婚姻不通，周道然也。則夏、殷已不然，蓋孔子特立託之五帝耳。春秋繁露三代改制質文篇言殷陽周陰，詳言之。此謂顧弟弗深考，時時見於他説，又謂非深思知意難爲淺見寡聞者道，又謂其所表見皆不虚，更以堅人之信。史公蓋深知託古之旨矣。

太史公曰：「學者多稱五帝，尚矣。然尚書獨載堯以來，而百家言黄帝，其文不雅馴，薦紳先生難言之，孔子所傳宰予問五帝德及帝繫姓，儒者或不傳。」史記五帝本紀

五帝德及帝繫姓皆孔子所定，然堯、舜三代同出黄帝，堯、舜周親，何舜至耕稼陶漁，堯須明揚側陋？若夫玄鳥生商，履武降稷，詩人所歌則皆無父而生，平林寒冰，鳥覆牛腓，決非帝王之家。姓別男女，周道乃然，古無是制，何有繫姓？稷母爲帝嚳元妃，不應逾越摯堯將二百年，乃見用於舜。世疑皆孔子所託，或疑以傳疑，故兩傳之。以理而言，詩文可證也。

古者棺槨無度，中古棺七寸，槨稱之，自天子達於庶人，非直爲觀美也，然後盡於人心。不得不可以爲悦，無財不可以爲悦，得之爲有財，古之人皆用之，吾何爲獨不然？孟子公孫丑

「諸侯之禮，吾未之學也，雖然，吾嘗聞之矣，三年之喪，齊疏之服，飦粥之食，自天子達於庶人，三代共

之。」然友反命，定爲三年之喪。父兄百官皆不欲，曰：「吾宗國魯先君莫之行，吾先君亦莫之行也。」孟子滕文

三年之喪爲孔子增改之制，託於三代聖王以行之。孟子爲孔子後學，故日以推行孔道爲事。若本是三代舊制，則魯自周公、伯禽至平公，滕自叔繡至定公，中間非無賢君，豈敢悖當王定制，何至絶無一人行之？魯爲秉禮，亦無人行之，何也？且自親臣、重臣、言官盈廷會議具奏，無一人以爲可者。若大周會典、大周通禮顯有此條，且上溯夏、殷會要皆有之，百官議奏能引志曰，觀瞻具在，有不知而公然違悖者乎？與宰我問短喪、齊宣王欲短喪三説參考之，自悟其爲孔子新改之制，託古以爲三代矣。而尤莫若此條之明晰。國朝滿洲臣工皆服喪百日，乾隆時舒赫德請令滿洲臣工一律服三年喪，不行。舒赫德卽孟子也，以今證古，何足異乎？

子張曰：「書云：『高宗諒陰，三年不言。』何謂也？」子曰：「何必高宗？古之人皆然。君薨，百官總己以聽於冢宰三年。」論語憲問

孔子立三年喪之制而著之於書，蓋古者高宗嘗獨行之。孔子託古定制，故推之爲古之人皆然。

子張問曰：「書云：『高宗三年不言，言乃讙。』有諸？」仲尼曰：「胡爲其不然也？古者天子崩，王世子聽於冢宰三年。」禮記檀弓

義同上。

王曰：「寡人有疾，寡人好貨。」對曰：「昔者公劉好貨。詩云：『乃積乃倉，乃裹餱糧，于橐于囊，思戢

用光，弓矢斯張，干戈戚揚，爰方啓行。』故居者有積倉，行者有裹糧也，然後可以爰方啓行。王如好貨，與百姓同之，於王何有？」王曰：「寡人有疾，寡人好色。」對曰：「昔者太王好色，愛厥妃。詩云：『古公亶父，來朝走馬，率西水滸，至於岐下，爰及姜女，聿來胥宇。』當是時也，內無怨女，外無曠夫。王如好色，與百姓同之，於王何有？」孟子梁惠王

公劉、太王皆非好貨好色之君，而孟子乃託之以勉宣王。蓋當時人情皆厚古而薄今，儒者之説，又遷遠而難於信，故必借古人以爲據，然後使其無疑而易於入，此雖孟子引導時君之法，而儒家之善於託古，亦可見矣。淮南子所謂故爲道者必託之神農、黄帝而後能入説，此類是也。

古者冠縮縫，今也衡縫，故喪冠之反吉，非古也。禮記檀弓

幼名，冠字，五十以伯仲，死謚，周道也。經也者實也，掘中霤而浴，毁竈以綴足，及葬，毁宗躐行，出于大門，殷道也。學者行之。禮記檀弓

縣子曰：「綌衰繐裳，非古也。」禮記檀弓

質家親親先立娣，文家尊尊先立姪。嫡子有孫而死，質家親親先立弟，文家尊尊先立孫。其雙生也，質家据見立先生，文家据本意立後生。公羊隱元年何注

質家文家，孔子所託三統之别號。春秋詭辭詭實，故不必言夏、殷、周而曰質家、文家也。

「譏始不親迎也。」何注：「禮所以必親迎者，所以示男先女也。於廟者，告本也。夏后氏逆於庭，殷人逆於堂，周人逆於戶。」公羊隱三年傳

古未有親迎之禮，蓋尊男卑女，從古已然。孔子始發君聘臣，男下女，創爲親迎之義，故於春秋著之。何邵公所云夏、殷、周之逆，蓋皆儒者假託以爲說。不然，親迎果爲三代所有，煌煌鉅典，昭布天下，而孔子何爲獨陳於哀公之前，而公訝其已重，一若聞所未聞者？見大戴禮哀公問於孔子。墨子亦稱三代先王，而譏儒者親迎，祇褍若僕，蓋孔子創制託古耳。

二月三月皆有王者。二月，殷之正月也；三月，夏之正月也。王者存二王之後，使統其正朔，服其服色，行其禮樂，所以尊先聖，通三統；師法之義，恭讓之禮，於是可得而觀之。公羊隱三年何注

春秋於十一月、十二月、十三月皆書王，餘則無之。蓋三正皆孔子特立，而託之三王。其實秦、漢皆用十月，疑古亦當有因，未必用三正也。

黃帝之樂曰咸池。樂緯動聲儀

顓頊之樂曰五莖。

帝嚳之樂曰六英。

堯樂曰大章。

舜樂曰簫韶。

禹樂曰大夏。

殷曰大護。

周曰酌。

孔子曰：「簫韶者，舜之遺者也。」並同上

王者治定制禮，功成作樂。未制作之時，取先王之禮樂宜於今者用之。堯曰大章，舜曰簫韶，夏曰大夏，殷曰大護，周曰大武，各取其時民所樂者名之。公羊隱五年何注

繁露三代改制質文篇：「禮樂各以其法，象其宜。」又曰：「春秋應天作新王之事，王魯，絀夏，親周，故宋，樂宜親招武，故以虞錄親樂，制宜商。」可見孔子託古以定樂制。不然，凡樂律音曲恒易失傳，難以傳之五百年者。孔子去黃帝、頊、嚳已二千餘載，堯、舜、夏、商亦千餘載，烏得有聞韶忘味之理乎？其託無疑矣。

樂所由來者尚也，必不可廢。有節、有侈、有正、有淫矣，賢者以昌，不肖者以亡。昔古朱襄氏之治天下也，多風而陽氣畜積，萬物散解，果實不成。故士達作爲五絃瑟，以來陰氣，以定羣生。昔葛天氏之樂，三人操牛尾，投足以歌八闋：一曰載民，二曰玄鳥，三曰遂草木，四曰奮五穀，五曰敬天常，六曰建帝功，七曰依地德，八曰總禽獸之極。昔陶唐氏之始，陰多滯伏而湛積，水道壅塞，不行其原，民氣鬱閼而滯著，筋骨瑟縮不達，故作爲舞以宣導之。昔黃帝令伶倫作爲律。伶倫自大夏之西，乃之阮隃之陰，取竹於嶰谿之谷，以生空竅厚鈞者，斷兩節閒，其長三寸九分，而吹之以爲黃鐘之宮，吹曰舍少。次制十二筒，以之阮隃之下，聽鳳凰之鳴以別十二律，其雄鳴爲六，雌鳴亦六，以比黃鐘之宮適合，黃鐘之宮皆可以生之。故曰：黃鐘之宮律呂之本。黃帝又命伶倫與榮將鑄十二鐘以和五音，以施英韶，以仲春之月乙卯之日日在奎始奏之，命之曰咸池。帝顓頊生自若水，實處空桑，乃登爲帝，惟天之合，正風乃行，其

音若熙熙淒淒鏘鏘。帝顓頊好其音，乃令飛龍作効八風之音，命之曰承雲以祭上帝，乃令鱓先爲樂倡，鱓乃偃寢，以其尾鼓其腹，其音英英。帝嚳命咸黑作爲聲歌，九招六(律)〔列〕六英。有倕作爲鼙鼓、鐘、磬、吹苓、管、壎、篪、鞀、椎鍾。帝嚳乃令人抃，或鼓鼙擊鐘磬，吹苓展管篪，因令鳳鳥天翟舞之，帝嚳大喜，乃以康帝德。帝堯立，乃命質爲樂。質乃效山林谿谷之音以歌，乃以麋𩊚置缶而鼓之，乃附石擊石，以象上帝玉磬之音，以致舞百獸。瞽叟乃拌五絃之瑟，作以爲十五弦之瑟，命之曰大章，以祭上帝。舜立，命延乃拌瞽叟之所爲瑟，益之八弦，以爲二十三弦之瑟。帝舜乃命質修九招、六列、六英以明帝德。禹立，勤勞天下，日夜不懈，通大川，決壅塞，鑿龍門，降通漻水以導河，疏三江五湖注之東海，以利黔首。於是命皋陶作爲夏籥九成，以昭其功。殷湯即位，夏爲無道，暴虐萬民，侵削諸侯，不用軌度，天下患之。湯於是率六州以討桀罪，功名大成，黔首安寧。湯乃命伊尹作爲大護，歌晨露，修九招、六列以見其善。周文王處岐，諸侯去殷三淫而翼文王。散宜生曰：「殷可伐也。」文王弗許。周公旦乃作詩曰：「文王在上，於昭于天。周雖舊邦，其命維新。」以繩文王之德。武王即位，以六師伐殷。六師未至，以銳兵克之於牧野，歸乃薦俘馘于京太室，乃命周公爲作大武。成王立，殷民反，王命周公踐伐之。商人服象爲虐于東夷，周公遂以師逐之，至于江南，乃爲三象以嘉其德。故樂之所由來者尚矣，非獨爲一世之所造也。呂氏春秋古樂

按孔子三百篇，據大戴投壺篇僅傳關雎、卷耳、葛覃、鵲巢、騶虞、鹿鳴、白駒、伐檀八篇。漢時上之回、艾如張等樂府，至六朝僅傳二十四篇。六朝子夜、清鳩、白紵、烏棲等曲，至唐時僅傳六十餘曲。唐

時詩皆入律，旗亭雞鬟皆歌詩人絶句，至宋時見吳曾能改齋漫錄，僅傳「黄河遠上」一詩之節拍。宋詞及九張機、滚拍，其音節元時已亡。今樂府古音傳于今者，祇有明嘉靖時之魏良輔，若元時北曲之音節已亡矣。至於樂律，則隋時蘇提婆之龜兹二十八調，宋時已亡。宋時十六調至今已亡，笛孔中勾字一調今亦亡矣。曲樂之音節要眇，宫商分析，尤易舛錯，苟失傳人，卽不可考。由此推之，樂無能傳至五百年者。孔子於黄帝、頊、嚳相去二千餘年，唐、虞、夏、商亦千餘歲，安能傳至漢章帝時尚舞六代之樂？其爲孔子所託無疑，故墨子敢非之也。

禹之法猶存而夏不世王。荀子君道

按論語、中庸、禮記、禮運稱夏禮能言，杞不足徵。既不足徵，則禹之法度典章，今日安有存乎？此爲儒託古無疑矣。

古者百王之一天下，臣諸侯也，未有過封内千里者也。荀子彊國

按此與孟子所引夏后、殷之盛未有過千里之說同。

古者湯以亳，武王以滈，皆以百里之地也。荀子議兵

湯居亳，武王居鄗，皆百里之地也。荀子正論

按孟子：齊宣王謂文王之囿七十里，孟子謂於傳有之，則當時事實也。囿既七十里，以百里大國計之，已占其七分，豈復成國哉？當時境地寥廓，隨地皆可遷徙，隨地皆可墾拓，非有如今日此疆彼界之嚴也，則非百里明矣。乃孟子謂文王以百里，荀子謂湯、武皆百里之地，可知百里爲孔子之制，託

古以明之耳。又賈子新書：欲天下之治安，莫若衆建諸侯而少其力。所謂力少則易使以義，國少則無邪心。賈子發明孔子制者也。

凡禮，事生，飾歡也；送死，飾哀也；祭祀，飾敬也；師旅，飾威也。是百王之所同，古今之所一也，未有知其由來者也。荀子禮論

故三年之喪，人道之至文者也，夫是之謂至隆。是百王之所同，古今之所一也。荀子禮論

按事生、送死、祭祀、師旅之禮，國家重典也。既爲百王所同，則皇皇鉅制，彪曜古今，豈有不知厥由來者哉？何以夏禮、殷禮，杞、宋皆不足徵？且既爲百王所同，何以墨子所稱述者又不同也？至墨子喪制三月，孔子三年，故滕文欲行之，父兄百官皆不欲，援引先君以撓之。不然，是爲百王所同，古今一致，滕文行之，百官敢誣先君以不孝者哉？可無疑於孔子託先王者矣。

古者什一而藉。古者曷爲什一而藉？什一者，天下之中正也。多乎什一，大桀、小桀；寡乎什一，大貉、小貉。什一者，天下之中正也。什一行而頌聲作矣。公羊宣十五年傳

按孟子，貉稽言：「吾欲二十而取一。」孟子攻之，蓋非孔子中正之制也。古無是制，孔子託之耳。

「作三軍。」傳曰：「古者上卿、下卿、上士、下士。」公羊襄十一年傳

三代前無是制，孔子託之耳，與管子法法之言四士說同。

子曰：「大哉堯之爲君也。巍巍乎惟天爲大，唯堯則之；蕩蕩乎民無能名焉。」論語泰伯

「民無能名」固見堯之大，然亦可考見堯無事實流傳，凡孔、墨所稱同爲託古也。

夫學者載籍極博，猶考信於六藝。詩、書雖缺，然虞、夏之文可知也。史記伯夷列傳

按三代以上茫昧無稽，列子所謂若覺若夢若存若亡也。虞、夏之文，舍六經無從考信，韓非言堯、舜不復生，將誰使定儒、墨之誠？可見六經中先王之行事，皆孔子託之以明其改作之義。詩、書雖缺句，疑劉歆僞竄。

孔子曰：「殷路車爲善而色尚白。」史記殷本紀

董子三代改制質文篇詳言之，孔子立三統之義。

子謂：「韶，盡美矣，又盡善也。」謂：「武，盡美矣，未盡善也。」論語八佾

孔子最尊禪讓，故特託堯、舜，已詳孔子特尊堯舜篇。韶樂即孔子所定之樂。繁露三代改制質文篇春秋應天作新王之事，時正黑統，王魯，尚黑，絀夏，親周，故宋，樂宜親韶、武。故以虞錄親樂，非孔子之樂而何？

儒者稱法古而言訾當世，賤所見而貴所聞。鹽鐵論論誹

子路問於孔子曰：「請釋古之學而行由之意，可乎？」孔子曰：「不。」說苑建本

今世儒者之說（主人），不（善）〔言〕今之所以爲治，而語已治之功，不審官法之事，不察姦邪之情，而皆道上古之傳，譽先王之成功。韓非子顯學

儒者道上古，譽先王，託古以易當世也。

據古人以應當世，猶辰參之錯，膠柱而調瑟，固而難合矣。孔子所以不用於世而孟軻賤於諸侯也。鹽鐵

論相刺

文學守死渣滓之語而終不移，夫往古之事，昔有之語，已可覩矣。鹽鐵論國病

今以近世觀之，自以目有所見，耳有所聞，世殊而事異。同上

此蓋當時攻儒者之託古，然則託古之風，沿襲已久，故人皆得知而攻之也。

孔子修成、康之道，述周公之訓，以敎七十子，使服其衣冠，修其篇籍，故儒者之學生焉。淮南子要略

孔子先反，門人後，雨甚，至。孔子問焉，曰：「爾來何遲也？」曰：「防墓崩。」孔子不應，三，孔子泫然流涕曰：「吾聞之，古者不修墓。」禮記檀弓

易墓，非古也。同上

葬義，孟子發之至詳，不過備棺槨、蔽骸體而已。孔子重魂不重魄，故有廟祭而無墓祭，記所謂送形而往，迎精而反，是也。門人厚葬顏子，猶非之。蓋厚葬修墓，乃是舊制，孔子反言非古，正是託古。

孔子曰：「五帝出受籙圖。」尚書緯璇機鈐

帝嚳以上，朴略難傳；唐、虞以來，煥炳可法。同上

自三皇以下，天命未去，饗善，使一姓不再命。尚書緯帝命驗

河圖曰：「倉帝之治八百二十歲，立戊午蔀。」尚書緯運期授

黃帝冠黃文，白帝冠白文，黑帝冠黑文。春秋緯合誠圖

黃帝德冠帝位。

黃帝德問太一長生之道。太一曰：「齊戒六丁，道乃可成。」

黃帝布迹，必稽功務法。

黃帝遊元扈洛水上，與大司馬容光、左右輔周昌等百二十二人臨觀。鳳凰銜圖置帝前。再拜受圖。

伏羲龍身，牛首，渠肩，達掖，山準，日角，𧇊目，珠衡，長九尺有一寸。望之廣，視之専。並同上

堯時氣充盛，上感皇天，景星出。春秋緯感精符

黃帝坐於扈閣，鳳凰銜書至帝前，其中得五始之文。春秋緯卷三十五

黃帝、伏羲皆茫渺無可攷，觀於宰我問於孔子曰：「昔者予聞諸榮伊言，黃帝三百年，請問黃帝者人耶？抑非人耶？何以至於三百年乎？」孔子曰：「予，禹、湯、文、武、成王、周公，可勝觀耶？夫黃帝尚矣，女何以爲？先生難言之。」見大戴禮五帝德 然則三皇五帝之事，列子所謂若存若亡，若覺若夢，安有上世之遺書，黃白之帝冠，黃帝觀鳳凰銜圖，伏羲之龍身牛首，瑰瑋詭瑣，如此之實蹟耶？其爲稱託何疑。

孔子對曰：「生乎今之世，志古之道，居今之俗，服古之服，舍此而爲非者，不亦鮮乎？」哀公曰：「然則今夫章甫、句屨、紳帶而搢笏者，此皆賢乎？」大戴記哀公

章甫，句屨，紳帶，搢笏，蓋孔子所改定之儒服也。孝經所謂非先王之法服不敢服，孟子所謂服堯之服，此所謂服古之服，皆託也。

文學褒衣博帶，竊周公之服。鹽鐵論利議

儒服創自孔子，哀公見而驚問，而云竊周公之服，知必孔子之託周公也。

古者稅什一，豐年補敗不外求者，上下皆足也。穀梁莊二十八年傳

古者十一，籍而不稅，初稅畝，非正也。古者三百步爲里，名曰井田。井田者九百畝，公田居一。私田稼不善則非吏，公田稼不善則非民。初稅畝者，非公之去公田，而履畝十取一也，以公之與民爲已悉矣。古者公田爲居，井竈葱韭盡取焉。穀梁宣十五年傳

古者立國家百官，具農工，皆有職以事上。古者有四民，有士民，有商民，有農民，有工民。夫甲，非人之所能爲也。作丘甲，非正也。穀梁成元年傳

非先王之法服不敢服，非先王之法言不敢道，非先王之德行不敢行。孝經卿大夫章

法服者，儒服也。儒服爲孔子之服，魯哀公之問孔子曰：「夫子之服，其儒服與？」此云先王，蓋孔子託也。

子曰：「夫召我者而豈徒哉？如有用我，吾其爲東周乎？」論語陽貨

平王東遷而周亡，故孔子作春秋，紬周王魯，直以春秋爲繼周之一代，託始於隱公，適當平世，何尙東周之可爲乎？此言爲東周，蓋託也。

孔子改制考卷十二

南海康有爲廣厦撰

孔子改制法堯舜文王考

孔子法堯舜文王總義

孔子法堯舜

孔子法文王

孔子改制後弟子後學皆稱堯舜

孔子改制後弟子後學皆稱文王

堯、舜爲民主，爲太平世，爲人道之至，儒者舉以爲極者也。然吾讀書，自虞書外未嘗有言堯、舜者。召誥曰：「我不可不監於有夏，亦不可不監於有殷。」又曰：「我不敢知曰有夏服天命，惟有歷年；我不敢知曰有殷受天命，惟有歷年。」又曰：「丕若有夏歷年，式勿替有殷歷年。」多方曰：「非天庸釋有夏，非天庸釋有殷。」立政曰：「古之人迪惟有夏，亦越成湯，(咸)〔陟〕丕釐上帝之耿命。」皆夏、殷並舉，無及唐、虞者。蓋古者大朝，惟有夏、殷而已，故開口輒引以爲鑒。堯、舜在洪水未治之前，中國未闢，故周書不稱之。惟周官有「唐、虞稽古，建官惟百」之言，然是僞書，不足稱也。呂刑有三后矣，皇帝清問下民，古人主無稱皇帝者，蓋上帝也，則亦無稱堯、舜者。若虞書堯典之盛，爲孔子手作，觀論衡所述「欽明文思」以下爲孔子作。皋陶有「蠻夷猾夏」之辭，堯、舜時安得有夏？其爲孔子所作至明矣。韓非謂孔、墨同稱堯、舜，而取舍相反，堯、舜不可復生，誰使定孔、墨之眞？由斯以推，堯、舜自讓位盛德，然太平之盛，蓋孔子之七佛也。孝經緯所謂「託先王以明權。」孔子撥亂升平，託文王以行君主之仁政，尤注意太平，託堯、舜以行民主之太平，然其惡爭奪而重仁讓，昭有德，發文明，易曰「言不盡意，」其義一也。特施行有序，始於麤糲而後致精華，詩託始文王，書託始堯、舜，春秋始文王終堯、舜，易曰「言不盡意，」聖人之意，其猶可推見乎？後儒一孔之見，限於亂世之識，大鵬翔於寥廓，而羅者猶守其藪澤，悲夫！

仲尼祖述堯、舜，憲章文、武。禮記中庸

孔子改制，專託堯、舜、文、武。公羊既發大義，子思傳之，與公羊合，可謂獨提宗旨，發揭微言。孔子最尊文王之讓德，志在文王；然墨子謂孔子法周而未法夏，荀子謂孔子一家得周道舉而用之，故亦並稱文、武也。

昔者三代聖王既沒，天下失義，後世之君子或以厚葬久喪爲仁也，義也，孝子之事也，或以厚葬久喪以爲非仁義，非孝子之事也。曰，二子者言則相非，行則相反，皆曰吾上祖述堯、舜、禹、湯、文、武之道者也。墨子節葬

孔子厚葬久喪，墨子薄葬短喪，相非相反，而皆自謂堯、舜、禹、湯、文、武之道。此與韓非顯學篇謂孔

子、墨翟俱道堯、舜，而取舍不同，皆自謂眞堯、舜。堯、舜不可復生，誰使定堯、舜之眞全合。比兩書觀之，藉仇家之口以明事實，可知六經中之堯、舜、文王，皆孔子民主君主之所寄託，所謂盡君道，盡臣道，事君治民，止孝止慈，以爲軌則，不必其爲堯、舜、文王之事實也。若堯、舜、文王之爲中國古聖之至，爲中國人人所尊慕，孔、墨皆託以動衆，不待言矣。

右孔子法堯舜文王總義。

君子曷爲爲春秋？撥亂世，反諸正，莫近諸春秋。則未知其爲是與，其諸君子樂道堯舜之道與？末不亦樂乎？堯、舜之知君子也。公羊哀十四年傳

春秋始於文王，終於堯、舜。蓋撥亂之治爲文王，太平之治爲堯、舜，孔子之聖意，改制之大義，公羊所傳微言之第一義也。

堯、舜當古歷象日月星辰，百獸率舞，鳳皇來儀。春秋亦以王次春，上法天文，四時具然後爲年，以敬授民時，崇德致麟，乃得稱太平。道同者相稱，德合者相友，故曰樂道堯、舜之道。公羊哀十四年何注

春秋據亂，未足爲堯、舜之道；至終致太平，乃爲堯、舜之道。

孔子曰：「行夏之時，乘殷之輅，服周之冕，樂則韶舞。放鄭聲，遠佞人。」道而行之於世，雖非堯、舜之君，則亦堯、舜也。新語思務

孔子生於亂世，思堯、舜之道，東西南北，灼頭濡足，庶幾世主之悟。鹽鐵論大論

曰若稽古帝堯，曰放勳。欽明文思安安，允恭克讓，光被四表，格于上下。克明俊德，以親九族；九族

既睦，平章百姓；百姓昭明，協和萬邦，黎民於變時雍。乃命羲和，欽若昊天，歷象日月星辰，敬授人時。分命羲仲，宅嵎夷，曰暘谷，寅賓出日，平秩東作，日中星鳥，以殷仲春，厥民析，鳥獸孳尾。申命羲叔，宅南郊，平秩南訛，敬致，日永，星火以正仲夏，厥民因，鳥獸希革。分命和仲，宅西，曰昧谷，寅餞納日，平秩西成，宵中星虛，以殷仲秋，厥民夷，鳥獸毛毨。申命和叔，宅朔方，曰幽都，平在朔易，日短星昴，以正仲冬，厥民隩，鳥獸氄毛。帝曰：「咨，汝羲暨和，朞三百有六旬有六日，以閏月定四時成歲。允釐百工，庶績咸熙。」帝曰：「疇咨，若時登庸。」放齊曰：「胤子朱，啓明。」帝曰：「吁！嚚訟，可乎？」帝曰：「疇咨，若予采。」驩兜曰：「都，共工方鳩僝功。」帝曰：「吁！靜言庸違，象恭滔天。」帝曰：「咨四岳，湯湯洪水方割，蕩蕩懷山襄陵，浩浩滔天，下民其咨，有能俾乂。」僉曰：「於，鯀哉！」帝曰：「吁，咈哉！方命圮族。」岳曰：「异哉，試可乃已。」帝曰：「往欽哉，九載，績用弗成。」帝曰：「咨，四岳。朕在位七十載，汝能庸命巽朕位。」岳曰：「否德忝帝位。」曰：「明明揚側陋。」師錫帝曰：「有鰥在下，曰虞舜。」帝曰：「俞，予聞，如何？」岳曰：「瞽子，父頑，母嚚，象傲，克諧以孝，烝烝乂，不格姦。」帝曰：「我其試哉！」女于時，觀厥刑于二女，釐降二女于嬀汭，嬪于虞。帝曰：「欽哉！」愼徽五典，五典克從；納于百揆，百揆時敍；賓于四門，四門穆穆；納于大麓，烈風雷雨弗迷。帝曰：「格汝舜，詢事考言，乃言底可績。三載，汝陟帝位。」舜讓于德，弗嗣。正月上日，受終于文祖，在璿璣玉衡，以齊七政。肆類于上帝，禋于六宗，望于山川，徧於羣神。輯五瑞，既月，乃日覲四岳羣牧，班瑞于羣后。歲二月東巡守，至於岱宗，柴，望秩于山川，肆覲東后，協時月，正日，同律度量衡，修五禮，五玉，三帛，二生，一死，贄，如五器，卒乃服。五月南巡守，至于南岳，如岱禮。八月西巡守，至于西岳，如初。十有一月朔巡守，至于北岳，如西禮。歸，格于藝祖，用特。五載一巡守，羣后四朝，敷奏以言，明試以功，車服以庸。肇十有二州，封十有二山，濬川。象以典刑，流宥五刑，鞭作官刑，扑作敎刑，金作贖刑，眚災肆赦，怙終賊刑。欽哉欽哉，惟刑之恤哉！流共工于幽州，放驩兜于崇山，竄三苗于三危，殛鯀于羽山，四罪而天下咸服。二十有八載，帝乃殂落，百姓如喪考妣三載，四海遏密八音。月正元日，舜格于文祖，詢于四岳，闢四門，明四目，達四聰。咨十有二牧，曰：「食哉，惟時。柔遠能邇，惇德允元而難任人，蠻夷率服。」舜曰：「咨四岳，有能奮庸熙帝之載，使宅百揆，亮采惠疇。」僉曰：「伯禹作司空。」帝曰：「俞，咨禹，汝平水土，惟時懋哉！」禹拜稽首，讓于稷、契暨臯陶。帝曰：「俞，汝往哉！」帝曰：「棄，黎民阻饑，汝后稷，播時百穀。」帝曰：「契，百姓不親，五品不遜。汝作司徒，敬敷五敎，在寬。」帝曰：「臯陶，蠻夷猾夏，寇賊姦宄，汝作士。五刑有服，五服三就，五流有宅，五宅三居，惟明克允。」帝曰：「疇若予工？」僉曰：「垂哉！」帝曰：「俞，咨垂，汝共工。」垂拜稽首，讓于殳、斨暨伯與。帝曰：「俞，往哉汝諧。」帝曰：「疇若予上下草木鳥獸。」僉曰：「益哉！」帝曰：「俞，咨益，汝作朕虞。」益拜稽首，讓于朱、虎、熊、羆。帝曰：「俞，往哉汝諧。」帝曰：「咨四岳，有能典朕三禮？」僉曰：「伯夷。」帝曰：「俞，咨伯，汝作秩宗，夙夜惟寅，直哉惟清。」伯拜稽首，讓于夔、龍。帝曰：「俞，往欽哉！」帝曰：「夔，命汝典樂，敎胄子。直而溫，寬而栗，剛而無虐，簡而無傲。詩言志，歌永言，聲依永，律和聲。八音克諧，無相奪倫，神人以和。」夔曰：「於，予擊石拊石，百獸率舞。」

帝曰：「龍，朕堲讒說，殄行，震驚朕師。命汝作納言，夙夜出納朕命，惟允。」帝曰：「咨汝二十有二人，欽哉，惟時亮天功。」三載考績，三考，黜陟幽明，庶績咸熙，分北三苗。舜生三十徵庸，三十在位，五十載陟方乃死。尚書堯典

堯典一字皆孔子作，凡有四証：王充論衡：「尚書自『欽明文思』以下何人所作也？曰：篇家也。篇家者誰也？鴻筆之人也。鴻筆之人何人也？曰：孔子也。」則仲任尚知此說，其證一。堯典制度與王制全同，巡狩一章文亦全同。王制爲素王之制，其證二。文辭若「光被四表，格于上下，克明峻德，以親九族」等，調諧詞整，與乾卦彖辭爻辭「雲行雨施，品物流行，大明終始，六位時乘」同，並爲孔子文筆，其證三。夏爲禹年號，堯、舜時禹未改號，安有夏？而不云蠻夷猾唐猾虞，而云猾夏，蓋夏爲大朝，中國一統，實自禹平水土後，乃通西域，故周時人動稱夷夏、華夏，如近代之稱漢、唐。故雖以孔子之聖，便文稱之，亦曰猾夏也。證四。春秋、詩皆言君主，惟堯典特發民主義。自欽若昊天後，即舍嗣而巽位，或四岳共和，或師錫在下，格文祖而集明堂，闢四門以開議院，六宗以祀，變生萬物，象刑以期刑措，若斯之類，皆非常異義託焉，故堯典爲孔子之微言，素王之鉅制，莫過於此。

堯、舜氏作，通其變使民不倦，神而化之，使民宜之。易繫辭

孔子、墨子俱道堯、舜，而取舍不同，皆自謂眞堯、舜。堯、舜不復生，將誰使定儒、墨之誠乎？殷、周七百餘歲，虞、夏二千餘歲，而不能定儒、墨之眞；今乃欲審堯、舜之道於三千歲之前，意者其不可必乎？無參驗而必之者愚也，弗能必而據之者誣也，故明據先王、必定堯、舜者，非愚則誣也。韓非子顯學

儒、墨同道堯、舜而相反，當時託堯、舜，如許行託神農，百家稱黃帝，出於時風，學人頗知之。韓非雖不足信據，而並在儒、墨外，謂其無參驗，不可必，亦見其時外論。孝經緯所謂託先王以明權，非聖人孰可行之？

子曰：「大哉堯之為君也！惟天為大，惟堯則之，蕩蕩乎民無能名焉。」論語泰伯

黨人稱大哉孔子，無所成名，與孔子稱堯同。荀子、列子皆謂五帝不傳政，堯無政傳，安能名之？

子曰：「無為而治者，其舜也與？夫何為哉，恭己正南面而已矣。」論語衞靈

子曰：「舜其大知也與？舜好問而好察邇言，隱惡而揚善，執其兩端用其中於民，其斯以為舜乎？」禮記中庸

子曰：「舜其大孝也與？德為聖人，尊為天子，富有四海之內，宗廟饗之，子孫保之；故大德必得其位，必得其祿，必得其名，必得其壽。」同上

孔子曰：「舜其至孝矣，五十而慕。」孟子告子

故孔子曰：「孝弟之至，通於神明，光於四海，舜之謂也。」新序雜事第一

孔子曰：「簫韶者，舜之遺音也。溫潤以和，似南風之至。其為音如寒暑風雨之動物，如物之動人，雷動禽獸，風雨動魚龍，仁義動君子，財色動小人，是以聖人務其本。」樂緯動聲儀

樂則韶舞。論語衞靈

子謂：「韶，盡美矣，又盡善也。」論語八佾

以虞錄親樂。繁露三代改制

孔子錄樂取韶，韶樂即孔子樂，辨見前。

河圖，命紀也。圖天地帝王終始存亡之期，錄代之矩，使帝王受命用吾道，述堯理代平，制禮放唐之文，化洽，作樂名斯在。尚書緯璇機鈐

若稽古帝曰重華，欽翼皇象，建寅，授正朔。尚書緯尚書中候

右孔子法堯、舜。

子畏於匡，曰：「文王既沒，文不在茲乎？天之將喪斯文也，後死者不得與於斯文也；天之未喪斯文也，匡人其如予何！」論語子罕

孔子以文自任，直繼文王，絕不辭讓，反覆言之，號爲斯文，並不以爲謚法。事出論語，此爲孔門微言，至可信據。

元年春王正月。王者孰謂？謂文王也。公羊隱元年傳

春秋曰：「王正月。」傳曰：「王者孰謂？謂文王也。」繁露三代改制

文王，周始受命之王，天之所命，故上繫天端，方陳受命，制正月，故假以爲王法。不言謚者，法其生不法其死，與後王共之，人道之始也。公羊隱元年何注

文王但假爲王法，非眞王也。又云：法生不法死，與後王共之。生文王爲誰？非孔子而何？開宗明義，特揭徽號，此爲孔門微言。知其本原乃可通大道。

文王見禮壞樂崩，道孤無主；故禮經三百，威儀三千，正經三百五，動儀三千四。禮緯稽命徵

周文王之時，無禮壞樂崩，然則此文王非孔子而何？故禮經三百，威儀三千，皆孔子所制。

王者孰謂？謂文王也。疑三代謂疑文王。春秋緯元命苞

引文王者，文王始受命，制法度。公羊文九年何注

王者無求。曰：是子也，繼文王之體，守文王之法度。文王之法無求而求，故譏之也。公羊文九年傳

凡後世誦儒書，任儒統，衣儒服，皆所謂繼文王之體，守文王之法度者。

孔子曰：「文王既沒，文不在茲乎？」文王之文在孔子，孔子之文在仲舒。論衡超奇

孔子曰：「文王既沒，文不在茲乎？」文王之文傳在孔子，孔子爲漢制文，傳在漢也。論衡佚文

周文王爲周制，孔子之文王爲漢制。

古者詩三千餘篇，及至孔子，去其重，取可施於禮義，上采契、后稷，中述殷、周之盛，至幽、厲之缺；（謂）〔始〕於衽席，故曰關雎之亂以爲風始，鹿鳴爲小雅始，文王爲大雅始，清廟爲頌始；三百五篇，孔子皆絃歌之以求合韶、武雅頌之音，禮樂自此可得而述。以備王道，成六藝。史記孔子世家

子夏問曰：「關雎何以爲國風始也？」孔子曰：「關雎至矣乎！夫關雎之人仰則天，俯則地，幽幽冥冥，德之所藏，紛紛沸沸，道之所行，如神龍變化，斐斐文章。大哉！關雎之道也！萬物之所繫，羣生之所懸命也。河洛出書圖，麟鳳翔乎郊，不由關雎之道，則關雎之事將奚由至矣哉？夫六經之策皆歸論汲汲，蓋取之乎關雎，關雎之事大矣哉！馮馮翊翊，自東自西，自南自北，無思不服，子其勉强之，思服

之，天地之間，生民之屬，王道之原，不外此矣。」子夏喟然歎曰：「大哉關雎！乃天地之基也。詩曰：『鐘鼓樂之。』」韓詩外傳

四始之義，韓詩、史遷皆同，此爲孔門微言大義。關雎、鹿鳴、文王、清廟，皆文王之詩也。生民、公劉、思文，皆文王遠祖，而詩反在後，蓋孔子以文王至德，託始焉爾。詩託始文王，書託始堯、舜，春秋始終之，蓋孔子聖心所託焉。自僞毛詩大序以風雅頌爲四始，於是託始文王之義滅焉。始者初哉首基之謂，豈可以風雅頌當之，不可通亦極矣。而僞假子夏之作，雖有史記、韓詩之證，人亦信之，豈不異哉？蓋劉歆於孔子大義無不攻滅如此。

三分天下有其二，以服事殷，周之德，其可謂至德也已矣！論語泰伯

孔子之道，惡爭奪而貴讓，堯、舜、文王、隱公、泰伯、伯夷皆貴其讓也。子西不欲封孔子，畏其羣弟子之多才。孟子、荀子俱謂得百里之地而君之，可朝諸侯，有天下，是當時實事。然孔子慮殺一不辜而不爲，其道在春秋末亦幾三分有二，有類文王，故孔子最樂記之，以至德相近也。

內文明而外柔順，以蒙大難，文王以之。易下經

命之不易，無遏爾躬，宣昭義問，有虞殷自天。上天之載，無聲無臭，儀刑文王，萬邦作孚。大雅文王

故君子大其不鼓不成列，臨大事而不忘大禮，有君而無臣，以爲雖文王之戰，亦不過此也。公羊僖二十二年傳

託文王以立戰法，所謂殺人之中又有禮焉。既不能寢兵，亦不能不爲立義也。

文王之祭，事死如事生，孝子之至也。公羊桓八年何注

穆穆文王，於緝熙敬止。爲人君，止於仁；爲人臣，止於敬；爲人子，止於孝；爲人父，止於慈；與國人交，止於信。禮記大學

託文王爲人倫之至。

孔子曰：文王似元年，武王似春王，周公似正月。文王以王季爲父，以太任爲母，以太姒爲妃，以武王、周公爲子，以泰顚、閎夭爲臣，其本美矣。說苑君道

王者受命，必先祭天，乃行王事。詩曰：「濟濟辟王，左右奉璋。」此文王之郊也。詩緯汎厤樞

蓋聞孔丘、墨翟，晝日諷誦習業，夜親見文王、周公旦而問焉。呂氏春秋博志

孔子曰：「文王得四臣，丘亦得四友焉。自吾得回也，門人加親，是非胥附與？自吾得賜也，遠方之士日至，是非奔輳與？自吾得師也，前有輝，後有光，是非先後與？自吾得由也，惡言不入於門，是非禦侮與？」尚書大傳西伯戡耆

有間曰：「邈然遠望，洋洋乎，翼翼乎，必作此樂也。黯然黑，幾然而恨，以王天下，以朝諸侯者，其惟文王乎！」師襄子避席再拜曰：「善，師以爲文王之操也。」故孔子持文王之聲，知文王之爲人。韓詩外傳

昔乎仲尼潛心於文王矣，達之。法言問神

「文、武之道，未墜於地。在人，賢者識其大者，不賢者識其小者，莫不有文、武之道焉。夫子焉不學，而亦何常師之有？」論語子張

子曰：「文、武之政，布在方策。其人存，則其政舉。」禮記中庸

此三條雖並稱文、武，墨子稱孔子法周未嘗法夏，中庸、論語稱孔子從周，故兼稱武王——其實孔子之心但法文王；武未盡善，孔子有不滿意焉。

右孔子法文王。

孟子道性善，言必稱堯、舜。孟子滕文

孔子之道託之堯、舜，故孟子言必稱之。凡孟子之堯、舜，卽孔子也。

顏淵曰：「舜何人也，予何人也，有爲者亦若是。」孟子滕文

堯、舜與人同耳。孟子離婁

堯、舜之知而不徧物，急先務也；堯、舜之仁不徧愛人，急親賢也。孟子盡心

孔子之道，務民義爲先，親賢爲大，堯、舜之道也。

堯、舜之道，孝弟而已矣。子服堯之服，誦堯之言，行堯之行，是堯而已矣。孟子告子

孔子之道在仁，孝弟也者，其爲仁之本，故堯、舜之道，孝弟而已。

欲爲君，盡君道，欲爲臣，盡臣道，二者皆法堯、舜而已矣。不以舜之所以事堯事君，不敬其君者也；不以堯之所以治民治民，賊其民者也。孟子離婁

自以爲是，不可與入堯、舜之道。孟子盡心

夫曰堯、舜擅讓，是虛言也，是淺者之傳，陋者之說也，不知順逆之理，小大至不至之變者也，未可與及

天下之大理者也。世俗之爲說者曰：「堯、舜不能教化。是何也？」曰：朱、象不化。是不然也。堯、舜，至天下之善教化者也，南面而聽天下，生民之屬，莫不振動從服，以化順之，然而朱、象獨不化，是非堯、舜之過，朱、象之罪也。堯、舜者，天下之英也，朱、象者，天下之嵬，一時之瑣也。今世俗之爲說者，不怪朱、象而非堯、舜，豈不過甚矣哉！荀子正論

夫堯、舜者，一天下者也，不能加毫末於是矣。荀子王制

請成相，道聖王。堯、舜尚賢身辭讓，許由、善卷重義輕利行顯明。堯讓賢，以爲民，氾利兼愛德施均，辨治上下，貴賤有等明君臣。堯授能，舜遇時，尚賢推德天下治，雖有賢聖，適不遇世孰知之？堯不德，舜不辭，妻以二女任以事。大人哉舜，南面而立萬物備。舜授禹，以天下，尚得推賢不失序。外不避仇，內不阿親賢者予。禹勞心力堯有德，干戈不用三苗服，舉舜甽畝，任之天下身休息。荀子成相

古者，帝堯之治天下也，蓋殺一人、刑二人而天下治。荀子議兵

子夏讀書畢，見夫子。夫子問焉，「子何爲於書？」對曰：「書之論事也，昭昭若日月之明，離離若參辰之錯行，上有堯、舜之道，下有三王之義。商所受於夫子者，志弗敢忘也。雖退而窮居河、濟之間，深山之中，壤室編蓬，爲戶於中，彈琴詠先王之道，則可謂發憤慷慨矣。」尚書大傳略說

子張曰：「堯、舜之王，一人不刑而天下治。何則？教誠而愛深也。今一夫而被此五刑。」子龍子曰：「未可謂能爲書。」孔子曰：「不然也，五刑有此教。」尚書大傳甫刑

堯者，高也，饒也，言其隆興煥炳，最高明也。舜者，推也，循也，言其推行道德，循堯緒也。尚書大傳略說

堯典可以觀美。尚書大傳甫刑

詩之於事也，昭昭乎若日月之光明，燎燎乎如星辰之錯行，上有堯、舜之道，下有三王之義。韓詩外傳

然則觀物之動而先覺，其萌絕亂塞，害於將然而未行之時，春秋之志也，其明至矣。非堯、舜之智，知禮之本，孰能當此？繁露仁義法

苟能述春秋之法，致行其道，豈徒除禍哉？乃堯、舜之德也。繁露俞序

化大行故法不犯，法不犯故刑不用，刑不用則堯、舜之功德，此大治之道也。繁露身之養

堯、舜之盛，尚書載之。史記太史公自序

儒書稱堯、舜之德，至優至大，天下太平。論衡儒增

五帝三王，顏淵獨慕舜者，知己步驟有同也。論衡案書

聖王莫過堯、舜，堯、舜之治最為平矣。論衡是應

今文學言治則稱堯、舜。鹽鐵論相刺

孟子曰：「堯、舜之道，非遠人也，而人不思之耳。」鹽鐵論執務

孔子祖述堯、舜，孟子言必稱堯、舜，尤多託以為人道之極，故隨事皆稱焉。下仿此。

萬章問曰：「舜往于田，號泣于旻天，何為其號泣也？」孟子曰：「怨慕也。」萬章曰：「父母愛之，喜而不忘；父母惡之，勞而不怨。然則舜怨乎？」曰：「長息問於公明高曰：『舜往于田，則吾既得聞命矣。號泣于旻天，于父母，則吾不知也。』公明高曰：『是非爾所知也。』夫公明高以孝子之心為不若

是恝，我竭力耕田，共爲子職而已矣，父母之不我愛，於我何哉？帝使其子九男、二女、百官、牛羊倉廩備，以事舜於畎畝之中，天下之士多就之者，帝將胥天下而遷之焉。爲不順於父母，如窮人無所歸。天下之士悅之，人之所欲也，而不足以解憂；好色，人之所欲，妻帝之二女而不足以解憂；富，人之所欲，富有天下而不足以解憂；貴，人之所欲，貴爲天子而不足以解憂。人悅之，好色，富貴，無足以解憂者，惟順於父母可以解憂。人少則慕父母，知好色則慕少艾，有妻子則慕妻子，仕則慕君，不得於君則熱中。大孝終身慕父母，五十而慕者，予於大舜見之矣。」孟子萬章

孟子曰：「天下大悅而將歸己。視天下悅而歸己，猶草芥也，惟舜爲然。不得乎親不可以爲人，不順乎親不可以爲子。舜盡事親之道，而瞽瞍底豫，瞽瞍底豫而天下化，瞽瞍底豫而天下之爲父子者定。此之謂大孝。」孟子離婁

舜爲法於天下，可傳於後世，我猶未免爲鄉人，是則可憂也。憂之如何？如舜而已矣。孟子離婁

大舜有大焉，善與人同，舍己從人，樂取於人以爲善，自耕、稼、陶、漁以至爲帝，無非取於人者。取於人以爲善，是與人爲善者也。故君子莫大乎與人爲善。孟子公孫丑

如是則舜、禹還至，王業還起，功壹天下，名配舜、禹，物由有可樂如是其美焉者乎？荀子王霸

昔者，舜之治天下也，不以事詔而萬物成。荀子解蔽

好義者衆矣，而舜獨傳者，壹也。同上

法禹、舜而能揜迹者邪？荀子賦篇

昔舜巧於使民，而造父巧於使馬。舜不窮其民，造父不窮其馬，是舜無失民，造父無失馬。荀子哀公

舜不登而高，不行而遠，拱揖於天下而天下稱仁。尚書大傳略記

昔者舜欲以樂傳教於天下。呂氏春秋察傳

右孔子改制後弟子後學皆稱堯舜。

於乎！不顯文王之德之純，蓋曰文王之所以爲文也，純亦不已。禮記中庸

文王所以爲文，卽孔子也。孔子之道，純粹不可以已。

公明儀曰：「文王，我師也。」孟子滕文

如恥之，莫若師文王。師文王，大國五年，小國七年，必爲政於天下矣。孟子離婁

諸侯有行文王之政者，七年之內，必爲政於天下矣。孟子離婁

以文王爲師，孔子之法也。文王既沒，文不在茲，則師文王而師孔子也。

待文王而後興者，凡民也。若夫豪傑之士，雖無文王猶興。孟子盡心

孟子去孔子少遠，義僅私淑，而崛然接大道之傳，所謂豪傑也。

昔者文王之治岐也，耕者九一，仕者世祿，關市譏而不征，澤梁無禁，罪人(無)〔不〕孥。老而無妻曰鰥，老而無夫曰寡，老而無子曰獨，幼而無父曰孤：此四者，天下之窮民而無告者。文王發政施仁，必先斯四者。詩云：「哿矣富人，哀此煢獨。」孟子梁惠

文王之政，卽孔子井田學校之仁政也。

所謂西伯善養老者，制其田里，敎其樹畜，導其妻子，使養其老。五十非帛不煖，七十非肉不飽，不煖不飽謂之凍餒。文王之民無凍餒之老者，此之謂也。孟子盡心

養老亦孔子之仁政。

伯夷辟紂，居北海之濱，聞文王作，興曰：「盍歸乎來？吾聞西伯善養老者。」太公辟紂，居東海之濱，聞文王作，興曰：「盍歸來乎？吾聞西伯善養老者。」天下有善養老，則仁人以爲己歸矣。孟子盡心

文王以民力爲臺爲沼而民歡樂之，謂其臺曰靈臺，謂其沼曰靈沼，樂其有麋鹿魚鼈。古之人與民偕樂，故能樂也。孟子梁惠

靈臺亦孔子三雍之制。

文王之囿方七十里，芻蕘者往焉，雉兔者往焉，與民同之。民以爲小，不亦宜乎？孟子梁惠

宣王問於春子曰：「寡人欲行孝弟之義，爲之有道乎？」春子曰：「昔者衞聞之樂正子曰：『文王之治岐也，五十者杖於家；六十者杖於鄉；七十者杖於朝，朝當作國見君揖杖；八十者杖於朝，見君揖杖，君曰：趣見客，毋俟朝，以朝乘車輲輪，御爲僕，送至於家，而孝弟之義達於諸侯。九十杖而朝，見君建杖，君曰：趣見，毋俟朝，以朝車送之舍，天子重鄉養，卜筮巫醫御於前，祝咽祝哽以食，乘車輲輪，胥與就膳徹，送至於家，君如有欲問，明日就其室，以珍從，而孝弟之義達於四海。此文王之治岐也。』君如欲行孝弟之大義，盍反文王之治岐？」尚書大傳略說

詩云：「憂心悄悄，慍于羣小。」孔子也。「肆不殄厥慍，亦不隕厥問。」文王也。孟子盡心

由湯至於文王，五百有餘歲，若伊尹、萊朱則見而知之，若文王則聞而知之。由文王至於孔子，五百有餘歲，若太公望、散宜生則見而知之，若孔子則聞而知之。同上

文王亦可謂大儒已矣。韓詩外傳

文王卒受天命，作物配天，制法任地。行三明，親親，尚賢，民明教，通于四海。大戴記少閒

天之命文王，非啍啍然有聲音也。文王在位而天下大服，施政而物皆聽命，則行禁則止，搖動而不逆天之道，故曰天乃大命文王，文王受命。尚書大傳康誥

若此而不爲意者，羞法文王也。呂覽開春

右孔子改制後弟子後學皆稱文王。

孔子改制考卷十三

孔子改制弟子時人據舊制問難考

南海康有爲廣厦撰

孔子改制弟子據舊制問難

孔子改制時人據舊制問難

弟子仍舊制孔子以所改之制定之

時人仍舊制弟子以孔子所改之制告之

孔子改制後弟子從之而舍舊制

孔子改制後時人從之而舍舊制

時人惑舊制後學以孔子所改之制闢之

時人別創新制後學以孔子所改之制折之

孔子以布衣改周之制，本天論，因人情，順時變，裁自聖心，雖游、夏不能贊一辭。然人情多安舊習，難與圖始，驟予更革，鮮不驚疑；雖以帝王之力，變法之初，固莫不銜撅驚蹩者，況以一士之力，依託古先，創立新法者哉？後世尊用孔子之制，視爲固然。吾考其時，雖高弟子猶徬徨有惑言，況時人耶？今略考當時事實，以著改制之難焉。

宰我問：「三年之喪，期已久矣。君子三年不爲禮，禮必壞；三年不爲樂，樂必崩。舊穀既沒，新穀既升，鑽燧改火，期可已矣。」子曰：「食夫稻，衣夫錦，於女安乎？」曰：「安。」「女安則爲之！夫君子之居喪，食旨不甘，聞樂不樂，居處不安，故不爲也。今女安則爲之！」宰我出，子曰：「予之不仁也！子生三年，然後免於父母之懷。夫三年之喪，天下之通喪也。予也有三年之愛於其父母乎？」

論語陽貨

論語爲天下功令之書，童習之千年，而此章滋疑，無有能斷者。三年之喪若是大周通禮之制，豈有聖門高弟大賢而惡薄若是，且敢攻難於聖師之前乎？近世雖有不肖子，假有大故，猶不敢公然短爲期喪，衣冠猶緣飾藍白，豈有高弟大賢，日漸聖訓，而悖謬過之。若以宰我故陳此論以待聖誨，他事猶可，安有顯犯名敎，冒不韙惡薄之名，而爲此哉？蓋三年喪爲孔子新改定之制，期喪蓋是舊俗，宰我故據舊制與孔子論之。今泰西自羅馬外，各國及日本服期，用宰我之說也。記云：「至親以期斷，三年之喪，加隆焉爾。」已可知期是舊俗，三年是孔子加隆。考三年之喪，自古實無定制。

子張問曰：「書云：『高宗三年不言，言乃讙。』有諸？」仲尼曰：「胡爲其不然也？古者天子崩，王世子聽於冢宰三年。」禮記檀弓

子張曰：「書云：『高宗諒陰，三年不言。』何謂也？」子曰：「何必高宗？古之人皆然。君薨，百官總己以聽於冢宰三年。」論語憲問

高宗服三年喪，如後世晉武帝、周武帝、宋孝宗及國朝耳。子張通博，夫何不信而問其有諸？孔子云，「古之人皆然，」而又別無所聞，蓋孔子所託也。

子張曰：「女子必漸乎二十而後嫁，何也？」孔子曰：「十五許嫁而後從夫，是陽動而陰應，男唱而女隨之義也。以爲績組紃織紝者，女子之所有事也，黼黻文章之義，婦人之所有大功也。必十五以往，漸乎二十，然後可以通乎此事；通乎此事，然後乃能上以孝於舅姑，下以事夫養子也。」孔叢子嘉言

孔子之道，造端夫婦。詩存葛覃、桃夭，言可許嫁。蓋婚姻以時，所以愼乎情欲之感也。若舊制尊男抑女，則有過時不及時者矣。組紃織紝，黼黻文章，二十然後可通，孔子改制而重女學如此。

子見南子，子路不說。夫子矢之曰：「予所否者，天厭之！天厭之！」論語雍也

孔子立男女遠別之制，著於六經，與門人講論熟矣，而見南子。子路剛者，疑夫子言行之不合也，故夫子呼天以明之。蓋當時舊制，見國君必及其夫人，如今泰西諸國皆然。夫子雖改之，初猶未能遽行也。

子路曰：「衞君待子而爲政，子將奚先？」子曰：「必也正名乎？」子路曰：「有是哉，子之迂也！奚其正？」子曰：「野哉由也！君子於其所不知，蓋闕如也。名不正則言不順，言不順則事不成，事不成則禮樂不興，禮樂不興則刑罰不中，刑罰不中則民無所措手足。故君子名之必可言也，言之必可行也。君子於其言，無所苟而已矣。」論語子路

考周末諸子並起創敎，析言破律，名實混淆。孔子惡其害道，改制亟以正名爲先。春秋正名分，王制

誅亂作，咸著斯恉。於是荀子正名、董子深察名號皆發明孔子大義，而惠施、公孫龍輩始不得以倍譎詭辨之言惑亂天下，蓋二千年之治，皆孔子名學治之也。子路不知，故謬相詰難耳。

子路曰：「桓公殺公子糾，召忽死之，管仲不死，曰：未仁乎？」子曰：「桓公九合諸侯，不以兵車，管仲之力也。如其仁！如其仁！」論語憲問

子貢曰：「管仲非仁者與？桓公殺公子糾，不能死，又相之。」子曰：「管仲相桓公，霸諸侯，一匡天下，民到于今受其賜。微管仲，吾其被髮左衽矣。」同上

舊制論人，當如後世儒者責魏徵之於太宗，曹彬之於藝祖，薄其德而沒其功，而聖人論事，重功不重德，有能救世全民者則與之。春秋美齊桓存亡繼絕之功，而於管仲無貶辭，二子所由疑問歟？

公儀仲子之喪，檀弓免焉。仲子舍其孫而立其子。檀弓曰：「何居？我未之前聞也。」趨而就子服伯子於門右，曰：「仲子舍其孫而立其子，何也？」伯子曰：「仲子亦猶行古之道也。」子游問諸孔子。孔子曰：「否，立孫。」禮記檀弓

子貢曰：「冕而親迎，不已重乎？」孔子曰：「合二姓之好以繼萬世之後，何謂已重乎？」穀梁桓二年

子貢尚以親迎爲已重，與宰我疑三年喪爲已久正同，蓋皆舉舊制以詰難孔子之新制者。

曾子撰斯，問曰：「孝文乎駁不同何？」子曰：「吾作孝經，以素王無爵祿之賞，斧鉞之誅，故稱明王之道。」曾子辟席復坐。子曰：「居，吾語汝。順遜以避禍災，與先王以託權。」孝經緯鉤命訣

孔子改制，託先王稱素王，此條最明。然驟改舊制，自然文駁不同。曾子親見之，故訝之如此。

右孔子改制，弟子據舊制問難。

公曰：「寡人願有言，然冕而親迎，不已重乎？」孔子愀然作色而對曰：「合二姓之好以繼先聖之後，以爲天地社稷宗廟之主，君何謂已重乎？」大戴哀公問於孔子

親迎之禮，墨子非儒攻爲娶妻親迎，祇褍若僕。蓋孔子創儒所改定之制也。俟堂俟著，實是舊俗，至今猶行之。孔子作春秋，於紀履緰來逆女，發明男下女之大義，譏不親迎，以爲孔子所改定，故哀公疑其已重也。若大周舊制，服行有素，習而安之，俟堂無譏，何有已重之疑乎？

魯哀公問於孔子曰：「夫子之服，其儒服與？」孔子對曰：「丘少居魯，衣逢掖之衣，長居宋，冠章甫之冠。丘聞之也，君子之學也博，其服也鄉，丘不知儒服。」禮記儒行

儒服是孔子改制，故哀公見而疑問。孔子遜詞答之。然章甫縫掖實爲從儒教者所服，見孔子創儒篇如僧之著僧伽犂然，故謂之儒冠、儒服也。

右孔子改制，時人據舊制問難。

子路有姊之喪，可以除之矣而弗除也。孔子曰：「何弗除也？」子路曰：「吾寡兄弟而弗忍也。」孔子曰：「先王制禮，行道之人皆弗忍也。」子路聞之，遂除之。禮記檀弓

孔子定姊妹出嫁，降服大功。子路不忍，欲同之昆弟也。當時孔子初改制，故門人隨其意之所欲如此。

伯魚之母死，期而猶哭。夫子聞之，曰：「誰與哭者？」門人曰：「鯉也。」夫子曰：「嘻，其甚也！」

伯魚聞之，遂除之。禮記檀弓

孔子定母喪期，伯魚欲同之父。當時初改制，故如此。

右弟子仍舊制，孔子以所改之制定之。

哀公問於有若曰：「年饑用不足，如之何？」有若對曰：「盍徹乎？」曰：「二，吾猶不足，如之何其徹也？」論語顔淵

徹是孔子改定之制，實皆什一。魯舊制什而取二，故哀公疑其不可行。

右時人仍舊制，弟子以孔子所改之制告之。

曾子謂子思曰：「伋，吾執親之喪也，水漿不入於口者七日。」子思曰：「先王之制禮也，過之者俯而就之，不至焉者跂而及之。故君子之執親之喪也，水漿不入於口者三日，杖而后能起。」禮記檀弓

孔子定制，親喪，水漿不入口者三日。曾子過之，故子思正之。

子思之母死於衞，赴於子思，哭於廟門。人至，曰：「庶氏之母死，何爲哭於孔氏之廟乎？」子思曰：「吾過矣，吾過矣。」遂哭於他室。禮記檀弓

子上之母死而不喪。門人問諸子思曰：「昔者子之先君子喪出母乎？」曰：「然。」「子之不使白也喪之，何也？」子思曰：「昔者吾先君子無所失道，道隆則從而隆，道汚則從而汚，伋則安能？爲伋也妻者是爲白也母，不爲伋也妻者是不爲白也母。」故孔氏之不喪出母，自子思始也。同上

喪出母是舊制，故孔氏先世行之。孔子改制，不喪出母。

右孔子改制後，弟子從之而舍舊制。

魯人有朝祥而莫歌者，子路笑之。夫子曰：「由，爾責於人終無已夫。三年之喪亦已久矣夫。」子路出。夫子曰：「又多乎哉，踰月則其善也。」禮記檀弓

朝祥暮歌，義實未善。但制爲新創，魯人能從斂已極難得，故孔子不復責之。

右孔子改制後，時人從之而舍舊制。

滕定公薨，世子謂然友曰：「昔者孟子嘗與我言於宋，於心終不忘。今也不幸至於大故，吾欲使子問於孟子，然後行事。」然友之鄒問於孟子。孟子曰：「不亦善乎！親喪，固所自盡也。曾子曰：『生，事之以禮；死，葬之以禮，祭之以禮，可謂孝矣。』諸侯之禮吾未之學也。雖然，吾嘗聞之矣，三年之喪，齊疏之服，飦粥之食，自天子達於庶人，三代共之。」然友反命，定爲三年之喪。父兄百官皆不欲，曰：「吾宗國魯先君莫之行，吾先君亦莫之行也，至於子之身而反之，不可。且志曰：『喪祭從先祖。』」曰，吾有所受之也。」謂然友曰：「吾他日未嘗學問，好馳馬試劍。今也父兄百官不我足也，恐其不能盡於大事，子爲我問孟子。」然友復之鄒問孟子。孟子曰：「然，不可以他求者也。」孟子滕文

三年喪若是大周通禮，則魯如今兗州知府，滕如今滕縣知縣，安有自伯禽至悼公，自叔繡至文公未行之理？李賢、張居正奪情一事，羅倫、趙用賢、艾中行之流紛紛彈劾，豈有魯爲周公之國，秉禮之邦，而化外若是乎？至於父兄百官不欲，則又自親、郡王至宗室、九卿、科道會議無以爲然者。如三年喪爲周制，何至盈廷悖謬，爭議大禮，至於短喪如此。至於引志曰，則又援據典文律例，云受之先祖，則

又篤守祖宗成法，驚疑違駁如此，必非周制可知。合宰我短喪考之，蓋爲孔子改制而孟子傳教，至易明矣。

齊宣王欲短喪。公孫丑曰：「爲朞之喪，猶愈於已乎？」孟子曰：「是猶或紾其兄之臂，子謂之姑徐徐云爾。亦教之孝弟而已矣。」王子有其母死者，其傅爲之請數月之喪。公孫丑曰：「若此者何如也？」曰：「是欲終之而不可得也，雖加一日愈於已。謂夫莫之禁而弗爲者也。」孟子盡心

如公孫丑言，宣王蓋服朞，與宰我所請短爲期喪合。蓋孔子旣加隆爲三年，自以期爲短喪矣。然當時自無定制，與漢人同。王修服喪六年，趙宣二十六年，翟方進三十六日。今泰西亦然。然泰西雖無定制，厚薄聽人，然服朞爲多。故公孫丑以爲愈也。

齊宣王謂田過曰：「吾聞儒者親喪三年。君與父孰重？」田過對曰：「殆不如父重。」王忿然曰：「曷爲士去親而事君？」對曰：「非君之土地，無以處吾親；非君之祿，無以養吾親；非君之爵，無以尊顯吾親。受之於君，致之於親，凡事君以爲親也。」宣王悒然。韓詩外傳

孔子改制，惟親喪三年儒者行之，故宣王怪而問之。

戴盈之曰：「什一，去關市之征，今茲未能。請輕之，以待來年，然後已，何如？」孟子曰：「今有人日攘其鄰之雞者，或告之曰：是非君子之道。曰：請損之，月攘一雞，以待來年，然後已。如知其非義，斯速已矣，何待來年？」孟子滕文

什一是孔子改定之制，當時實未能行。孟子傳教發明之，戴盈之欲行此制而未能，故先稍輕，待來年

乃行之也。

萬章問曰：「詩云：『娶妻如之何？必告父母。』信斯言也，宜莫如舜。舜之不告而娶，何也？」孟子曰：「告則不得娶。男女居室，人之大倫也，如告則廢人之大倫以懟父母，是以不告也。」萬章曰：「舜之不告而娶，則吾既得聞命矣。帝之妻舜而不告，何也？」曰：「帝亦知告焉則不得娶也。」孟子萬章

魯季姬遇鄫子於防，使鄫子來請己。可知古娶妻無媒，不待告父母。孔子改定此制，託之於詩，故萬章疑之。

任人有問屋廬子曰：「禮與食孰重？」曰：「禮重。」「色與禮孰重？」曰：「禮重。」曰：「以禮食，則飢而死，不以禮食則得食，必以禮乎？親迎則不得妻，不親迎則得妻，必親迎乎？」屋廬子不能對。明日之鄒以告孟子。孟子曰：「於答是也何有？不揣其本而齊其末，方寸之木可使高於岑樓。金重於羽者，豈謂一鈎金與一輿羽之謂哉？取食之重者與禮之輕者而比之，奚翅食重？取色之重者與禮之輕者而比之，奚翅色重？往應之曰：紾兄臂而奪之食則得食，不紾則不得食，則將紾之乎？踰東家牆而摟其處子則得妻，不摟則不得妻，則將摟之乎？」孟子告子

儒教至戰國既大行，而時人猶多據舊制以攻孔子之制者。三年喪、親迎尤爲數見。可見改制之難。

齊宣王問曰：「文王之囿方七十里，有諸？」孟子對曰：「於傳有之。」曰：「若是其大乎？」曰：「民猶以爲小也。」曰：「寡人之囿方四十里，民猶以爲大，何也？」曰：「文王之囿方七十里，芻蕘者往焉，雉兔者往焉，與民同之。民以爲小，不亦宜乎？臣始至於境，問國之大禁然後敢入。臣聞郊關之

內，有囿方四十里，殺其麋鹿者如殺人之罪。則是方四十里爲阱於國中，民以爲大，不亦宜乎？」孟子梁惠

孔子所定民之公囿，孟子傳敎發明之，故齊宣王疑之。

齊宣王問曰：「湯放桀，武王伐紂，有諸？」孟子對曰：「於傳有之。」曰：「臣弒其君，可乎？」曰：「賊仁者謂之賊，賊義者謂之殘，殘賊之人謂之一夫。聞誅一夫紂矣，未聞弒君也。」孟子梁惠

湯、武革命，順天應人。聖人上奉天，下愛民，豈其使一人肆於民上？春秋義，失民則不君。孟子述其大義，故以爲誅殘賊；齊宣王駭此異義，故疑問之。

右時人惑舊制，後學以孔子所改之制闢之。

白圭曰：「吾欲二十而取一，何如？」孟子曰：「子之道，貉道也。萬室之國一人陶，則可乎？」曰：「不可，器不足用也。」曰：「夫貉，五穀不生，惟黍生之。無城郭、宮室、宗廟、祭祀之禮，無諸侯幣帛饔飧，無百官有司，故二十取一而足也。今居中國，去人倫，無君子，如之何其可也？陶以寡且不可，以爲國，況無君子乎？欲輕之於堯、舜之道者，大貉小貉也；欲重之於堯、舜之道者，大桀、小桀也。」孟子告子

什一是孔子改定之制，孔子託之堯、舜者，白圭更欲加而上之。

右時人別創新制，後學以孔子所改之制折之。

孔子改制考卷十四

南海康有爲廣厦撰

諸子攻儒考

春秋時諸子攻儒
戰國時諸子攻儒
秦時諸子攻儒
兩漢時諸子攻儒

冒頓之寇漢，耶律之入宋，皆於大朝一統犯之。若夫稱戈並起，滎陽、成皋之戰，邯鄲之走，鄱陽之攻，高、光、明祖所固然。當戰國時，孔道未一，諸子並起，不揣德量力，咸欲篡統。其墨、老二家，駸駸乎項羽、王郎、陳友諒，故相攻尤力哉！易曰：「龍戰于野，其血玄黃。」「陰疑於陽必戰。」諸子自張其敵，陰疑於陽者也。然聖道至中，人所歸往，偏蔽之道，入焉而敗。今藉諸子之相攻，明仲尼之不可毁也。然而儒爲孔子所創，非先王所傳，益明矣。

子入太廟，每事問。或曰：「孰謂鄹人之子知禮乎？入太廟，每事問。」子聞之曰：「是禮也。」論語八佾

孔子以博學知禮聞，時人已久忌之，尋隙摘瑕，時時攻難。或之語帶譏嘲如此。

叔孫武叔毁仲尼。子貢曰：「無以爲也，仲尼不可毁也。他人之賢者，丘陵也，猶可踰也；仲尼，日月也，無得而踰焉。人雖欲自絶，其何傷於日月乎？多見其不知量也！」論語子張

叔孫武叔公然毁孔子於子貢之前，尤其悍然相詆者。毁辭雖不知其如何，然可見當時貴人之難相容矣。

微生畝謂孔子曰：「丘！何爲是栖栖者與？無乃爲佞乎？」孔子曰：「非敢爲佞也，疾固也。」論語憲問

孔子周流，席不暇暖。微生畝譏其爲佞，而孔子荅以疾固，亦可見時人諷刺，雖聖人亦不免針鋒相對者。

子擊磬於衞。有荷蕢而過孔氏之門者，曰：「有心哉擊磬乎！」既而曰：「鄙哉硜硜乎！莫己知也，斯已而已矣。深則厲，淺則揭。」論語憲問

楚狂接輿，歌而過孔子曰：「鳳兮鳳兮，何德之衰？往者不可諫，來者猶可追。已而已而，今之從政者殆而。」論語微子

長沮、桀溺耦而耕。孔子過之，使子路問津焉。長沮曰：「夫執輿者爲誰？」子路曰：「爲孔丘。」曰：「是魯孔丘與？」曰：「是也。」曰：「是知津矣。」問於桀溺。桀溺曰：「子爲誰？」曰：「爲仲由。」曰：「是魯孔丘之徒與？」對曰：「然。」曰：「滔滔者天下皆是也，而誰以易之？且而與其從辟人之士也，豈若從辟世之士哉！」耰而不輟。

子路從而後，遇丈人，以杖荷蓧。子路問曰：「子見夫子乎？」丈人曰：「四體不勤，五穀不分，孰爲夫

子？」植其杖而芸。並同上

公伯寮愬子路於季孫。子服景伯以告，曰：「夫子固有惑志於公伯寮，吾力猶能肆諸市朝。」論語憲問

景公上路寢，聞哭聲，曰：「吾若聞哭聲，何爲者也？」梁邱據對曰：「魯孔丘之徒鞠語者也，明於禮樂，審於服喪，其母死，葬埋甚厚，服喪三年，哭泣甚疾。」公曰：「豈不可哉？」而色悅之。晏子曰：「古者聖人非不知能繁登降之禮，制規矩之節，行表綴之數以敎民，以爲煩人留日，故制禮不羨於便事；非不知能揚干戚鍾鼓竽瑟以勸衆也，以爲費財留工，故制樂不羨于和民；非不知能累世殫國以奉死哭泣處哀以持久也，而不爲者，知其無補死者而深害生者，故不以導民。今品人飾禮煩事，羨樂淫民，崇死以害生，三者聖王之所禁也。賢人不用，德毀俗流，故三邪得行于世，是非賢不肖雜，上妄說邪，故好惡不足以導衆。此三者(路)〔露〕世之政，單事之敎也，公曷爲不察，聲受而色悅之？」晏子春秋外篇

墨子引之，不知爲晏子原文與否。然晏子豚肩不掩豆，澣衣以朝，與孔子盛禮樂宗旨自不同。尼谿之沮，必是實事。晏攻儒，亦攻儒之禮樂、厚葬、久喪、立命。數者當是改制大義，故人皆得知而攻之。

始吾望儒而貴之，今吾望儒而疑之。晏子春秋外篇

淮南子謂晏子爲孔子後學，故望儒而貴之；其後叛敎自立，則疑之也。

晏子對曰：「是迺孔子之所以不逮舜，孔子行一節者也。」晏子春秋外篇

孔門後學皆謂孔子賢於堯、舜，且推爲生民未有。蓋素王改制，以範圍古今，百王受治也。觀晏子之言，可知當時譏彈，無不與聖門針鋒相對者。

仲尼之齊見景公。景公説之，欲封之以爾稽，以告晏子。晏子對曰：「不可。彼浩裾自順不可以敎下；好樂緩於民不可使親治；立命而建事不可守職；厚葬破民貧國，久喪道哀費日，不可使子民；行之難者在內而傳者無其外，故異于服，勉于容，不可以道衆而馴百姓。自大賢之滅、周室之卑也，威儀加多而民滋薄，聲樂繁充而世德滋衰。今孔丘盛聲樂以侈世，飾弦歌鼓舞以聚徒，繁登降之禮、趨翔之節以觀衆；博學不可以儀世，勞思不可以補民，兼壽不能殫其敎，當年不能究其禮，積財不能贍其樂；繁飾邪術以營世君，盛爲聲樂以淫愚其民，其道也不可以示世，其敎也不可以導民。今欲封之以移齊國之俗，非所以導衆存民也。」公曰：「善。」于是厚其禮而留其封，敬見不問其道。仲尼迺行。晏子春秋外傳

晏子對曰：「君其勿憂。魯君，弱主也；孔子，聖相也。君不如陰重孔子，設以相齊。孔子强諫而不聽，必驕魯而有齊，君勿納也。夫絶于魯，無主于齊，孔子困矣。」居朞年，孔子去魯之齊，景公不納，故困于陳、蔡之間。同上

景公説，將欲以尼谿田封孔子。晏嬰進曰：「夫儒者滑稽而不可軌法，倨傲自順不可以爲下，崇喪遂哀，破產厚葬，不可以爲俗，游説乞貸不可以爲國。自大賢之息，周室既衰，禮樂缺有間。今孔子盛容飾，繁登降之禮，趨詳之節，累世不能殫其學，當年不能究其禮。君欲用之以易齊俗，非所以先細民

也。」史記孔子世家

昭王將以書社地七百里封孔子。楚令尹子西曰：「王之使使諸侯，有如子貢者乎？」曰：「無有。」「王之輔相有如顏回者乎？」曰：「無有。」「王之將率有如子路者乎？」曰：「無有。」「王之官尹有如宰予者乎？」曰：「無有。」「且楚之祖封於周，號爲子男，五十里。今孔丘述三王之法，明周、召之業。王若用之，則楚安得世世堂堂方數千里者乎？夫文王在豐，武王在鎬，百里之君卒王天下。今孔丘得據土壤，賢弟子爲佐，非楚之福也。」同上

孔子見子桑伯子。子桑伯子不衣冠而處。弟子曰：「夫子何爲見此人乎？」曰：「其質美而無文，吾欲說而文之。」孔子去。子桑伯子門人不說曰：「何爲見孔子乎？」曰：「其質美而文繁，吾欲說而去其文。」說苑修文

少正卯在魯，與孔子並。孔子之門，三盈三虛。論衡講瑞

少正卯在孔子時爲一國大師，能與孔子爭教，其才可想。

右春秋時諸子攻儒。

孔某之齊見景公。景公說，欲封之以尼谿，以告晏子。晏子曰：「不可。夫儒浩居而自順者也，不可以敎下；好樂而淫人，不可使親治；立命而怠事，不可使守職；宗喪循哀，不可使慈民；機服勉容，不可使導衆。孔丘盛容脩飾以蠱世，弦歌鼓舞以聚徒，繁登降之禮以示儀，務趨翔之節以勸衆。儒學不可使議世，勞思不可以補民，累壽不能盡其學，當年不能行其禮，積財不能贍其樂，繁飾邪術以營世君，盛

爲聲樂以淫愚民，其道不可以期世，其學不可以導衆。今君封之以利齊俗，非所以導國先衆。」墨子非儒

且夫繁飾禮以淫人，久喪僞哀以謾親，立命緩貧而高浩居，倍本棄事而安怠傲，貪於飲酒，惰於作務，陷於飢寒，危於凍餒，無以違之，是若人氣鼸鼠藏，而羝羊視，賁彘起。君子笑之，怒曰：「散人焉知良儒？」夫夏乞麥禾，五穀既收，大喪是隨，子姓皆從，得厭飲食，畢治數喪，足以至矣。因人之家(翠)以爲(肥)，恃人之野以爲尊。富人有喪，乃大說喜曰：「此衣食之端也。」同上

婚冠喪祭，相禮必以儒者，如佛之齋醮故事。蓋禮爲孔禮，舍孔門外無知之者也。亦可見諸儒行道之苦心矣。後世冠婚喪事一以巫祝主之，而儒者又不知禮節，無怪孔教之日衰也。

其徒屬弟子皆效孔丘。子貢、季路輔孔悝亂乎衛，陽虎亂乎齊，佛肸以中牟叛，桼雕刑殘，莫大焉。夫爲弟子後生，其師必脩其言，法其行，力不足，知弗及，而後已。今孔丘之行如此，儒士則可以疑矣。墨子非儒

諸賢急於行道，如負禮器詣、書見陳涉之類耳。墨子有意攻之，故深文其言。

孔子見。景公曰：「先生素不見晏子乎？」對曰：「晏子事三君而得順焉，是有三心，所以不見也。」公告晏子。晏子曰：「三君皆欲其國安，是以嬰得順也。聞君子獨立不慚于影，今孔子伐樹削迹，不自以爲辱，身窮陳、蔡，不自以爲約，始吾望儒貴之，今則疑之。」景公祭路寢，聞哭聲，問梁邱據。對曰：「魯孔子之徒也，其母死，服喪三年，哭泣甚哀。」公曰：「豈不可哉？」晏子曰：「古者聖人非不能也，而不爲者，知其無補於死者而深害生事故也。」墨子佚文

墨子攻儒以久喪厚葬爲第一義，故託晏子以攻之。

夫弦歌鼓舞以爲樂，盤旋揖讓以脩禮，厚葬久喪以送死，孔子之所立也，而墨子非之。淮南子氾論訓

魯平公將出，嬖人臧倉者請曰：「他日君出，則必命有司所之；今乘輿已駕矣，有司未知所之，敢請。」公曰：「將見孟子。」曰：「何哉？君所爲輕身以先於匹夫者，以爲賢乎？禮義由賢者出，而孟子之後喪踰前喪，君無見焉。」公曰：「諾。」樂正子入見曰：「君奚爲不見孟軻也？」曰：「或告寡人曰，『孟子之後喪踰前喪，』是以不往見也。」曰：「何哉君所謂踰者？前以士，後以大夫；前以三鼎，而後以五鼎與？」曰：「否，謂棺槨衣衾之美也。」曰：「非所謂踰也，貧富不同也。」樂正子見孟子曰：「克告於君，君爲來見也。嬖人有臧倉者沮君，君是以不果來也。」曰：「行，或使之；止，或尼之；行止，非人所能也。吾之不遇魯侯，天也，臧氏之子，焉能使予不遇哉！」孟子梁惠

孟子將行道而有臧倉之沮，尹士之譏；程子則有孔文仲之劾；朱子則有林栗、胡宏、沈繼祖之劾，至謂喫菜事魔，挾二尼爲妾，拽孔子之木象，其子盜牛。從古已然。况以孔子之聖，猶伐樹於宋，削迹於陳，微服避禍，餓至七日，奚有於區區之譏乎？

然友反命，定爲三年之喪。父兄百官皆不欲，曰：「吾宗國魯先君莫之行，吾先君亦莫之行也，至於子之身而反之，不可。且志曰：『喪祭從先祖。』曰，吾有所受之也。」謂然友曰：「吾他日未嘗學問，好馳馬試劍。今也父兄百官不我足也，恐其不能盡於大事，子爲我問孟子。」孟子滕文

儒者創教，非先王之舊法，故滕父兄百官考於舊志，不肯相從。

有爲神農之言者許行，自楚之滕，踵門而告文公曰：「遠方之人聞君行仁政，願受一廛而爲氓。」文公與之處。其徒數十人，皆衣褐、捆屨、織席以爲食。陳良之徒陳相與其弟辛，負耒耜而自宋之滕，曰：「聞君行聖人之政，是亦聖人也，願爲聖人氓。」陳相見許行而大悅，盡棄其學而學焉。陳相見孟子，道許行之言曰：「滕君則誠賢君也，雖然，未聞道也。賢者與民並耕而食，饔飧而治。今也滕有倉廩府庫，則是厲民而以自養也，惡得賢？」孟子滕文

道者並耕之道。倉廩府庫，儒者之道。滕文公首尊儒術，許行欲以其道易天下，故先攻儒。

萬章問曰：「或謂孔子於衞主癰疽，於齊主侍人瘠環，有諸乎？」孟子曰：「否，不然也，好事者爲之也。」孟子萬章

當時諸子並行，而儒道至顯，故時人妬而誣之。

淳于髡曰：「先名實者，爲人也；後名實者，自爲也。夫子在三卿之中，名實未加於上下而去之，仁者固如此乎？」孟子告子

曰：「魯繆公之時，公儀子爲政，子柳、子思爲臣，魯之削也滋甚。若是乎賢者之無益於國也。」曰：「昔者王豹處於淇而河西善謳，緜駒處於高唐而齊右善歌，華周、杞梁之妻善哭其夫而變國俗，有諸內必形諸外；爲其事而無其功者，髡未嘗覩之也。是故無賢者也，有則髡必識之。」同上

淳于髡與惠施同派，殆名家者流也。名家爲墨氏之後學，故亦攻儒。

無趾語老聃曰：「孔丘之於至人，其未邪？彼何賓賓以學子爲？彼且蘄以諔詭幻怪之名聞，不知至人

之以是爲己桎梏邪？」莊子德充符

孔子之道尙名，老學不尙名，故莊子假託而攻之。

名，公器也，不可多取；仁義，先王之蘧廬也，止可以一宿而不可以久處。莊子天運

此亦莊子述老子之言以攻孔子。

意而子見許由。許由曰：「堯何以資汝？」意而子曰：「堯謂我，汝必躬服仁義而明言是非。」許由曰：「而奚來爲軹？夫堯既已（鯨）〔黥〕汝以仁義而劓汝以是非矣，汝將何以遊夫遙蕩恣睢轉徙之塗乎？」意而子曰：「雖然，吾願遊於其藩。」許由曰：「不然，夫盲者無以與乎眉目顏色之好，瞽者無以與乎青黃黼黻之觀。」意而子曰：「夫无莊之失其美，據梁之失其力，黄帝之亡其知，皆在鑪捶之間耳。」莊子大宗師

枝於仁者，擢德塞性以收名聲，使天下簧鼓以奉不及之法，非乎？而曾、史是已。駢於辨者，纍瓦結繩，竄句遊心於堅白同異之間，而敝跬譽無用之言，非乎？而楊、墨是已。莊子駢拇

自虞氏招仁義以撓天下也，天下莫不奔命於仁義，是非以仁義易其性與？故嘗試論之，自三代以下者，天下莫不以物易其性矣：小人則以身殉利，烈士則以身殉名，大夫則以身殉家，聖人則以身殉天下。同上

及至聖人，蹩躠爲仁，踶跂爲義，而天下始疑矣；澶漫爲樂，摘僻爲禮，而天下始分矣。故純樸不殘，孰爲犧樽？白玉不毁，孰爲珪璋？道德不廢，安取仁義？性情不離，安用禮樂？五色不亂，孰爲文采？五聲不亂，孰應六律？夫殘樸以爲器，工匠之罪也；毁道德以爲仁義，聖人之過也。莊子馬蹄

故跖之徒問於跖曰：「盜亦有道乎？」跖曰：「何適而無有道邪？夫妄意室中之藏，聖也；入先，勇也；出後，義也；知可否，知也；分均，仁也。五者不備而能成大盜者，天下未之有也。」由是觀之，善人不得聖人之道不立，跖不得聖人之道不行，天下之善人少而不善人多，則聖人之利天下也少，而害天下也多。故曰：脣竭則齒寒，魯酒薄而邯鄲圍，聖人生而大盜起，掊擊聖人，縱舍盜賊，而天下始治矣。夫川竭而谷虛，丘夷而淵實，聖人已死，則大盜不起，天下平而無故矣。聖人不死，大盜不止，雖重聖人而治天下，則是重利盜跖也。爲之斗斛以量之，則并與斗斛而竊之，爲之權衡以稱之，則并與權衡而竊之，爲之符璽以信之，則并與符璽而竊之，爲之仁義以矯之，則并與仁義而竊之。何以知其然邪？彼竊鉤者誅，竊國者爲諸侯，諸侯之門而仁義存焉，則是非竊仁義聖知邪？故逐於大盜，揭諸侯，竊仁義，并斗斛權衡符璽之利者，雖有軒冕之賞弗能勸，斧鉞之威弗能禁，此重利盜跖而使不可禁者，是乃聖人之過。故曰：魚不可脫於淵，國之利器不可以示人。彼聖人者，天下之利器也，非所以明天下也，故絕聖棄知，大盜乃止，擿玉毀珠，小盜不起，焚符破璽而民朴鄙，掊斗折衡而民不爭，殫殘天下之聖法而民始可與論議。擢亂六律，鑠絕竽瑟，塞瞽曠之耳而天下始人含其聰矣；滅文章，散五采，膠離朱之目而天下始人含其明矣；毀絕鉤繩而棄規矩，攦工倕之指，而天下始人有其巧矣。故曰大巧若拙。削曾、史之行，鉗楊、墨之口，攘棄仁義而天下之德始玄同矣。彼人含其明，則天下不鑠矣，人含其聰，則天下不累矣，人含其知，則天下不惑矣，人含其德，則天下不僻矣。彼曾、史、楊、墨、師曠、工倕、離朱者，皆外立其德而以爚亂天下者也，法之所無用也。莊子胠篋而且說明邪？是淫於色也；說聰邪？是淫於聲也；說仁邪？是亂於德也；說義邪？是悖於理也；說禮邪？是相於技也；說樂邪？是相於淫也；說聖邪？是相於藝也；說知邪？是相於疵也。天下將安其性命之情，之八者，存可也，亡可也；天下將不安其性命之情，之八者，乃始臠卷傖囊而亂天下也，而天下乃始尊之惜之。甚矣！天下之惑也！豈直過也而去之邪？乃齊戒以言之，跪坐以進之，鼓歌以儛之，吾若是何哉？（莊子在宥）

爲圃者曰：「子奚爲者邪？」曰：「孔丘之徒也。」爲圃者曰：「子非夫博學以擬聖，於于以蓋衆，獨弦哀歌以賣名聲於天下者乎？汝方將忘汝神氣，重汝形骸，而庶幾乎而身之不能治，而何暇治天下乎？子往矣，無乏吾事。」（莊子天地）

孔子西藏書于周室。子路謀曰：「由聞周之徵藏史有老聃者，免而歸居。夫子欲藏書，則試往因焉。」孔子曰：「善。」往見老聃，而老聃不許，於是繙十二經以說。老聃中其說，曰：「大謾，願聞其要。」孔子曰：「要在仁義。」老聃曰：「請問仁義人之性邪？」孔子曰：「然。君子不仁則不成，不義則不生，仁義眞人之性也，又將奚爲矣？」老聃曰：「請問何謂仁義？」孔子曰：「中心物愷，兼愛無私，此仁義之情也。」老聃曰：「意！幾乎後言，夫兼愛，不亦迂乎？無私焉乃私也，夫子若欲使天下无失其牧乎？則天地固有常矣，日月固有明矣，星辰固有列矣，禽獸固有羣矣，樹木固有立矣，夫子亦放德而行，循道而趨，已至矣，又何偈偈乎揭仁義，若擊鼓而求亡子焉？意，夫子亂人之性也！」（莊子天道）

莊子雖攻儒而甚得儒之實，故錄之。

商大宰蕩問仁於莊子。莊子曰：「虎狼，仁也。」曰：「何謂也？」莊子曰：「父子相親，何爲不仁？」曰：「請問至仁。」莊子曰：「至仁無親。」大宰曰：「蕩聞之，無親則不愛，不愛則不孝，謂至仁，不孝可乎？」莊子曰：「不然。夫至仁尙矣，孝固不足以言之，此非過孝之言也，不及孝之言也。夫南行者至於郢，北面而不見冥山，是何也？則去之遠也。故曰：以敬孝易，以愛孝難；以愛孝易而忘親難；忘親易，使親忘我難；使親忘我易，兼忘天下難；兼忘天下易，使天下兼忘我難。夫德遺堯、舜而不爲也，利澤施於萬世，天下莫知也，豈直太息而言仁孝乎哉？夫孝悌、仁義、忠信、貞廉，此皆自勉以役其德者也，不足多也。故曰：至貴，國爵并焉；至富，國財并焉；至願，名譽并焉。是以道不渝。」莊子天運

孔子圍於陳、蔡之閒，七日不火食。大公任往弔之，曰：「子幾死乎？」曰：「然。」「子惡死乎？」曰：「然。」任曰：「子嘗言不死之道。東海有鳥焉，名曰意怠。其爲鳥也，翂翂翐翐而似無能，引援而飛，迫脅而棲，進不敢爲前，退不敢爲後，食不敢先嘗，必取其緒，是故其行列不斥而外人卒不得害，是以免於患。直木先伐，甘井先竭，子其意者飾知以驚愚，脩身以明汙，昭昭乎如揭日月而行，故不免也。」莊子山木

老子之學，藏身甚固，運用甚巧，後世多用之，其與儒有陰陽之分。飾知驚愚，脩身明汙，揭日月而行，所謂陽也，然多蒙禍患。但儒者直道而行，不肯爲老學之曲則全耳。

老萊子之弟子出薪，遇仲尼，反以告，曰：「有人於彼，脩上而趨下，末僂而後耳，視若營四海，不知其誰氏之子。」老萊子曰：「是丘也，召而來。」仲尼至。曰：「丘，去汝躬矜，與汝容知，斯爲君子矣。」仲

尼揖而退，蹙然改容而問曰：「業可得進乎？」老萊子曰：「夫不忍一世之傷而驁萬世之患，抑固窶邪，亡其略弗及邪？惠以歡爲驁，終身之醜。中民之行進焉耳，相引以名，相結以隱。與其譽堯而非桀，不如兩忘而閉其所譽。反無非傷也，動無非邪也，聖人躊躇以興事，以每成功，奈何哉其載焉終矜爾。」莊子外物

儒以詩禮發冢，大儒臚傳曰：「東方作矣，事之若何？」小儒曰：「未解裙襦，口中有珠。詩固有之曰：『青青之麥，生於陵陂。生不布施，死何含珠爲！』接其鬢，壓其顪，（儒）〔而〕以金椎控其頤，徐別其頰，無傷口中珠。」同上

莊子述老子之學以攻孔子，內外篇中開口輒言之，可知當時聲滿天下矣。名爲孔子所特立，其攻之曰：「以假詭幻怪之名聞。」又曰：「獨絃哀歌以賣名聲於天下。」又曰：「飾知驚愚脩身以明汙。」又曰：「相引以名。」蓋皆取名爲實賓、爲身贅之意也。詩、書、禮、樂爲孔子所定，其攻之曰：「性情不離，安用禮樂？」又曰：「澶漫爲樂，摘僻爲禮。」又曰：「聖人死，大盜止，斗斛權衡符璽所以重盜跖而不可禁，皆聖人之過也。」又曰：「說禮是相於技，說樂是相於淫。」又曰：「儒以詩、禮發冢。」蓋皆祖尚老子清淨無爲之旨以相攻詆也。仁以愛人，義以正我，古今之公理，推之東西南北而皆準者也。其攻之曰：「黥人以仁義，劓人以是非。」蹩躠爲仁，踶跂爲義。以聖人爲利器而大盜乃攘臂其中，以博學爲擬聖而天下不可爲俗。無親者至愛，而狼虎爲仁，自勉者役德，而天下易性。」其顛倒乎是非，謬悖其議論，祇顧一時之安，不恤天下之亂，老氏之禍慘哉！彼固知孔子之改制立教

而故爲刺謬者也。迨至天下篇則尊之爲神明聖王，且以裂天下者咎諸子之道術，然則莊子亦知言者哉！

孔子西遊於衞。顔淵問師金曰：「以夫子之行爲奚如？」師金曰：「惜乎而夫子其窮哉！」顔淵曰：「何也？」師金曰：「夫芻狗之未陳也，盛以篋衍，巾以文繡，尸祝齊戒以將之；及其已陳也，行者踐其首脊，蘇者取而爨之而已。將復取而盛以篋衍，巾以文繡，遊居寢臥其下，彼不得夢，必且數眯焉。今而夫子亦取先王已陳芻狗，聚弟子遊居寢臥其下，故伐樹於宋，削迹於衞，窮於商、周，是非其夢邪？圍於陳、蔡之間，七日不火食，死生相與鄰，是非其眯邪？夫水行莫如用舟，而陸行莫如用車，以舟之可行於水也而求推之於陸，則沒世不行。尋常古今，非水陸與？周、魯，非舟車與？今蘄行周於魯，是猶推舟於陸也，勞而無功，身必有殃。彼未知夫無方之傳，應物而不窮者也。且子獨不見夫桔槔者乎？引之則俯，舍之則仰。彼人之所引，非引人也，故俯仰而不得罪於人。故夫三皇五帝之禮義法度，不矜於同而矜於治。故譬三皇五帝之禮義法度，其猶柤梨橘柚邪？其味相反而皆可於口。故禮義法度者，應時而變者也。今取猨狙而衣以周公之服，彼必齕齧挽裂盡去而後慊。觀古今之異，猶猨狙之異乎周公也。故西施病心而矉其里，其里之醜人見而美之，歸亦捧心而矉其里。其里之富人見之，堅閉門而不出，貧人見之，挈妻子而去之走。彼知美矉而不知矉之所以美，惜乎！而夫子其窮哉！」莊子天運

古今水陸、周、魯舟車之說，蓋譏孔子之託古以改制，春秋新周王魯之事。故曰：「行周於魯，是猶推舟於陸也，勞而無功。」

莊子曰：「周聞之：儒者冠圜冠者知天時，履句屨者知地形，緩佩玦者事至而斷。君子有其道者未必爲其服也，爲其服者未必知其道也。」莊子田子方

孔子遊乎緇帷之林，休坐乎杏壇之上。弟子讀書，孔子弦歌鼓琴，奏曲未半，有漁父者下船而來，鬚眉交白，被髮揄袂，行原以上，距陸而止，左手據膝，右手持頤以聽。曲終而招子貢、子路，二人俱對。客指孔子曰：「彼何爲者也？」子路對曰：「魯之君子也。」客問其族。子路對曰：「族孔氏。」客曰：「孔氏者，何治也？」子路未應。子貢對曰：「孔氏者性服忠信，身行仁義，飾禮樂，選人倫，上以忠於世主，下以化於齊民，將以利天下，此孔氏之所治也。」又問曰：「有土之君與？」子貢曰：「非也。」「侯王之佐與？」子貢曰：「非也。」客乃笑而還，行言曰：「仁則仁矣，恐不免其身，苦心勞形以危其眞，嗚呼遠哉，其分於道也。」子貢還報孔子。孔子推琴而起曰：「其聖人與？」乃下求之，至於澤畔。方將杖拏而引其船，顧見孔子，還鄉而立。孔子反走，再拜而進。客曰：「子將何求？」孔子曰：「曩者先生有緒言而去。丘不肖，未知所謂，竊待下風，幸聞咳唾之音，以卒相丘也。」客曰：「嘻，甚矣！子之好學也！」孔子再拜而起曰：「丘少而脩學，以至于今，六十九歲矣，無所得聞至敎，敢不虛心。」客曰：「同類相從，同聲相應，固天之理也，吾請釋吾之所有而經子之所以。子之所以者，人事也，天子、諸侯、大夫、庶人，此四者，自正治之美也，四者離位而亂莫大焉，官治其職，人憂其事，乃無所陵。故田荒室露，衣食不足，徵賦不屬，妻妾不和，長少無序，庶人之憂也；能不勝任，官事不治，行不淸白，羣下荒怠，功美不有，爵祿不持，大夫之憂也；廷無忠臣，國家昏亂，工技不巧，貢職不美，春秋後倫，不

順天子，諸侯之憂也；陰陽不和，寒暑不時，以傷庶物，諸侯暴亂，擅相攘伐，以殘民人，禮樂不節，財用窮匱，人倫不飭，百姓淫亂，天子有司之憂也。今子旣上無君侯有司之勢，而下無大臣職事之官，而擅飾禮樂，選人倫，以化齊民，不泰多事乎？」莊子漁父

魯哀公問於顏闔曰：「吾以仲尼爲貞幹，國其有瘳乎？」曰：「殆哉圾乎，仲尼方且飾羽而畫，從事華辭，以支爲旨，忍性以視民，而不知不信，受乎心，宰乎神，夫何足以上民？彼宜汝與？予頤與？誤而可矣。今使民離實學僞，非所以視民也，爲後世慮，不若休之，難治也，施於人而不忘，非天布也。」莊子列禦寇

莊子漁父、列禦寇非眞文，前人辨之已詳。以其流傳甚久，亦莊子之後學也，故存之。

語曰：「流丸止於甌臾，流言止於智者。」此家言邪學之所以惡儒者也。荀子大略

按家言邪學，指戰國諸子之攻儒者也。

仲尼閒居，子貢入侍，而有憂色。子貢不敢問，出告顏回。顏回援琴而歌。孔子聞之，果召回入，問曰：「若奚獨樂？」回曰：「夫子奚獨憂？」孔子曰：「先言爾志。」曰：「吾昔聞之夫子曰：『樂天知命故不憂。』回所以樂也。」孔子愀然有閒曰：「有是言哉，汝之意失矣。此吾昔日之言爾，請以今言爲正也。汝徒知樂天知命之無憂，未知樂天知命有憂之大也。今告若其實，脩一身，任窮達，知去來之非我，亡變亂於心慮，爾之所謂樂天知命之無憂也。曩吾脩詩、書，正禮、樂，將以治天下，遺來世，非但脩一身，治魯國而已。而魯之君臣，日失其序，仁義益衰，性情益薄，此道不行一國與當年，其如天下與來

世矣。吾始知詩、書、禮、樂無救於治亂，而未知所以革之之方，此樂天知命者之所憂。雖然，吾得之矣，夫樂而知者，非古人之所謂樂知也，無樂無知，是眞樂眞知；故無所不樂，無所不知，無所不憂，無所不爲，詩、書、禮、樂何棄之有？革之何爲？」列子仲尼

此是華嚴第八地境界。

周、秦諸子多創異說，其以爲孔子、顏子之言，本不足據。惟引用樂天知命兩語，出於繫辭，蓋列子遠在孔子後，亦讀孔子書，後從老氏以叛教者也。其曰「修詩、書，正禮、樂，」可知六經皆孔子手作，而分見於諸經之義理制度爲孔子者無疑矣。

孔子明帝王之道，應時君之聘，伐樹於宋，削迹於衞，窮於商、周，圍於陳、蔡，受屈於季氏，見辱於陽虎，戚戚然以至於死，此天民之遑遽者也。列子楊朱

楊朱曰：「原憲窶於魯，子貢殖於衞。原憲之窶損生，子貢之殖累身。然則窶亦不可，殖亦不可，其可者焉在？曰：可在樂生，可在逸身。故善樂生者不窶，善逸身者不殖。」同上

楊子之鄰人亡羊，既率其黨，又請楊子之豎追之。楊子曰：「嘻，亡一羊，何追者之衆？」鄰人曰：「多歧路。」既反，問：「獲羊乎？」曰：「亡之矣。」曰：「奚亡之？」曰：「歧路之中又有歧焉，吾不知所之，所以反也。」楊子戚然變容，不言者移時，不笑者竟日。門人怪之，請曰：「羊，賤畜，又非夫子之有，而損言笑者，何哉？」楊子不答。門人不獲所命。弟子孟孫陽出以告心都子。心都子他日與孟孫陽偕入而問曰：「昔有昆弟三人，游齊、魯之間，同師而學，進仁義之道而歸。其父曰：『仁義之道若

何？』伯曰：『仁義使我愛身而後名。』仲曰：『仁義使我殺身以成名。』叔曰：『仁義使我身名並全。』彼三術相反而同出於儒，孰是孰非邪？」楊子曰：「人有濱河而居者，習於水，勇於泅，操舟鬻渡，利供百口。裹糧就學者成徒，而溺死者幾半。本學泅，不學溺，而利害如此。若以爲孰是孰非？」心都子嘿然而出。孟孫陽讓之曰：「何吾子問之迂，夫子答之僻？吾惑愈甚。」心都子曰：「大道以多歧亡羊，學者以多方喪生。學非本不同，非本不一，而末異若是，唯歸同反一，爲亡得喪。子長先生之門，習先生之道，而不達先生之況也，哀哉！」列子說符

韓非子顯學篇：儒分爲八，墨分爲三。後師各分門戶，所造不同，故多歧也。且孔子條理紛繁，無所不有，莊生以爲明本數，繫末度，其義理之多可想矣。多而攻之爲歧，蓋有以也。然方其體者無轉圜之用，得一面者無肆應之功，道烏可以執一哉？何歧之有也？

故曰：農戰之民千人而有詩、書辯慧者一人焉，千人者皆怠於農戰矣。商君書農戰

詩、書、禮、樂、善、脩、仁、廉、辯、慧，國有十者，上無使守戰。國以十者治，敵至必削，不至必貧。同上

攻儒者亦多端，然無有商、韓之無道者。詩、書、禮、樂固勿論，仁、廉、善、脩亦惡之，此眞異聞。戰國時，精論謬論無所不有如此。

雖有詩、書，鄉一束，家一員，獨無益於治也，非所以反之術也。商君書農戰

國有禮、有樂、有詩、有書、有善、有修、有孝、有悌、有廉、有辯，國有十者，上無使戰，必削至亡；國無十者，上有使戰，必興至王。商君書去强

國用詩、書、禮、樂、孝、悌、善、修治者，敵至必削國，不至必貧。同上

攻及孝悌，尤爲悖謬，豈秦固貴不孝不悌乎？相攻至此，固不可以理論矣。

仁者，能仁於人而不能使人仁；義者，能愛於人而不能使人相愛，是以知仁義之不足以治天下也。商君書畫策

辯慧，亂之贊也。禮樂，淫佚之徵也。慈仁，過之母也。任譽，姦之鼠也。商君書說民

故事詩、書談說之士，則民游而輕其君。商君書算地

六蝨：曰禮、樂，曰詩、書，曰修善，曰孝悌，曰誠信，曰貞廉，曰仁義，曰非兵，曰羞戰，國有十二者，上無使農戰，必貧至削；十二者成羣，此謂君之治不勝其臣，官之治不勝其民，此謂六蝨勝其故也；十二者成樸必削。商君書靳令

詩、書、禮、樂、仁義皆棄絕，亦不復責，誠信、貞廉亦以爲蝨，則是以欺貪爲能治乎？橫議之無理至此，孟子所謂於禽獸奚(難)〔擇〕也。然敢發此論，其心思亦不可解矣。

禹貢亦著山川高下原隰而不知大道之遙。鹽鐵論論鄒

此鄒衍攻儒而及禹貢，謂禹貢爲孔子之筆也。

鄒子疾晚世之儒、墨，不知天地之弘，昭曠之道，將一曲而欲道九折，守一隅而欲知萬方，猶無準平而欲知高下，無規矩而欲知方圓也。鹽鐵論論鄒

鄒子之學有君臣、上下、六親，亦與儒同。而史遷多微辭，以其疾儒也。其道自小推至大，又謂治各

有宜，陳義必甚多，惜於今不傳。

田子讀書，曰：「堯時太平。」宋子曰：「聖人之治以致此乎？」彭蒙在側，越次答曰：「聖法之治以至此，非聖人之治也。」宋子曰：「聖人與聖法何以異？」彭蒙曰：「子之亂名甚矣。」尹文子大道下

老子曰：「道者，萬物之奧，善人之寶，不善人之所寶。是道治者謂之善人，藉名、法、儒、墨者謂之不善人。」尹文子大道上

右戰國時諸子攻儒。

客有見田駢者，被服中法，進退中度，趨翔閑雅，辭令遜敏。田駢聽之畢而辭之。客出，田駢送之以目。弟子謂田駢曰：「客，士歟？」田駢曰：「殆乎非士也。今者客所弇斂，士所術施也，士所弇斂，客所術施也，客殆乎非士也。故火燭一隅，則室偏無光。骨節蚤成，空竅哭歷，身必不長。衆無謀方，乞謹視見，多故不良，志必不公，不能立功，好得惡予，國雖大，不爲王，禍災日至。故君子之容，純乎其若鍾山之玉，桔乎其若陵上之木，淳淳乎慎謹畏化而不肯自足，乾乾乎取舍不悅而心甚素樸。」呂氏春秋士容

田駢、慎到，莊子謂其無生人之行，至於死人之理者。此客被服中法，進退中度，趨翔閑雅，是儒者也。田駢近黄、老學，故攻之。

孔穿、公孫龍相與論於平原君所，深而辯，至於藏三牙，公孫龍言藏之三牙甚辯，孔穿不應。少選，辭而出。明日，孔穿朝。平原君謂孔穿曰：「昔者公孫龍之言甚辯。」孔穿曰：「然，幾能令藏三牙矣。雖然，難。願得有問於君，謂藏三牙甚難而實非也，謂藏兩牙甚易而實是也，不知君將從易而是也者乎，

將從難而非者乎？」平原君不應。明日，謂公孫龍曰：「公無與孔穿辯。」呂氏春秋淫辭

公孫龍子習於名家，爲墨子餘派。儒、墨不相能，故亦攻儒。

孔、墨之弟子徒屬充滿天下，皆以仁義之術教導於天下，然而無所行；教者術猶不能行，又況乎所教。是何也？仁義之術外也。呂氏春秋有度

人有惡孔子於衞君者，曰：「尼欲作亂。」衞君欲執孔子，孔子走，弟子皆逃。韓非子外儲說左

衞將軍文子見曾子。曾子不起而延於坐席，正身於奧。文子謂其御曰：「曾子，愚人也哉！以我爲君子也，君子安可毋敬也？以我爲暴人也，暴人安可侮也？」曾子不僇命也。韓非子說林下

夫嬰兒相與戲也，以塵爲飯，以塗爲羹，以木爲胾，然至日晚必歸饟者，塵飯塗羹，可以戲而不可食也。夫稱上古之傳，頌辯而不慤，道先王仁義而不能正國者，此亦可以戲而不可以爲治也。夫慕仁義而弱亂者，三晉也；不慕而治强者，秦也，然而未帝者，治未畢也。韓非子外儲說左

或曰：「仲尼以文王爲智也，不亦過乎？夫智者知禍難之地而辟之者也，是以身不及於患也。使文王所以見惡於紂者，以其不得人心耶？則雖索人心以解惡可也。紂以其大得人心而惡之，己又輕地以收人心，是重見疑也，固其所以桎梏囚於羑里也。鄭長者有言：「體道，無爲無見也。」此最宜於文王矣，不使人疑之也。仲尼以文王爲智，未及此論也。韓非子難二

攻仲尼，攻文王，亦猶攻堯、舜、湯、武也。

是故亂國之俗，其學者則稱先王之道以籍仁義，盛容服而飾辯說，以疑當世之法而貳人主之心；其言

古者爲設詐稱借於外力以成其私，而遺社稷之利。韓非子五蠹

今世儒者之說人主，不善今之所以爲治，而語已治之功；不審官法之事，不察姦邪之情，而皆道上古之傳，譽先王之成功。儒者飾辭曰：「聽吾言則可以霸王。」韓非子顯學

故孔、墨之後，儒分爲八，墨離爲三，取舍相反不同而皆自謂眞孔、墨；孔、墨不可復生，將誰使定後世之學乎？孔子、墨子俱道堯、舜而取舍不同，皆自謂眞堯、舜；堯、舜不復生，將誰使定儒、墨之誠乎？殷、周七百餘歲，虞、夏二千餘歲，而不能定儒、墨之眞；今乃欲審堯、舜之道於三千歲之前，意者其不可必乎？無參驗而必之者愚也，弗能必而據之者誣也，故明據先王，必定堯、舜者，非愚則誣也。愚誣之學，雜反之行，明主弗受也。墨者之葬也，冬日冬服，夏日夏服，桐棺三寸，服喪三月，世以爲儉而禮之；儒者破家而葬，服喪三年，大毁扶杖，世主以爲孝而禮之。夫是墨子之儉，將非孔子之侈也；是孔子之孝，將非墨子之戾也。今孝戾侈儉俱在儒、墨而上兼禮之。同上

韓非子以孔、墨爲顯學，且明其後學之盛，儒分爲八，墨離爲三。二教並行，其披倡於周、秦之際者，亦盛矣。荀子非十二子有子張、子夏、子游之儒，莊子天下篇有苦獲、鄧陵、南北墨、別墨之號。蓋儒、墨爭教，勢力均敵，互相頡頏，而墨子以苦人之道卒敗於孔子，固由後學之不及，亦其道有以致此也。

天下皆以孝悌忠順之道爲是也，而莫知察孝悌忠順之道而審行之，是以天下亂。皆以堯舜之道爲是而法之，是以有亂君，有曲父，堯、舜、湯、武或反君臣之義，亂後世之教者也。堯爲人君而君其臣，舜爲人

臣而臣其君，湯、武人臣而弒其主，刑其尸，而天下譽之，此天下所以至今不治者也。夫所謂明君者，能畜其臣者也，所謂賢臣者，能明法辟、治官職以戴其君者也。今堯自以爲明而不能以畜舜，舜自以爲賢而不能以戴堯，湯、武自以爲義而弒其君長，此明君且常與而賢臣且常取也。故至今爲人子者有取其父之家，爲人臣者有取其君之國矣，父而讓子，君而讓臣，此非所以定位一敎之道也。（韓非子忠孝）

商君攻孝悌誠信，韓非攻堯、舜、湯、武孝弟忠順，亙古悖論，未有甚於是者！然其端實老子開之。老子棄仁義孝慈，絕聖智，故韓非承之。

故明主之國，無書簡之文，以法爲敎；無先王之語，以吏爲師。（韓非子五蠹）

孝經緯託先王以明權，則先王之語，亦儒者之語也。以法爲敎，以吏爲師，孔子未改制之先，時君之治國者，大率如此。韓非援上古之世以攻儒術，多見其不知量也，何明主之國之有？

今學者之言也，不務本作而好末事，道虛惠以說民，此勸飯之說。勸飯之說，明主不受也。（韓非子八說）

或曰：仲尼不知善賞矣。夫善賞罰者，百官不敢侵職，羣臣不敢失禮，上設其法而下無姦詐之心。如此，則可謂善賞罰矣。（韓非子難一）

賞罰嚴明，所以用法也。韓非尚法，故賞罰爲專家之學，是以譏孔子不知善賞。

或曰：仲尼之對，亡國之言也。恐民有倍心而說之，悅近而來遠，則是敎民懷惠。惠之爲政，無功者受賞而有罪者免，此法之所以敗也。法敗而政亂，以亂政治敗民，未見其可也。且民有倍心者，君上之明有所不及也，不紹葉公之明而使之悅近而來遠，是舍吾勢之所能禁，而使與天下行惠以爭民，非能持

勢者也。夫堯之賢，六王之冠也，舜一從而咸包，而堯無天下矣。有人無術以禁下，恃爲舜而不失其民，不亦無術乎？韓非子難三

不知讓天下之盛德而譏御下之無術，是笑伯夷之餓不解爲盜也。

主上有令，而民以文學非之，官府有法，民以私行矯之，人主顧漸其法令而尊學者之智行，此世之所以多文學也。夫言行者以功用爲之的彀者也。夫砥礪殺矢而以妄發其端，未嘗不中秋毫也，然而不可謂善射者，無常儀的也；設五寸之的，引十步之遠，非羿、逢蒙不能必中者，有常也。故有常則羿、逢蒙以五寸的爲功，無常則以妄發之中秋毫爲拙。今聽言觀行不以公用爲之的彀，言雖至察，行雖至堅，則妄發之說也。是以亂世之聽言也，以難知爲察，以博文爲辯，其觀行也，以離羣爲賢，以犯上爲抗。人主者，說辯察之言，尊賢抗之行，故夫作法術之人，立取舍之行，別辭爭之論，而莫爲之正，是以儒服帶劍者衆，而耕戰之士寡，堅白無厚之詞章，而憲令之法息。故曰：上不明則辯生焉。韓非子問辯

韓非與李斯同學於荀子，而二人之敗，其事同，其禍同。觀史記李斯傳斯辭荀子之言，從可知矣。蓋二人皆以急功名之故，遂嚴法酷令以投時君，時君說之，其禍中於人，亦反及於己。辯察之言，賢抗之行，非以爲亂世，無怪其與李斯同也。

夫上之所貴與其所以爲治相反也。夫立名號所以爲尊也，今有賤名輕實者，世謂之高；設爵位所以爲賤貴基也，而簡上不求見者世謂之賢；威利所以行令也，而無利輕威者世謂之重；法令所以爲治也，而不從法令爲私善者，世謂之忠；官爵所以勸民也，而好名義不進仕者，世謂之烈士；刑罰所以擅威

也，而輕法不避刑戮死亡之罪者，世謂之勇夫。民之急名也甚，其求利也如此，則士之飢餓乏絶者，焉得無巖居苦身以爭名於天下哉？故世之所以不治者，非下之罪，上失其道也，常貴其所以亂而賤其所以治，是故下之所欲常與上之所以爲治相詭也。今下而聽其上，上之所急也，而惇慤純信，用心怯言，時謂之窶；守法固，聽令審，則謂之愚；敬上畏罪則謂之怯；言時節，行中適，則謂之不肖；無二心私學，（吏）聽吏從敎者，則謂之陋；難致謂之正；難予謂之廉；難禁謂之齊；有令不聽從謂之勇；無利於上謂之愿；少欲寬惠行德謂之仁；重厚自尊謂之長者；私學成羣謂之師徒；閒靜安居謂之有思；損仁逐利謂之疾險；躁佻反覆謂之智；先爲人而後自爲，類名號，言汎愛天下謂之聖；言大本稱而不可用，行而乖於世者謂之大人；賤爵祿不撓上者謂之傑。下漸行如此，入則亂民，出則不便也，上宜禁其欲滅其（近）〔迹〕而不止也，又從而尊之，是敎下亂上以爲治也。韓非子詭使

韓非以險隘酷烈之術求售於天下，而尙名節、賤爵祿者皆欲禁絶之，甚之先爲人而後自爲，類名號，言汎愛，亦攻之不遺餘力。使其道大行，孔子之敎掃地矣，嗚呼慘哉！

聖智成羣，造言作辭以非法令於上，上不禁塞，又從而尊之，是敎下不聽上、上不從法也。韓非子詭使

學道立方離法之民也，而世尊之曰文學之士。韓非子六反

博習辯智如孔、墨，孔、墨不耕耨則國何得焉？修孝寡欲如曾、史，曾、史不戰攻則國何利焉？匹夫有私便，人主有公利。不作而養足，不仕而名顯，此私便也；息文學而明法度，塞私便而一功勞，此公利也。錯法以道民也，而又貴文學，則民之所師法也疑；賞功以勸民也，而又尊行修，則民之產利也惰。夫貴

文學以疑法，尊行修以貳功，索國之富强，不可得也。韓非子八說

故舉先王、言仁義者盈廷，而政不免於亂；行身者競於爲高而不合於功，故智士退處巖穴，歸祿不受，而兵不免於弱。政不免於亂，此其故何也？民之所譽，上之所禮，亂國之術也。韓非子五蠹

國平養儒俠，難至用介士，所利非所用，所用非所利；是故服事者簡其業，而於游學者日衆，是世之所以亂也。

儒以文亂法，俠以武犯禁，而人主兼禮之，此所以亂也。夫離法者罪，而諸先〔王〕〔生〕以文學〔取〕，犯禁者誅，而羣俠以私劍養，故法之所非，君之所取，吏之所誅，上之所養也。法趣上下，四相反也而無所定，雖有十黄帝，不能治也。故行仁義者非所譽，譽之則害功；〔工〕文學者非所用，用之則亂法。今修文學，習言談，則無耕之勞而有富之實，無戰之危而有貴之尊，則人孰不爲也？並同上

國平則養儒俠，難至則用介士，所養者非所用，所用者非所養，此所以亂也。且夫人主於聽學也，若是其言，宜布之官而用其身；若非其言，宜去其身而息其端。今以爲是也而弗布於官，以爲非也而不息其端，是而不用，非而不息，亂亡之道也。澹臺子羽，君子之容也，仲尼幾而取之，〔於〕〔與〕處久而行不稱其貌；宰予之辭，雅而文也，仲尼幾而取之，與處而智不充其辯。故孔子曰：「以容取人乎，失之子羽；以言取人乎，失之宰予。」故以仲尼之智而有失實之聲。今之新辯濫乎宰予，而世主之聽眩乎仲尼，爲悦其言，因任其身，則焉得無失乎？韓非子顯學

儒俠毋軍勞，顯而榮者，則民不使，與象人同事也。夫〔禍知〕〔知禍〕磐石象人，而不知禍商官儒俠爲不

墾之地、不使之民，不知事類者也。同上

韓非祖尚老子，一變而爲刑法之學，故所言多急功近利愚人之術。戰國之世，儒、墨後學盛行於時，韓非目擊其所傳之道與己之法大相刺謬，遂倡言剖擊，謂無耕之勞，有富之實，無戰之危，有貴之尊，一則曰亂人之法，再則曰亂人之國。嗚呼！食功食志，彭更之見何迂？何韓非以學道立方爲離法之民也？其比於彭更有間矣。

故其論儒也，謂之不耕而食，比之於一蠹；論有益與無益也，比之於鹿馬。馬之似鹿者千金，天下有千金之馬，無千金之鹿，鹿無益馬有用也。儒者猶鹿，有用之吏猶馬也。論衡非韓

魯繆公問於子思曰：「吾聞龐撊是子不孝，不孝其行奚如？」子思對曰：「君子尊賢以崇德，舉善以勸民，若夫過行，是細人之所識也，臣不知也。」子思出，子服厲伯見。君問龐撊是子，子服厲伯對以其過，皆君子所未曾聞。自是之後，君貴子思而賤子服厲伯。韓子聞之，以非繆公，以爲明君求姦而誅之，子思不以姦聞而厲伯以姦對，厲伯宜貴，子思宜賤。

韓子非儒，謂之無益有損。蓋謂俗儒無行操，舉措不重禮，以儒名而俗行，以實學而僞說，貪官尊榮，故不足貴。並同上

韓非尚老及申、韓，與儒爲反，卽有儒行，不貪官榮，亦攻之。

由余，其先晉人也，亡入戎，能晉言。聞繆公賢，故使由余觀秦。秦繆公示以宮室積聚，由余曰：「使鬼爲之則勞神矣，使人爲之亦苦民矣。」繆公怪之，問曰：「中國以詩、書、禮、樂法度爲政，然尚時亂。今

戎夷無此，何以爲治？不亦難乎？」由余笑曰：「此乃中國所以亂也。夫自上聖黃帝作爲禮樂法度，身以先之，僅以小治；及其後世，日以驕淫，阻法度之威以責督於下，下罷極則以仁義怨望於上，上下交爭，怨而相篡弑，至於滅宗，皆以此類也。夫戎夷不然，上含淳德以遇其下，下懷忠信以事其上，一國之政猶一身之治，不知所以治，此眞聖人之治也。」史記秦本紀

以禮樂爲亂世，以夷狄爲聖人，亦厭禮樂之煩，故爲此言。

今陛下創大業，建萬世之功，固非愚儒所知。史記秦始皇本紀

右秦時諸子攻儒。

於是博學以疑聖，華誣以脅衆，弦歌鼓舞、緣飾詩、書以買名譽於天下，繁登降之禮，飾紱冕之服，聚衆不足以極其變，積財不足以贍其費，於是萬民乃始慲觟離跂，各欲行其知僞以來鑿枘於世，而錯擇名利；是故百姓曼衍於淫荒之陂，而失其大宗之本。夫世之所以喪性命，有衰漸以然，所由來者久矣。淮南子俶眞訓

老氏以無爲爲宗旨，墨子以尙儉爲宗旨，故買名譽、飾禮貌者，二氏皆攻之也。

故魯國服儒者之禮，行孔子之術，地削名卑，不能親近來遠。越王勾踐劗髮文身，無皮弁搢笏之服，拘罷拒折之容，然而勝夫差於五湖，南面而霸天下，泗上十二諸侯皆率九夷以朝。胡、貉、匈奴之國，縱體拖髮，箕倨反言，而國不亡者，未必無禮也。楚莊王裾衣博袍，令行乎天下，遂霸諸侯，晉文君大布之衣，牂羊之裘，韋以帶劍，威立於海內，豈必鄒、魯之禮之謂禮乎？淮南子齊俗訓

此皆攻儒之衣服禮容者。儒不尙詐謀，不言兵，故國弱；然魯人從儒，其君實未專用儒道也。

古者非不知繁升降槃還之禮也，蹀采齊、肆夏之容也，以爲曠日煩民而無所用，故制禮足以佐實喻意而已矣。古者非不能陳鐘鼓，盛筦簫，揚干戚，奮羽旄，以爲費財亂政，制樂足以合歡宣意而已，喜不羨於音。非不能竭國麋民，虛府殫財，含珠鱗(拖)〔施〕，綸組節束，追送死也，以爲窮民絕業，而無益於槁骨腐肉也。故葬薶足以收斂蓋藏而已。淮南子齊俗訓

淮南是老學，其攻儒亦采墨學爲之。

亂國則不然，言與行相悖，情與貌相反，禮飾以煩，樂優以淫，崇死以害生，久喪以招行，是以風俗濁於世而誹譽萌於朝。淮南子齊俗訓

飾禮淫樂，崇死久喪，其攻與墨子同。是老學亦大不以爲然者。老學爲法淨自然，不爲飾外也。

夫三年之喪，是强人所不及也，而以僞輔情也。淮南子齊俗訓

武王伐紂，載尸而行，海內未定，故不爲三年之喪。始禹遭洪水之患，陂塘之事，故朝死而暮葬。此皆聖人之所以應時耦變，見形而施宜者也。今之脩干戚而笑钁插，知三年非一日，是從牛非馬，以徵笑羽也。同上

漢時遺書尙有以禹、武不爲三年之喪、三月之葬者，引古以攻儒。

跖之徒問跖曰：「盜亦有道乎？」跖曰：「奚適其無道也？夫意而中藏者，聖也；入先者，勇也；出後者，義也；分均者，仁也；知可否者，智也。五者不備而能成大盜者，天下無之。」由此觀之，盜賊之心

必託聖人之道而後可行。故老子曰：「絶聖棄智，民利百倍。」淮南子道應訓

此文與莊子胠篋同，可知是周、秦諸子異説，而孔學以大名而見譏可想矣。

詩、春秋，學之美者也，皆衰世之造也，儒者循之以敎導於世，豈若三代之盛哉？淮南子氾論訓

詩是商、周詩，而淮南以爲不若三代之盛，可見詩爲孔子所作，故以爲衰世之造，與三代無與矣。此以舊制攻孔子者。

今夫儒者不本其所以欲而禁其所欲，不原其所以樂而閉其所樂，是猶決江、河之源而障之以手者也。淮南子精神訓

孔氏不喪出母，此禮之失者。淮南子説山訓

喪服無出母之服，時人譏之。

哀公好儒而削。淮南子人間訓

戰國人多以魯好儒而削，爲儒罪。其實哀公未嘗聽用孔子也。

富國何必用本農？足民何必井田也？鹽鐵論力耕

井田是孔子所立，有若之對哀公，孟子之對滕文，使爲大周定制，則魯爲秉禮，滕亦姬宗，煌煌大典，誰敢不從，又何必二子言之？漢亦未有行此制，故漢人猶攻之。

山澤無征則君臣同利，刀幣無禁則姦貞並行，夫臣富相侈，下專利相傾也。鹽鐵論錯幣

孔子之制，不征山澤，不言錢幣，漢廷俗吏溺守舊法，豈肯用之？

故未遑扣扃之義，而錄拘儒之論。鹽鐵論復古

漢人開口以儒爲拘，則儒之守禮而遵師法可知。自干乘兒寬以治尙書位冠九卿，及所聞睹選舉之士，擢升贊憲甚顯，然未見絶倫比而爲縣官興滯立功也。鹽鐵論刺復

公孫丞相以春秋說先帝，遽卽三公而無益於治。博士褚泰、徐偃等承明詔，建節馳傳，巡省郡國，舉孝廉，勸元元，而流俗不改。同上

武帝擢用儒者以不次，雖未盡得其人，而儒術之行實賴之，桓寬何足以知此？

孟軻守舊術，不知世務，故困於梁、宋；孔子能方不能圓，故饑於黎邱。今晚世之儒，勤德時有乏匱，言以爲非，因此不行。自周室以來，千有餘歲，獨有文、武、成、康，如言必參一焉。取所不能及而稱之，猶躄者能言遠，不能行也。鹽鐵論論儒

當戰國時，異學競出，故以孟子爲守舊。至孔子之饑於黎邱，亦常事耳，訾詆及此，夫亦何所不至哉！

御史曰：「論語云：『親於其身爲不善者，君子不入也。』有是言而行不足從也。季氏爲無道，逐其君，奪其政，而冉求、仲由臣焉。禮：男女不授受不交爵。孔子適衞，因嬖臣彌子瑕以見衞夫人。子路不悅。子瑕，佞臣也，夫子因之，非正也。男女不交，孔子見南子，非禮也。禮義由孔氏出，且貶道以求容，惡在其釋事而退也？」鹽鐵論論儒

禮義由孔氏出，蓋御史亦知孔子改制也。

原憲、孔伋，當世被饑寒之患，顏回簍空於窮巷，當此之時，迫於窟穴，拘於縕袍，雖欲假財信姦佞，亦不能也。鹽鐵論貧富

饑寒亦常事耳，安足以病諸賢？觀其言，若以假財信姦佞爲能者，何其謬也？然可見時人忌而譏之甚至矣。

儒、墨內貪外矜，往來游說栖栖然，亦未爲得也。鹽鐵論毀學

孔子爲行道救時計，凡有所以行吾道者則爲之，故曰「內貪；」不直則道不行，故曰「外矜；」往來游說，雖未有得，亦栖栖然而不止。亦可見傳道之勤矣。

戍卒陳勝釋輓輅，首爲叛逆，自立張楚。非有回、由處士之行，宰相列臣之位也，奮於大澤，不過旬月，而齊、魯儒墨薦紳之徒，肆其長衣，——長衣，官之也——負孔氏之禮器詩書委質爲臣。孔甲爲涉博士，卒俱死陳，爲天下笑。鹽鐵論褒賢

孔子卒後，澹臺滅明居楚，子貢居衞，子夏居西河，大者爲師傅卿相，小者友敎士大夫，七十弟子，六萬徒侶，專以傳敎爲事。故以涉之微淺而負禮器詩書委質爲臣，孔甲且爲博士，雖死而不辭。傳敎爲主，則不必擇其人，但以行其敎也。

趙綰、王臧之等以儒術擢爲上卿，而有奸利殘忍之心；主父偃以口舌取大官，竊權重，欺紿宗室，受諸侯之賂：卒皆誅死。鹽鐵論褒賢

今儒者釋耒耜而學不驗之語，曠日彌久而無益於理，往來浮游，不耕而食，不蠶而衣，巧爲良民以奪農妨政，此亦當世之所患也。鹽鐵論相刺

攻儒者往來浮游，亦可見傳道之勤矣。攻儒術爲不驗之語，以其創說，自古未嘗行之也。

昔魯繆公之時，公儀爲相，子思、子原爲之卿，然北削於齊，以泗爲境，南畏楚人，西賓秦國。孟軻居梁，兵折於齊，上將軍死而太子虜，西敗於秦，地奪壤削，亡河內河外。夫仲尼之門，七十子之徒，去父母，捐室家，負荷而隨孔子，不耕而學，亂乃愈滋。故玉屑滿篋不爲有寶，詩、書負笈不爲有道，要在安國家，利人民，不苟文繁衆辭而已。鹽鐵論相刺

公儀、子思原固無負於魯，孟氏子輿亦何害於梁？魯削梁亡，實由積勢。且二國究非用賢，其至此亦宜哉！七十子之徒，去父母，捐室家，負荷而隨孔子，其爲道亦至矣。亂之愈滋，安足爲諸賢害哉？

據古人以應當世，猶辰參之錯，膠柱而調瑟，固而難合矣。孔子所以不用於世，而孟軻見賤於諸侯也。鹽鐵論相刺

今文學言治則稱堯、舜，道行則稱孔、墨，授之政則不達，懷古道而不能行，言直而行之枉，道是而情非，衣冠有以殊於鄉曲，而實無以異於凡人。同上

衣冠殊於鄉曲，當時一受儒敎，輒變冠服，如今一爲僧道，卽變冠服然。

七十子躬受聖人之術，有名列於孔子之門，皆諸侯卿相之才，可南面者數人，可政事者冉有、季路，言語宰我、子貢。宰我秉事，有寵於齊，田常作難，道不行，身死庭中，簡公殺於檀臺。子路仕衞，孔悝作亂，

不能救君出亡，身菹於衞，子貢、子皋逃遁不能死其難；食人之重祿不能更，處人尊官不能存，何其厚於己而薄於君哉？同門共業，自以爲知古今之義，明君臣之禮，或死或亡，二三子殊路，何道之悖也？鹽鐵論殊路

諸賢既傳道於孔子，而或死，或幾於死，其爲道亦勤矣！俗人不知，且不諒其苦，既死則笑其愚，不死則譏其悖，何口舌之酷至此哉？

孔子外變二三子之服而不能革其心、故子路解長劍，去危冠，屈節於夫子之門，然攝齊師友行行爾，鄙心猶存。宰予晝寢，欲損三年之喪。孔子曰：「糞土之牆，不可杇也。」「若由不得其死然。」故內無其質而外學其文，雖有賢師良友，若畫脂鏤冰，費日損功。鹽鐵論殊路

儒者之服，三年之喪，皆孔子所特立者也。孔子變二三子之服，而子路長劍危冠之服去；定三年之喪，而宰予之禮敗樂崩之說興。不然，大周定制，愚者猶不敢疑之，況宰予哉？

仲由、冉求無檀柘之材，隋、和之璞，而强文之。鹽鐵論殊路

季由以强梁死，宰我以柔弱殺。使二子不學，未必不得其死。何者？矜己而伐能，小知而巨收。鹽鐵論訟賢

不學未必不得其死，其語誠是。然爲道而死，死得所矣。季由强梁，宰我柔弱，不亦可以瞑目乎哉？

晏子有言：儒者華於言而寡於實，繁於樂而舒於民，久喪以害生，厚葬以傷業，禮煩而難行，道近而難遵，稱往古而言訾當世，賤所見而貴所聞。比人本狂，以己爲拭，此顏異所以誅黜，而狄山死於匈奴也。

鹽鐵論論誹

當時諸家賤儒，行不逮言，故來當世之譏。然榮華其言，亦可見儒者之移人亦在此。

往者，陳餘背漢，斬於泜水；伍被邪逆，而夷三族；近世主父偃行不軌而誅滅，呂步舒弄口而見戮，行身不謹，誅及無罪之親。由此觀之，虛禮無益於己也。鹽鐵論孝養

弄口見戮，無益於己而廣說法，則有益於人也。

文學褒衣博帶，竊周公之服，鞠躬踧踖，竊仲尼之容，議論稱誦，竊商、賜之辭，刺譏言治，過管、晏之才，心卑卿相，志小萬乘。及授之政，昏亂不治。鹽鐵論利議

褒衣博帶，儒服也；鞠躬踧踖，禮容也；議論稱誦，法言也。於詆毀之家，可見儒敎面目。

諸生闒茸無行，多言而不用，情貌不相副，若穿踰之盜，自古而患之；是孔丘斥逐於魯君，曾不用於世也。何者？以其首攝多端，迂時而不要也。故秦王燔去其術而不行，坑之渭中而不用，乃安得鼓口舌，申顏眉，預前論，議是非國家之事也。鹽鐵論國病

孔子陳義甚廣，故以爲首攝多端。

巫祝不可與並祀，諸生不可與逐語，信往疑今，非人自是。夫道古者稽之今，言遠者合之近，日月在天，其徵在人，菑異之變，夭壽之期，陰陽之化，四時之敍，水火金木妖祥之應，鬼神之靈，祭祀之福，日月之行，星辰之紀，曲言之故，何所本始，不知則默，無苟亂耳。鹽鐵論論菑

讀此可知陰陽災異之說爲孔子所獨創。以下難陰陽五行者尚有數條，以非相攻，姑不錄，俟錄入孔子大義耳。

文學所稱聖知者，孔子也，治魯不遂，見逐於齊，不用於衞，遇圍於匡，困於陳、蔡。夫知時不用猶說，强也；知困而不能已，貪也；不知見欺而往，愚也；困辱不能死，恥也。若此四者，庸民之所不爲也，何況君子乎？鹽鐵論大論

至於漢世，猶攻孔詆儒若此，以其匹夫創説，未嘗行之也。

儒者口能言治亂，無能以行之。鹽鐵論能言

故使言而近，則儒者何患於治亂。同上

談治術者多攻之，卽迂遠不切於事情之意也。

世人有言，鄙儒不如都士。鹽鐵論國病

儒皆貧羸，衣冠不完，安知國家之政，縣官之事乎？何什㱿造陽也？鹽鐵論地廣

惑於愚儒之文詞，以疑賢士之謀。鹽鐵論刑德

徐偃王行義而滅，好儒而削。鹽鐵論和親

儒者不知治世而善訾議。鹽鐵論詔聖

莊子謂春秋經世先王之志，然則儒以孔子之學治世亦可也，不治世者，不合於時人之見耳。

文學祖述仲尼，稱誦其德，以爲自古及今，未之有也。然孔子修道齊、魯之間，敎化洙、泗之上，弟子不爲變，當世不爲治，魯國之削滋甚。齊宣王褒儒尊學，孟軻、淳于髠之徒受上大夫之祿，不任職而論國事，蓋齊稷下先生千有餘人，當此之時，非獨一公孫弘也。弱燕攻齊，長驅至臨淄，湣王遁逃，死於莒而

不能救；王建禽於秦，與之俱虜而不能存。若此，儒者之安國尊君，未始有效也。鹽鐵論論儒

時相之攻儒若此，然孔門後學之尊孔子，以爲生民未有，是衆口一論也。

會竇太后治黃、老言，不好儒術，使人微伺得趙綰等姦利事，召案綰、臧。綰、臧自殺。史記孝武本紀

漢世儒之見絀尙如此。至董生以非六藝之科者絕勿進，公孫宏亦以儒學顯，而儒術遂行於世。

而黯常毀儒，面觸弘等徒懷詐飾智，以阿人主取容。史記汲鄭列傳

世俗共短儒生，儒生之徒亦自相少。何則？並好仕學宦，用吏爲繩表也。儒生有闕，俗共短之。論衡程材

是故世俗常高文吏，賤下儒生。同上

高文吏，下儒生，世俗尊富貴，薄道義，故至此。

論者多謂儒生不及彼文吏，見文吏利便而儒生墮落，則詆訾儒生以爲淺短。論衡程材

後漢最崇儒術，百官盡用儒生，然詆訾墮落猶如此，況後世乎？

其高志妙操之人，恥降意損崇以稱媚取進，深疾才能之儒。洎入文吏之科，堅守高志，不肯下學；亦時或精闇不及，意疏不密，臨事不識，對向謬誤，拜起不便，進退失度，奏記言事，蒙士解過，援引古義，割切將欲，直言一指，觸諱犯忌，封蒙約縛，簡繩檢署，事不如法，文辭卓詭，辟刺離實，曲不應義。故世俗輕之，文吏薄之，將相賤之。論衡程材

儒者說五經多失其實。前儒不見本末，空生虛說；後儒信前師之言，隨舊述故，滑習辭語，苟名一師之學，趨爲師教授，及時蚤仕，汲汲競進，不暇留精用心，考實根核。故虛說傳而不絕，實事沒而不見，五

經並失其實。論衡正說

五經之後，秦、漢之事無不能知者，短也。夫知古不知今，謂之陸沉，然則儒生所謂陸沉者也。五經之前，至於天地始開，帝王初立者，主名爲誰，儒生又不知也。夫知今不知古，謂之盲瞽；五經比於上古，猶爲今也，徒能説經，不曉上古，然則儒生所謂盲瞽者也。論衡謝短

然則儒生不能知漢事，世之愚蔽人也。

夫總問儒生以古今之義，儒生不能知，別名以其經事問之，又不能曉。斯則坐守，何言師法？不頗博覽之咎也。並同上

合上二條觀之，漢儒生已如今日從事八股者之陋，不通古今，不諳經義，宜劉歆得出而奪之。

右兩漢時諸子攻儒。

孔子改制考卷十五

南海康有爲廣厦撰

墨老攻儒尤盛考

儒者曰：「親親有術，尊賢有等。」言親疏尊卑之異也。其禮曰：「喪父母三年其，妻後子三年，伯父、叔父、弟、兄、庶子其，戚族人五月。」若以親疏爲歲月之數，則親者多而疏者少矣，是妻後子與父同也。若以尊卑爲歲月數，則是尊其妻子與父母同，而親伯父宗兄而卑子也，逆孰大焉？其親死，列尸弗〔斂〕，登屋窺井，挑鼠穴，探滌器，而求其人焉。以爲實在，則戇愚甚矣；如其亡也，必求焉，僞亦大矣。取妻身迎，祗褍爲僕，秉轡授綏，如仰嚴親。昏禮威儀，如承祭祀。顛覆上下，悖逆父母，下則妻子，妻子上侵事親，若此可謂孝乎？儒者迎妻，妻之奉祭祀，子將守宗廟，故重之。應之曰：此誣言也。其宗兄守其先宗廟數十年，死，喪之其。兄弟之妻，奉其先之祭祀弗散，則喪妻子三年，必非以守奉祭祀也。夫憂妻子以大負累，有曰所以重親也，爲欲厚所至私，輕所至重，豈非大姦也哉？有强執有命以說議曰：壽夭、貧富、安危、治亂，固有天命，不可損益，窮達、賞罰、幸否有極，人之知力不能爲焉。羣吏信之則怠於分職，庶人信之則怠於從事，不治則亂，農事緩則貧，貧且亂，政之本，而儒者以爲道敎，是賊天下之人者也。且夫繁飾禮以淫人，久喪僞哀以謾親，立命緩貧而高浩居，倍本棄事而安怠傲，貪於飲酒，惰於作務，陷於飢寒，危於凍餒，無以違之，是若人氣鼸鼠藏，而羝羊視，賁彘起。君子笑之。怒曰：「散人焉知良儒！」夫夏乞麥禾，五穀既收，大喪是隨，子姓皆從，得厭飲食，畢治數喪，足以至矣。因人之家翠以爲，恃人之野以爲尊，富人有喪，乃大說喜曰：「此衣食之端也。」儒者曰：「君子必服古言，然後仁。」應之曰：所謂古之者，皆嘗新矣，而古人服之，則君子也，然則必法非君子之服，言非君子之言，而後仁乎？又曰：「君子循而不作。」應之曰：古者羿作弓，伃作甲，奚仲作車，巧垂作舟，然則今之鮑函車匠，皆君子也，而羿、伃、奚仲、巧垂皆小人邪？且其所循，人必或作之，然則其所循皆小人道也？又曰：「君子勝不逐奔，揜函弗射，施則助之胥車。」應之曰：若皆仁人也，則無說而相與，仁人以其取舍是非之理相告，無故從有故也，弗知從有知也，無辭必服，見善必遷，何故相若兩暴交爭，其勝者欲不逐奔，揜函弗射，施則助之胥車，雖盡能，猶且不得爲君子也。意暴殘之國也，聖將爲世除害，興師誅罰，勝將因用儒術令士卒曰：「毋逐奔，揜函勿射，施則助之胥車。」暴亂之人也得活，天下害不除，是爲羣殘父母而深賤世也，不義莫大焉。又曰：「君子若鐘，擊之則鳴，弗擊不鳴。」應之曰：夫仁人事上竭忠，事親得孝，務善則美，有過則諫，此爲人臣之道也。今擊之則鳴，弗擊不鳴，隱知豫力，恬漠待問而後對，雖君親之大利，弗問不言。若將有大寇亂，盜賊將作，若機辟將發也，他人不知，己獨知之，雖其君親皆在，不問不言，是夫大亂之賊也。以是爲人臣不忠，爲子不孝，事兄不弟，交遇人不貞良。夫執後不言之，朝物，見利使已，雖恐後言，君若言而未有利焉，則高拱下視，會噎爲深，曰：惟其未之學也。用誰急，遺行遠矣。夫一道術學業仁義也，昔大以治人，小以任官，遠施用徧，近以循身，不義不處，非理不行，務興天下之利，曲直周旋，利則止，此君子之道也。以所聞孔某之行，則本與此相反謬也。齊景公問晏子曰：「孔子爲人何如？」晏子不對。公又復問，不對。景公曰：「以孔某語寡人衆矣，俱以賢人也。今寡人問之，而子不對，何也？」晏子對曰：「嬰不肖，不足以知賢人。雖然，嬰聞所謂賢人者，入人之國，必務合其君臣之親，而弭其上下之怨。孔某之荆，知白公之謀而奉之以石乞，君身幾滅，而白公僇。嬰聞賢人得上不虛，得下不危，言聽於君必利人，敎行下必於上，是以言明而易知也，行易而從也，行義可明乎民，謀慮可通乎君臣。今孔某深慮同謀以奉賊，勞思盡知以行邪，勸下亂上，敎臣殺君，非賢人之行也；入人之國，而與人之賊，非義之類也；知人不忠，趣之爲亂，非仁義之也；逃人而後謀，避人而後言，行義不可明於民，謀慮不可通於君臣。嬰不知孔某之有異於白公也，是以不對。」景公曰：「嗚呼！貺寡人者衆矣，非夫子，則吾終身不知孔某之與白公同也！」孔某之齊見景公。景公說，欲封以尼谿，以告晏子。晏子曰：「不可。夫儒浩居而自順者也，不可以敎下；好樂而淫人，不可使親治；立命而怠事，不可使守職；宗喪循哀，不可使慈民；機服勉容，不可使導衆。孔某盛容修飾以蠱世，絃歌鼓舞以聚徒，繁登降之禮以示儀，務趨翔之節以勸衆；儒學不可使議世，勞思不可以補民，累壽不能盡其學，當年不能行其禮，積財不能贍其樂，繁飾邪術以營世君，盛爲聲樂以淫遇民，其道不可以期世，其學不可以導衆。今君封之以利齊俗，非所以導國先衆。」公曰：「善。」於是厚其禮，留其封，敬見而不問其道。孔乃恚，怒於景公與晏子。乃樹鴟夷子皮於田常之門，告南郭惠子以所欲爲，歸於魯。有頃，間齊將伐魯，告子貢曰：「賜乎！舉大事，於今之時矣。」乃遣子貢之齊，因南郭惠子以見田常，勸之伐吳；以教高、國、鮑、晏，使毋得害田常之亂。勸越伐吳。三年之內，齊、吳破國之難，伏尸以言術數，孔某之誅也。孔某爲魯司寇，舍公家而奉季孫。季孫相魯君而走。季孫與邑人爭門關，決植。孔某窮於蔡、陳之間，藜羹不糂，十日。子路爲享豚，孔某不問肉之所由來而食，褫人衣以酤酒，孔某不問酒之所由來而飲。哀公迎孔某，席不端弗坐，割不正弗食。子路進請曰：「何其與陳、蔡反也？」孔某曰：「來！吾與女。曩與女爲苟生，今與汝爲苟義。」夫飢約，則不辭（忘）妄取以活身，贏飽，僞行以自飾，汙邪詐僞，孰大於此？孔某與其門弟子閒坐，曰：「夫舜見瞽瞍就然，此時天下圾乎。周公旦非其人也邪？何爲亦舍家室而託寓也？」孔某所行，心術所至也，其徒屬弟子皆效孔某。子貢、季路輔孔悝，亂乎衛，陽虎亂乎齊，佛肸以中牟叛，桼雕刑殘，莫大焉。夫爲弟子後生，其師必脩其言，法其行，力不足知弗及而後已，今孔某之行如此，儒士則可以疑矣。墨子非儒

孔子大義微言，條理萬千，皆口授弟子。若傳之於外，導引世人，大率以三年喪、親迎、立命三者。其士大夫，則以禮樂輔之。故墨子力翻孔案，有意攻難，必先此數義。而非樂、非命，著有專篇，短喪薄葬，且有特制，此其義最相反者。然使三年喪、親迎果爲先王制，則墨子言必三代聖王，既不能謂之爲儒者之制，更不敢肆口詆排，謂爲逆僞戇愚大姦矣。以爲其禮卽今禮經，然則禮經爲孔子作，非周公之文，斷斷矣，正可藉異教攻詞，明聖人制作。學記言官先事，士先志。王子墊問孟子：士何事？孟子答以尚志。故墨翟誚爲倍本棄事而安怠傲。孔子不言利，憂道不憂貧。孟子發明之曰：何必曰利？董生亦云：不謀其利。故墨子攻爲惰於作務，陷於飢寒，危於凍餒。益可想見顔子簞瓢陋巷，曾

子聲出金石，原憲肘見踵決之高節。蓋孔教行義多如此者，故墨子誚之。至謂富人有喪，則大說喜，以爲飲食之道，幾類近時僧道齋醮之所爲，固爲異教攻詆之詞。然可見當時富貴之家，多從孔子之教；以父子天性，動以至仁，故莫不樂行三年之喪，既從其喪服，即用其禮，其禮極繁，非孔子後學日習其禮者，莫能通之，故喪家必延孔子後學，以爲相禮護喪而供養焉。故墨者以是爲謗。然益可考孔學傳教以三年喪爲得力。泰西羅馬喪服亦用再期，人心之同然，故人易從也。今日正賴墨子此文，得以考見孔子傳教之法。高拱下視，會噎爲深，孔學容貌如繪，皆可反而得之。

墨子在孔子之後，有意爭教，故攻孔子者無所不至，乃謂孔子助白公之亂，則白公在晏子之後，既時代不同；至誣孔子助田常之叛，則請討之義，有論語可證；至謂子路褫人衣以酤酒，孔子爲苟生而不得，此則里巷詈罵之辭，可無庸辨。子貢未嘗輔孔悝，陽虎、佛肸非弟子，墨教詆諆誣罔，不可聽聞，有德之人不忍出口，而墨子爲之，其人乖僻褊謬，不待論其學術之是非矣。墨翟倒戈如此，孟、荀安得不攘臂而爭之？韓愈乃謂孔子必用墨子，墨子必用孔子，兩家弟子相攻，非二師之道本然，眞爲妄言。退之於非儒篇殆未用心乎？墨家之謬，桀犬吠堯，固無足怪，而當時爭教之情狀可見矣。

葉公子高問政於仲尼曰：「爲善政者若之何？」仲尼對曰：「善爲政者，遠者近之，而舊者新之。」子墨子聞之曰：「葉公子高未得其問也，仲尼亦未得其所以對也。葉公子高豈不知善爲政者之遠者近也而舊者新是哉？問所以爲之若之何也。不以人之所不智告人，以所智告之，故葉公子高未得其問也，仲尼亦未得其所以對也。」墨子耕柱遠者必忘，故當近；舊者必壞，故當新。史佚之告成王，願王近於民。康誥之戒康叔，作新民。大學且欲其日日新。伊尹曰：用其新，去其陳。後世疏遠其民，泥守舊法，故致敗亡。此論政極精之論，

墨子有意攻孔子，故無論何說皆生排擊。

公孟子曰：「善。吾聞之曰，宿善者不祥。請舍忽，易章甫，復見夫子，可乎？」子墨子曰：「請因以相見也。」墨子公孟

易章甫而後見，棄儒服而故從墨敎也。公孟子未必如此，墨子自點綴，以見能奪儒家後學歸敎。

子墨子曰：「夫知者必尊天、事鬼、愛人、節用，合焉爲知矣。今子曰：孔子博於詩、書，察於禮、樂，詳於萬物，而曰可以爲天子。是數人之齒而以爲富。」墨子公孟

墨子輕詩、書、禮、樂如此，則詩、書、禮、樂爲孔子之文可知矣。

子墨子謂公孟子曰：「喪禮：君與父、母、妻、後子死，三年喪服，伯父、叔父、兄、弟期，族人五月，姑、姊、舅、甥皆有數月之喪；或以不喪之間，誦詩三百，弦詩三百，歌詩三百，舞詩三百。若用子之言，則君子何日以聽治，庶人何日以從事？」公孟子曰：「國亂則治之，治則爲禮樂；國治則從事，國富則爲禮樂。」子墨子曰：「國之治，盧云此下脱治之故治也五字治之廢，則國之治亦廢；國之富也，從事故富也，從是廢則國之富亦廢，故雖治國，勸之無饜，然後可也。今子曰：國治則爲禮樂，亂則治之。是譬猶噎而穿井也，死而求醫也。古者三代暴王桀、紂、幽、厲，薾爲聲樂，不顧其民，是以身爲刑僇，國爲戾虛者，皆從此道也。」墨子公孟

公孟子曰：「無鬼神。」又曰：「君子必學祭祀。」子墨子曰：「執無鬼而學祭祀，是猶無客而學客禮也，是猶無魚而爲魚罟也。」墨子公孟

儒者未嘗言無鬼神，而公孟子言之，未知是墨子借以自張其說否。墨子主張明鬼，立意難儒，大義所在，故欲自專其義也。

公孟子謂子墨子曰：「子以三年之喪爲非，子之三月之喪亦非也。」子墨子曰：「子以三年之喪非三月之喪，是猶果謂撅者不恭也。」公孟子謂子墨子曰：「知有賢於人，則可謂知乎？」子墨子曰：「愚之知有以賢於人，而愚豈可謂知矣哉？」公孟子曰：「三年之喪，學吾之慕父母。」子墨子曰：「夫嬰兒子之知，獨慕父母而已，父母不可得也，然號而不止，此其故何也？卽愚之至也。然則儒者之知，豈有以賢於嬰兒子哉？」子墨子曰問於儒者：「何故爲樂？」曰：「樂以爲樂也。」子墨子曰：「子未我應也。今我問曰：何故爲室？曰：冬避寒焉，夏避暑焉，室以爲男女之別也。則子告我爲室之故矣。今我問曰：何故爲樂？曰：樂以爲樂也。是猶曰：何故爲室？曰：室以爲室也。」子墨子謂程子曰：「儒之道足以喪天下者四政焉：儒以天爲不明，以鬼爲不神，天鬼不說，此足以喪天下；又厚葬久喪，重爲棺椁，多爲衣衾，送死若徙，三年哭泣，扶後起，杖後行，耳無聞，目無見，此足以喪天下；又弦歌鼓舞，習爲聲樂，此足以喪天下；又以命爲有，貧富、壽夭、治亂、安危有極矣，不可損益也，爲上者行之，不必聽治矣，爲下行之，必不從事矣，此足以喪天下。」程子曰：「甚矣！先生之毀儒也！」子墨子曰：「儒固無此各四政者，而我言之，則是毀也；今儒固有此四政者，而我言之，則非毀也，告聞也。」墨子公孟

〔墨〕子之三月之喪，蓋墨子改制。以三年之制與三月比，譬於裸謂撅不恭，則孔子所改至明矣。攻儒者之知等於嬰兒，此孟子所爲攻以無父，豈爲過哉？

夫絃歌鼓舞以爲樂，盤旋揖讓以修禮，厚葬久喪以送死，孔子之所立也，而墨子非之。淮南子氾論訓

淮南時尚能考出孔子學派及墨子攻儒之實。

然而今天下之士君子或以命爲有，盇蓋嘗尙觀於先王之書。先王之書所以出國家，布施百姓者，憲也。先王之憲亦嘗有曰：福不可請而禍不可諱，敬無益，暴無傷者乎？所以聽獄制罪者，刑也。先王之刑亦嘗有曰：福不可請，禍不可諱，敬無益，暴無傷者乎？所以整設師旅，進退師徒者，誓也。先王之誓亦嘗有曰：福不可請，禍不可諱，敬無益，暴無傷者乎？是故子墨子言曰：吾當未鹽此盡字之譌數，天下之良書不可盡計數，大方論數，而五者是也，今雖毋求執有命者之言，不必得，不亦可錯乎？今用執有命者之言，是覆天下之義，覆天下之義者，是立命者也。墨子非命

今夫有命者言曰：「我非作之後世也，自昔三代有若言以傳流矣，今故先王對之？」曰：「夫有命者，不志昔也三代之聖善人與，意亡昔三代之暴不肖人也？何以知之。」同上

命爲孔子一大義。論語：「死生有命。」「賜不受命。」「不知命無以爲君子。」六經稱命尤多。故墨子攻之。藉異教之攻詞，証孔門之大義，益知罕言之非也。論語「子罕言利與」爲句，若「命與仁達」爲句，「巷黨」則禮記曾子問孔子與老聃助葬於巷黨，本是地名。「達」字屬上讀至明。墨子之書經，蓋有憲、有刑、有誓矣。孔子言命，何嘗不言禍福？「永言配命，自求多福，」何嘗知命而

謂敬無益，謂暴無傷乎？有意攻難，殆不足辨也。

今惟毋以厚葬久喪者爲政，君死，喪之三年，父母死，喪之三年，妻與後子死者，五皆喪之三年，然後伯父、叔父、兄、弟、孽子其，同期族人五月，姑、姊、甥、舅皆有月數，則毀瘠必有制矣。使面目陷隰，顏色黧黑，耳目不聰明，手足不勁强，不可用也。又曰：上士操喪也，必扶而能起，杖而能行，以此共三年。若法若言，行若道，苟其飢約又若此矣，是故百姓冬不仞寒，夏不仞暑，作疾病死者，不可勝計也，此其爲敗男女之交多矣。以此求衆，譬猶使人負劍而求其壽也，衆之說無可得焉。墨子節葬

孔子立義本父子，故制三年喪，敎人敦厚，故久喪爲傳敎第一義。墨子愛無差等，故薄父子；重生貴用，故短喪；至以敗男女之交攻孔子，尤爲異謬。則以時當戰國王公欲衆其民，故墨子所首攻孔子者在此。

程繁問於子墨子曰：「〔夫子曰〕：『聖王不爲樂。』昔諸侯倦於聽治，息於鐘鼓之樂；士大夫倦於聽治，息於竽瑟之樂；農夫春耕、夏耘、秋斂、冬藏，息於聆缶之樂。今夫子曰：『聖王不爲樂。』此譬之猶馬駕而不稅，弓張而不弛，無乃非有血氣者之所不能至邪？」子墨子曰：「昔者堯、舜有茅茨者，且以爲禮，且以爲樂；湯放桀於大水，環天下自立以爲王，事成功立，無大後患，因先王之樂，又自作樂，命曰護，又脩九招；武王勝殷殺紂，環天下自立以爲王，事成功立，無大後患，因先王之樂，又自作樂，命曰象；周成王因先王之樂，〔又自作樂〕，命曰騶虞。周成王之治天下也，不若武王，武王之治天下也，不若成湯，成湯之治天下也，不若堯、舜，故其樂逾繁者，其治逾寡，自此觀之，樂非所以治天下也。」

程繁曰：「子曰聖王無樂，此亦樂已，若之何其謂聖王無樂也？」子墨子曰：「聖王之命也，多〔者〕寡之，食之利也，以知(譏)〔飢〕而食之者智也，因爲無智矣。今聖王有樂而少，此亦無也。」墨子三辯

子墨子言曰：仁〔者〕之事，必務求興天下之利，除天下之害，將以爲法乎天下，利人乎卽爲，不利人乎卽止。且夫仁者之爲天下度也，非爲其目之所美，耳之所樂，口之所甘，身體之所安，以此虧奪民衣食之財，仁者弗爲也。是故子墨子之所以非樂者，非以大鐘鳴鼓琴瑟竽笙之聲以爲不樂也，非以刻鏤文章之色以爲不美也，非以犓豢煎炙之味以爲不甘也，非以高臺厚榭邃野之居以爲不安也。雖身知其安也，口知其甘也，目知其美也，耳知其樂也，然上考之不中聖王之事，下度之不中萬民之利，是故子墨子曰：爲樂非也。今王公大人雖無造爲樂器，以爲事乎國家，非直掊潦水、拆壤垣而爲之也，將必厚措斂乎萬民，以爲大鐘鳴鼓琴瑟竽笙之聲。譬之若聖王之爲舟車也，卽我弗敢非也。古者聖王亦嘗厚措斂乎萬民，以爲舟車，既以成矣，曰：吾將惡許用之？曰：舟用之水，車用之陸，君子息其足焉，小人休其肩背焉，故萬民出財齎而予之，不敢以爲慼恨者，何也？以其反中民之利也。然則樂器反中民之利，亦若此，卽我弗敢非也。然則當用樂器，〔譬之若聖王之爲舟車也，卽我弗敢非也。〕民有三患：飢者不得食，寒者不得衣，勞者不得息。三者民之巨患也。然卽當爲之撞巨鐘、擊鳴鼓、彈琴瑟、吹竽笙而揚干戚，民衣食之財將安得乎？卽我以爲未必然也？意舍此。今有大國卽攻小國，有大家卽伐小家，强劫弱，衆暴寡，詐欺愚，貴傲賤，寇亂盜賊並興，不可禁止也。然卽當爲之撞巨鐘、擊鳴鼓、彈琴瑟、吹竽笙而揚干戚，天下之亂也，將安可得而治與？卽我未必然也。是故子墨子曰：姑嘗厚措斂乎萬民，以爲大鐘

鳴鼓琴瑟竽笙之聲，以求興天下之利，除天下之害，而無補也。是故子墨子曰：爲樂非也。今王公大人，惟毋處高臺厚榭之上而視之，鐘猶是延鼎也，弗撞擊，將何樂得焉哉？其說將必撞擊之。惟勿撞擊，將必不使老與遲者，老與遲者耳目不聰明，股肱不畢强，聲不和調，明不轉朴，將必使當年因其耳目之聰明，股肱之畢强，聲之和調，眉之轉朴。使丈夫爲之，廢丈夫耕稼樹藝之時，使婦人爲之，廢婦人紡績織紝之事。今王公大人惟毋爲樂，虧奪民衣食之財以拊樂如此多也。是故子墨子曰：爲樂非也。今大鐘鳴鼓琴瑟竽笙之聲，既已具矣，大人鏽然奏而獨聽之，將何樂得焉哉？其說將必與賤人，不與君子；與君子聽之，廢君子聽治，與賤人聽之，廢賤人之從事。今王公大人惟毋爲樂，虧奪民之衣食之財以拊樂如此多也，是故子墨子曰：爲樂非也。昔者齊康公興樂萬，萬人不可衣短褐，不可食糠糟。曰：食飲不美，面目顏色不足視也，衣服不美，身體從容醜羸不足觀也，是以食必粱肉，衣必文繡，此掌不從事乎衣食之財而掌食乎人者也。是故子墨子曰：今王公大人惟毋爲〔樂〕，虧奪民衣食之財，以拊樂如此多也。是故子墨子曰：爲樂非也。今人固與禽獸、麋鹿、蜚鳥、貞蟲異者也，今之禽獸、麋鹿、蜚鳥、貞蟲，因其羽毛以爲衣裘，因其蹄蚤以爲絝屨，因其水草以爲飲食，故唯使雄不耕稼樹藝，雌亦不紡績織紝，衣食之財固已具矣。今人與此異者也，賴其力者生，不賴其力者不生。君子不强聽治，即刑政亂，賤人不强從事，即財用不足。今天下之士君子以吾言不然，然即姑嘗數天下分事而觀樂之害。王公大人蚤朝晏退，聽獄治政，此其分事也；士君子竭股肱之力，亶其思慮之智，內治官府，外收斂關市、山林、澤梁之利，以實倉廩府庫，此其分事也；農夫蚤出暮入，耕稼樹藝，多聚升粟，此其分事也；婦人夙興夜寐，紡績織紝，多治麻絲葛緒，綑布縿，此其分事也。今惟毋在乎王公大人說樂而聽之，卽必不能蚤朝晏退，聽獄治政，是故國家亂而社稷危矣；今惟毋在乎士君子說樂而聽之，卽必不能竭股肱之力，亶其思慮之智，內治官府，外斂關市、山林、澤梁之利，以實倉廩府庫，是故倉廩府庫不實；今惟毋在乎農夫說樂而聽之，卽必不能蚤出暮入，耕稼樹藝，多聚升粟不足；今惟毋在乎婦人說樂而聽之，卽不必能夙興夜寐，紡績織紝，多治麻絲葛緒，綑布縿，是故布縿不興。曰：孰爲大人之聽治而廢國家之從事？曰：樂也。是故子墨子曰：爲樂非也。何以知其然也？曰：先王之書湯之官刑有之，曰：「其恒舞于宮，是謂巫風。其刑，君子出絲二衞，小人否。似二伯黃徑。乃言曰：嗚乎！舞佯佯嘉言孔章，上帝弗常，九有以亡！上帝不順，降之百殃，其家必壞喪。」察九有之所以亡者，徒從飾樂也。於武觀曰：「啓乃淫溢康樂，野于飲食，將將銘莧，磬以力，湛濁于酒，渝食于野，萬舞翼翼，章聞于天，天用弗式。」故上者天鬼弗戒，下者萬民弗利。是故子墨子曰：今天下士君子誠將欲求興天下之利，除天下之害，當在樂之爲物，將不可不禁而止也。墨子非樂

樂者聖王之所非也，而儒者爲之過也。墨子佚文

右墨學攻儒。

老子曰：「子所言者，其人與骨皆已朽矣，獨其言在耳。且君子得其時則駕，不得其時則蓬累而行。吾聞之，良賈深藏若虛，君子盛德容貌若愚。去子之驕氣與多欲，態色與淫志，是皆無益於子之身。吾所以告子，若是而已。」史記老子韓非列傳

託老子以攻儒耳。著書之老子與孔子不同時，無緣相攻辨。

道隱於小成，言隱於榮華，故有儒墨之是非，以是其所非而非其所是。莊子齊物論

孔子適楚。楚狂接輿遊其門，曰：「鳳兮鳳兮，何如德之衰也？來世不可待，往世不可追也。天下有道，聖人成焉，天下無道，聖人生焉，方今之時，僅免刑焉。福輕(夫)〔乎〕羽，莫之知載；禍重乎地，莫之知避。已乎已乎，臨人以德，殆乎殆乎，畫地而趨。迷陽迷陽，無傷吾行，吾行卻曲，無傷吾足。山木，自寇也，膏火，自煎也，桂可食，故伐之，漆可用，故割之，人皆知有用之用，而莫知無用之用也。」莊子人間世

無趾語老聃曰：「孔丘之於至人其未邪？彼何賓賓以學子爲？彼且蘄以諔詭幻怪之名聞，不知至人之以是爲己桎梏邪？」老聃曰：「胡不直使彼以死生爲一條，以可不可爲一貫者，解其桎梏，其可乎？」無趾曰：「天刑之安可解？」莊子德充符

枝於仁者，擢德塞性，以收名聲，使天下簧鼓以奉不及之法，非乎？而曾、史是已。莊子駢拇

下有桀、跖，上有曾、史，而儒、墨畢起，於是乎喜怒相疑，愚知相欺，善否相非，誕信相譏，而天下衰矣。莊子在宥

夫子問于老聃曰：「有人治道若相放，可不可，然不然。辯者有言曰：離堅白若縣寓。若是則可謂聖人乎？」老聃曰：「是胥易技係勞形怵心者也。執狸之狗成思，猨狙之便自山林來。丘！予告若而所不能聞與而所不能言。」莊子天地

子貢南游於楚，反於晉，過漢陰，見一丈人，方將爲圃畦，鑿隧而入井，抱甕而出灌，搰搰然用力甚多而見功寡。子貢曰：「有械於此，一日浸百畦，用力甚寡而見功多，夫子不欲乎？」爲圃者卬而視之曰：「奈何？」曰：「鑿木爲機，後重前輕，挈水若抽，數如泆湯，其名爲槔。」爲圃者忿然作色而笑曰：「吾聞之吾師，有機械者必有機事，有機事者必有機心。機心存于胸中，則純白不備。純白不備則神生不定。神生不定者道之所不載也。吾非不知，羞而不爲也。」子貢瞞然慚，俯而不對。有閒，爲圃者曰：「子奚爲者邪？」曰：「孔丘之徒也。」爲圃者曰：「子非夫博學以擬聖，於于以蓋衆，獨絃哀歌以賣名聲于天下者乎？汝方將忘汝神氣，墮汝形骸，而庶幾乎而身之不能治，而何暇治天下乎？」同上

孔子西藏書於周室。子路謀曰：「由聞周之徵藏史有老聃者，免而歸居。夫子欲藏書，則試往因焉。」孔子曰：「善。」往見老聃而老聃不許，於是繙十二經以說。老聃中其說，曰：「大謾，願聞其要。」孔子曰：「要在仁義。」老聃曰：「請問仁義人之性邪？」孔子曰：「然。君子不仁則不成，不義則不生。仁義，眞人之性也，又將奚爲矣。」老聃曰：「請問何謂仁義？」孔子曰：「中心物愷，兼愛無私，此仁義之情也。」老聃曰：「意！幾乎後言。夫兼愛，不亦迂乎？無私焉乃私也。夫子若欲使天下無失其牧乎？則天地固有常矣，日月固有明矣，星辰固有列矣，禽獸固有羣矣，樹木固有立矣。夫子亦放德而行，循道而趨，已至矣，又何偈偈乎揭仁義，若擊鼓而求亡子焉？意夫子亂人之性也。」莊子天道

孔子西遊於衛。顏淵問師金曰：「以夫子之行爲奚如？」師金曰：「惜乎而夫子其窮哉！」顏淵曰：「何也？」師金曰：「夫芻狗之未陳也，盛以篋衍，巾以文繡，尸祝齊戒以將之。及其已陳也，行者踐

其首脊，蘇者取而爨之而已。將復取而盛以篋衍，巾之以文繡，遊居寢臥其下，彼不得夢必且數眯焉。今而夫子亦取先王已陳芻狗，聚弟子遊居寢臥其下，故伐樹於宋，削迹於衞，窮於商、周，是非其夢邪？圍於陳、蔡之間，七日不火食，死生相與鄰，是非其眯邪？」莊子天運

孔子行年五十有一而不聞道，乃南之沛見老聃。老聃曰：「子來乎？吾聞子，北方之賢者也，子亦得道乎？」孔子曰：「未得也。」老子曰：「子惡乎求之哉？」曰：「吾求之於度數，五年而未得也。」老子曰：「子又惡乎求之哉？」曰：「吾求之於陰陽，十有二年而未得。」老子曰：「然。使道而可獻，則人莫不獻之於其君，使道而可進，則人莫不進之於其親，使道而可以告人，則人莫不告其兄弟，使道而可與人，則人莫不與其子孫；然而不可者，無他也，中無主而不止，外無正而不行，由中出者不受於外，聖人不出，由外入者無主於中，聖人不隱。名，公器也，不可多取；仁義，先王之蘧廬也，止可以一宿而不可以久處，覯而多責。」

孔子見老聃而語仁義。老聃曰：「夫播穅眯目，則天地四方易位矣；蚊虻噆膚，則通昔不寐矣。夫仁義憯然，乃憤吾心，亂莫大焉。吾子使天下無失其朴，吾子亦放風而動，總德而立矣，又奚傑然若負建鼓而求亡子者邪？」

孔子謂老聃曰：「丘治詩、書、易、春秋六經，自以爲久矣，孰知其故矣。以奸者七十二君，論先王之道，而明周、召之迹，一君無所鉤用；甚矣夫人之難說也，道之難明邪？」老子曰：「幸矣，子之不遇治世之君也。夫六經，先王之陳迹也，豈其所以迹哉？今子之所言猶迹也，夫迹，履之所出，而迹豈履哉？」

並同上

孔子圍於陳、蔡之間，七日不火食。太公任往弔之，曰：「子幾死乎？」曰：「然。」「子惡死乎？」曰：「然。」任曰：「予嘗言不死之道。東海有鳥焉，名曰意怠，其爲鳥也，翂翂翐翐而似無能，引援而飛，迫脅而棲，進不敢爲前，退不敢爲後，食不敢先嘗，必取其緒，是故其行列不斥而外人卒不得害，是以免於患。直木先伐，甘井先竭，子其意者飾知以驚愚，修身以明汙，昭昭乎如揭日月而行，故不免也。」莊子山木

莊子見魯哀公。哀公曰：「魯多儒士，少爲先生方者。」莊子曰：「魯少儒。」哀公曰：「舉魯國而儒服，何謂少乎？」莊子曰：「周聞之，儒者冠圜冠者，知天時；履句屨者，知地形；緩佩玦者事至而斷。君子有其道者，未必爲其服也；爲其服者，未必知其道也。公固以爲不然，何不號於國中，曰：無此道而爲此服者，其罪死。於是哀公號之，五日而魯國無敢儒服者。」莊子田子方

君子之人若儒、墨者師，故以是非相𩐣也，而況今之人乎？莊子知北遊

道之所一者德不能同也，知之所不能知者辯不能舉也，名若儒、墨而凶矣。莊子徐無鬼

儒以詩、書發冢。大儒臚傳曰：「東方作矣，事之何若？」小儒曰：「未解裙襦，口中有珠。詩固有之曰：『青青之麥，生於陵陂，生不布施，死何含珠爲？』接其鬢，壓其顪，（儒）〔而〕以金椎控其頤，徐別其頰，無傷口中珠。」莊子外物

老萊子之弟子出薪，遇仲尼，反以告曰：「有人於彼，脩上而趨下，末僂而後耳，視若言四海，不知其誰

氏之子？」老萊子曰：「是丘也，召而來。」仲尼至。曰：「丘！去汝躬矜與汝容知，斯爲君子矣。」同上

〔孔子下車而前，見謁者曰〕：「魯人孔丘聞將軍高義，敬再拜謁者。」謁者入通。盜跖聞之，大怒，目如明星，髮上指冠，曰：「此夫魯國之巧僞人孔丘非邪？爲我告之：爾作言造語，妄稱文、武；冠枝木之冠，帶死牛之脅；多辭繆說，不耕而食，不織而衣，搖脣鼓舌，擅生是非，以迷天下之主，使天下學士不反其本；妄作孝弟而儌倖於封侯富貴者也。」莊子盜跖

昔者桓公小白殺兄入嫂，而管仲爲臣，田常成子常殺君竊國，而孔子受幣。論則賤之，行則下之，則是言行之情悖戰於胸中也，不亦拂乎？

儒者僞辭。並同上

魯哀公問於顏闔曰：「吾以仲尼爲貞幹，國其有瘳乎？」曰：「殆哉圾乎，仲尼方且飾羽而（盡）〔畫〕，從事華辭，以支爲旨，忍性以視民，而不知不信，受乎心，宰乎神，夫何足以上民？彼宜女與？予頤與？誤而可矣。今使民離實學僞，非所以視民也；爲後世慮，不若休之，難治也，施於人而不忘，非天布也，商賈不齒。」莊子列禦寇

宋陽里華子中年病忘，朝取而夕忘，夕與而朝忘，在塗則忘行，在室則忘坐，今不識先，後不識今，闔室毒之。謁史而卜之，弗占，謁巫而禱之，弗禁，謁醫而攻之，弗已。魯有儒生，自媒能治之，華子之妻子以居產之半請其方。儒生曰：「此固非封兆之所占，非祈請之所禱，非藥石之所攻。吾試化其心，變其

慮，庶幾其瘳乎？」於是試露之而求衣，饑之而求食，幽之而求明。儒生欣然告其子曰：「疾可已也，然吾之方密，傳世不以告人，試屏左右，獨與居室七日。」從之，莫知其所施爲也，而積年之疾，一朝都除。華子既悟，乃大怒，黜妻罰子，操戈逐儒生。宋人執而問其以。華子曰：「曩吾忘也，蕩蕩然不覺天地之有無，今頓識，既往數十年來，存亡得失，哀樂好惡，擾擾萬緒起矣，吾恐將來之存亡、得失、哀樂、好惡之亂吾心如此也，須臾之忘，可復得乎？」列子周穆王

秦人逢氏有子，少而惠，及壯而有迷罔之疾，聞歌以爲哭，視白以爲黑，饗香以爲朽，嘗甘以爲苦，行非以爲是，意之所之，天地、四方、水火、寒暑無不倒錯者焉。楊氏告其父曰：「魯之君子多術藝，將能已乎？汝奚不訪焉？」其父之魯，過陳遇老聃，因告其子之證。老聃曰：「汝庸知汝子之迷乎？今天下之人皆惑於是非，昏於利害，同疾者多，固莫有覺者。且一身之迷不足傾一家，一家之迷不足傾一鄉，一鄉之迷不足傾一國，一國之迷不足傾天下，天下盡迷，孰傾之哉？向使天下之人其心盡知汝子，汝則反迷矣。哀樂、聲色、臭味、是非孰能正之？且吾之言未必非迷，而況魯之君子迷之鄙者，焉能解人之迷哉？」同上

曩吾脩詩、書，正禮、樂，將以治天下，遺來世，非但脩一身、治魯國而已。而魯之君臣日失其序，仁義益衰，性情益薄，此道不行一國與當年，其如天下與來世矣。吾始知詩、書、禮、樂無救於治亂，而未知所以革之之方。列子仲尼

昔有昆弟三人，游齊、魯之間，同師而學，進仁義之道而歸。其父曰：「仁義之道若何？」伯曰：「仁義

使我愛身而後名。」仲曰：「仁義使我殺身以成名。」叔曰：「使我身名並全。」彼三術相反而同出於儒，孰是孰非邪？列子說符

楊朱曰：「原憲窶於魯，子貢殖於衞，原憲之窶損生，子貢之殖累身。然則窶亦不可，殖亦不可，其可焉在？」曰：「可在樂生，可在逸身。故善樂生者不窶，善逸身者不殖。」列子楊朱

孔子明帝王之道，應時君之聘，伐樹於宋，削迹於衞，窮於商、周，圍於陳、蔡，受屈於季氏，見辱於陽虎，戚戚焉以至於死，此天民之遑遽者也。凡彼四聖者，生無一日之歡，死有萬世之名，名者固非實之所取也，雖稱之弗知，雖賞之弗知，與株塊無以異矣。同上

世之學術者說主人，不曰乘威嚴之勢以困姦衺之臣，而皆曰仁義惠愛而已矣。世主美仁義之名而不察其實，是以大者國亡身死，小者地削主卑。韓非子姦劫弑臣

或問儒者曰：「方此時也，堯安在？」其人曰：「堯爲天子。」然則仲尼之聖堯奈何？聖人明察在上位，將使天下無姦也，今耕漁不爭，陶器不窳，舜又何德而化？舜之救敗也，則是堯有失也。賢舜則去堯之明察，聖堯則去舜之德化，不可兩得也。韓非子難一

襄子圍於晉陽中，出圍，賞有功者五人，高赫爲賞首。張孟談曰：「晉陽之事，赫無大功，今爲賞首，何也？」襄子曰：「晉陽之事，寡人危，社稷殆矣，吾羣臣無有不驕侮之意者，惟赫子不失君臣之禮，是以先之。」仲尼聞之曰：「善賞哉，襄子賞一人而天下爲人臣者莫敢失禮矣。」或曰：「仲尼不知善賞矣。夫善賞罰者，百官不敢侵職，羣臣不敢失禮，上設其法而下無姦詐之心，如此，則可謂善賞罰矣。使襄

子於晉陽也，令不行，禁不止，是襄子無國，晉陽無君也，尚誰與守哉？今襄子於晉陽也，知氏灌之，曰竈生鼃而民無反心，是君臣親也。襄子有君臣親之澤，操令行禁止之法，而猶有驕侮之臣，是襄子失罰也。爲人臣者乘事而有功則賞，今赫僅不驕侮而襄子賞之，是失賞也。明主賞不加於無功，罰不加於無罪。今襄子不誅驕侮之臣，而賞無功之赫，安在襄子之善賞也？故曰：仲尼不知善賞。」同上

人主者說辯察之言，尊賢抗之行，故夫作法術之人，立取舍之行，別辭爭之論，而莫爲之正；是以儒服帶劍者衆，而耕戰之士寡。韓非子問辯

今學者皆道書筴之頌語，不察當世之實事，曰：上不愛民，賦斂常重，則用不足而下恐上，故天下大亂。此以爲足其財用以加愛焉，雖輕刑罰可以治也，此言不然矣。韓非子六反

儒以文亂法，俠以武犯禁，而人主兼禮之，此所以亂也。韓非子五蠹

是故亂國之俗，其學者則稱先王之道，以藉仁義、盛容服而飾辯說，以疑當世之法，而貳人主之心；其言古者爲設詐稱借於外力，以成其私而遺社稷之利。同上

今世儒者之說人主，不善今之所以爲治而語已治之功，不審官法之事，不察姦邪之情，而皆道上古之傳，譽先王之成功。儒飾辭曰：聽吾言則可以霸王，此說者之巫祝，有度之主不受也。韓非子顯學

臣曰：「孔子本未知孝悌忠順之道也。」韓非子忠孝

韓非者，韓之諸公子也，喜刑名法術之學，而其歸本於黃、老。非爲人口吃，不能道說而善著書，與李斯俱事荀卿，自以爲不如非。非見韓之削弱，數以書諫韓王。韓王不能用。於是韓非疾治國不務修明其

法制，執勢以御其臣下，富國强兵，而以求人任賢，反舉浮淫之蠹而加之於功實之上；以爲儒者用文亂法，而俠者以武犯禁，寬則寵名譽之人，急則用介冑之士；今者所養非所用，所用非所養。史記老子韓非列傳

韓非者，出儒學，兼墨學、法術，而實同於老學，故攻儒最甚，卽以詩、書、禮、樂爲蝨。儒家之蠹，未有甚於韓非者。

道家使人精神專一，動合無形，贍足萬物。其爲術也，(固)〔因〕陰陽之大順，采儒、墨之善，撮名、法之要，與時遷移，應物變化，立俗施事，無所不宜，指約而易操，事少而功多。儒者則不然，以爲人主，天下之儀表也，主倡而臣和，主先而臣隨，如此，則主勞而臣逸。至於大道之要，去健羨，絀聰明，釋此而任術。夫神，大用則竭，形，大勞則敝，形神騷動，欲與天地長久，非所聞也。史記太史公自序

太史談是黃、老學，故尊道而抑儒。

夫儒者以六藝爲法，六藝經傳以千萬數，累世不能通其學，當年不能究其禮。故曰：博而寡要，勞而少功。史記太史公自序

太史談雖受易於楊何，然本爲黃、老學，性好簡易，畏經傳之繁，故以爲太博而過勞也。

黯常毀儒，面觸弘等徒懷詐飾智以阿人主取容。史記汲鄭列傳

汲黯是黃、老學者，亦攻儒。

世之學老子者則絀儒學，儒學亦絀老子。道不同不相爲謀，豈爲是邪？史記老子韓非列傳

文、景之世尚黄、老，故老學大盛。於時墨學已衰，故與儒爭教者惟有老學也。故在武帝博士弟子未立以前百年，爲儒、老互爭之世。

右老學攻儒。

孔子改制考卷十六

南海康有爲廣厦撰

儒墨爭教交攻考

昌黎謂孔子必用墨子，墨子必用孔子，二家相攻，非二師之道本然。囈言哉！孔子開教在先，道無不包。墨子本其後學，乃自創新教，鋭奪孔席以自立，所以攻難者無不至。所謂蠹生於木而自喙其木耶？挾堅苦之志，俠死之氣，橫厲無前，不數十年，遂與儒分領天下，眞儒之勁敵也。攻儒者亦未有過墨者矣。王肅之攻康成，陽明之攻朱子，皆後起爭勝之習，墨子眞其類也。孟、荀之力闢，豈能已哉！豈能已哉！昌黎眞囈言也！今別著交攻之言，亦猶漢史存楚、漢大案云耳。

公孟子謂子墨子曰：「子以三年之喪爲非，子之三日之喪亦非也。」三日當爲三月子墨子曰：「子以三年之喪非三日之喪，是猶果當爲裸謂撅者不恭也。」墨子公孟

以子之矛，攻子之盾，公孟子固善於攻，而墨子乃不特善攻而且善守也。

二三子復於子墨子曰：「告子曰：『〔墨子〕言義而行甚惡。』請棄之。」子墨子曰：「不可。稱我言以毀我行，愈於亡。有人於此，翟甚不仁，尊天事鬼愛人，甚不仁猶愈於亡也。今告子言談甚辯，言仁義而不吾毀，告子毀，猶愈亡也。」二三子復於子墨子曰：「告子勝爲仁。」子墨子曰：「未必然也。告子

爲仁，譬猶跂以爲長，隱以爲廣，不可久也。」告子謂子墨子曰：「我治國爲政。」子墨子曰：「政者，口言之身必行之，今子口言之而身不行，是子之身亂也，子不能治子之身，惡能治國政？子姑亡，子之身亂之矣。」墨子公孟

告子言不類異教，當是孔門後學，雖與孟子殊，而與墨子辯，亦如荀子之類耳。惟告子與孟子同時，而又反與墨子辯，則墨子去孟子時不遠，必非與孔子同時者，然其教已大行如此，亦可謂非常巨力矣。

公孟子曰：「無鬼神。」又曰：「君子必學祭祀。」子墨子曰：「執無鬼而學祭禮，是猶無客而學客禮也，是猶無魚而爲魚罟也。」墨子公孟

公孟子曰：「貧富壽夭，齰然在天，不可損益。」又曰：「君子必學。」子墨子曰：「教人學而執有命，是猶命人葆而去亓冠也。」同上

墨子右鬼非命，楊子已攻之，豈獨公孟子？而墨氏反唇相稽，强辭奪理，知儒、墨交攻，不遺餘力矣。

故有儒、墨之是非，以是其所非而非其所是。莊子齊物

諸子中儒、墨最盛，故相攻之是非最多。

鄭人緩也呻吟裘氏之地，祇三年而緩爲儒。河潤九里，澤及三族，使其弟墨。儒、墨相與辯，其父助翟，十年而緩自殺。其父夢之曰：「使而子爲墨者予也，闔胡嘗視其良，既爲秋柏之實矣。」莊子列禦寇

緩以爲儒而得富貴，乃使其弟爲墨，信道不篤，乃復辯之，有死之道焉。然當時兩教大盛，聽人擇所

從，有一家父子兄弟而異教者，亦可見大道經幾許辯爭而後一統矣。

夫施及三王而天下大駭矣，下有桀、跖，上有曾、史，而儒、墨畢起。於是乎喜怒相疑，愚知相欺，善否相非，誕信相譏，而天下衰矣。莊子在宥

莊子在儒、墨之外，坐觀兩教之爭，如墨子謂子路褫人衣而酤酒，孔子苟生，不問所由，眞所謂相疑相譏者矣。

儒、墨辯爭是莊子時事，日日有此人，有此案，故頻舉之。

君之之人若儒、墨者師，故以是非相䪢也，而況今之人乎？莊子知北遊

墨家之論以爲人死無命，儒家之議以爲人死有命。論衡命義

儒家之徒董無心，墨家之役纏子，相見講道。纏子稱墨家佑鬼神。論衡福虛

想見兩教人聚會爭教之風。

儒家之宗孔子也，墨家之祖墨翟也。且案儒道傳而墨法廢者，儒之道義可爲，而墨之法議難從也。何以驗之？墨家薄葬右鬼，道乖相反，違其實，宜以難從也。乖違如何？使鬼非死人之精也，右之未可知。今墨家謂：鬼，審人之精也。厚其精而薄其屍，此於其神厚而於其體薄也，薄厚不相勝，華實不相副，則怒而降禍，雖有其鬼，終以死恨人，情欲厚惡薄，神心猶然。用墨子之法事鬼求福，福罕至而禍常來也，以一况百，而墨家爲法皆若此類也。論衡案書

仲任能知儒宗孔，墨宗墨，又知孔道所以傳，墨法所以廢，於諸子改制託先王之事，蓋猶能知之也。

想東漢人皆能明之，亦視爲固然之義矣。

聖賢之業，皆以薄葬省用爲務；然而世尙厚葬，有奢泰之失者，儒家論不明，墨家議之非故也。墨家之議右鬼，以爲人死輒爲神鬼而有知，能形而害人，故引杜伯之類以爲效驗。儒家不從，以爲死人無知，不能爲鬼。然而賻祭備物者，示不負死以觀生也。陸賈依儒家而說，故其立語，不肯明處。劉子政擧薄葬之奏，務欲省用，不能極論。是以世俗內持狐疑之議，外聞杜伯之類，又見病且終者，墓中死人來與相見，故遂信是。謂死如生，閔死獨葬，魂孤無副，丘墓閉藏，穀物乏匱，故作偶人以侍尸柩，多藏食物以歆精魂。積浸流至，或破家盡業，以充死棺，殺人以殉葬，以快生意，非知其內無益，而奢侈之心外相慕也。以爲死人有知，與生人無以異，孔子非之，而亦無以定實。然而陸賈之論，兩無所處，劉子政奏亦不能明儒家無知之驗，墨家有知之故。事莫明於有效，論莫定於有證，空言虛語，雖得道心，人猶不信。是以世俗輕愚信禍福者，畏死不懼義，重死不顧生，竭財以事神，空家以送終。辯士文人有效驗，若墨家之以杜伯爲據，則死無知之實可明，薄葬省財之教可立也。今墨家非儒，儒家非墨，各有所持，故乖不合；業難齊同，故二家爭論。論衡薄葬

王充在東漢時，猶知儒、墨各自創說改制，以制不同，各相攻難。然則諸子改制之義，至東漢時，人人猶知之。經僞古文家變亂後，盡以六經歸之先王周公，於是此說乃始不明耳。

右儒、墨互攻。

墨者夷之因徐辟而求見孟子。孟子曰：「吾固願見。今吾尙病，病愈，我且往見。」夷子不來。他日又

求見孟子。孟子曰：「吾今則可以見矣。不直則道不見，我且直之。吾聞夷子，墨者。墨之治喪也，以薄爲其道也。夷子思以易天下，豈以爲非是而不貴也？然而夷子葬其親厚，則是以所賤事親也。」徐子以告夷子。夷子曰：「儒者之道，古之人若保赤子，此言何謂也？之則以爲愛無差等，施由親始。」徐子以告孟子。孟子曰：「夫夷子信以爲人之親其兄之子爲若親其鄰之赤子乎？彼有取爾也。赤子匍匐將入井，非赤子之罪也。且天之生物也，使之一本，而夷子二本故也。蓋上世嘗有不葬其親者，其親死，則舉而委之於壑。他日過之，狐狸食之，蠅蚋姑嘬之。其顙有泚，睨而不視。夫泚也，非爲人泚，中心達於面目。蓋歸反虆梩而掩之，掩之誠是也。則孝子仁人之掩其親，亦必有道矣。」徐子以告夷子。夷子憮然爲閒曰：「命之矣。」孟子滕文

夷子思易天下，則亦墨之巨子，如苦獲、鄧陵之比也。孔子愼終，墨子薄葬，各以其道傳之天下。然夷之以爲施由親始，則已愛有差等矣。孟子傳孔子之道，故攻其二本也。

墨子兼愛，摩頂放踵利天下爲之。孟子盡心

楊、墨之道不息，孔子之道不著，是邪說誣民，充塞仁義也。仁義充塞，則率獸食人，人將相食，吾爲此懼。閑先聖之道，距楊、墨，放淫辭，邪說者不得作。孟子滕文

故儒術誠行，則天下大而富，使有功，撞鐘擊鼓而和，詩曰：「鐘鼓喤喤，管磬瑲瑲，降福穰穰。降福簡簡，威儀反反，既醉既飽，福祿來反。」此之謂也。故墨術誠行，則天下尙儉而彌貧，非鬬而日爭，勞苦頓萃而愈無功，愀然憂戚，非樂而日不和。荀子富國

故儒者將使人兩得之者也，墨者將使人兩喪之者也，是儒、墨之分也。荀子禮論

刑餘罪人之喪，不得合族黨，獨屬妻子。棺椁三寸，衣衾三領，不得飾棺，不得晝行，以昏殣，凡緣而往埋之，反無哭泣之節，無衰麻之服，無親疏月數之等，名反其平，各復其始。已葬埋，若無喪者而止。夫是之謂至辱。

刻死而附生謂之墨，刻生而附死謂之惑，殺生而送死謂之賊，大象其生以送其死，使死生終始莫不稱宜而好善，是禮義之法式也，儒者是矣。並同上

儒、墨之殊絶而相反，莫如喪葬一事，故彼此攻辨最多。荀子禮論既發明儒者之喪服，而亦專以闢墨焉。

我以墨子之非樂也，則使天下亂；墨子之節用也，則使天下貧。荀子富國

人主者，以官人爲能者也，匹夫者，以自能爲能者也。人主得使人爲之，匹夫則無所移之，百畝一守，事業窮無所移之也。今以一人兼聽天下，日有餘而治不足者，使人爲之也。大有天下，小有一國，必自爲之然後可，則勞苦秏悴莫甚焉，如是，則雖臧獲不肯與天子易勢業。以是縣天下，一四海，何故必自爲之？爲之者，役夫之道也，墨子之說也；論德使能而官施之者，聖王之道也，儒者之所謹守也。荀子王霸

荀子攻墨最多，過於孟子遠甚，孟子僅三條耳。然則攘墨之功，以荀子爲大也。

兼足天下之道在明分。掩地表畝，刺屮殖穀，多糞肥田，是農夫衆庶之事也；守時力民，進事長功，和齊百姓，使人不偷，是將率之事也；高者不旱，下者不水，寒暑和節，而五穀以時熟，是天下之事也；若

夫兼而覆之，兼而愛之，兼而制之，歲雖凶敗水旱，使百姓無凍餒之患，則是聖君賢相之事也。墨子之言，昭昭然爲天下憂不足，夫不足非天下之公患也，特墨子之私憂過計也。荀子富國

故儒者將使人兩得之者也，墨者將使人兩失之者也，是儒、墨之分，治辨之極也。史記禮書

此荀子禮論文，史公述之。

墨者儉而難遵，是以其事不可徧循。史記太史公自序

墨道不行，以其太苦。莊生固謂離天下之心，天下不堪。

軹有儒生，侍使者坐。客譽郭解。生曰：「郭解專以姦犯公法，何謂賢？」解客聞，殺此生，斷其舌。吏以此責解。解實不知殺者，殺者亦竟絕，莫知爲誰。吏奏解無罪。御史大夫公孫弘議曰：「解布衣，爲任俠行權，以睚眦殺人。解雖弗知，此罪甚於解殺之，當大逆無道。」遂族郭解翁伯。史記游俠列傳

史遷謂儒以文弄法，俠以武犯禁。儒、俠對舉，疑俠亦出於墨。致一巨子而殺百四十人，墨道固以死爲義者。漢武時，崇儒，抑禁俠學，而後墨道廢耳。蓋兼愛之餘，自流爲俠也。

墨者亦尚堯、舜道，言其德行，曰：堂高三尺，土階三等，茅茨不翦，采椽不刮。食土簋，啜土刑，糲粱之食，藜藿之羹。夏日葛衣，冬日鹿裘。其送死，桐棺三寸，舉音不盡其哀。教喪禮必以此爲萬民之率，使天下法。若此，則尊卑無別也。夫世異時移，事業不必同。故曰，儉而難遵。史記太史公自序

莊子以爲其道太苦，使民憂悲，去王遠矣，最確。

楊、墨之學不亂傳義，則孟子之傳不造。論衡對作

不讀墨子之非儒，亦不知孟子之辨楊、墨爲不得已也。

王者之堂，墨子稱堯、舜高三尺，儒家以爲卑下。論衡是應

儒、墨同稱堯、舜、禹、湯、文、武，而一堂之制不同。故知並是改制，非復先王之舊制也。

墨議不以心而原物，苟信聞見，則雖效驗章明，猶爲失實。失實之議難以教，雖得愚民之欲，不合知者之心，喪物索用，無益於世。此蓋墨術所以不傳也。論衡薄葬

王仲任實實推求墨學所以致敗之由，漢人亦寡此高識。

墨家之議，自違其術。其薄葬而又右鬼，右鬼引效以杜伯爲驗，杜伯死人，如謂杜伯爲鬼，則夫死者審有知，如有知而薄葬之，是怒死人也。情欲厚而惡薄，以薄受死者之責，雖右鬼其何益哉？如以鬼非死人，則其信杜伯非也；如以鬼是死人，則其薄葬非也。術用乖錯，首尾相違，故以爲非，非與是不明，皆不可行。論衡薄葬

昔楊、墨塞羣儒之路，車不得前，人不得步，孟軻闢之，乃知所從。牟子

墨子稱景公問晏子以孔子而不對，又問三皆不對。公曰：「以孔子語寡人者衆矣，俱以爲賢人。今問子而不對，何也？」晏子曰：「嬰聞孔子之荆，知白公謀而奉之以石乞，勸下亂上，教臣弑君，非聖賢之行也。」詰之曰：「楚昭王之世，夫子應聘如荆，不用而反，周旋乎陳、宋、齊、衞。楚昭王卒，惠王立，十年，令尹子西乃召王孫勝以爲白公。是時魯哀公十五年也。夫子自衞反魯，居五年矣。白公立一年，然後乃謀作亂，亂在哀公十六年秋也，夫子已卒十旬矣。墨子雖知謗毁聖人，虚造妄言，奈此年世不相

值何？」孔叢子詰墨

墨子曰：「孔子至齊見景公。公悅之，封之於尼谿。晏子曰：『不可。夫儒浩居而自順，立命而怠事，崇喪遂哀，盛用繁禮，其道不可以治國，其學不可以導家。』公曰：『善。』」詰之曰：卽如此言，晏子爲非儒惡禮，不欲崇喪遂哀也。察傳記晏子之所行，未有以異於儒焉。又景公問所以爲政，晏子答以禮云。景公曰：「禮其可以治乎？」晏子曰：「禮於政與天地並。」此則未有以惡於禮也。晏桓子卒，晏嬰斬衰枕草，苴經帶杖，菅菲食粥，居於倚廬，遂哀三年，此又未有以異於儒也。若能以口非之而躬行之，晏子所弗爲。

墨子曰：「孔子怒景公之不封己，乃樹鴟夷子皮於田常之門。」詰之曰：夫樹人，爲信己也。記曰：孔子適齊，惡陳常而終不見。卽田常常病之，亦惡孔子，交相惡而又任事，其然矣。記又曰：陳常弒其君，孔子齋戒沐浴而朝，請討之。觀其終不樹子皮審矣。

墨子曰：「孔子爲魯司寇，舍公家而奉季孫。」詰之曰：若以季孫爲相，司寇統焉，奉之自法也。若附意季孫，季孫既受女樂，則孔子去之，季孫欲殺囚，則孔子赦之；非苟順之謂也。

墨子曰：「孔子厄於陳、蔡之間。子路烹豚。孔子不問肉之所由來而食之；剝人之衣以沽酒，孔子不問酒之所由來而飲之。」詰之曰：所謂厄者，沽酒無處，藜羹不粒之食七日。若烹豚飲酒，則何言乎厄？斯不然矣。且子路爲人，勇於見義，縱有豚酒，不以義不取之可知也，又何問焉？

墨子曰：「孔子諸弟子，子貢、季路輔孔悝以亂衞，陽虎亂魯，佛肹以中牟畔，漆雕開形殘。」詰之曰：

如此言，衞之亂，子貢、季路爲之耶？斯不待言而了矣。陽虎欲見孔子，孔子不見，何弟子之有？佛肸以中牟叛，召孔子，則有之矣，爲孔子弟子，未之聞也。且漆雕開形殘，非行已之致，何傷於德哉？

墨子曰：「孔子相魯。齊景公患之，謂晏子曰：『鄰國有聖人，國之憂。今孔子相魯，爲之若何？』晏子對曰：『君其勿憂。彼魯君，弱主也；孔子，聖相也。不如陰重孔子，欲以相齊，則必强諫魯君；魯君不聽，將適齊，君勿受，則孔子困矣。』」詰之曰：按如此辭，則景公、晏子畏孔子之聖也，上乃云非聖賢之行。上下相反，若晏子悖可也，否則不然矣。

墨子曰：「孔子見景公。公曰：『先生素不見晏子乎？』對曰：『晏子事三君而得順焉，是有三心，所以不見也。』公告晏子。晏子曰：『三君皆欲其國安，是以嬰得順也。聞君子獨立不慙於影，今孔子伐樹削迹，不自以爲辱，身窮陳、蔡，不自以爲約，始吾望儒貴之，今則疑之。』」詰之曰：若是乎孔子、晏子交相毁也，小人有之，君子則否。孔子曰：「靈公汙而晏子事之以潔，莊公怯而晏子事之以勇，景公侈而晏子事之以儉。晏子，君子也。」梁丘據問晏子曰：「事三君而不同心，而俱順焉，仁人固多心乎？」晏子曰：「一心可以事百君，百心不可以事一君。故三君之心非一也，而嬰之心非三也。」孔子聞之曰：「小子記之，晏子以一心事三君，君子也。」如此，則孔子譽晏子，非所謂毁而不見也。景公問晏子曰：「若人之衆則有孔子乎？」對曰：「孔子者，君子行有節者也。」晏子又曰：「盈成匡，父之孝子，兄之弟弟也。其父尚爲孔子門人，門人且以爲貴，則其師亦不賤矣。」是則晏子亦譽孔子可知也。夫德之不修，己之罪也，不幸而屈於人，己之命也。伐樹削迹，絶糧七日，何約乎哉？若晏子以此而疑儒，則晏子亦不足賢矣。

墨子曰：「景公祭路寢，聞哭聲，問梁丘據。對曰：『孔子之徒也。其母死，服喪三年，哭泣甚哀。』公曰：『豈不可哉？』晏子曰：『古者聖人非不能也，而不爲者，知其無補於死者，而深害生事故也。』」詰之曰：墨子欲以親死不服，三日哭，而已於意安者，卒自行之，空用晏子爲引而同乎己，適證其非耳。且晏子服父禮，則無緣非行禮者也。並同上

孔叢子爲王肅僞書，雖不足據，然墨子之毀詆孔子，無所不至，以鼓惑時流，相攻亦甚矣。孔叢子能辨正之，故亦節取焉。

右儒攻墨。

夫弦歌鼓舞以爲樂，盤旋揖讓以修禮，厚葬久喪以送死，孔子之所立也，而墨子非之。淮南子氾論訓

夫一道術學業仁義也，昔大以治人，小以任官，遠施用徧，近以循身，不義不處，非理不行，務興天下之利，曲直周旋，利則止，此君子之道也。以所聞孔某之行，則本與此相反謬也。墨子非儒

儒者曰：「親親有術，尊賢有等。」言親疏尊卑之異也。其禮曰：「喪父母三年，其（其與期同）妻後子三年，伯父、叔父、弟、兄、庶子其，（與期同）戚族人五月。」若以親疏歲月數，則是〔親者多而疏者少矣，是妻後子與父同也；若以尊卑爲歲月數，則是〕尊其妻子與父母同，而親伯父宗兄而卑子也：逆孰大焉？其親死，列尸弗，（與祓同）登屋窺井，挑鼠穴，探滌器，而求其人焉。以爲實在，則戇愚甚矣，如其亡也，必求焉，僞亦大矣。取妻身迎，祗褍爲僕，秉轡授綏，如仰嚴親。昏禮威儀，如承祭祀。顛覆上下，悖逆父母，下

則妻子，妻子上侵事親，若此可謂孝乎？儒者迎妻，妻之奉祭祀，子將守宗廟，故重之。應之曰：此誣言也。其宗兄，守其先宗廟數十年，死喪之其，同期兄弟之妻，奉其先之祭祀弗散，則喪妻子三年，必非以守奉祭祀也。夫妻子以大負累，有曰所以重親也，爲欲厚所至私，輕所至重，豈非大姦也哉？同上

昔者桀執有命而行，湯爲仲虺之告以非之，太誓之言也，於去發未詳曰：惡乎君子！天有顯德，其行甚章。爲鑑不遠，在彼殷王。謂人有命，謂敬不可行，謂祭無益，謂暴無傷，上帝不常，九有以亡，上帝不順，祝降其喪。惟我有周，受之大帝。昔紂執有命而行，武王爲太誓去發以非之，曰：子胡不尙考之乎商、周、虞、夏之記，從十簡之篇以尙，皆無之，將何若者也？是故子墨子曰：今天下之君子之爲文學出言談也，非將勤勞其喉舌而利其脣呡也，中實將欲其國家邑里萬民刑政者也。今也，王公大人之所以早朝晏退，聽獄治政，終朝均分而不敢息怠倦者，何也？曰：彼以爲强必治，不强必亂，强必寧，不强必危，故不敢怠倦。今也，卿大夫之所以竭股肱之力，殫其思慮之知，內治官府，外斂關市山林澤梁之利，以實官府而不敢怠倦者，何也？曰：彼以爲强必貴，不强必賤，强必榮，不强必辱，故不敢怠倦。今也農夫之所以蚤出暮入，强乎耕稼樹藝，多聚升粟而不敢怠倦者，何也？曰：彼以爲强必富，不强必貧，强必飽，不强必饑，故不敢怠倦。今也婦人之所以夙興夜寐，强乎紡績織紝，多治麻統葛緒，捆布縿，而不敢怠倦者，何也？曰：彼以爲强必富，不强必貧，强必煖，不强必寒，故不敢怠倦。今雖毋在乎王公大人，蕢若信有命而致行之，則必怠乎聽獄治政矣，卿大夫必怠乎治官府矣，農夫必怠乎耕稼樹藝矣，婦人必怠乎紡績織紝矣。王公大人怠乎聽獄治政，卿大夫怠乎治官府，則我以爲天下必亂矣；農夫怠乎耕稼樹藝，婦

人怠乎紡績織紝，則我以爲天下衣食之財，將必不足矣。若以爲政乎天下，上以事天鬼，天鬼不使，當爲便字下以待養百姓，百姓不利，必離散不可得用也。是以入守則不固，出誅則不勝。故雖昔者三代暴王桀、紂、幽、厲之所以共抎其國家，傾覆其社稷，此也。是故子墨子言曰：今天下之士君子，中實將欲求興天下之利，除天下之害，當若有命者言也。曰，命者，暴王所作，窮人所術，非人者之言也。今之爲仁義者，將不可不察而強非者，此也。墨子非命

今雖毋法執厚葬久喪者言，以爲事乎國家，此存乎王公大人有喪者，曰：棺椁必重，葬埋必厚，衣衾必多，文繡必繁，邱隴必巨。存乎匹夫賤人死者，殆竭家室，〔存〕乎諸侯死者，虛車府。然後金玉珠璣比乎身，綸組節約，車馬藏乎壙；又必多爲屋幕，鼎鼓几梴壺濫，戈劍羽旄齒革，寢而埋之；滿意，若送從，曰：天子殺殉，衆者數百，寡者數十，將軍大夫殺殉，衆者數十，寡者數人。處喪之法將奈何哉？曰：哭泣不秩聲翁，縗絰垂涕，處倚廬，寢苫枕凷；又相率強不食而爲饑，薄衣而爲寒，使面目陷陬，顏色黎黑，耳目不聰明，手足不勁強，不可用也。又曰：上士之操喪也，必扶而能起，杖而能行，以此共三年。墨子節葬

子夏之徒問於子墨子曰：「君子有鬬乎？」子墨子曰：「君子無鬬。」子夏之徒曰：「狗豨猶有鬬，惡有士而無鬬矣？」子墨子曰：「傷矣哉！言則稱於湯、文，行則譬於狗豨，傷矣哉！」墨子耕柱

子夏之徒未知果有此問否，卽有，亦子夏門中不才。按以儒家微言不類，亦墨家有意攻儒而已。

子墨子謂公孟子曰：「喪禮：君與父、母、妻、後子死，三年喪服，伯父、叔父、兄弟期，族人五月，姑、姊、舅、甥皆有數月之喪。或以不喪之閒誦詩三百，弦詩三百，歌詩三百，舞詩三百。若用子之言，則君子

何日以聽治？庶人何日以從事？」墨子公孟

公孟子曰：「三年之喪，學吾之慕父母。」子墨子曰：「夫嬰兒子之知，獨慕父母而已。父母不可得也，然號而不止，此亓故何也？卽愚之至也。然則儒者之知，豈有以賢於嬰兒子哉？」

子墨子與程子辯，稱於孔子。程子曰：「非儒，何故稱於孔子也？」子墨子曰：「是亦當而不可易者也。今鳥聞熱旱之憂則高，魚聞熱旱之憂則下，當此，雖禹、湯爲之謀，必不能易矣。鳥魚可謂愚矣，禹、湯猶云因焉，今翟曾無稱於孔子乎？」

公孟子謂子墨子曰：「昔者聖王之列也，上聖立爲天子，其次立爲卿大夫。今孔子博於詩、書，察於禮樂，詳於萬物，若使孔子當聖王，則豈不以孔子爲天子哉？」子墨子曰：夫知者必尊天、事鬼、愛人、節用，合焉爲知矣。今子曰孔子博於詩書，察於禮樂，詳於萬物，而曰可以爲天子，是數人之齒而以爲富。」

子墨子謂程子曰：「儒之道足以喪天下者四政焉：儒以天爲不明，以鬼爲不神，天鬼不說，此足以喪天下；又厚葬久喪，重爲棺椁，多爲衣衾，送死若徙，三年哭泣，扶後起，杖後行，耳無聞，目無見，此足以喪天下；又弦歌鼓舞，習爲聲樂，此足以喪天下；又以命爲有，貧富、壽夭、治亂、安危有極矣，不可損益也，爲上者行之不必聽治矣，爲下者行之必不從事矣，此足以喪天下。」程子曰：甚矣，先生之毀儒也！」子墨子曰：「儒固無此各四政者而我言之，則是毀也。今儒固有此四政者而我言之，則非毀也，告聞也。」並同上

「有強執有命以說議曰：『壽夭、貧富、安危、治亂，固有天命，不可損益；窮達，賞罰，幸否有極，人之知力不能爲焉。』羣吏信之則怠於分職，庶人信之則怠於從事，不治則亂，農事緩則貧，貧且亂政之本。而儒者以爲道敎，是賤天下之人者也。」墨子非儒

孔某窮於陳、蔡之閒，藜羹不糂，十日。子路爲享豚，孔某不問肉之所由來而食；褫人衣以酤酒，孔某不問酒之所由來而飲。哀公迎孔某，席不端弗坐，割不正弗食。子路進請曰：「何其與陳、蔡反也？」孔某曰：「來！吾與女。曩與女爲苟生，今與女爲苟義。」夫饑約則不辭忘此衍字安取以活身，嬴飽僞行以自飾，汙邪詐僞，孰大於此？同上

異敎相攻，不可聽聞。

齊景公問晏子曰：「孔子爲人何如？」晏子不對。公又復問，不對。景公曰：「以孔某語寡人者衆矣，俱以爲賢人也，今寡人問之而子不對，何也？」晏子對曰：「嬰不肖，不足以知賢人。雖然，嬰聞所謂賢人者，入人之國必務合其君臣之親，而弭其上下之怨。孔某之荆，知白公之謀而奉之以石乞，君身幾滅而白公僇。嬰聞賢人得上不虛，得下不危，言聽於君必利人，敎行下必於上，是以言明而易知也，行易而從也，行義可明乎民，謀慮可通乎君臣。今孔某深慮同謀以奉賊，勞思盡知以行邪，勸下亂上，敎臣殺君，非賢人之行也；入人之國而與人之賊，非義之類也；知人不忠，趣之爲亂，非仁義之也。脫字逃人而後謀，避人而后言，行義不可明於民，謀慮不可通於君臣，嬰不知孔子之有異於白公也。」墨子非儒

孔某之齊見景公。景公說，欲封之以尼谿，以告晏子。晏子曰：「不可。夫儒浩居而自順者也，不可以

敎下；好樂而淫人，不可使親治；立命而怠事，不可使守職；宗喪循哀，不可使慈民；機服免容，不可使導衆。孔某盛容脩飾以蠱世，弦歌鼓舞以聚徒，繁登降之禮以示儀，務趨翔之節以勸衆，儒學不可使議世，勞思不可以補民，累壽不能盡其學，當年不能行其禮，積財不能贍其樂，繁飾邪術以營世君，盛爲聲樂以淫遇民，其道不可以期世，其學不可以導衆。今君封之，以利齊俗，非所以導國先衆。」公曰：「善。」於是厚其禮，留其封，敬見而不問其道。孔乃恚，怒於景公與晏子，乃樹鴟夷子皮於田常之門，告南郭惠子以所欲爲，歸於魯。同上

墨攻儒多誣言，此雖力攻孔子，而孔子好禮樂之眞面目，亦略見矣。

儒者曰：「君子必服古言，然後仁。」應之曰：「所謂古之者，皆嘗新矣，而古人服之，則君子也，然則必法非君子之服，言非君子之言，而後仁乎？」又曰：「君子循而不作。」應之曰：「古者羿作弓，伃作甲，奚仲作車，巧垂作舟，然則今之鮑函車匠，皆君子也，而羿、伃、奚仲、巧垂，皆小人邪？且其所循，人必或作之，然則其所循，皆小人道也？」又曰：「君子勝不逐奔，揜函弗射，施則助之胥車。」應之曰：「若皆仁人也，則無說而相與，仁人以其取舍是非之理相告，無故從有故也，弗知從有知也，無辭必服，見善必遷，何故相〔與〕若兩暴交爭，其勝者欲不逐奔，揜函弗射，施則助之胥車，雖盡能，猶且不得爲君子也。意暴殘之國也，聖將爲世除害，興師誅罰，勝將因用傳術令士卒曰：毋逐奔，揜函勿射，施則助之胥車。暴亂之人也得活，天下害不除，是爲羣殘父母而深賤世也，不義莫大焉。」又曰：「君子若鐘，擊之則鳴，弗擊不鳴。」應之曰：「夫仁人事上竭忠，事親得孝，務善則美，有過則諫，此爲人臣之道也。

今擊之則鳴，弗擊不鳴，隱知豫力，恬漠待問而後對，雖有君親之大利，弗問不言。若將有大寇亂，盜賊將作，若機辟將發也，他人不知，己獨知之，雖其君親皆在，不問不言，是夫大亂之賊也。以是爲人臣不忠，爲子不孝，事兄不弟，交遇人不貞良。夫執後不言之，朝物，見利使已，雖恐後言，君若言而未有利焉，則高拱下視！會噎爲深，曰惟其未之學也，用誰急，遺行遠矣。」墨子非儒

右墨攻儒。

孔子改制考卷十七

南海康有爲廣廈撰

儒攻諸子考

儒攻諸子總義

儒攻管子晏子

儒攻子桑伯子

儒攻原壤

儒攻棘子成

儒攻少正卯

儒攻老子

儒攻楊墨

儒攻法家

儒攻名家

儒攻縱横家

儒攻兵家

儒攻宋鈃

儒攻許子

儒攻陳仲子

儒攻騶子

儒攻淳于髡

儒攻子莫

儒攻白圭

不知名雜敎荀子攻之與孟子同

興國者必平僭僞，任道者必攘異端。異說嵬瑣怪偉，足以惑世誣民，充塞大道。爲儒之宗子，爲儒之將帥，張皇六師，無害寡命以推行大道，固守聖法，豈得已哉。傳曰：「執德不宏，信道不篤，焉能爲有？焉能爲無？」當諸子之朋興，天下之充塞，而摧陷廓淸，道日光大。戰國則徧行天下，後世則一統大敎。孟、荀揚其鑣，董子定其業。嗚呼！儒家而編功臣傳耶，其淮陰、中山哉！

假今之世，飾邪說，文姦言，以梟亂天下，欺惑愚衆，矞宇嵬瑣，使天下混然不知是非治亂之所存者，有人矣。縱情性，安恣睢，禽獸之行，不足以合文通治；然而其持之有故，其言之成理，足以欺惑愚衆，是它囂、魏牟也。忍情性，綦谿利跂，苟以分異人爲高，不足以合大衆，明大分；然而其持之有故，其言之成理，足以欺惑愚衆，是陳仲、史鰌也。 不知一天下建國家之權稱，上功用，大儉約而僈差等，曾不足以容辨異，縣君臣；然而其持之有故，其言之成理，足以欺惑愚衆，是墨翟、宋鈃也。 尙法而無法，下脩而好作，上則取聽於上，下則取從於俗，終日言成文典，及紃察之，則倜然無所歸宿，不可以經國定分；然而其持之有故，其言之成理，足以欺惑愚衆，是愼到、田駢也。 不法先王，不是禮義，而好治怪說，玩琦辭，甚察而不惠，辯而無用，多事而寡功，不可以爲治綱紀；然而其持之有故，其言之成理，足以欺惑愚衆，是惠施、鄧析也。荀子非十二子

夫當世之愚，飾邪說，文姦言，以亂天下，欺惑愚衆，使混然不知是非治亂之所存者，卽是范雎、魏牟、田文、莊周、愼到、田駢、墨翟、宋鈃、鄧析、惠施之徒也。 此十子者，皆順非而澤，聞見雜博；然而不師上古，不法先王，按往舊造說，務而自功，道無所遇，二人相從。 故曰，十子者之工說，說皆不足合大道，美風俗，治紀綱；然其持之各有故，言之皆有理，足以欺惑衆愚，交亂樸鄙，則是十子之罪也。韓詩外傳

韓詩無思、孟，但攻十子，宜得其確。 則攻思、孟者，或荀氏後學傳益之歟？它囂作范雎，或是名字之異，莊周添出。

萬物爲道一偏，一物爲萬物一偏，愚者爲一物一偏，而自以爲知道，無知也。 愼子有見於後無見於先，老子有見於詘無見於信，墨子有見於齊無見於畸，宋子有見於少無見於多。 有後而無先則羣衆無門，有詘而無信則貴賤不分，有齊而無畸則政令不施，有少而無多則羣衆不化。荀子天論

孔子之道，六通四闢，無(夫)〔乎〕不在，諸子之學悉受範圍。 然當時諸子改制紛如，競標宗旨，守執一

偏以自高異，天下學者靡然從風。荀子特揭其所短，指其所蔽，極力偏攻。儒教光大，荀子最有力焉。

禮之理誠深矣，堅白同異之察入焉而溺；其理誠大矣，擅作典制辟陋之說入焉而喪；其理誠高矣，暴慢恣睢輕俗之屬入焉而隊。荀子禮論

擅作典制，當時諸子紛紛改作以與儒教爲難者，堅白同異則墨及公孫龍，暴慢恣睢則楊、列、申、韓。荀子攻之，以昌儒學。

周、秦之際，諸子並作，皆論他事，不頌主上，無益於國，無補於化。論衡佚文

百家異說各有所出，若夫墨、楊、申、商之於治道，猶蓋之無一橑而輪之無一輻，有之可以備數，無之未有害於用也。己自以爲獨擅之，不通之于天地之情也。淮南子俶眞訓

蘇秦、吳起以權勢自殺，商鞅、李斯以尊重自滅，皆貪祿慕榮以沒其身，從車百乘，曾不足以載其禍也。鹽鐵論毁學

小人知淺而謀大，羸弱而任重，故中道而廢，蘇秦、商鞅是也。鹽鐵論遵道

陶著書數十萬言，又作七曜論，匡老子，反韓非，復孟軻。後漢劉陶傳

陶亦揚雄、昌黎之比，以其書不傳，故後賢忘之。然陶生後漢時，孔學大明，攻諸子不足爲功矣；惟獨尊孟子，最爲先河，其識之高，亦在昌黎、皮日休之前驅矣。

右儒攻諸子總義。

子曰：「管仲之器小哉！」或曰：「管仲儉乎？」曰：「管氏有三歸，官事不攝，焉得儉？」「然則管仲知禮乎？」曰：「邦君樹塞門，管氏亦樹塞門；邦君爲兩君之好，有反坫，管氏亦有反坫。管氏而知禮，孰不知禮？」論語八佾

管仲相齊，曰：「臣貴矣，然而臣貧。」桓公曰：「使子有三歸之家。」曰：「臣富矣，然而臣卑。」桓公使立於高、國之上。曰：「臣尊矣，然而臣疏。」乃立爲仲父。孔子聞而非之，曰：「泰侈偪上。」一曰：管仲父出，朱蓋青衣，置鼓而歸。庭有陳鼎，家有三歸。孔子曰：「良大夫也，其侈偪上。」韓非子外儲說左

子路曰：「桓公殺公子糾，召忽死之，管仲不死。曰，未仁乎？」論語憲問

子貢曰：「管仲非仁者與？桓公殺公子糾，不能死，又相之。」同上

仲尼游齊見景公。景公曰：「先生奚不見寡人宰乎？」仲尼對曰：「臣聞晏子事三君而順焉，是有三心，所以不見也。」晏子春秋外篇

相三君而善不通下，晏子，細人也。同上

孟子曰：「子誠齊人也，知管仲、晏子而已矣。或問乎曾西曰：『吾子與子路孰賢？』曾西蹵然曰：『吾先子之所畏也。』曰：『然則吾子與管仲孰賢？』曾西艴然不悅曰：『爾何曾比予於管仲？管仲得君，如彼其專也；行乎國政，如彼其久也；功烈，如彼其卑也。爾何曾比予於是？』曰，管仲，曾西之所不爲也，而子爲我願之乎？」孟子公孫丑

右儒攻管子、晏子。

仲弓問子桑伯子。子曰：「可也，簡。」仲弓曰：「居敬而行簡，以臨其民，不亦可乎？居簡而行簡，無乃太簡乎？」子曰：「雍之言然。」論語雍也

莊子稱子桑戶、孟子反、子琴張三人相與爲友，曰：孰能相與於無相與，相爲於無相爲？孰能登天遊霧，撓排無極，相忘以生，無所終窮？

說苑謂子桑戶不衣冠而處，蓋開楊學之先聲者，故仲弓不以爲然。

孔子曰：「可也，簡。」簡者，易野也，易野者，無禮文也。孔子見子桑伯子。子桑伯子不衣冠而處。弟子曰：「夫子何爲見此人乎？」曰：「其質美而無文，吾欲說而文之。」孔子去，子桑伯子門人不說，曰：「何爲見孔子乎？」曰：「其質美而文繁，吾欲說而去其文。」故曰：文質修者謂之君子，有質而無文謂之易野。子桑伯子易野，欲同人道於牛馬，故仲弓曰太簡。說苑修文

右儒攻子桑伯子。

原壤夷俟。子曰：「幼而不孫弟，長而無術焉，老而不死，是爲賊。」以杖叩其脛。論語憲問

右儒攻原壤。

棘子成曰：「君子質而已矣，何以文爲？」子貢曰：「惜乎，夫子之說君子也！駟不及舌。文猶質也，質猶文也，虎豹之鞟猶犬羊之鞟。」論語顏淵

棘子成欲彌文，子貢譏之。謂文不足奇者，子成之徒也。論衡書解

右儒攻棘子成。

孔子爲魯司寇，七日而誅少正卯於東觀之下。門人聞之，趨而進，至者不言，其意皆一也。子貢後至，趨而進，曰：「夫少正卯者，魯國之聞人矣，夫子始爲政，何以先誅之？」孔子曰：「賜也，非爾所及也。夫王者之誅有五，而盜竊不與焉。一曰心辨而險，二曰言僞而辨，三曰行辟而堅，四曰志愚而博，五曰順非而澤。此五者皆有辨知聰達之名，而非其眞也。苟行以僞，則其智足以移衆，强足以獨立，此姦人之雄也，不可不誅。夫有五者之一，則不免於誅，今少正卯兼之，是以先誅之也。」說苑指武

右儒攻少正卯。

竇太后好老子書，召轅固生問老子書。固曰：「此是家人言耳。」史記儒林傳

恬澹無欲，志不在於仕，苟欲全身養性爲賢乎，是則老聃之徒也。道人與賢殊科者，憂世濟民於難，是以孔子棲棲，墨子遑遑，不進與孔、墨合務，而遠與黄、老同操，非賢也。論衡定賢

儒與楊、墨，其道爲三，而老氏爲我，儒、墨救世，則雖三而實爲二焉。故在戰國，儒、墨最盛，而老氏遯之，以其俱救世也。至於漢初，老氏最盛，儒學駸駸其間，而墨亡矣。蓋救世之道同，而儒順墨逆，故墨歸於儒，老氏與儒相反，故後世反有存也。

儒學亦黜老子，道不同不相爲謀，豈謂是耶？史記老子韓非列傳

老聃死，秦失弔之，三號而出。弟子曰：「非夫子之友邪？」曰：「然。」「然則弔焉若此，可乎？」曰：「然。始也吾以爲其人也，而今非也。向吾入而弔焉，有老者哭之如哭其子，少者哭之如哭其母，彼其所以會之，必有不蘄言而言，不蘄哭而哭者，是遁天倍情，忘其所受，古者謂之遁天之刑。」莊子養生主

右儒攻老子。

「聖王不作，諸侯放恣，處士橫議，楊朱、墨翟之言盈天下。天下之言，不歸楊，則歸墨。楊氏爲我，是無君也；墨氏兼愛，是無父也。無父無君，是禽獸也。公明儀曰：『庖有肥肉，廐有肥馬，民有饑色，野有餓莩，此率獸而食人也。』楊、墨之道不息，孔子之道不著，是邪說誣民，充塞仁義也。仁義充塞，則率獸食人，人將相食，吾爲此懼。閑先聖之道，距楊、墨，放淫辭，邪說者不得作。作於其心，害於其事，作於其事，害於其政，聖人復起，不易吾言矣！昔者禹抑洪水而天下平，周公兼夷狄、驅猛獸而百姓寧，孔子成春秋而亂臣賊子懼。詩云：『戎狄是膺，荆、舒是懲，則莫我敢承。』無父無君，是周公所膺也。我亦欲正人心，息邪說，詎詖行，放淫辭，以承三聖者，豈好辯哉？予不得已也。能言距楊、墨者，聖人之徒也。」孟子滕文

孟子終日以明孔道、闢楊、墨爲事，至引三聖自比，攻之以洪水猛獸，厲其詞如此。率子弟闢之，謂能距楊、墨卽爲聖徒，其樹之標、立之黨也如此。聖門有此堅勁之師，此楊、墨所以敗績矣。

孟子傷楊、墨之議，大奪儒家之論，引平直之說，褒是抑非，世人以爲好辯。孟子曰：「予豈好辯哉？予不得已。」論衡對作

楊、墨之學不亂傳義，則孟子之傳不造。論衡對作

墨子、孟子俱與告子辨，則相去不遠。楊朱爲老子弟子，亦相去不遠。而言盈天下，二氏之力勁甚。墨子短喪，尤攻儒道，故孟子以無父斥之，誠不得已。揚雄謂楊、墨當道，孟子闢之，廓如也。此眞功

不在禹下哉！或以昌黎謂孔子必用墨子，墨子必用孔子，孔、墨互攻，乃其後學，非二師之道本然。是未讀墨子非儒、公孟。墨氏實挾全力以倒戈孔門，實無兩立之理。昌黎生在唐時，已不知孔、墨改制爭教之由，固不足辨也。

孟子曰：「楊子取爲我，拔一毛而利天下，不爲也；墨子兼愛，摩頂放踵，利天下爲之。」孟子盡心

全性保眞，不以物累形，楊子之所立也，而孟子非之。淮南子氾論訓

墨者夷之因徐辟而求見孟子。孟子曰：「吾固願見。今吾尚病，病愈，我且往見。」夷子不來。他日又求見孟子。孟子曰：「吾今則可以見矣。不直則道不見，我且直之。吾聞夷子，墨者。墨之治喪也，以薄爲其道也。夷子思以易天下，豈以爲非是而不貴也，然而夷子葬其親厚，則是以所賤事其親也。」徐子以告夷子。夷子曰：「儒者之道，古之人若保赤子，此言何謂也？之則以爲愛無差等，施由親始。」徐子以告孟子。孟子曰：「夫夷子信以爲人之親其兄之子，爲若親其鄰之赤子乎？彼有取爾也。赤子匍匐將入井，非赤子之罪也。且天之生物也使之一本，而夷子二本故也。」孟子滕文

墨子之言，昭昭然爲天下憂不足。夫不足，非天下之公患也，特墨子之私憂過計也。荀子富國

夫有餘不足，非天下之公患也，特墨子之私憂過計也。天下之公患，亂傷之也。胡不嘗試相與求亂之者誰也？我以墨子之非樂也，則使天下亂；墨子之節用也，則使天下貧。非將墮之也，說不免焉。墨子大有天下，小有一國，將蹙然衣麤食惡，憂戚而非樂，若是則瘠。瘠則不足欲，不足欲則賞不行。墨子大有天下，小有一國，將少人徒，省官職，上功勞苦，與百姓均事業，齊功勞，若是則不威。不威則賞罰

不行，賞不行，則賢者不可得而進也，罰不行，則不肖者不得而退也。賢者不可得而進也，不肖者不可得而退也，則能不能不可得而官也，若是，則萬物失宜，事變失應，上失天時，下失地利，中失人和，天下敖然若燒若焦。墨子雖爲之衣褐帶索，嚽菽飲水，惡能足之乎？既以伐其本，竭其原，而焦天下矣。同上

故墨術誠行，則天下尚儉而彌貧，非鬬而日爭，勞苦頓萃而愈無功，愀然憂戚非樂而日不和。並同上

大有天下，小有一國，必自爲之然後可，則勞苦耗悴莫甚焉。如是，則雖臧獲不肯與天子易勢業。以是縣天下，一四海，何故必自爲之？爲之者，役夫之道也，墨子之說也。荀子王霸

孟子無君子莫治野人，無野人莫養君子，上下有等，孔子之義也。墨子主張兼愛、尚同，無差等之義，不與先王同。然其道大觳，耗悴莫甚，役夫之道也。莊子謂墨子雖獨能任，奈天下何，是也。墨子之道所以敗績也，其道高而難行，非孔子中庸之義，故荀子極力攻之。

世俗之爲說者曰：太古薄葬，棺厚三寸，衣衾三領，葬田不妨田，故不掘也。亂今厚葬飾棺，故扣也。荀子正論

薄葬之制爲墨子所改定。蓋上古發骸之風甚盛，故墨子定爲此制，所以防其患也。然孔子已爲之防，比太古已薄矣，墨子則儉不中禮矣。

故人一之於禮義，則兩得之矣，一之於情性，則兩喪之矣。故儒者將使人兩得之者也，墨者將使人兩喪之者也，是儒、墨之分也。荀子禮論

夫厚其生而薄其死，是敬其有知而慢其無知也，是姦人之道，而倍叛之心也。同上

墨子之學本出於孔子，乃倍叛而反攻，故荀子攻其倍叛也。陳相棄陳良之學而從許行之學，孟子攻其倍師。堅守孔教而攻異教，荀、孟兩大儒爲最有力也。

刑餘罪人之喪，不得合族黨，獨屬妻子；棺椁三寸，衣衾三領，不得飾棺，不得晝行，以昏殣，凡緣而往埋之，反無哭泣之節，無衰麻之服，無親疏月數之等，各反其平，各復其始；已葬埋，若無喪者而止。夫是之謂至辱。荀子禮論

此爲攻墨子短喪之制，目爲刑餘罪人之喪，是謂至辱，攻之甚也。

一朝而喪其嚴親，而所以送葬之者，不哀不敬，則嫌於禽獸矣，君子恥之。荀子禮論

故情貌之變，足以別吉凶，明貴賤親疏之節，斯止矣。外是姦也，雖難，君子賤之。同上

公羊傳：「而得君子疑焉。」何休解詁：「君子，孔子也。」則此君子即爲創儒改制之孔子也。恥之爲禽獸，賤之爲姦人，此儒者援孔子以攻墨子短喪之制者也。

君者國之隆也，公者家之隆也。隆一而治，二而亂，自古及今，未有二隆爭重而能長久者。荀子致士

此亦攻墨子者也。墨子兼愛、尚同，視至親如路人，無尊卑親疏之別，與儒者異；故荀子攻其二而亂，與孟子攻墨氏無父無君、夷子二本之意同。

右儒攻楊、墨。

法家嚴而少恩。史記太史公自序

法家不別親疏，不殊貴賤，一斷於法，則親親尊尊之恩絕矣；可以行一時之計而不可長用也，故曰嚴而少恩。同上

商君違禮義，棄倫理，並心於進取，行之三歲，秦俗日敗。新書時變

今商鞅、吳起反聖人之道。鹽鐵論申韓

商鞅、吳起以秦、楚之法爲輕而累之，上危其主，下沒其身。鹽鐵論周秦

今秦怨毒商鞅之法，甚於私仇，故孝公卒之日，舉國而攻之，東西南北莫可奔走，仰天而歎曰：「嗟乎，爲政之弊，至於斯極也！」卒車裂族夷，爲天下笑，斯人自殺之也。鹽鐵論非鞅

商鞅法行而亡。鹽鐵論遵道

今商鞅棄道而用權，廢德而任力，峭法盛刑，以虐戾爲俗，欺舊友以爲功，刑公族以立威，無恩於百姓，無信於諸侯；人與之爲怨，家與之爲讎；雖以獲功見封，猶食毒肉愉飽而罹其咎也。鹽鐵論非鞅

商鞅以重刑峭法爲秦國基，故二世而奪。刑既嚴峻矣，又作爲相坐之法，造誹謗，增肉刑，百姓齋栗，不知所措手足也。賦斂既煩數矣，又外禁山澤之原，內設百倍之利，民無所開說容言。崇利而簡義，高力而尚功，非不廣壤進地也，然猶人之病水，益水而疾深，知其爲秦開帝業，不知其爲秦致亡道也。同上

昔者商鞅相秦，後禮讓，先貪鄙，尚首功，務進取，無德序於民，而嚴刑罰於國，俗日壞而民滋怨，故惠王烹葅其身以謝天下。鹽鐵論國病

商鞅以權數危秦。同上

太史公曰：「商君，其天資刻薄人也。跡其欲干孝公以帝王術，挾持浮說，非其質矣。且所因由嬖臣，及得用，刑公子虔，欺魏將卬，不師趙良之言，亦足發明商君之少恩矣。余嘗讀商君開塞、耕戰書，與其人行事相類，卒受惡名於秦，有以也夫！」史記商君列傳

韓非非先王而不遵，舍正令而不從。鹽鐵論刑德

右儒攻法家。

名家使人儉而善失眞。史記太史公自序

名家苛察繳繞，使人不得反其意，專決於名而失人情，故曰：使人儉而善失眞。同上

子輿曰：「公孫龍之爲人也，行無師，學無友，佞給而不中，漫衍而無家，好怪而妄言；欲惑人之心，屈人之口，與韓檀等肄之。」列子仲尼

言非而博，巧而不理，此固無所不答也。孔叢子公孫龍

此孔子高攻公孫龍白馬非（白）馬之說。

夫堅白同異、有厚無厚之察，非不察也，然而君子不辨，止之也。荀子修身

孔穿、公孫龍相與論於平原君所，深而辯，至於藏三牙。公孫龍言藏之三牙甚辯，孔穿不應。少選，辭而出。明日，孔穿朝。平原君謂孔穿曰：「昔者公孫龍之言甚辯。」孔穿曰：「然。幾能令藏三牙矣。雖然，難。願得有問於君，謂藏三牙甚難而實非也，謂藏兩牙甚易而實是也，不知君將從易而是也者乎，將從難而非者乎？」平原君不應。明日，謂公孫龍曰：「公無與孔穿辯。」呂氏春秋淫辭

或問：「公孫龍詭辭數萬以爲法，法歟？」曰：「斷木爲棊，梡革爲鞠，亦皆有法焉；不合乎先王之法者，君子不法也。」法言吾子

右儒攻名家。

文學曰：「蘇秦以從顯於趙，張儀以衡任於秦，方此之時，非不尊貴也，然知士隨而憂之；知夫不以道進必不以道退，不以義得者必不以義亡。」鹽鐵論褒賢

蘇秦合從連衡，統理六國，業非不大也，桀、紂與堯、舜並稱，至今不亡，名非不長也，然非者不足貴。故事不苟多，名不苟傳也。鹽鐵論非鞅

景春曰：「公孫衍、張儀，豈不誠大丈夫哉？一怒而諸侯懼，安居而天下息。」孟子曰：「是焉得爲大丈夫乎？子未學禮乎？丈夫之冠也，父命之。女子之嫁也，母命之，往送之門，戒之曰：往之女家，必敬必戒，無違夫子。以順爲正者，妾婦之道也。」孟子滕文

太史公曰：「三晉多權變之士，夫言從衡彊秦者，大抵皆三晉之人也。夫張儀之行事甚於蘇秦，然世惡蘇秦者，以其先死而儀振暴其短，以扶其說，成其衡道。要之，此兩人眞傾危之士哉！」史記張儀列傳

右儒攻縱橫家。

我能爲君約與國，戰必克，今之所謂良臣，古之所謂民賊也。君不鄉道，不志於仁，而求爲之强戰，是輔桀也。孟子告子

孟子曰：「有人曰：我善爲陳，我善爲戰。大罪也。」孟子盡心

魯欲使愼子爲將軍。孟子曰：「不敎民而用之謂之殃民，殃民者不容於堯、舜之世。」孟子告子故齊之田單，楚之莊蹻，秦之衞鞅，燕之繆蟣，是皆世俗之所謂善用兵者也，是皆巧拙强弱，則未有以相君也，若其道一也，未及和齊也。持契司詐，權謀傾覆，未免盜兵也。荀子議兵

孟子「殃民不容於堯、舜之世，」「善戰者服上刑，」蓋卽衞鞅、繆蟣之流，法尙權謀傾軋者，爲春秋所疾也。

右儒攻兵家。

宋牼將之楚。孟子遇於石丘，曰：「先生將何之？」曰：「吾聞秦、楚構兵，我將見楚王說而罷之，楚王不悅，我將見秦王說而罷之，二王我將有所遇焉。」曰：「軻也請無問其詳，願聞其指，說之將何如？」曰：「我將言其不利也。」曰：「先生之志則大矣，先生之號則不可。先生以利說秦、楚之王，秦、楚之王悅於利以罷三軍之師，是三軍之士樂罷而悅於利也。爲人臣者懷利以事其君，爲人子者懷利以事其父，爲人弟者懷利以事其兄，是君臣、父子、兄弟終去仁義利以相接，然而不亡者，未之有也。先生以仁義說秦、楚之王，秦、楚之王悅於仁義而罷三軍之師，是三軍之士樂罷而悅於仁義也。爲人臣者懷仁義以事其君，爲人子者懷仁義以事其父，爲人弟者懷仁義以事其兄，是君臣、父子、兄弟去利懷仁義以相接也，然而不王者，未之有也，何必曰利？」孟子告子

宋牼，莊子天下篇作「鈃，」古音通也。莊子稱其禁攻寢兵，周行天下，上說下敎，雖天下不取，强聒不舍，與此合。近世歐洲有禁兵會，亦其比也。於春秋之義，疾滅國、善向戌相合，故孟子稱其志

也。其道淺而不謬，故孟子許之而少正之。

子宋子曰：「明見侮之不辱，使人不鬬。人皆以見侮爲辱，故鬬也，知見侮之爲不辱，則不鬬矣。」應之曰：「然則亦以人之情爲不惡侮乎？」曰：「惡而不辱也？」曰：「若是，則必不得所求焉。凡人之鬬也，必以其惡之爲說，非以其辱之爲故也。今俳優侏儒，狎徒詈侮而不鬬者，是豈鉅知見侮之爲不辱哉？然而不鬬者，不惡故也。今人或入其央瀆，竊其豬彘，則援劍戟而逐之，不避死傷，是豈以喪豬爲辱也哉？然而不憚鬬者，惡之故也。雖以見侮爲辱也，不惡則不鬬，雖知見侮爲不辱，惡之則必鬬，然則鬬與不鬬邪，亡於辱之與不辱也，乃在惡之與不惡也。夫今子宋子不能解人之惡侮，而務說人以勿辱也，豈不過甚矣哉？金舌弊口，猶將無益也，不知其無益則不知，知其無益也直以欺人則不仁，不仁不知，辱莫大焉。將以爲有益於人邪？則與無益於人也，則得大辱而退耳，說莫病是矣。子宋子曰：見侮不辱。應之曰：凡議必將立隆正然後可也，無隆正，則是非不分而辯訟不決，故所聞曰，天下之大隆，是非之封界，分職名象之所起，王制是也。故凡言議期命，是非以聖王爲師。而聖王之分，榮辱是也。」荀子正論

聖王者，孔子也。王制者，孔子之法也。孔子之法有榮辱。有義榮者，有勢榮者；有義辱者，有勢辱者。志意修，德行厚，知慮明，是榮之由中出者也，夫是之謂義榮。爵列尊，貢祿厚，形勢勝，上爲天子諸侯，下爲卿相士大夫，是榮之從外至者也，夫是之謂勢榮。流淫汙漫，犯分亂理，驕暴貪利，是辱之由中出者也，夫是之謂義辱。詈侮捽搏，捶笞臏腳，斬斷枯磔，藉

靡舌縪，是辱之由外至者也，夫是之謂勢辱。是榮辱之兩端也。故君子可以有勢辱而不可以有義辱，小人可以有勢榮而不可以有義榮。有勢辱無害爲堯，有勢榮無害爲桀。義榮勢榮，唯君子而後兼有之，義辱勢辱，唯小人而後兼有之，是榮辱之分也。聖王以爲法，士大夫以爲道，官人以爲守，百姓以爲成俗，萬世不能易也。今子宋子案不然，獨詘容爲己，慮一朝而改之，說必不行矣。譬之是猶以塼塗而塞江海也，以焦僥而戴太山也，蹎跌碎折，不待頃矣。二三子之善於子宋子者，殆不若止之，將恐得傷其體也。子宋子曰：「人之情欲寡，而皆以己之情欲爲多，是過也。」故率其羣徒，辯其談說，明其譬稱，將使人知情欲之寡也。應之曰：「然則亦以人之情爲：欲目不欲綦色，耳不欲綦聲，口不欲綦味，鼻不欲綦臭，形不欲綦佚。此五綦者，亦以人情爲不欲乎？曰：人之情欲是矣。曰：若是，則說必不行矣。以人之情爲欲此五綦者而不欲多，譬之是猶以人之情爲欲富貴而不欲貨也，好美而惡西施也。古之人爲之不然，以人之情爲欲多而不欲寡，故賞以富厚而罰以殺損也，是百王之所同也。故上賢祿天下，次賢祿一國，下賢祿田邑，愿愨之民完衣食。今子宋子以是之情爲欲寡而不欲多，然則先王以人之所不欲者賞，而以人之所欲者罰邪？亂莫大焉。今子宋子嚴然而好說，聚人徒，立師學，成文曲，然而說不免於以至治爲至亂也，豈不過甚矣哉？」荀子正論

宋鈃以見侮爲不辱，與佛法忍辱略同。婁師德唾面自乾，未嘗非長者處世之行。然榮辱爲治法所由，人道未能去也，荀子負荷儒學，以其過高而攻之。

右儒攻宋鈃。

有爲神農之言者許行，自楚之滕，踵門而告文公，曰：「遠方之人，聞君行仁政，願受一廛而爲氓。」文公與之處。其徒數十人，皆衣褐，捆屨、織席以爲食。陳良之徒陳相，與其弟辛，負耒耜而自宋之滕，曰：「聞君行聖人之政，是亦聖人也，願爲聖人氓。」陳相見許行而大悅，盡棄其學而學焉。陳相見孟子，道許行之言，曰：「滕君則誠賢君也。雖然，未聞道也。賢者與民並耕而食，饔飧而治。今也滕有倉廩府庫，則是厲民而以自養也，惡得賢？」孟子曰：「許子必種粟而後食乎？」曰：「然。」「許子必織布而後衣乎？」曰：「否。許子衣褐。」「許子冠乎？」曰：「冠。」曰：「奚冠？」曰：「冠素。」曰：「自織之與？」曰：「否。以粟易之。」曰：「許子奚爲不自織？」曰：「害於耕。」曰：「許子以釜甑爨，以鐵耕乎？」曰：「然。」「自爲之與？」曰：「否。以粟易之。」「以粟易械器者，不爲厲陶冶，陶冶亦以其械器易粟者，豈爲厲農夫哉？且許子何不爲陶冶舍，皆取諸其宮中而用之？何爲紛紛然與百工交易？何許子之不憚煩？」曰：「百工之事，固不可耕且爲也。」「然則治天下獨可耕且爲與？有大人之事，有小人之事。且一人之身而百工之所爲備，如必自爲而後用之，是率天下而路也。故曰：或勞心，或勞力，勞心者治人，勞力者治於人，治於人者食人，治人者食於人，天下之通義也。當堯之時，天下猶未平，洪水橫流，氾濫於天下。草木暢茂，禽獸繁殖，五穀不登，禽獸偪人，獸蹄鳥跡之道，交於中國。堯獨憂之，舉舜而敷治焉。舜使益掌火。益烈山澤而焚之，禽獸逃匿。禹疏九河，瀹濟、漯而注諸海，決汝、漢，排淮、泗而注之江，然後中國可得而食也。當是時也，禹八年於外，三過其門而不入，雖欲耕，得乎？后稷敎民稼穡，樹藝五穀。五穀熟而民人育。人之有道也，飽食煖衣，逸居而無敎，則近於禽獸；聖人有憂之，使契爲司徒，敎以人倫，父子有親，君臣有義，夫婦有別，長幼有序，朋友有信。放勳曰：『勞之，來之，匡之，直之，輔之，翼之，使自得之，又從而振德之。』聖人之憂民如此，而暇耕乎？堯以不得舜爲己憂，舜以不得禹、臯陶爲己憂。夫以百畝之不易爲己憂者，農夫也。分人以財謂之惠，敎人以善謂之忠，爲天下得人者謂之仁。是故以天下與人易，爲天下得人難。孔子曰：『大哉！堯之爲君！惟天爲大，惟堯則之，蕩蕩乎民無能名焉。君哉舜也！巍巍乎有天下而不與焉。』堯、舜之治天下，豈無所用其心哉？亦不用於耕耳。吾聞用夏變夷者，未聞變於夷者也。陳良，楚產也，悅周公、仲尼之道，北學於中國，北方之學者，未能或之先也，彼所謂豪傑之士也。子之兄弟事之數十年，師死而遂倍之。昔者孔子沒，三年之外，門人治任將歸，入揖於子貢，相嚮而哭，皆失聲，然後歸。子貢反，築室於場，獨居三年然後歸。他日，子夏、子張、子游以有若似聖人，欲以所事孔子者事之，彊曾子。曾子曰：『不可。江、漢以濯之，秋陽以暴之，皜皜乎不可尙已。』今也南蠻鴃舌之人，非先王之道，子倍子之師而學之，亦異於曾子矣。吾聞出於幽谷，遷於喬木者，未聞下喬木而入於幽谷者。魯頌曰：『戎狄是膺，荆、舒是懲。』周公方且膺之，子是之學，亦爲不善變矣。」「從許子之道，則市賈不貳，國中無僞，雖使五尺之童適市，莫之或欺。布帛長短同，則賈相若；麻縷絲絮輕重同，則賈相若；五穀多寡同，則賈相若；屨大小同，則賈相若。」曰：「夫物之不齊，物之情也，或相倍蓰，或相什伯，或相千萬。子比而同之，是亂天下也。巨屨小屨同賈，人豈爲之哉？從許子之道，相率而爲僞者也，惡能治國家？」孟子滕文許行被褐織席，高談並耕，其道甚苦，蓋本爲墨學而稍變之，欲自立門戶者。當時創教紛紛，少自立者，輙思創宗旨以自名一教。莊子謂墨者以裘褐爲衣，以跂蹻爲服，日夜不休，以自苦爲極，其道大觳。被褐織席，亦大觳矣。並耕同賈，則尚同之餘義。故許行必墨氏後學，皆假託先王，力與孔子爲難，故孟子極力攻之。

右儒攻許子。

匡章曰：「陳仲子豈不誠廉士哉？居於陵，三日不食，耳無聞，目無見也。井上有李，螬食實者過半矣，匍匐往將食之，三咽，然後耳有聞，目有見。」孟子曰：「於齊國之士，吾必以仲子爲巨擘焉。雖然，仲子惡能廉？充仲子之操，則蚓而後可者也。夫蚓上食槁壤，下飲黃泉。仲子所居之室，伯夷之所築與？抑亦盜跖之所築與？所食之粟，伯夷之所樹與？抑亦盜跖之所樹與？是未可知也。」曰：「是何傷哉？彼身織屨，妻辟纑，以易之也。」曰：「仲子，齊之世家也，兄戴，蓋祿萬鍾。以兄之祿爲不義之祿而不食也，以兄之室爲不義之室而不居也，辟兄離母，處於於陵。他日歸，則有饋其兄生鵝者，已頻顣曰：惡用是鶃鶃者爲哉？他日，其母殺是鵝也，與之食之。其兄自外至，曰：是鶃鶃之肉也。出而哇之。以母則不食，以妻則食之，以兄之室則弗居，以於陵則居之，是尚爲能充其類也乎？若仲子者，蚓而後充其操者也。」（孟子滕文）

陳仲子亦當時創教之人，其學雖不可見，然織屨辟纑，節用苦行，避兄離母，薄於人倫，殆聞墨子之風者。荀子以爲盜名，大約以苦行動人而不尚言論也。孔子之道，以人治人，可而止。陳仲子知義而不知仁，失其本矣。

忍情性，綦谿利跂，苟以分異人爲高，不足以合大衆，明大分；然而其持之有故，其言之成理，足以欺惑愚衆，是陳仲、史鰌也。荀子非十二子

孟子曰：「仲子，不義與之齊國而弗受，人皆信之，是舍簞食豆羹之義也。人莫大焉亡親戚君臣上下，以其小者信其大者，奚可哉？」孟子盡心

仲子宗旨雖不可考，而孟子攻其亡親戚君臣上下，則其說與佛氏略同，但有妻耳。其苦行亦與佛同，故能風動天下。趙威后至欲殺之，想以其無君也。顯違孔子之道，故孟子不得不攻之。

右儒攻陳仲子。

騶衍睹有國者益淫侈，不能尙德，若大雅整之於身，施及黎庶矣。乃深觀陰陽消息而作怪迂之變，終始、大聖之篇十餘萬言。其語閎大不經，必先驗小物，推而大之，至於無垠。先序今，以上至黃帝，學者所共術，大並世盛衰，因載其禨祥度制，推而遠之，至天地未生，窈冥不可考而原也。先列中國名山大川，通谷禽獸，水土所殖，物類所珍，因而推之，及海外人之所不能睹。稱引天地剖判以來，五德轉移，治各有宜，而符應若茲。以爲儒者所謂中國者，於天下乃八十一分居其一分耳。中國名曰赤縣神州。赤縣神州內自有九州，禹之序九州是也，不得爲州數。中國外如赤縣神州者九，乃所謂九州也，於是有裨海環之，人民禽獸莫能相通者如一區中者，乃爲一州。如此者九，乃有大瀛海環其外，天地之際焉。其術皆此類也。然要其歸必止乎仁義節儉君臣上下六親之施，始也濫耳。史記孟荀列傳

鄒衍非聖人，作怪誤惑六國之君以納其説，此春秋所謂匹夫熒惑諸侯者也。鹽鐵論論鄒

右儒攻騶子。

淳于髡曰：「男女授受不親，禮與？」孟子曰：「禮也。」曰：「嫂溺則援之以手乎？」曰：「嫂溺不援，是豺狼也。男女授受不親，禮也。嫂溺援之以手者，權也。」曰：「今天下溺矣，夫子之不援，何也？」曰：「天下溺，援之以道，嫂溺，援之以手。子欲手援天下乎？」孟子離婁

淳于髡蓋當時辨者之囿，稷下之客，或惠施之徒歟？能引男女之禮，蓋稍知儒旨而攻子思、公明子，則亦異敎攻儒者也。

右儒攻淳于髡。

子莫執中，執中爲近之，執中無權，猶執一也。所惡執一者，爲其賊道也，舉一而廢百也。孟子盡心

子莫執中，蓋與孔子近矣。然彼究別創一致，不從孔子。孟子爲孔門禦侮，故並攻之也。

右儒攻子莫。

白圭曰：「丹之治水也，愈於禹。」孟子曰：「子過矣，禹之治水，水之道也，是故禹以四海爲壑。今吾子以鄰國爲壑。水逆行謂之洚水，洚水者，洪水也，仁人之所惡也。吾子過矣。」孟子告子

白圭曰：「吾欲二十而取一，如何？」孟子曰：「子之道，貉道也。萬室之國一人陶，則可乎？」曰：「不可，器不足用也。」曰：「夫貉，五穀不生，惟黍生之，無城郭宮室宗廟祭祀之禮，無諸侯幣帛饔飧，無百官有司，故二十取一而足也。今居中國，去人倫，無君子，如之何其可也？陶以寡且不可，以爲國，

況無君子乎？欲輕之於堯、舜之道者，大貉、小貉也；欲重之於堯、舜之道者，大桀、小桀也。」同上

以史記考之，白圭亦當時有道術者，但是粗才，以孟子闢之固易易。

右儒攻白圭。

世俗之爲說者曰：桀、紂有天下，湯、武篡而奪之。是不然。荀子正論

今世俗之爲說者，以桀、紂爲君而以湯、武爲弑，然則是誅民之父母而師民之怨賊也，不祥莫大焉。以天下合爲君，則天下未嘗合於桀、紂也；然則以湯、武爲弑，則天下未嘗有說也，直墮之耳。同上

書稱「撫我則后，虐我則讎。」孟子稱「殘賊之人謂之一夫。」禮稱「刑人於市，與衆共之。」則爲民賊者，人人皆得而僇之也。夫天生民而樹之君，使司牧之，勿失其性，故堯、舜兢兢於天祿永終，四海困窮，以見天命之不易假也。此爲孔子非常異義，學者疑惑，每爲世俗之說所動，荀子力辟之，與孟子同。又按司馬遷史記立項羽爲本紀，陳涉爲世家，見秦王無道，人人皆得而誅之，而陳涉、項羽首先亡秦，可以代秦，是亦一湯、武也。特以暴易暴，故不終耳。史公爲之立本紀、世家，卽是意乎？

夫曰堯、舜擅讓，是虛言也，是淺者之傳，陋者之說也，不知逆順之理，小大至不至之變也，未可與及天下之大理也。荀子正論

孟子：「天與賢則與賢，天與子則與子。」王者奉天治民，視民心之向背而驗天命之所歸，不得私相轉授，擅以天下與人者。故當時子噲授燕於子之，卒啓亂亡之禍，蓋爲淺陋者之說所惑焉。

今世俗之爲說者，不怪朱、象而非堯、舜，其過甚矣哉，夫是之謂嵬說。荀子主論

當時諸教之微言大義，全在口說，故荀子攻之爲世俗之說，陋者之說，是之謂嵬說，墨子之說，姦人之說，則非孔子之說明矣。

世俗之爲說者曰：「治古無肉刑而有象刑，墨黥，慅嬰，共艾畢，剕枲屨，殺赭衣而不純，治古如是。」是不然。荀子正論

右皆不知名雜教，荀子攻之，與孟子同。

孔子改制考卷十八

南海康有爲廣厦撰

儒墨最盛並稱考

孔子一統之後，如漢高、明太囊括四海，悉主悉臣。人不知孔子爲創教諸子之一人，更不知與孔子同時爭教之巨子。然在戰國時，國既諸雄並立，而秦、楚爲强，教亦諸子並爭，而儒、墨最盛。其時傳教各視其力，各竭其才，而儒、墨二字充滿天下，實中分天下。孟子謂楊朱、墨翟之言盈天下，又謂天下之言，不歸楊則歸墨，又謂逃墨必歸楊，逃楊必歸儒。老、楊之學似若爲吳、蜀之鼎立，然墨學濡首救人，又多才藝，人多歸之，當戰國末，遂與儒並對立，若南北朝，於時老、楊之學，僅如蕭詧一線之傳，不足比於大國矣。夫原儒、墨所以最盛者，豈不以行仁兼愛哉？人道莫不賴於仁，固非爲我之私所可比矣；然墨道節用、非樂，薄父子之恩，失生人之性，其道枯(槁)〔槁〕太觳，離天下之心，天下弗堪，咸歸孔子，豈非聖人之道得中和哉？墨學微而老學以爲我之私陰行漢世，至今不廢，則陰道隱緣之故。然漢人尚以墨翟與孔子並稱，項羽雖敗，漢人獨立本紀，豈非兼愛尚同之遺烈耶？凡教之光大於世者，未有不出於仁愛，諒哉！今考儒、墨大盛之條，及秦、漢人以儒、墨對舉者附焉。

孔、墨之弟子徒屬充滿天下，皆以仁義之術教導於天下。呂氏春秋有度孔、墨以仁立教，其弟子徒屬充滿天下，殆有由也。故諸子並出，孔、墨獨盛，而墨卒敗。大道之行，豈苟然哉？儒於戰國雖未一統，而半分天下矣。

世之顯學，儒、墨也。儒之所至，孔丘也；墨之所至，墨翟也。自孔子之死也，有子張之儒，有子思之儒，有顏氏之儒，有孟氏之儒，有漆雕氏之儒，有仲良氏之儒，有孫氏之儒，有樂正氏之儒。自墨子之死也，有相里氏之墨，有相夫氏之墨，有鄧陵氏之墨。故孔、墨之後，儒分爲八，墨離爲三。取舍相反不同，而皆自謂眞孔、墨。孔、墨不可復生，將誰使定後世之學乎？孔子、墨子俱道堯、舜，而取舍不同，皆自謂眞堯、舜。堯、舜不復生，將誰使定儒、墨之誠乎？殷、周七百餘歲，虞、夏二千餘歲，而不能定儒、墨之眞，今乃欲審堯、舜之道於三千歲之前，意者其不可必乎？無參驗而必之者，愚也；弗能必而據之者，誣也。故明據先王，必定堯、舜者，非愚則誣也。愚誣之學，雜反之行，明主弗受也。墨者之葬也，冬日冬服，夏日夏服，桐棺三寸，服喪三月，世以爲儉而禮之。儒者破家而葬，服喪三年，大毁扶杖，世主以爲孝而禮之。夫是墨子之儉，將非孔子之侈也，是孔子之孝，將非墨子之戾也。今孝戾侈儉俱在儒、墨，而上兼禮之。韓非子顯學

韓非與李斯同事始皇，去漢不遠，爲諸子之殿。於時猶孔、墨並稱顯學，蓋宗派散布，徒屬滿天下。然孔學有八家，墨學僅三，比之南宋朱子學徒勝於陸子，而朱學遂行，至於延祐遂立科舉。孔子入漢，六經立於學宮，甲科射策，事正相同。鑒後可以推前，孔子大道之行，亦可考其端緒矣。

儒以文亂法，俠以武犯禁，而人主兼禮之。韓非子五蠹

儒、俠毋軍勞(顯)而(顯)榮者，則民不使，與象人同事也。夫(禍)知(禍)磬石象人而不知禍商官儒俠，爲不墾之地，不使之民，不知事類者也。韓非子顯學

上稱儒、墨，此稱儒、俠，俠即墨也。孔、墨則舉姓，儒、俠則舉教名，其實一也。太史公云：「儒以文亂法，俠以武犯禁。」有儒林傳，復有游俠傳。時墨者尙盛，故二傳並錄，亦對舉儒、墨也。淮南子喜武，非俠也，喜文，非儒也，亦然。太史公雖有儒、墨擯俠不載之說，疑俠爲墨之別派乎？

孔、墨布衣之士也，萬乘之主，千乘之君，不能與之爭士也。自此觀之，尊貴富大，不足以來士矣。呂氏春秋不侵

孔、墨徒屬充滿天下，不可數計，故萬乘之主莫能與之爭。以國主不能與爭，其盛大流行可想。

孔子學於老聃、孟蘇、夔靖叔。魯惠公使宰讓請郊廟之禮於天子，桓王使史角往。惠公止之，其後在於魯，墨子學焉。此二士者，無爵位以顯人，無賞祿以利人，舉天下之顯榮者，必稱此二士也；皆死久矣，從屬彌衆，弟子彌豐，充滿天下，王公大人從而顯之，有愛子弟者隨而學焉，無時乏絕。子貢、子夏、曾子學於孔子，田子方學於子貢，段干木學於子夏，吳起學於曾子，禽滑釐學於墨子，許犯學於禽滑釐，田繫學於許犯。孔、墨之後學，顯榮於天下者衆矣，不可勝數，皆所染者得當也。呂氏春秋當染

當時孔、墨二家徒屬彌滿天下，故韓非二家爲顯學，王公大人愛子弟皆從之學，蓋呂氏時，兩教之人中分天下矣。時孔子雖未一統，有墨梗之，亦已得半，傳教亦極速哉！墨子後孔子數十年，而徒屬半天下，則尤速矣，眞儒教之勁敵也。蓋墨子悍甚，故傳極速。

惠盎見宋康王。康王蹀足謦欬疾言曰：「寡人之所說者，勇有力也，不說爲仁義者也，客將何以敎寡人？」惠盎對曰：「臣有道於此，使人雖勇，刺之不入，雖有力，擊之弗中，大王獨無意耶？」宋王曰：「善。此寡人之所欲聞也。」惠盎曰：「夫刺之不入，擊之不中，此猶辱也。臣有道於此，使人雖有勇弗敢刺，雖有力弗敢擊。夫弗敢，非無其志也。臣有道於此，使人本無其志也。夫無其志者，未有愛利之心也。臣有道於此，使天下丈夫女子莫不驩然皆欲愛利之，此其賢於勇有力也，四累之上也，大王獨無意邪？」宋王曰：「此寡人之所欲得也。」惠盎對曰：「孔、墨是已。孔丘、墨翟無地而爲君，無官而爲長，天下丈夫女子莫不延頸舉踵而願安利之。今大王，萬乘之主也，誠有其志，則四境之（丙）〔內〕皆得其利矣，其賢於孔、墨也遠矣。」列子黃帝

天下丈夫女子皆知孔、墨，皆延頸舉踵而思安利孔、墨，所謂天下歸往謂之王，故曰無地而爲君也。孔、墨當時大行於天下，下逮於婦孺，殊方絕域莫不景從，非其徒屬盛傳之故哉？

惠盎見宋康成公，而謂足聲速疾言曰：「寡人之所說者勇有力，而無爲仁義者，客將何以敎寡人？」惠盎對曰：「臣有道於此，使人雖勇，刺之不入，雖有力，擊之弗中，大王獨無意耶？」王曰：「善，此寡人所欲聞也。」惠盎曰：「夫刺之不入，擊之不中，此猶辱也。臣有道於此，使人雖有勇弗敢刺，雖有力不敢擊，大王獨無意耶？」王曰：「善，此寡人之所欲知也。」惠盎曰：「夫不刺不敢擊，非無其志也。臣有道於此，使人本無其志也，大王獨無意耶？」王曰：「善，此寡人之所願也。」惠盎曰：「夫無其志也，未有愛利之心也。臣有道於此，使天下丈夫女子莫不驩然皆欲愛利之，此其賢於勇有力也，居四累

之上，大王獨無意耶？」王曰：「此寡人之所欲得。」惠盎對曰：「孔、墨是也。孔丘、墨翟無地爲君，無官爲長，天下丈夫女子莫不延頸舉踵而願安利之。今大王，萬乘之主也，誠有其志，則四境之內皆得其利，其賢於孔、墨也遠矣。」宋王無以應。惠盎趨而出。宋王謂左右曰：「辨矣，客之以說服寡人也。」呂氏春秋順說

丈夫女子皆願安利孔、墨，則當時服教者無所不徧矣。近世自諸生外不得入廟謁孔子，況女子乎？甚非古義也。

惠盎對曰：「孔、墨是已。孔丘墨翟無地而爲君，無官而爲長，天下丈夫女子莫不延頸舉踵而願安利之者。今大王萬乘之主，誠有其志，則四境之內皆得其利矣，此賢於孔、墨也遠矣。」淮南子道應訓

此與列子黃帝篇、呂氏春秋順說篇引惠盎之說同。孔、墨之教盛傳，具見左證。

故儒者將使人兩得之者也，墨者將使人兩喪之者也，是儒、墨之分也。荀子禮論

荀子爲孔門後學，傳經大儒，其書攻墨子之教，直過於孟子，而猶以儒、墨對舉；則當時墨學與儒分道揚鑣，可知矣。

孔、墨、甯越，皆布衣之士也，慮於天下以爲無若先王之術者，故日夜學之，有便於學者無不爲也，有不便於學者無肯爲也；蓋聞孔丘、墨翟晝日諷誦習業，夜親見文王、周公旦而問焉。呂氏春秋博志

戰國以還，稱博聞勤學者，必以孔、墨爲稱首，而諸子不與焉，其並名如此。蓋孔子、墨子皆以學問制度勝人，諸子多空虛，非其比也。雖宜於時者，墨不如孔，而荀勝孟，朱勝陸，後人皆荀、孟並稱，朱、

陸對舉，正與此同。觀後以知前，最足勝據者矣。

今儒、墨皆稱先王，兼愛天下，則視民如父母。韓非子五蠹

儒、墨並稱而謂之皆稱先王，兼愛天下，可知儒、墨所以大行者，惟稱先王則於古有徵，惟兼愛則生民共慕，此所以萬流向風而諸子不能比之也。

子張曰：「昔者桀、紂貴爲天子，富有天下。今謂臧聚曰：汝行如桀、紂，則有怍色，有不服之心者，小人所賤也。仲尼、墨翟窮爲匹夫，今爲宰相曰：子行如仲尼、墨翟，則變容易色稱不足者，士誠貴也。故勢爲天子未必貴也，窮爲匹夫未必賤也，貴賤之分在行之美惡。」莊子盜跖

當時開口輒稱孔、墨，人人敬服，自謂不如，其所以入人心者至矣。

是以天下大駭，儒、墨皆起，其作始有倫而今乎婦女，何言哉？莊子天運

昔者，舜欲服海外而不成，既足以成帝矣；禹欲帝而不成，既足以王海內矣；湯、武欲繼禹而不成，既足以王通達矣；五伯欲繼湯、武而不能成，既足以爲諸侯長矣；孔、墨欲行大道於世而不成，既足以成顯榮矣。夫大義之不成既有成已，故務事大。呂氏春秋務大

以孔、墨繼舜、禹、湯、武，蓋以孔、墨皆爲天子之事，所謂行大道於世也。

禹之裸國，裸入衣出，因也。墨子見荊王，錦衣吹笙，因也。孔子道彌子瑕見釐夫人，因也。湯、武遭亂世，臨苦民，揚其義，成其功，因也。呂氏春秋貴因

孔子道彌子瑕事雖謬，然當時人論事說理，或單舉孔、墨，或以孔、墨與三代聖王同舉，其尊之如此。

孔丘、墨翟修先聖之術，通六藝之論，口道其言，身行其志，慕義從風而爲之服役者，不過數十人。使居天子之位，則天下徧爲儒、墨矣。淮南子主術訓

以此言之，不獨詩、書、禮、樂爲三代舊名，易、春秋亦然。坤乾之義，不修春秋，固墨子所同者也，惟删定不同耳。

孔子弟子七十，養徒三千人，皆入孝出悌，言爲文章，行爲儀表，教之所成也。墨子服役者百八十人，皆可使赴火蹈刃，死不還踵，化之所致也。淮南子泰族訓

孔、墨之弟子皆以仁義之術教導於世。淮南子俶眞訓

周室衰而王道廢，儒、墨乃始列道而議，分徒而訟。同上

右儒墨最盛。

下有桀、跖，上有曾、史，而儒、墨畢起。莊子在宥

君子之人若儒、墨者師，故以是非相鳌也，而況今之人乎？莊子知北遊

莊子曰：「然則儒、墨、楊、（朱）〔秉〕四，與夫子爲五，果孰是邪？」莊子徐无鬼

故有儒、墨之是非，以是其所非而非其所是。莊子齊物

而儒、墨乃始離跂攘臂乎桎梏之間，意！甚矣哉！其無愧而不知恥也！莊子在宥

儒者僞辭，墨者兼愛。五紀六位，將有別乎？莊子盜跖

墨子貴兼，孔子貴公。尸子廣澤

夫禍之始也猶熛火蘖足也；及其措於大事，雖孔子、墨翟之賢，弗能救也。尸子貴言

於時稱聖智者，人人皆知有孔子、墨子，故論事輒舉以喻理焉。

孔子貴仁，墨子貴兼。呂氏春秋不二

博習辯智如孔、墨，孔、墨不耕耨，則國何得焉。韓非子八說

非有仲尼、墨翟之賢。新書過秦

爲儒而踞里閭，爲墨而朝吹竽。淮南子說山訓

喜武，非俠也；喜文，非儒也。同上

今取新聖人書名之孔、墨，則弟子句指而受者必衆矣。故美人者非必西施之種，通士者不必孔、墨之類，曉然意有所通之物，故作書以喻意，以爲知者也。淮南子修務訓

當此之時，豐衣博帶而道儒、墨者，以爲不肖。逮至暴亂已勝，海內大定，繼文之業，立武之功，履天子之圖籍，造劉氏之貌冠，總鄒、魯之儒、墨，通先聖之遺敎。淮南子氾論訓

今儒、墨者稱三代文、武而弗行，是言其所不行也。同上

孔、墨博通而不能與山居者，入榛薄險阻也。淮南子主術訓

吳起、張儀智不若孔、墨而爭萬乘之君，此其所以車裂支解也。同上

夫三年之喪，是强人所不及也，而以爲輔情也；三月之服，是絕哀而迫切之性也。夫儒、墨不原人情之終始，而務以行相反之制。淮南子齊俗論

大夫曰：「鄒子疾晚世之儒、墨不知天地之弘，昭曠之道。」鹽鐵論論鄒

儒、墨內貪外矜，往來游說，栖栖然亦未爲得也。鹽鐵論毀學

儒、墨大盛，故外人毀之。

山東儒、墨咸聚於江、淮之間，講議集論。鹽鐵論晁錯

江、淮大盛，則中原可想。雖淮南王招致之故，亦可見儒、墨之推行矣。

陳王赫然奮爪牙，爲天下首事。道雖凶而儒、墨或干之者，以爲無王久矣，道擁遏不得行，自孔子以至於茲，而秦後重禁之，故發憤於陳王也。鹽鐵論褒賢

昔魯聽季孫之說逐孔子，宋信子冉之計逐墨翟。夫以孔、墨之辯而不能自免。新序雜事

儒家之宗，孔子也；墨家之祖，墨翟也。論衡案書

王仲任後漢時尚知儒、墨之宗派而對舉之。

使當今說道深於孔、墨，名不得與之同立。論衡齊世

上自孔、墨之黨，下至孟、荀之徒，敎訓必作垂文，何也？論衡對作

孔、墨之籍，季孟不肯讀。論衡自紀

孔、墨弟子固多寒士，當時貴人自少從之，必俟學者，乃能相以成學也。

夫未進也，身被三累；已用也，身蒙三害。雖孔子、墨翟不能自免，顏回、曾參不能全身也。論衡累害

王仲任能知墨翟之短謬，且生在東漢，宗尚孔子，可謂至矣，而開口猶孔、墨並引。蓋風俗所沿，順口

輒及，猶今鄉曲稱考試猶言七篇，論職官猶言五府，沿明之遺說故也。

今墨家非儒，儒家非墨。論衡薄葬

是以孔子栖栖，墨子遑遑，不進與孔、墨合務而還與黄、老同操，非賢也。論衡定賢

墨家之論，以爲人死無命；儒家之議，以爲人死有命。論衡命義

故盜泉、朝歌，孔、墨不由，惡其名也，順其心也。申鑒俗嫌

右儒、墨並稱。

孔子改制考卷十九

南海康有爲廣厦撰

魯國全從儒教考

魯人從儒通論
孔子負聖人之譽中外皆稱之
孔子爲吏行道於魯
魯人盡服孔子之教
魯尊敬孔子子孫弟子後學
魯儒生戰國秦漢時尤盛

光之行也最速，必自近而至遠者，勢也。將使日月所照，霜露所墜，大小遠近若一，聲教遍於大地，必先行於諸夏；將使楚、魏、齊、秦咸立博士，漢夷四表咸誦六經，必先行於魯國。康成經學，朱、王理學，皆數十年而遍天下，彼瞿曇之於迦維衞，摩訶末之於麥加猶然。天山萬里，東走碣石，渡海而起泰岱，青青未了，聖神崛興，雲滃雨渟，其居不遠，其時甚近，舉國而爲儒，雖戎馬生郊，而絃歌不絕，豈非聖人之大化哉！

魯人皆以儒敎。史記游俠列傳

魯國服儒者之禮，行孔子之術。淮南子齊俗訓

右魯人從儒通論。

達巷黨人曰：「大哉孔子！博學而無所成名。」論語子罕

大宰問於子貢曰：「夫子聖者與？何其多能也？」子貢曰：「固天縱之將聖，又多能也。」同上

陳大夫聘魯，私見叔孫氏。叔孫曰：「吾國有聖人。」曰：「非孔丘邪？」曰：「是也。」列子仲尼

右孔子負聖人之譽，吳太宰、魯叔孫、陳大夫所言，中外皆稱之如此。

仲尼將爲司寇，沈猶氏不敢朝飲其羊，公愼氏出其妻，愼潰氏踰境而徙，魯之粥牛馬者不豫賈，必蚤正以待之者也。居於闕黨，闕黨之子弟罔不（必）分，有親者取多，孝弟以化之也。荀子儒效

孔子始用於魯。魯人鷖誦之曰：「麛裘而韠，投之無戾。韠而麛裘，投之無郵。」用三年，男子行乎塗右，女子行乎塗左，財物之遺者民莫之舉。呂氏春秋樂成

孔子爲魯司寇，道不拾遺，市賈不豫賈，田漁皆讓長，而斑白不負戴，非法之所能致也。淮南子泰族訓

郈，叔孫氏所食邑，費，季氏所食邑。二大夫宰吏數叛，患之，以問孔子。孔子曰：「陪臣執國命，采長數叛者，坐邑有城池之固，家有甲兵之藏故也。」季氏說其言而墮之。公羊定公十二年解詁

魯有沈猶氏者，旦飲羊，飽之以欺市人，公愼氏有妻而淫，愼潰氏奢侈驕佚，魯氏之鬻牛馬者善豫賈。孔子將爲魯司寇，沈猶氏不敢朝飲其羊，公愼氏出其妻，愼潰氏踰境而徙，魯之鬻馬牛不豫賈，布正以

待之者也。既爲司寇，季孟隳郈、費之城，齊人歸所侵魯之地，由積正之所致也。新序雜事一

右孔子爲吏自行其道。

秋八月，公及齊侯、邾子盟於顧。齊人責稽首，因歌之曰：「魯人之皋，數年不覺，使我高蹈。唯其儒書，以爲二國憂。」左傳哀公二十一年

當時稱孔子書爲儒書，如今日稱佛書道藏，以敎名之。魯人皆從儒敎，自尊，故齊人憂之。儒書之盛於當時，雖僞左亦傳其說也。

魯人有朝祥而莫歌者，子路笑之。夫子曰：「由，爾責於人，終無已夫！三年之喪，亦已久矣夫。」禮記檀弓

孔子生時創制，魯人已從其敎，行三年之喪。

景公祭路寢，聞哭聲，問梁邱據。對曰：「魯孔子之徒也，其母死，服喪三年，哭泣甚哀。」墨子佚文

宓子賤治亶父，恐魯君之聽說人而令己不得行其術也，將辭而行，請近吏二人於魯君，與之俱，至於亶父。邑吏皆朝。宓子賤令吏二人書，吏方將書，宓子賤從旁時掣搖其肘。吏書之不善，則宓子賤爲之怒，吏甚患之，辭而請歸。宓子賤曰：「子之書甚不善，子勉歸矣。」二吏歸報於君，曰：「宓子不可爲書。」君曰：「何故？」吏對曰：「宓子使臣書，而時掣搖臣之肘，書惡而有甚怒。吏皆笑宓子，此臣所以辭而去也。」魯君太息而歎曰：「宓子以此諫寡人之不肖也。寡人之亂子而令宓子不得行其術，必數有之矣。微二人，寡人幾過。」遂發所愛而令之亶父告宓子，曰：「自今以來，亶父非寡人之有也，子

之有也。有便於亶父者，子決爲之矣，五歲而言其要。」宓子敬諾，乃得行其術於亶父，三年。巫馬期短褐，衣弊裘，而往觀化於亶父。見夜漁者，得則舍之。巫馬期問焉，曰：「漁爲得也，今子得而舍之，何也？」對曰：「宓子不欲人之取小魚也，所舍者小魚也。」巫馬期歸告孔子，曰：「宓子之德至矣，使民闇行，若有嚴刑於旁，敢問宓子何以至於此？」孔子曰：「丘嘗與之言曰：誠乎此者刑乎彼。宓子必行此術於亶父也。」呂氏春秋具備

王制：「禽獸魚鼈不中殺，不鬻於市。」淮南子主術訓言：「先(生)〔王〕之法，魚不長尺不得取。」王制者，孔子之制也，先王之法者，孔子之法也。宓子賤治亶父，漁者不取小魚，其殆能行孔子之道也歟？

魯國之法，魯人爲人妾於諸侯，有能贖之者，取金於府。淮南子道應訓

孔子葬魯城北泗上，弟子皆服三年。三年心喪畢，相訣而去，則哭，各復盡哀，或復留。唯子貢廬於冢上，凡六年然後去。弟子及魯人往從冢而家者百有餘室，因命曰孔里。魯世世相傳，以歲時奉祠孔子冢，而諸儒亦講禮鄉飲大射於孔子冢。孔子冢大一頃，故所居堂，弟子內，後世因廟藏孔子衣冠琴車書，至於漢二百餘年不絕。史記孔子世家

莊子見魯哀公。哀公曰：「魯多儒士，少爲先生方者。」莊子曰：「魯少儒。」哀公曰：「舉魯國而儒服，何謂少乎？」莊子田子方

適魯，觀仲尼廟堂，車服禮器，諸生以時習禮其家。史記孔子世家

右魯人盡服孔子之教，事效至先，蓋道必行於鄉，教必起於近。佛教先行於迦維釋族，摩西先行於迦南、猶太，摩訶末先行於麥加，皆自然之理也。

昔者，魯繆公無人乎子思之側，則不能安子思。孟子公孫丑

繆公之於子思也，亟問，亟餽鼎肉。孟子萬章

繆公亟見於子思曰：「古千乘之國以友士，何如？」子思不悅，曰：「古之人有言曰，事之云乎，豈曰友之云乎？」同上

魯繆公之時，公儀子爲政，子柳，子思爲臣。孟子告子

公儀休者，魯博士也，以高弟爲魯相。史記循吏列傳

南宫敬子問顏涿聚曰：「季孫養孔子之徒，所朝服與坐者以十數。」韓非子外儲說左

魯欲使樂正子爲政。孟子告子

右魯能尊敬孔子之子孫，弟子後學加崇異禮。

宋陽里華子中年病忘，朝取而夕忘，夕與而朝忘，在塗則忘行，在室則忘坐，今不識先，後不識今，闔室毒之。謁史而卜之，弗占；謁巫而禱之，弗禁；謁醫而攻之，弗已。魯有儒生，自媒能治之。華子之妻子以居産之半請其方。儒生曰，「此固非卦兆之所占，非祈請之所禱，非藥石之所攻。吾試化其心，變其慮，庶幾其瘳乎？」於是試露之而求衣，饑之而求食，幽之而求明。儒生欣然告其子曰：「疾可已也，然吾之方密，傳世不以告人，試屏左右，獨與居室七日。」從之，莫知其所施爲也，而積年之疾，一朝

都除。華子既悟，廼大怒，黜妻罰子，操戈逐儒生。宋人執而問其以。華子曰：「曩吾忘也，蕩蕩然不覺天地之有無；今頓識既往，數十年來存亡得失，哀樂好惡，擾擾萬緒起矣。吾恐將來之存亡、得失、哀樂、好惡之亂吾心如此也，須臾之忘，可復得乎？」列子周穆王

此雖列子自述其學，而魯多儒生，儒生多術，天下求學術者必於魯儒，亦可見矣。

昔有昆弟三人游齊、魯之間，同師而學，進仁義之道而歸。列子說符

如田子方、段干木、吳起、禽滑釐之屬，皆受業於子夏之倫，爲王者師，是時獨魏文侯好學。後陵遲以至於始皇，天下並爭於戰國，儒術既絀焉，然齊、魯之間，學者獨不廢也。於威、宣之際，孟子、荀卿之列，咸遵夫子之業而潤色之，以學顯於當世。史記儒林列傳

齊、魯學者不廢，則儒術自絀於上而自行於下，若元世之學者矣，豈不盛乎？

陳涉之王也，而魯諸儒持孔子之禮器往歸陳王，於是孔甲爲陳涉博士。史記儒林列傳

歸陳涉者有諸儒，則魯儒甚盛矣，此皆讀秦焚以前之書者，足見先秦儒術之盛也。

及高皇帝誅項籍，舉兵圍魯。魯中諸儒尚講誦，習禮樂，絃歌之音不絕。豈非聖人之遺化，好禮樂之國哉？史記儒林列傳

夫齊、魯之間於文學，自古以來，其天性也。故漢興而後，諸儒始得修其經藝，講習大射鄉飲之禮。叔孫通作漢禮儀，因爲太常，諸生弟子共定者咸爲選首。同上

圍城之際猶誦習絃歌不輟，況干戈大定後哉！孔子之教入人深矣。謂之諸儒，可見坑焚無恙，孔教

大行。

講業齊、魯之都，觀孔子之遺風，鄉射鄒、嶧。史記太史公自序

齊、魯先行孔子之教，至史公少年當益盛，鄉射之禮尤盛行者。

而鄒、魯濱洙、泗，猶有周公遺風，俗好儒，備於禮。史記貨殖列傳

太史公稱鄒、魯好儒備禮，蓋鄒、魯於時儒教極盛矣。

漢五年已幷天下，諸侯共尊漢王爲皇帝於定陶。叔孫通就其儀，號高帝，悉去秦苛儀法爲簡易。羣臣飲酒爭功，醉或妄呼，拔劍擊柱。高帝患之。叔孫通知上益厭之也，說上曰：「夫儒者難與進取，可與守成，臣願徵魯諸生，與臣弟子共起朝儀。」高帝曰：「得無難乎？」叔孫通曰：「五帝異樂，三王不同禮，禮者因時世人情爲之節文者也，故夏、殷、周之禮所因損益可知者，謂不相復也。臣願頗采古禮與秦儀雜就之。」上曰：「可試爲之，令易知，度吾所能行爲之。」於是叔孫通使徵魯諸生三十餘人。魯有兩生不肯行，曰：「公所事者且十主，皆面諛以得親貴。今天下初定，死者未葬，傷者未起，又欲起禮樂。禮樂所由起，積德百年而後可興也，吾不忍爲。公所爲不合古，吾不行。公往矣，無汙我！」叔孫通笑曰：「若眞鄙儒也，不知時變。」遂與所徵三十人西，及上左右爲學者與其弟子百餘人爲緜蕞野外習之，月餘。叔孫通曰：「上可試觀。」上卽觀，使行禮，曰：「吾能爲此。」廼令羣臣習肄。史記叔孫通傳

此三十餘人爲叔孫所請，徵定禮樂，必皆耆儒英博，爲叔孫聞名敬服者。若其未徵之儒，多如牛毛，殆不可計可知。

萬石君家以孝謹聞乎郡國，雖齊、魯諸儒質行，皆自以爲不及也。史記萬石君列傳以齊、魯爲名，齊、魯之多儒高行可知。

賢良茂陵唐生、文學魯萬生之倫六十餘人，咸聚闕廷，舒六藝之諷，論太平之原，知者贊其慮，仁者明其施，勇者見其斷，辯者陳其詞。鹽鐵論雜論

顧亭林謂後漢風俗氣節之美，由光武、明、章表章之功。豈知昭、宣之時，諸生能與御史大夫抗辨，百折不撓，守死善道，故知孔子之澤、鄒、魯之風長矣。

右魯之儒生，戰國、秦、漢時尤盛。

孔子改制考卷二十

南海康有爲廣厦撰

儒教偏傳天下戰國秦漢時尤盛考

孔子弟子後學徧傳儒教於天下
天下皆尊慕孔子服從儒教
儒教盛行於戰國
儒教盛行於秦
儒教盛行於漢初

七雄爭，劉、項戰，如猘狗二蛇之鬬，何關理道哉？古有鬥馬、鬥雞、鬥人俗，大秦有鬥牛，一鬨之市若狂，迷於旌旗金鼓，津津樂道之，以爲是時也，儒術絀焉。夷考其時，服儒衣冠傳教者充塞天下，彌滿天下，得游行教導於天下，不知祿爵，不擇人主，惟以行教爲事，所至强聒其君相，誘導其士民，立博士，開黌舍，雖經焚阬不悔，此儒教所由光被哉！後生受其成，不知前哲傳教之苦，僅以閉戶潔身爲事，其嗤孔子爲佞也固宜；其不肖者困於祿位，知有國而不知有教，欲不微也得乎！竊用恐懼。著春秋、戰國、秦、漢時孔子弟子後學傳教之故，著於篇，俾後儒知所法焉。

孔、墨之弟子徒屬充滿天下，皆以仁義之術敎導於天下。呂氏春秋有度 孔子弟子徒屬充滿天下，則多有無量數可知，此爲孔子身後敎大行之鐵證。惟墨子與分立，未能一統耳。

孔、墨之弟子皆以仁義之術敎導於世。淮南子俶眞訓

自孔子卒後，七十子之徒散游諸侯，大者爲師傅卿相，小者友敎士大夫，或隱而不見，故子路居衛，子張居陳，澹臺子羽居楚，子夏居西河，子貢終于齊，如田子方、段干木、吳起、禽滑釐之屬皆受業於子夏之倫，爲王者師，是時獨魏文侯好學。後陵遲以至于始皇，天下並爭於戰國，儒術旣絀焉，然齊，魯之門，學者獨不廢也。於威、宣之際，孟子、荀卿之列咸遵夫子之業而潤色之，以學顯於當世。史記儒林傳

澹臺滅明，武城人，字子羽，少孔子三十九歲。狀貌甚惡，欲事孔子。孔子以爲材薄。旣已受業，退而修行，行不由徑，非公事不見卿大夫。南游至江，從弟子三百人，設取予去就，名施乎諸侯。史記仲尼弟子列傳

世之顯學，儒、墨也。韓非子顯學 自孔子之死也，有子張之儒，有子思之儒，有顔氏之儒，有孟氏之儒，有漆雕氏之儒，有仲良氏之儒，有孫氏之儒，有樂正氏之儒。儒分爲八。並同上

右孔子弟子後學徧傳儒敎於天下。

孔子學於老聃、孟蘇、夔靖叔。魯惠公使宰讓請郊廟之禮於天子，桓王使史角往，惠公止之，其後在於魯，墨子學焉。此二士者，高誘注：「二士指孔子、墨翟。」無爵位以顯人，無賞祿以利人，舉天下之顯榮者，必稱此二人也，皆死久矣。從屬彌衆，弟子彌豐，充滿天下，王公大人從而顯之，有愛子弟者隨而學焉，無時乏絕。呂氏春秋當染

孔、墨之後學顯榮於天下者衆矣，不可勝數。同上

子張，魯之鄙家也，顏涿聚，梁父之大盜也，學於孔子；段干木，晉國之大駔也，學於子夏；高何縣子石，齊國之暴者也，指於鄉曲，學於子墨子；索盧參，東方之鉅狡也，學於禽滑黎：此六人者，刑戮死辱之人也，今非徒免於刑戮死辱也，由此爲天下名士，顯人以終其壽，王公大人從而禮之。呂氏春秋尊師

論語稱有教無類，鄙家盜駔皆爲大賢，亦可見聖門甚大，無所容心，至斯受耳。

孔丘、墨翟無地爲君，無官爲長，天下丈夫女子莫不延頸舉踵而願安利之。呂氏春秋順說

孔丘、墨翟無地而爲君，無官而爲長，天下丈夫女子莫不延頸舉踵而願安利之。列子黃帝

孔丘、墨翟無地而爲君，無官而爲長，天下丈夫女子莫不延頸舉踵而願安利之。淮南子道應訓

仲尼無置錐之地，誠義乎志意，加義乎身行，箸之言語；濟之日，不隱乎天下，名垂乎後世。荀子王霸

孔丘、墨翟修先聖之術，通六藝之論，口道其言，身行其志，慕義從風而爲之服役者，不過數十人；使居天子之位，則天下徧爲儒、墨矣。淮南子主術訓

子思之母死於衞。柳若謂子思曰：「子，聖人之後也，四方於子乎觀禮，子蓋愼諸？」禮記檀弓

右天子皆尊慕孔子，服從儒敎。

王登爲中牟令，上言於襄主曰：「中牟有士曰中章、胥已者，其身甚修，其學甚博，君何不舉之？」主曰：「子見之，我將爲中大夫。」相室諫曰：「中大夫，晉重列也，今無功而受，非晉臣之意，君其耳而未之目耶？」襄主曰：「我取登，既耳而目之矣。登之所取，又耳而目之，是耳目人絕無已也。」王登一日而見二中大夫，予之田宅。中牟之人弃其田耘，賣宅圃而隨文學者之半。韓非子外儲說左上

身修學博，是儒者之學也。觀此，知孔子之學當時已大行矣。

子夏居西河敎授，爲魏文侯師。史記仲尼弟子

孟嘗君請學於閔子，使車往迎閔子。閔子曰：「禮有來學，無往敎。致師而學，不能禮，往敎則不化君也，君所謂不能學者也，臣所謂不能化者也。」於是孟嘗君曰：「敬聞命矣。」明日，袪衣請受業。詩曰：「日就月將。」韓詩外傳卷三

魯繆公之時，公儀爲相，子思、子原爲之卿。鹽鐵論相刺

公儀休者，魯博士也，以高弟爲魯相。史記循吏

觀此，可見魯有博士。孟子，魯繆公之時，公儀子爲相，即是其人。

公季成謂魏文侯曰：「田子方雖賢人，然而非有土之君也，君常與之齊禮；假有賢於子方者，君又何以加之？」文侯曰：「如子方者，非成所得議也。子方，仁人也。仁人也者，國之寶也，智士也者，國之器也，博通士也者，國之尊也；故國有仁人則君臣不爭，國有智士則無四鄰諸侯之患，國有博通之士則人

主尊，固非成之所議也。」公季成自退於郊，三日請罪。新序雜事第四

孟嘗君問於白圭曰：「魏文侯名過於桓公而功不及五伯，何也？」白圭對曰：「魏文侯師子夏，友田子方，敬段干木，此名之所以過於桓公也。卜相則曰：『成與黃孰可？』此功之所以不及五伯也。以私愛妨公舉，在職者不堪其事，故功廢。然而名號顯榮者，三士翊之也。如相三士，則王功成，豈特霸哉！」同上

魏文侯過段干木之閭而軾，其僕曰：「君何爲軾？」曰：「此非段干木之閭乎？段干木，蓋賢者也，吾安敢不軾？且吾聞段干木未嘗以己易寡人也，吾安敢高之？段干木光乎德，寡人光乎地，段干木富乎義，寡人富乎財。地不如德，財不如義，寡人當事之者也。」遂致祿百萬而時往問之。國人皆喜，相與誦之，曰：「吾君好正，段干木之敬，吾君好忠，段干木之隆。」居無幾何，秦興兵欲攻魏。司馬唐且諫秦君曰：「段干木，賢者也，而魏禮之，天下莫不聞，無乃不可加兵乎？」秦君以爲然，乃案兵而輟不攻。新序雜事第五

臣進李克而魏國大治。說苑臣術

文侯於是乃發粟百鍾，送之莊周之室。說苑善說

莊周爲田子方弟子，則亦儒者也。子夏、田子方、吳子皆爲文侯所師友，乃於莊周復發粟百鍾送之，其尊儒亦至矣。

孟子曰：「君子之澤，五世而斬，小人之澤，五世而斬。予未得爲孔子徒也，予私淑之人也。」孟子離婁

而孟軻乃述唐、虞、三代之德，是以所如者不合，退而與萬章之徒序詩、書，述仲尼之意，作孟子七篇。史記孟子荀子列傳

滕定公薨。世子謂然友曰：「昔者，孟子嘗與我言於宋，於心終不忘；今也不幸至於大故，吾欲使子問於孟子，然後行事。」然友之鄒問於孟子。孟子曰：「不亦善乎？親喪，固所自盡也。曾子曰：『生，事之以禮；死，葬之以禮，祭之以禮，可謂孝矣。』諸侯之禮，吾未之學也。雖然，吾嘗聞之矣，三年之喪，齊疏之服，飦粥之食，自天子達於庶人，三代共之。」然友反命，定爲三年之喪。父兄百官皆不欲，曰：「吾宗國魯先君莫之行，吾先君亦莫之行也，至於子之身而反之，不可。且志曰：『喪祭從先祖。』」曰，「吾有所受之也。」謂然友曰：「吾他日未嘗學問，好馳馬試劍。今也父兄百官不我足也，恐其不能盡於大事，子爲我問孟子。」然友復至鄒問孟子。孟子曰：「然。不可以他求者也。孔子曰：『君薨，聽於冢宰，歠粥，面深墨，卽位而哭，百官有司莫敢不哀，先之也。上有好者下必有甚焉者矣。君子之德，風也，小人之德，草也，草上之風必偃』。是在世子。」然友反命。世子曰：「然。是誠在我。」五月居廬，未有命戒，百官族人，可謂曰知。及至葬，四方來觀之，顏色之戚，哭泣之哀，弔者大悅。孟子滕文公

滕文公問爲國。孟子曰：「民事不可緩也。詩云：『晝爾于茅，宵爾索綯，亟其乘屋，其始播百穀。』民之爲道也，有恆產者有恆心，無恆產者無恆心，苟無恆心，放辟邪侈，無不爲矣；及陷乎罪，然後從而刑之，是罔民也。焉有仁人在位，罔民而可爲也？是故賢君必恭儉禮下，取於民有制。陽虎曰：『爲富不仁矣，爲仁不富矣。』夏后氏五十而貢，殷人七十而助，周人百畝而徹，其實皆什一也。徹者徹也，助

者藉也。龍子曰：『治地莫善於助，莫不善於貢。貢者，校數歲之中以爲常，樂歲粒米狼戾，多取之而不爲虐，則寡取之；凶年糞其田而不足，則必取盈焉。爲民父母，使民盻盻然，將終歲勤動，不得以養其父母，又稱貸而益之，使老稚轉乎溝壑，惡在其爲民父母也？』夫世祿，滕固行之矣。詩云：『雨我公田，遂及我私。』惟助爲有公田。由此觀之，雖周亦助也。設爲庠序學校以教之，庠者養也，校者教也，序者射也。夏曰校，殷曰序，周曰庠，學則三代共之，皆所以明人倫也。人倫明於上，小民親於下，有王者起，必來取法，是爲王者師也。詩云：『周雖舊邦，其命維新。』文王之謂也。子力行之，亦以新子之國。」使畢戰問井地。孟子曰：「子之君將行仁政，選擇而使子，子必勉之。夫仁政必自經界始，經界不正，井地不均，穀祿不平。是故暴君汙吏必慢其經界。經界既正，分田制祿，可坐而定也。夫滕壤地褊小，將爲君子焉，將爲野人焉，無君子莫治野人，無野人莫養君子。請野，九一而助，國中什一使自賦。卿以下必有圭田，圭田五十畝，餘夫二十五畝。死徙無出鄉，鄉田同井，出入相友，守望相助，疾病相扶持，則百姓親睦。方里而井，井九百畝，其中爲公田，八家皆私百畝，同養公田，公事畢，然後敢治私事，所以別野人也。若夫潤澤之，則在君與子矣。」孟子滕文

孔子之道，仁而已矣。仁始於父母，故孝弟爲仁之本，仁極於天下，故井田爲仁之極。國君首從孔子之道者，魏文侯爲先，滕文公次之，二君誠賢主哉！後世得行孔子之道，二君有功焉，宜配享孔廟者也。

陳良，楚產也，悅周公、仲尼之道，北學於中國。北方之學者，未能或之先也。孟子滕文

孟子曰：「逃墨必歸於楊，逃楊必歸於儒。歸斯受之而已矣。」孟子盡心

當時七十子後學傳道甚盛，楊、墨之徒多有逃而來歸者。

齊宣王褒儒尊學，孟軻、淳于髡之徒受上大夫之祿，不任職而論國事，蓋齊稷下先生千有餘人。鹽鐵論論儒

孟子、荀卿儒術之士。戰國策劉向序

牛缺居上地，大儒也。下之邯鄲，遇盜於耦沙之中。盜求其橐中之載，則與之；求其車馬，則與之；求其衣被，則與之。牛缺出而去。盜相謂曰：「此天下之顯人也，今辱之如此，此必愬我於萬乘之主。萬乘之主必以國誅我，我必不生。不若相與追而殺之，以滅其迹。」呂氏春秋必己

當時學儒者超曠如此，雖盜亦畏其賢，宜其敎之盛也。

牛缺爲上地大儒，下之邯鄲，則趙人從儒敎而有盛名者。且當時惟荀卿得偁大儒，然則牛缺之成就可想，否亦陳良之儔也。

齊宣王問匡倩曰：「儒者博乎？」曰：「不也。」王曰：「何也？」匡倩對曰：「博貴梟，勝者必殺梟。殺梟者，是殺所貴也，儒者以爲害義，故不博也。」又問曰：「儒者弋乎？」曰：「不也。弋者，從下害於上者也，是從下傷君也，儒者以爲害〔義〕，故不弋。」又問：「儒者鼓瑟乎？」曰：「不也。夫瑟以小絃爲大聲，以大絃爲小聲，是大小易序，貴賤易位，儒者以爲害義，故不鼓也。」宣王曰：「善。」仲尼曰：「與其使民諂下也，寧使民諂上。」韓非子外儲說

當時戰國之儒教盛行天下，以儒者爲一異教異人，戒律甚嚴，故有此問。匡倩所答，或有爲而言，或是時儒教持戒更嚴，如宋儒之嚴謹，故能變動天下歟？

吴起爲曾子弟子，雖有失行，而曾聞儒者之道，故其行可取如是。

吴起事悼王，使私不害公，讒不蔽忠，言不取苟合，行不取苟容，行義不顧毁譽。戰國策秦

燕將攻下聊城，人或讒之。燕將懼誅，遂保守聊城不敢歸。田單攻之歲餘，士卒多死，而聊城不下。魯連乃書約之，矢以射城中，遺燕將。燕將曰：「敬聞命矣。」因罷兵，到讀而去。故解齊國之圍，救百姓之死，仲連之説也。戰國策齊

魯仲連謂孟嘗君曰：「君好士未也。」同上

十三年，諸侯舉兵以伐齊。齊王聞之，惕然而恐，召其羣臣大夫告曰：「有智爲寡人用之。」於是博士淳于髡仰天大笑而不應。説苑尊賢

漢書：「賈山之祖爲魏文侯博士。」史記循吏傳：「公儀休者，魯之博士也。」漢書伏勝傳：「伏生故爲秦博士。」則孔子之道，已行於魏、魯、秦之國矣。此云博士淳于髡，齊亦立博士而尊孔子矣。

故商君以王道説孝公，不用，卽以彊國之道，卒以就功。鄒子以儒術干世主，不用，卽以變化始終之論，卒以顯名。鹽鐵論論儒

商君、鄒衍，固儒家後學也，但稍曲學阿世耳。

魏惠王死，葬有日矣，天大雨雪，至於牛目。羣臣多諫於太子者曰：「雪甚如此而行葬，民必甚疾之，官

費又恐不給，請弛期更日。」太子曰：「爲人子者，以民勞與官費用之故，而不行先王之葬，不義也。子勿復言。」呂氏春秋開春論

魏有老儒而不善濟陽君。客有與老儒私怨者，因攻老儒殺之，以德於濟陽君，曰：「臣爲其不善君也，故爲君殺之。」濟陽君因不察而賞之。一曰：濟陽君有少庶子，有不見知欲入愛於君者。齊使老儒掘藥於馬梨之山，濟陽少庶子欲以爲功，入見於君，曰：「齊使老儒掘藥於馬梨之山，名掘藥也，實閒君之國。君殺之，是將以濟陽君抵罪於齊矣，臣請刺之。」君曰：「可。」於是明日得之城陰而刺之，濟陽君還益親之。韓非子內儲

子魚生於戰國之世，長於兵戍之間，然獨樂先王之道，講習不倦。孔叢子獨治

賈山祖父祛，故魏王時博士弟子也。漢書賈山傳

是時諸侯多辯士如荀卿之徒，著書布天下。史記呂不韋傳

齊襄王時而荀卿最爲老師。齊尚脩列大夫之缺，而荀卿三爲祭酒焉。齊人或讒荀卿，乃適楚，而春申君以爲蘭陵令。春申君死而荀卿廢，因家蘭陵。李斯嘗爲弟子，已而相秦。史記孟荀列傳

客說春申君曰：「湯以亳，武王以鄗，皆不過百里以有天下。今孫子，天下賢人也。君籍之以百里之勢，臣竊以爲不便於君，何如？」春申君曰：「善。」於是使人謝孫子。孫子去之趙，趙以爲上卿。客又說春申君曰：「昔伊尹去夏入殷，殷王而夏亡，管仲去魯入齊，魯弱而齊强。夫賢者之所在，其君未嘗不尊，國未嘗不榮也。今孫子，天下賢人也，君何辭之？」春申君又曰：「善。」於是使人請孫子於

趙，孫子爲書謝。戰國策楚

元王惕然而悟，乃召博士衞平而問之。史記龜策列傳

由是言之，楚亦立博士矣。

右儒教盛行于戰國。

藏書策，習談論，聚徒役，服文學而議說，世主必從而禮之，曰：敬賢士，先王之道也。韓非子顯學

儒服帶劍者衆而耕戰之士寡。韓非子問辨

觀此可知儒教大行于秦，故謂之衆。

李斯與包丘子俱事荀卿。鹽鐵論毁學

斯知六藝之歸。史記李斯列傳

秦始皇帝既吞天下，乃召羣臣而議曰：「古者五帝禪賢，三王世繼，孰是將爲之？」博士七十人未對。說苑至公

案秦以武力得天下，然能立博士以尊孔子之經，且多至七十人，孔子之學亦盛矣。

臣等謹與博士議曰：「古有天皇，有地皇，有泰皇，泰皇最貴。臣等昧死上尊號，王爲泰皇，命爲制，令爲詔，天子自稱曰朕。」史記秦始皇本紀

始皇三十四年，置酒咸陽宮。博士僕射周青臣等頌稱始皇威德。史記李斯列傳

博士齊人淳于越進曰：「臣聞殷、周之王千餘歲，封子弟功臣自爲枝輔。今陛下有海內，而子弟爲匹

夫，卒有田常六卿之臣，無輔拂，何以相救哉？事不師古而能長久者，非所聞也。」史記秦始皇本紀

二十八年，始皇東行郡縣，上鄒嶧山，立石；與魯諸儒議刻石頌秦德，議封禪望祭山川之事。同上

諸儒疾秦焚詩、書，誅僇文學。史記封禪書

於是徵從齊、魯之儒生博士七十人，至乎泰山下。諸儒生或議曰：「古者封禪，爲蒲車，惡傷山之土石草木；掃地而祭，席用菹稭，言其易遵也。」始皇聞此議各乖異，難施用，由此黜儒生。諸儒既黜，不得與封禪之禮。聞始皇遇風雨，即譏之。同上

博士曰：「水神不可見，以大魚蛟龍爲候。今上禱祠備謹而有此惡神，當除去，而善神可致。」史記秦始皇本紀

使博士爲僊眞人詩。

非博士官所職，天下敢有藏詩、書百家語者，悉詣守尉雜燒之。始皇聞亡，乃大怒曰：「吾前收天下書不中用者盡去之，悉召文學方術士甚衆，欲以興太平。」諸生在咸陽者，吾使人廉問，或爲妖言以亂黔首。於是使御史悉案問諸生，傳相告引，乃自除犯禁者四百六十餘人，皆阬之咸陽。始皇長子扶蘇諫曰：「天下初定，遠方黔首未集。諸生皆誦法孔子，今上皆重法繩之，臣恐天下不安，唯上察之。」並同上

或疑博士僅掌通古今，豈知其皆誦法孔子乎？

叔孫通者，薛人也，秦時以文學徵，待詔博士。史記劉敬叔孫通傳

二世召博士諸儒生問曰：「楚戍卒蘄入陳，於公何如？」博士諸生三十餘人前曰：「人臣無將，將卽反，罪死無赦。」迺賜叔孫通帛二十四，衣一襲，拜爲博士。並同上

張蒼，陽武人也，好書律曆。秦時爲御史，主柱下方書。漢書張蒼列傳

子魚居衞，與張耳、陳餘相善。耳、餘，魏之名士也。秦滅魏，求耳、魚。懼走。會陳勝、吳廣起兵於陳，欲以誅秦。餘謂陳王曰：「今必欲定天下，取王侯者，其道莫若師賢而友智。孔子之孫今在魏，居亂世能正其行，修其祖業，不爲時變。其父相魏，以聖道輔戰國，見利不易操，名諸侯，世有家法。其人通材足以幹天下，博知足以慮未形，必宗此人，天下無敵矣。」陳王大悅，遣使者齎千金，加束帛，以車三乘聘焉。耳又使謂子魚曰：「天下之事已可見矣。今陳王興義兵，討不義，子宜速來以集其事。」王又聞子賢，欲諮良謀，虛意相望也。」子魚遂往。陳王郊迎而執其手，議世務。子魚以霸王之業勸之。王悅其言，遂尊以博士，爲太師諮度焉。孔叢子獨治

良嘗學禮淮陽。漢書張陳王周傳

陳餘，大梁人，好儒術。漢書陳餘列傳

伏生，濟南人也，故爲秦博士。漢書伏勝傳

右儒教盛於秦。

高皇帝過魯，以太牢祠焉。史記孔子世家

當時孔子未一統，高祖以其爲一方敎主，故尊祀之。

陸生時時前說稱詩、書。高帝罵之曰：「迺公居馬上而得之，安事詩、書！」陸生曰：「居馬上得之，寧可以馬上治之乎！且湯、武逆取而以順守之，文武並用，長久之術也。昔者吳王夫差、智伯極武而亡，秦任刑法不變，卒滅趙氏。鄉使秦已幷天下，行仁義，法先聖，陛下安得而有之？」高帝不懌而有慙色，迺謂陸生曰：「試爲我著秦所以失天下，吾所以得之者何？及古成敗之國。」陸生迺麤述存亡之徵，凡著十二篇。每奏一篇，高帝未嘗不稱善，左右呼萬歲。號其書曰新語。史記酈生陸賈列傳

上折隨何之功，謂何爲腐儒，爲天下安用腐儒？隨何跪曰：「夫陛下引兵攻彭城，楚王未去齊也。陛下發步卒五萬人，騎五千，能以取淮南乎？」上曰：「不能。」隨何曰：「陛下使何與二十人使淮南，至如陛下之意，是何之功賢於步卒五萬人，騎五千也；然而陛下謂何腐儒，爲天下安用腐儒，何也？」史記黥布列傳

陸賈、隨何、酈生，今人以爲開國辨士者，而皆儒也。蓋自戰國來，儒生以辯定天下，故四科以言語次德行。儒生無操干戈之功者，聞俎豆而未習軍旅，蓋敎之宗旨，疾火攻，疾滅國，疾取邑，故不言兵學。後世儒生爭言兵學，失敎旨矣。

騎士曰：「沛公不好儒。諸客冠儒冠來者，沛公輒解其冠，溲溺其中。與人言，常大罵，未可以儒生說也。」酈生曰：「弟言之。」騎士從容言如酈生所誡者。沛公至高陽傳舍，使人召酈生。酈生至，入謁。

沛公方倨牀，使兩女洗足而見酈生。酈生入，則長揖不拜，曰：「足下欲助秦攻諸侯乎？且欲率諸侯破秦也？」沛公罵曰：「豎儒！夫天下同苦秦久矣，故諸侯相率而攻秦，何謂助秦攻諸侯乎？」史記酈生陸賈列傳

沛公方洗，問使者曰：「何如也？」使者對曰：「狀貌類大儒，衣儒衣，冠側注。」沛公曰：「爲我謝之，言我方以天下爲事，未暇見儒人也。」酈生瞋目案劍叱使者曰：「走，復入言沛公，吾高陽酒徒也，非儒人也！」使者懼而失謁，跪拾謁，還走，復入報曰：「客，天下壯士也。叱臣，臣恐至失謁。曰：走，復入言，而公高陽酒徒也。」沛公遽雪足杖矛曰：「延客入。」酈生入揖沛公，曰：「足下甚苦，暴衣露冠，將兵助楚討不義，足下何不自喜也？臣願以事見，而曰：『吾方以天下爲事，未暇見儒人也。』」同上

漢高以儒不言兵，且迂腐，故不好。猶方有事之際，有僧來見，自未暇見之。當時見儒別一衣冠，別一道術，有類此。

叔孫通儒服，漢王憎之。迺變其服，服短衣楚製，漢王喜。叔孫通之降漢，從儒生弟子百餘人，然通無所言進，專言諸故羣盜壯士進之。史記劉敬叔孫通列傳

短衣楚製，可知自楚以來至漢高，皆用短衣。如今泰西君相俱短衣，惟神父牧師皆衣長衣，故當時惟儒服乃長衣也。

漢王拜叔孫通爲博士，號稷嗣君。漢五年，已并天下，諸侯共尊漢王爲皇帝於定陶。叔孫通就其儀，號高皇帝，悉去秦苛儀法爲簡易。羣臣飲酒爭功，醉或妄呼，拔劍擊柱。高帝患之。叔孫通知上益厭之

也，說上曰：「夫儒者難與進取，可與守成。臣（顧）〔願〕徵魯諸生與臣弟子共起朝儀。」同上

迺拜叔孫通爲太常，賜金五百斤。叔孫通因進曰：「諸弟子儒生，隨臣久矣，與臣共爲儀，願陛下官之。」高帝悉以〔爲〕郎。」同上

高祖以征伐定天下，而縉紳之徒騁其知辯，師古曰：「縉紳，儒者之服也。」並成大業。漢書酈陸朱劉叔孫傳

高帝崩，孝惠即位，迺謂叔孫生曰：「先帝園陵寢廟，羣臣莫能習。」徙爲太常，定宗廟儀法。及稍定漢諸儀法，皆叔孫生爲太常所論箸也。史記劉敬叔孫通傳

楚元王交字游，高祖同父少弟也。好書，多材蓺。少時，嘗與魯穆生、白生、申公俱受詩於浮丘伯。伯者，孫卿門人也。漢書楚元王傳

元王既至楚，以穆生、白生、申公爲中大夫。高后時，浮丘伯在長安，元王遣子郢客與申公俱卒業。文帝時，聞申公爲詩最精，以爲博士。元王好詩，諸子皆讀詩，申公始爲詩傳，號魯詩。元王亦次之詩傳，號曰元王詩。

初，元王敬禮申公等。穆生不耆酒，元王每置酒，常爲穆生設醴。及王戊即位，常設，後忘設焉。穆生退曰：「可以逝矣。醴酒不設，王之意怠，不去，楚人將鉗我於市。」稱疾臥。申公、白生强起之，曰：「獨不念先王之德與？今王一旦失小禮，何足至此？」穆生曰：「易稱：『知幾其神乎？幾者，動之微，吉凶之先見者也。君子見幾而作，不俟終日。』先王之所以禮吾三人者，爲道之存故也。今而忽之，是忘道也。忘道之人，胡可與久處？豈爲區區之禮哉？」遂謝病去。並同上

梁懷王揖，文帝少子也，好詩、書。漢書文三王傳

而蒼迺自秦時爲柱下御史，明習天下圖書計籍，又善用算律歷；故令蒼以列侯居相府，領主郡國上計者。漢書張蒼列傳

悼惠王富於春秋。參盡召長老諸先生，問所以安集百姓；而齊故諸儒以百數，言人人殊，參未知所定。漢書曹參傳

曹參相齊時，諸儒百數言治；則知秦、漢之際，儒生固多矣。

賈生名誼，洛陽人也。年十八，以能誦詩屬書，聞於郡中。吳廷尉爲河南守，聞其秀才，召至門下，甚幸愛。孝文皇帝初立，聞河南守吳公治平爲天下第一，故與李斯同邑而常學事焉，乃徵爲廷尉。廷尉乃言賈生年少，頗通諸子百家之書。文帝召以爲博士。史記屈賈列傳

賈生以爲漢興至孝文二十餘年，天下和洽，宜當改正朔，易服色，法制度，定官名，興禮樂。乃悉草具其事儀法，色尙黃，數用五，爲官名，悉更秦之法。孝文帝初卽位，謙讓未遑也。諸律令所更定，及列侯悉就國，其說皆自賈生發之。

孝武皇帝立，舉賈生之孫二人至郡守。而賈嘉最好學，世其家，與余通書。至孝昭，列爲九卿。並同上

吳公爲李斯弟子，卽荀卿再傳。賈誼實荀卿後學也。

宋忠爲中大夫，賈誼爲博士，同日俱出洗沐，相從論議；誦易先王聖人之道術，究徧人情，相視而歎。史記日者列傳

魯人公孫臣上書陳終始，傳五德事。言方今土德時，土德應黃龍見，當改正朔、服色、制度。天子下其事，與丞相議。丞相推以爲今水德始明，正十月，上黑事，以爲其言非是，請罷之。十五年，黃龍見成紀。天子乃復召魯公孫臣以爲博士，申明土德事。史記孝文本紀

公孫臣請改正朔、服色、制度，蓋用春秋改制，五德終始，亦是儒家三統義，不得以鄒衍黜之。

光又屬意於殷，曰：「意好數，公必謹遇之，其人聖儒。」史記扁鵲倉公列傳

儒之極者爲聖儒，荀子所稱于禮旁皇周浹之聖人也，即聖儒也。蓋儒教中之極品名號，創教者不能名之，只能謂之神人矣。

賈山，潁川人也。祖父祛，故魏時博士弟子也。山受學祛，所言涉獵書記，不能爲醇儒。漢書賈山列傳

太史公學天官於唐都，受易於楊何。史記太史公自序

天官名義與七緯合，亦孔學也。

孝文帝時，天下無治尚書者；獨聞濟南伏生故秦博士，治尚書，年九十餘，老，不可徵。乃詔太常使人往受之，太常遣錯受尚書伏生所。史記袁盎鼂錯列傳

河間獻王德，以孝景帝前二年用皇子爲河間王，好儒學，被服造次必於儒者，山東諸儒多從之游。史記五宗世家

梁孝王令與諸生同舍。相如得與諸生游士居數歲。史記司馬相如列傳

嬰、蚡俱好儒術。漢書田蚡傳

儒有邪辟者，而先王之道不廢，何也？其行之者多也。淮南子修務訓

右儒教盛行於漢初。

孔子改制考卷二十一

南海康有爲廣厦撰

漢武帝後儒教一統考

孔子之道，配神明，醇天地，育萬物，本末精粗，六通四闢，無乎不在。諸子奮其螳斧，自取滅亡。自獲麟至元狩三百年，削莠剷亂，芟墨夷老，天下歸往，大道統一；非特郡國立學，乃至裔夷遣子，章縫偏於外域，六經揭於日月。春秋繼周，範圍百世，盛矣哉！

春秋大一統者，天地之常經，古今之通誼也。今師異道，人異論，百家殊方，指意不同，是以上亡以持一統，法制數變，下不知所守。臣愚以爲諸不在六藝之科，孔子之術者，皆絕其道，勿使並進。邪辟之說滅息，然後統紀可一，而法度可明，民知所從矣。漢書董仲舒傳

自武帝初立，魏其武安侯爲相，而隆儒矣。及仲舒對冊，推明孔氏，罷黜百家；立學校之官，州郡舉茂材孝廉，皆自仲舒發之。同上

孝武初立，卓然罷黜百家，表章六經。遂疇咨海內，舉其俊茂，與之立功。興太學，修郊祀，改正朔，定歷數，協音律，作詩樂，建封禪，禮百神，紹周後。號令文章，煥焉可述。後嗣得遵洪業，而有三代之風。漢書武帝本紀

漢武帝材質高妙，有崇先廣統之規；故卽位而開發大志，考合古今，模範前聖故事，建正朔，定制度，招選俊傑，奮揚威怒，義四加，所征者服，興起六藝，廣進儒術。自開闢以來，惟漢家爲最盛焉，故顯爲世宗，可謂卓爾絕世之主矣！新論識通

孔子制度，至孝武乃謂大行，乃謂一統，佛法之阿育大天王也。自此至今，皆尊用孔子。

孝惠、呂后時，公卿皆武力有功之臣。孝文時頗徵用，然孝文帝本好刑名之言。及至孝景，不任儒者，而竇太后又好黄、老之術，故諸博士具官待問，未有進者。及今上卽位，趙綰、王臧之屬明儒學，而上亦鄉之，於是招方正、賢良、文學之士。自是之後，言詩於魯則申培公，於齊則轅固生，於燕則韓太傅；言

尙書自濟南伏生；言禮自魯高堂生；言易自菑川田生；言春秋於齊、魯自胡母生，於趙自董仲舒。及竇太后崩，武安侯田蚡爲丞相，絀黄、老刑名百家之言，延文學儒者數百人，而公孫弘以春秋白衣爲天子三公，封以平津侯。天下之學士，靡然鄉風矣。史記儒林列傳

自武帝以後，崇尙儒學。後漢黨錮傳

自武帝立五經博士，開弟子員，設科射策，勸以官祿；訖於元始，百有餘年，傳業者寖盛，支葉蕃滋，一經說至百餘萬言，大師衆至千餘人。漢書儒林傳

古無學校選舉，三桓七穆，只有世卿。雖顔、冉龍翰鳳雛，曾、閔蘭薰雪白，不登孝廉，豈有甲乙？自孔子譏世卿，立科舉，田野之秀乃有登進。春秋雖改制而未行，至漢武乃始創行之，迄今二千年，雖少有更變，大端仍自漢武始。漢武之功亦大矣！

右漢武帝罷黜百家，專崇儒教。

建武五年冬十月，還幸魯，使大司空祠孔子。後漢光武帝紀

建武十四年四月辛巳，封孔子後志爲襃成侯。同上

永平十五年，幸孔子宅，祠仲尼及七十二弟子。親御講堂，命皇太子諸王說經。後漢明帝紀

明帝最尊孔子，爲帝王詣闕里之始。

元和二年春，帝東巡狩，還過魯，幸闕里。以太牢祠孔子及七十二弟子，作六代之樂，大會孔氏男子二十以上者六十三人，命儒者講論。後漢儒林傳

後漢時，六代之樂猶存。大合孔子之樂，親謁闕里，自此始。延光三年戊辰，祀孔子及七十二弟子於闕里，自魯相令丞尉屬婦女諸生悉會。賜褒成侯以下帛各有差。後漢安帝紀

光和元年，遂置鴻都門學，畫孔子及七十二弟子像。後漢蔡邕傳

備博士，廣太學而祀孔子焉，禮也。申鑒時事

右漢武後特尊孔子，加崇異禮。

綏和五年，又上寶磬十六。劉向以爲美化所降，用立辟雍，而士多仁孝，女性貞。華陽國志

莽奏起明堂、辟雍、靈臺，爲學者築舍萬區，作市常滿倉，制度甚盛。立樂經，益博士員經各五人，徵天下通一藝教授十一人以上。漢書王莽傳

昭帝時，舉賢良文學，增博士弟子員滿百人。宣帝末，增倍之。元帝好儒，能通一經者皆復。數年，以用度不足，更爲設員千人。郡國置五經百石卒史。成帝末，或言孔子布衣，養徒三千人，今天子太學弟子少。於是增弟子員三千人，歲餘復如故。平帝時，王莽秉政，增元士之子得受業如弟子，勿以爲員。歲課甲科四十人爲郎中，乙科二十人爲太子舍人，丙科四十人補文學掌故云。漢書儒林傳

夏，安漢公奏車服制度，吏民養生、送終、嫁娶、奴婢、田宅、器械之品，立官稷及學官。郡國曰學，縣、道、邑、侯國曰校，校學置經師一人。鄉曰庠，聚曰序，庠序置孝經師一人。漢書孝平皇帝紀

及王莽爲宰衡，欲燿衆庶，遂興辟廱，因以篡位，海內畔之。世祖受命中興，撥亂反正，改定京師于土

中，即位三十年，四夷賓服，百姓家給，政教清明，迺營立明堂辟廱。顯宗即位，躬行其禮，宗祀光武皇帝于明堂，養三老五更於辟廱。漢書禮樂志

建武五年，初起太學。車駕還宮，幸太學，賜博士弟子各有差。後漢儒林列傳

建武五年，迺修起太學。稽式古典，籩豆干戚之容，備之於列。

帝臨辟廱，於行禮中拜恭爲司空，儒者以爲榮。

論曰：自光武中年以後，干戈稍戢，專事經學，自是其風世篤焉。其服儒衣，稱先王，遊庠序，聚横塾者，蓋布之于邦域矣。若迺經生所處，不遠萬里之路，精廬暫建，贏糧動有千百，其耆名高義，開門受徒者，編牒不下萬人；皆專相傳祖，莫或訛雜。

中元元年，初建三雍。明帝即位，親行其禮，天子始冠通天，衣日月，備法物之駕，盛清道之儀，坐明堂而朝羣后，登靈臺以望雲物，袒割辟廱之上，尊養三老五更。饗射禮畢，帝正坐自講說，儒執經問難於前，冠帶縉紳之人，圜橋門而觀聽者蓋億萬計。其後復爲功臣子孫、四姓末屬別立校舍，搜選高能以受其業，自期門羽林之士，悉令通孝經章句。匈奴亦遣子入學。濟濟乎，洋洋乎，盛於永平矣！並同上

三雍爲明堂、太學、靈臺，王莽行之不成。光武三十年營之，至明帝始行，爲行孔子三雍之制之始。冠通天，冕也；衣日月，衮也。明帝從孔子衣服之制，直至明世猶用之。今蟒袍朝服，尚有藻火粉米，亦衮之餘也。養老亦孔子之制。明帝袒割養老，饗射徧舉，執經自講，圜橋億萬，孔學之行，古今爲最盛矣。

孝明皇帝垂情古典，游意經蓺；每饗射禮畢，正坐自講，諸儒並聽，四方欣欣，雖闕里之化，矍相之事，誠不足言。又多徵名儒以充禮官。後漢樊宏傳

永平九年，爲四姓小侯開立學校，置五經師。後漢明帝紀

車駕幸太學，會諸博士論難於前。榮被服儒衣，溫恭有蘊藉，辯明經義，每以禮讓相厭，不以辭長勝人，儒者莫之及。特加賞賜。又詔諸生雅吹擊磬，盡日乃罷。後榮入會庭中，詔賜奇果，受者皆懷之，榮獨舉手捧之以拜。帝笑指之，曰：「此眞儒生也。」後漢桓榮傳

建初三年十一月壬戌，詔曰：「蓋三代導人，敎學爲本，漢承暴秦，褒顯儒術，建立五經，爲置博士。其後學者精進，雖曰承師，亦別名家。孝宣皇帝以爲去聖久遠，學不厭博，故遂立大、小夏侯尚書，後又立京氏易，至建武中，復置顏氏、嚴氏春秋、大、小戴禮博士，此皆所以扶進微學，尊廣道蓺也。中元元年詔書，五經章句煩多，議欲減省。至永平元年，長水校尉儵奏言：先帝大業，當以時施行，使諸儒共正經義，頗令學者得以自助。孔子曰：『學之不講，是吾憂也。』又曰：『博學而篤志，切問而近思，仁在其中矣。』於戲，其勉之哉！」於是下太常，將大夫博士議郎郎官及諸生諸儒會白虎觀，講議五經同異。使五官中郎將魏應承制問，侍中淳于恭奏，帝親稱制臨決，如孝宣甘露石渠故事，作白虎議奏。後漢章帝紀

元和二年，賜博士員弟子見在太學者布，人三匹。令郡國上明經者，口十萬以上五人，不滿十萬三人。後漢章帝紀

初，酺之爲大匠，上言：「孝文皇帝始置一經博士；武帝大合天下之書；而孝宣論六經於石渠，學者滋盛，弟子萬數。光武初興，愍其荒廢，起太學博士舍，內外講堂，諸生橫卷，爲海內所集。明帝時，辟雍始成，欲毀太學；大尉趙熹以爲太學辟雍皆宜兼存，故並傳至今。」後漢翟酺傳

時郡學久廢，德迺修起橫舍，備俎豆，黻冕行禮，奏樂；又尊饗國老，宴會諸儒。百姓觀者莫不勸服。後漢鮑永傳

永元十二年壬子，賜博士員弟子在太學者布，人三匹。後漢和殤帝紀

永元十四年三月戊辰，臨辟雍饗射，大赦天下。同上

延光三年壬戌，車駕還京師，幸太學。後漢安帝紀

永建六年秋九月辛巳，繕起太學。後漢順帝紀

陽嘉元年庚寅，帝臨辟雍饗射，大赦天下。同上

陽嘉元年，太學新成，詔試明經者補弟子，增甲乙之科，員各十人；除京師及郡國耆儒年六十以上爲郎、舍人、諸王國郎者百三十八人。後漢左雄列傳

順帝感翟酺之言，迺更修黌宇，凡所造構二百四十房，千八百五十室。後漢書儒林列傳

熹平四年，靈帝迺詔諸儒正定五經，刊于石碑，爲古文、篆、隸三體書法以相參檢；樹之學門，使天下咸取則焉。後漢儒林傳

邕以經籍去聖久遠，文字多謬，俗儒穿鑿，疑誤後學。熹平四年，乃與五官中郎將堂谿典，光祿大夫楊

賜，諫議大夫馬日磾，議郎張馴、韓說，太史令單颺等，奏求正定六經文字。靈帝許之。邕乃自書册於碑，使工鐫刻，立於太學門外。於是後儒晚學，咸取正焉。後漢蔡邕傳

今欲考孔子正字，當以邕石經爲定。邕所書有公羊、歐陽尚書，蓋今學正宗也。

光和五年十二月，還幸太學。後漢靈帝紀

夫五經亦漢家之所立，儒生善政大義皆出其中。董仲舒表春秋之義，稽合於律，無乖異者。然則春秋漢之經，孔子制作，垂遺於漢。論衡程材

春秋漢之經，漢家善政皆出其中；蓋漢人政事皆法孔經，非同後世僅資考據也。

右漢武後崇尚儒術，盛行孔子學校之制。

公孫弘爲學官，悼道之鬱滯，乃請曰：「丞相御史言，制曰：『蓋聞導民以禮，風之以樂，婚姻者，居室之大倫也，今禮廢樂崩，朕甚愍焉。故詳延天下方正博聞之士，咸登諸朝，其令禮官勸學講議，洽聞興禮，以爲天下先。太常議與博士弟子崇鄉里之化，以廣賢材焉。』謹與太常臧博士平等議曰：『聞三代之道，鄉里有敎，夏曰校，殷曰序，周曰庠。其勸善也顯之朝廷，其懲惡也加之刑罰，故敎化之行也，建首善自京師始，由內及外。今陛下昭至德，開大明，配天地，本人倫，勸學脩禮，崇化厲賢，以風四方，太平之原也。古者政敎未洽，不備其禮，請因舊官而興焉，爲博士官置弟子五十人，復其身。太常擇民年十八已上儀狀端正者，補博士弟子，郡國縣道邑有好文學，敬長上，肅政敎，順鄉里，出入不悖所聞者，令相長丞上屬所二千石，二千石謹察可者，當與計偕詣太常，得受業如弟子。一歲皆輒試，能通一藝以

上，補文學掌故缺，其高弟可以爲郎中者，太常籍奏，卽有秀才異等，輒以名聞，其不事學若下材及不能通一藝，輒罷之，而請諸不稱者罰。』臣謹案詔書律令下者，明天人分際，通古今之義，文章爾雅，訓辭深厚，恩施甚美。小吏淺聞，不能究宣，無以明布諭下。治禮，次治掌故，以文學禮義爲官，遷留滯，請選擇其秩比二百石以上及吏百石通一藝以上，補左右內史、大行卒史，比百石以下補郡太守卒史，皆各二人，邊郡一人，先用誦多者；若不足，乃擇掌故補中二千石屬，文學掌故補郡屬，備員，請著功令，佗如律令。」制曰：「可。」自此以來，則公卿大夫士吏，斌斌多文學之士矣。史記儒林列傳

以孔子之學立學官選舉，自此始，遂至於今。

建元元年，天子初卽位，招賢良文學之士。是時弘年六十徵，以賢良爲博士。史記平津侯主父列傳

太常令所徵儒士各對策百餘人。

上方鄉文學，招俊乂，以廣儒、墨。並同上

武帝時，徵北海太守詣行在所，有文學卒史王先生者，自請與太守俱。史記滑稽傳

上召視諸儒。漢書董仲舒傳

膠西王聞仲舒大儒，善待之。同上

公孫弘年四十餘，乃學春秋雜說。武帝初卽位，招賢良文學士，是時弘年六十，以賢良徵，爲博士。漢書公孫弘傳

喜舉孝廉，爲郎，曲臺署長。病免，爲丞相掾。博士缺，［衆人薦喜］。前漢書儒林傳

建元元年，議立明堂，遣使者安車蒲輪，束帛加璧，徵魯申公。漢書武帝紀

五年，置五經博士。

元光元年冬十一月，初令郡國舉孝廉各一人。

夏六月，詔曰：「蓋聞導民以禮，風之以樂。今禮壞樂崩，朕甚閔焉。故詳延天下方聞之士，咸薦諸朝。其令禮官勸學，講議洽聞，舉遺興禮，以爲天下先；太常其議予博士弟子崇鄉黨之化，以厲賢材焉。」

丞相弘請爲博士置弟子員，學者益廣。並同上

始元五年，詔曰：「朕以眇身，獲保宗廟，戰戰栗栗，夙興夜寐，修古帝王之事，通保傅，傳孝經、論語、尚書，未云有明。其令三輔太常舉賢良各二人，郡國文學高第各一人。」漢書孝昭皇帝紀

孝宣承統，纂脩洪業，亦講論六藝，招選茂異；而蕭望之、梁丘賀、夏侯勝、韋玄成、嚴彭祖、尹更始以儒術進，劉向、王褒以文章顯。史記平津侯列傳

夏四月庚午，地震，詔內郡國舉文學高第各一人。漢書孝宣皇帝紀

丞相御史其與列侯中二千石博問經學之士，有以應變，輔朕之不逮，毋有所諱。令三輔太常內郡國舉賢良方正各一人。

元康元年秋八月，詔曰：「朕不明六藝，鬱于大道，是以陰陽風雨未時。其博舉吏民，厥身修正，通文學，明於先王之術，宣究其意者各二人，中二千石各一人。」並同上

是時宣帝循武故事，招選名儒俊材，置左右。漢書劉向傳

丞相御史中二千石舉茂材異等直言極諫之士，朕將親覽焉。漢書孝元皇帝紀

永光元年二月，詔丞相御史舉質樸敦厚遜讓有行者。

其令內郡國舉茂材異等賢良直言之士各一人。

建昭四年，「遣諫大夫博士賞等二十一人循行天下，存問耆老、鰥寡孤獨、乏困失職之人，舉茂材特立之士。相將九卿其帥意無怠，使朕獲觀敎化之流焉。」並同上

元帝少而好儒，及卽位，徵用儒生，委之以政，貢、薛、韋、匡迭爲宰相。漢書孝元帝紀贊

建始二年二月，詔三輔內郡舉賢良方正各一人。漢書孝成皇帝紀

丞相御史與將軍、列侯、中二千石及內郡國舉賢良方正能直言極諫之士詣公車，朕將覽焉。

陽朔二年，詔曰：「古之立太學，將以傳先王之業，流化於天下也。儒林之官，四海淵源，宜皆明於古今，溫故知新，通達國體，故謂之博士；否則學者無述焉，爲下所輕，非所以尊道德。工欲善其事，必先利其器。丞相御史其與中二千石、二千石雜舉可充博士位者，使卓然可觀。帝王之道，日以陵夷，意迺招賢選士之路鬱滯而不通與？將舉者未得其人也？其舉敦厚有行義，能直言者，冀聞切言嘉謀，匡朕之不逮。」

元延元年，詔曰：「迺者，日蝕星隕，謫見于天，大異重仍，在位默然，罕有忠言。今孛星見于東井，朕甚懼焉。公卿、大夫、博士、議郎，其各悉心惟思變意，明以經對，無有所諱。與內郡國舉方正能直言極諫者各一人。」並同上

貢禹，字少翁，琅邪人也。以明經絜行著聞，徵爲博士。漢書貢禹傳

彭宣，字子佩，淮陽陽夏人也。治易，事張禹，舉爲博士。漢書彭宣傳

王吉，字子陽，琅邪皋虞人也。少時學明經，以郡吏舉孝廉爲郎。漢書王吉傳

賢爲人質朴少欲，質志於學，兼通禮、尚書，以詩教授，號稱鄒、魯大儒，徵爲博士。漢書韋賢傳

玄成字少翁，以父任爲郎，常侍騎。少好學，修父業，尤謙遜下士，出遇知識步行，輒下從者與載送之，以爲常。其接人，貧賤者益加敬，繇是名譽日廣。以明經擢爲諫大夫。同上

疏廣，字仲翁，東海蘭陵人也。少好學，明春秋，家居教授，學者自遠方至，徵爲博士太中大夫。漢書疏廣傳

願與大臣延及儒生，述舊禮，明王制，驅一世之民，濟之仁壽之域。漢書禮樂志

宣帝時聞京房爲易明，求其門人得賀。漢書儒林傳

宣帝時，汝南桓寬次公治公羊春秋，舉爲郎。漢書公孫劉田王楊蔡陳鄭傳贊

方進讀經，博士受春秋。積十餘年，經學明習，徒衆日廣，諸儒稱之，以射策甲科爲郎。二三歲舉明經，遷議郎。前漢書翟方進傳

永少爲長安小史，後博學經書。建昭中，御史大夫繁延壽聞其有茂材，除補屬，舉爲太常丞。漢書谷永傳

師丹治詩，事匡衡，舉孝廉爲郎，元帝末爲博士。漢書師丹傳

袁安祖父良，習孟氏易。平帝時舉明經，爲太子舍人。後漢袁安傳

兒寬，千乘人也。治尚書，事歐陽生，以郡國選，詣博士。漢書兒寬傳

魏相徙平陵，少學易，爲郡卒史，舉賢良，以對策高第爲茂陵令。漢書魏相傳

眭弘少時好俠，鬭雞走馬。長乃變節，從嬴公受春秋，以明經爲議郎。前漢書眭弘傳

勝少孤，好學，從始昌受尚書及洪範五行傳說災異。後事簡卿，又從歐陽氏問。爲學精孰，所問非一師也。善說禮服，徵爲博士。漢書夏侯勝傳

京房，字君明，東郡頓丘人也。治易，事梁人焦延壽。延壽字贛。贛貧賤，以好學得幸梁王。前漢書京房傳

望之好學，治齊詩，事同縣后倉且十年，以令詣太常受業，復事同學博士白奇，又從夏侯勝問論語禮服，京師諸儒稱述焉。是時大將軍霍光秉政，長史丙吉薦儒生王仲翁與望之等數人，皆召見。漢書蕭望之傳

衡好學，家貧，庸作以供資用，尤精力過絕人。諸儒爲之語曰：「無說詩，匡鼎來。匡說詩，解人頤。」衡射策甲科，以不應令，除爲太常掌故，調補平原文學。學者多上書薦衡經明，當世少雙。前漢書匡衡傳

子咸亦明經，歷位九卿，家世多爲博士者。同上

馬宮字游卿，東海戚人也。治春秋嚴氏，以射策甲科爲郎。前漢書馬宮傳

禹壯，至長安學，從沛郡施讎受易，琅邪王陽、膠東庸生問論語；既皆明習，有徒衆，舉爲郡文學。前漢書張禹傳

臣請選郎通經術、有行義者，與王起居，坐則誦詩、書，立則習禮容，宜有益。王許之，遂乃選郎中張安等十人。漢書循吏傳龔遂

自孝武興學，公孫弘以儒相，其後蔡義、韋賢、玄成、匡衡、張禹、翟方進、孔光、平當、馬宮及當子晏，咸以儒宗居宰相位，服儒衣冠，傳先王語。漢書匡張孔馬傳贊

建武六年，勅公卿舉賢良方正各一人。後漢光武帝紀

建武七年夏四月壬午，詔曰：「比陰陽錯謬，日月薄食，百姓有過，在予一人，大赦天下。公卿司隸州牧舉賢良方正各一人，遣詣公車，朕將覽試焉。」同上

光武卽位，知湛名儒舊臣，欲令幹任內職，徵拜尚書，使典定舊制。後漢伏湛傳

後以儒術舉爲侍郎，給事黃門。後漢卓茂傳

蔡茂，字子禮，河內懷人也。哀、平間以儒顯，徵試博士。後漢蔡茂傳

永平十年，召校官弟子作雅樂，奏鹿鳴，帝自御塤篪和之，以娛嘉賓。還幸南頓，勞饗三老官屬。後漢明帝紀

校官奏樂，帝御塤篪，極行孔子之禮樂矣。後世校官弟子，豈能望淸光乎？

楊終，年十三，爲郡小吏。太守奇其才，遣詣京師受業，習春秋。顯宗時，徵詣蘭臺，拜校書郎。後漢楊終傳

荀爽、鄭玄、申屠蟠俱以儒行爲處士，累徵。後漢荀韓鍾陳列傳

建初五年，公卿已下其舉直言極諫、能指朕過失者各一人，遣詣公車，將親覽問焉。其以巖穴爲先，勿取浮華。後漢章帝紀

令太傅、三公、中二千石、二千石、郡國守相舉賢良方正、能直言極諫之士各一人。夏五月辛卯，初舉孝廉郎中寬博有謀、任典城者以補長相。秋七月辛亥，詔以上林池籞田賦與貧人。同上

永元六年，其令三公、中二千石、二千石、內郡守相舉賢良方正、能直言極諫之士各一人，昭巖穴，披幽隱，遣詣公車，朕將悉聽焉。帝乃親臨策問，選補郎吏。後漢和殤帝紀

永元十三年正月丁丑，帝幸東觀覽書林，閱篇籍，博選術藝之士以充其官。

永元十三年丙辰，詔曰：「幽、并、涼州戶口率少，邊役衆劇，束修良吏進仕路狹，撫接夷狄以人爲本。其令緣邊郡口十萬以上歲舉孝廉一人，不滿十萬二歲舉一人，五萬以下三歲舉一人。」並同上

永初元年三月癸酉，日有食之。詔公卿、內外衆官、郡國守相舉賢良方正有道術之士，明政術，達古今，能直言極諫者各一人。後漢安帝紀

永初二年，詔公卿舉儒術篤學者。大將軍鄧騭舉丕。後漢魯恭傳

永初五年，其令三公、特進侯、中二千石、二千石、郡守、諸侯相舉賢良方正，有道術，達於政化，能直言極諫之士，各一人，及至孝與衆卓異者，并遣公車，朕將親覽焉。後漢安帝紀

永初六年壬子，詔三府選掾屬，高第能惠利牧養者各五人，光祿勳與中郎將選孝廉郎，寬博有謀，清白行高者五十人，出補令長丞尉。同上

先是博士選舉多不以實，震舉薦明經名士陳留楊倫等顯傳學業，諸儒稱之。後漢書楊震傳

建光元年己巳，令公卿、特進侯、中二千石、二千石、郡國守相舉有道之士各一人。賜鰥寡孤獨貧不能

自存者穀，人三斛。後漢安帝紀

延光二年八月庚午，初令三署郎通達經術任牧民者，視事三歲以上，皆得察舉。同上

辛卯，初令郡國舉孝廉，限年四十以上，諸生通章句，文吏能牋奏，乃得應選；其有茂才異行若顏淵、子奇，不拘年齒。後漢順帝紀

閏月丁亥，令諸以詔除爲郎，四十以上課試如孝廉科者得參廉選，歲舉一人。同上

太學新成，詔試明經者補弟子，增甲乙之科員各十人，除京師及郡國耆儒年六十以上爲郡舍人、諸王國郎者百三十八人。後漢左雄傳

雄又奏徵海内名儒爲博士，使公卿子弟爲諸生，有志操者加其俸祿。及汝南謝廉、河南趙建年始十二，各能通經，雄並奏拜童子郎。於是負書來學，雲集京師。同上

二年辛酉，除京師耆儒年六十以上四十八人補郎、舍人及諸王國郎。後漢順帝紀

辛亥，詔公卿、郡守、國相舉賢良方正、能直言極諫之士各一人。同上

宋登少傳歐陽尚書，敎授數千人。順帝以登明識禮樂，使持節臨太(守)學，奏定典律。後漢儒林傳宋登

蔡玄學通五經，門徒常千人，其著錄者萬六千人。順帝特詔徵拜議郎，講論五經異同。後漢儒林傳蔡玄

二月丙辰，詔大將軍、公卿舉賢良方正、能探賾索隱者各一人。後漢順冲質帝紀

選遣八使徇行風俗，皆耆儒知名，多歷顯位。後漢張皓傳

庚戌，詔三公、特進侯、卿、校尉舉賢良方正、幽逸修道之士各一人。後漢冲帝紀

本初元年夏四月庚辰，令郡國舉明經年五十以上、七十以下詣太學，自大將軍至六百石皆遣子受業，歲滿課試，以高第五人補郎中，次五人太子舍人；又千石、六百石、四府掾屬、三署郎、四姓小侯先能通經者各令隨家法，其高第者上名牒，當以次賞進。後漢質帝紀

建和元年，詔大將軍、公卿、校尉舉賢良方正、能直言極諫者各一人。後漢桓帝紀

建和元年，又詔大將軍、公卿、郡國舉至孝、篤行之士各一人。

建和三年六月庚子，詔大將軍、三公、特進侯其與卿、校尉舉賢良方正、能直言極諫之士各一人。

永興二年癸卯，京師地震，詔公卿、校尉舉賢良方正、能直言極諫者各一人。

延熹八年，詔公卿校尉舉賢良方正。並同上

典少篤行隱約，博學經書，弟子自遠方至。建和初，四府表薦，徵拜議郎，侍講禁內。後漢趙典傳

長好經學，博通書傳，以尚書教授，舉孝廉。後漢寒朗傳

建寧元年五月丁未朔，日有食之。詔公卿以下各上封事，及郡國守相舉有道之士各一人，又故刺史二千石清高有遺惠，爲衆所歸者，皆詣公車。後漢靈帝紀

靈帝初，代周景爲太尉。矩再爲上公，所辟召皆名儒宿德，不與州郡交通。後漢循吏列傳劉矩

熹平五年，試太學生年六十以上百餘人，除郎中、太子舍人、至王家郎、郡國文學吏。後漢靈帝紀

初平四年九月甲午，試儒生四十餘人，上第，賜位郎中，次，太子舍人；下第者罷之。詔曰：「孔子歎學之不講，不講則所識日忘。今耆儒年踰六十，去離本土，營求糧資，不得專業。結童入學，白首空歸，長

委農野，永絕榮望，朕甚愍焉。其依科罷者聽爲太子舍人。」後漢獻帝紀

右漢武後崇尚儒術，盛行孔子選舉之制。

初，上年二十九迺得太子，甚喜，爲立禖，使東方朔、枚皋作禖祝。少壯，詔受公羊春秋，又從瑕丘江公受穀梁。漢書武五子傳

孝武皇帝曾孫病已，有詔掖廷養視；至今年十八，師受詩、論語、孝經，操行節儉，慈仁愛人。漢書孝宣皇帝紀

孝昭皇帝八歲卽位，大臣輔政，亦選名儒韋賢、蔡義、夏侯勝等入授於前，平成聖德。後漢桓榮傳

憲王壯大，好經書法律，聰達有材，帝甚愛之。太子寬仁，喜儒術。上數嗟嘆憲王曰：「眞我子也！」漢書宣元六王傳

宣帝卽位，八歲立爲太子，壯大柔仁，好儒。漢書孝元皇帝紀

元帝卽位，帝爲太子，壯好經書。漢書孝成皇帝紀

光武數引公卿郎將講論經理，夜分乃寐。後漢光武帝紀

睦少好學，博通書傳。後漢宗室四王三侯列傳

睦性謙恭好士，千里交結，自名儒宿德，莫不造門。

順陽懷侯嘉（興）〔與〕伯升俱學長安，習尚書、春秋。並同上

輔矜嚴有法度，好經書，善說京氏易、孝經、論語傳。後漢光武十王列傳

蒼少好經書，雅有智思。同上
明帝十歲，能通春秋。後漢明帝紀
明帝師事桓榮，學通尙書。同上
章帝好儒術。後漢章帝紀
長安侯祜能通詩、論，篤學樂古。後漢安帝紀
右漢世帝者及諸侯王皆受經，通儒術。
馬皇后能誦易，好讀春秋。後漢馬皇后紀
皇后通經，孔學於是大盛。
鄧皇后十二通詩、論語。諸兄每讀經傳，輒下意難問，志在典籍，不問居家之事。後漢鄧皇后紀
太后自入宮掖，從曹大家受經書，兼天文算數。晝省王政，夜則誦讀，而患其謬誤，懼乖典章。迺博選諸儒劉珍等及博士、議郎、四府掾史五十餘人，詣東觀讎校傳記。同上
馬、鄧二后皆深於經學，儼如諸生。
梁皇后九歲能誦論語，治韓詩。後漢梁皇后紀
右兩漢帝者及諸侯王皆受經，通儒術。皇后附
詔諸儒講五經同異，太子太傅蕭望之等平奏其議，上親稱制臨決焉。迺立梁丘易、大小夏侯尙書、穀梁春秋博士。漢書孝宣皇帝紀

秋八月乙卯晦，日有蝕之。光祿大夫劉向校中祕書，謁者陳農使使求遺書於天下。同上

是時少府五鹿充宗貴幸，爲梁丘易。自宣帝時善梁丘氏說，元帝好之，欲考其異同，令充宗與諸易家論。充宗乘貴辯口，諸儒莫能與抗。漢書楊胡朱梅云傳

玄成受詔與太子太傅蕭望之及五經諸儒雜論同異於石渠閣。漢書韋賢傳

徵更生受穀梁，講論五經於石渠。漢書劉向傳

建初中，大會諸儒於白虎觀，考詳同異，連月迺罷。肅宗親臨稱制，如石渠故事。後漢儒林傳

白虎通義集今學之大成，傳至於今，可爲瓌寶。

終又言：「宣帝博徵羣儒，論定五經於石渠閣。方今天下少事，學者得成其業，而章句之徒破壞大體，宜如石渠故事，永爲後世則。」於是詔諸儒於白虎觀論考同異焉。後漢楊終列傳

肅宗集諸儒於白虎觀，恭特以經明侍召，與其議。後漢魯恭傳

羡博涉經書，有威嚴，與諸儒講論白虎殿。後漢孝明八王列傳

李育少習公羊春秋，詔與諸儒論五經於白虎觀。育以公羊義難賈逵，往返皆有理證，最爲通儒。後漢儒林傳

國王及諸儒同論經義，當與石渠爲儒宗二大會。

於是下太常，將大夫、博士、議郎、郎官及諸生、諸儒會白虎觀，講議五經同異，使五官中郎將魏應承制問，侍中淳于恭奏，帝親稱制臨決，如孝宣甘露石渠故事。作白虎議奏。後漢章帝紀

永和四年，詔謁者劉珍及五經博士校定東觀五經諸子傳記百家蓺術，整齊脫誤，是正文字。後漢安帝紀

右兩漢帝者屢詔諸儒評定五經，以一學術。

四月，還至奉高。上念諸儒及方士言封禪，人殊，不經，難施行。天子至梁父，禮祠地主。至乙卯，令侍中儒者皮弁搢紳，射牛行事，封泰山下東方，如郊祠泰一之禮。漢書郊祀志

侍中是漢官，而皮弁縉紳，皆用孔制矣。

有司與太史公、祠官寬等議天地牲角繭栗。史記武帝本紀

是孔子之制，諸人皆儒者故也。

建章宮後閤重櫟中有物出焉，其狀似麋，以聞。武帝往臨視之，問左右羣臣習事通經術者。史記滑稽列傳

匈奴來請和親。羣臣議上前，博士狄山曰：「和親便。」史記酷吏列傳

昭帝卽位，六年，詔郡國舉賢良文學之士，問以民所疾苦，教化之要。皆對：願罷鹽鐵、酒榷、均輸官，毋與天下爭利，視以儉節，然後教化可興。漢書食貨志

賢良文學臻者六十餘人，懷六藝之術。鹽鐵論刺復

賢良茂陵唐生、文學魯萬生之倫六十餘人，咸聚闕廷，舒六藝之諷，論太平之原；知者贊其慮，仁者明其施，勇者見其斷，辯者陳其辭。鹽鐵論雜論

中山劉子雍言：「王道矯當世，復諸正務，在乎反本，直而不徼，切而不熮，斌斌然，斯可謂弘博之君子矣。九江祝生奮由路之勇，推史魚之節，發憤懣，刺譏公卿，介然直而不撓，可謂不畏强禦矣。」同上

賢良文學皆七十子後學，皆能據儒術以折時宰，直節謇謇，羣才汸汸，無敗類者，人才之盛極矣！今對策欲求一人明道言事不可得，何古今相去之遠哉！

在位議論，多言鹽鐵官及北假田官、常平倉，可罷。漢書食貨志

會八月飲酎，行祠孝昭廟。先敺旄頭劍挺墮墜，首垂泥中，刃鄉乘輿車，馬驚。於是召賀筮之，有兵謀，不吉。上還，使有司侍祠。是時霍氏外孫代郡太守任宣坐謀反誅，宣子章爲公車丞，亡在渭城界中。夜玄服入廟，居郎間，執戟立廟門，待上至，欲爲逆。發覺，伏誅。故事：上常夜入廟。其後待明而入，自此始也。賀以筮有應，繇是近幸，爲太中大夫給事中；至少府。爲人小心周密，上信重之。年老終官。傳子臨，亦入說爲黃門郎。甘露中，奉使問諸儒於石渠，臨學精孰，專行京房法。琅邪王吉通五經，聞臨說善之。時宣帝選高材郎十人從臨講。吉迺使其子郎中駿上疏，從臨受易。臨代五鹿充宗君孟爲少府。漢書儒林傳

儁不疑定北闕之前，夏侯勝辯常陰之驗，然後朝士益重儒術。後漢儒林傳

儒術能行之故由此，兩漢書尚可考其故。

江博士復死，迺徵周慶、丁姓待詔保宮，使卒授十人，自元康中始講，至甘露元年，積十餘歲，皆明習。迺召五經名儒太子太傅蕭望之等大議殿中，平公羊、穀梁同異，各以經處是非。漢書儒林傳

戴憑習京氏易，年十六，郡舉明經，徵試博士，拜郎中。時詔公卿大會，羣臣皆就席，憑獨立。光武問其意。憑對曰：「博士說經皆不如臣，而坐居臣上，是以不得就席。」帝卽召上殿，令與諸儒難說。憑多

所解釋，帝善之。故京師爲之語曰：「解經不窮戴侍中。」後漢儒林傳

時侍中賈逵薦丕道藝深明，宜見任用。和帝因朝會召見諸儒，丕與侍中賈逵、尚書令黃香等相難數事，帝善丕說。後漢魯恭傳

右兩漢廷議多召儒生。

孔子布衣，傳十餘世，學者宗之。自天子王侯，中國言六藝者，折中於夫子。史記孔子世家

申公者，魯人也。高祖過魯，申公以弟子從師入見高祖于魯南宮。呂太后時，申公游學長安，與劉郢同師。已而郢爲楚王，令申公傅其太子戊。戊不好學，疾申公。及王郢卒，戊立爲楚王，胥靡申公。申公恥之，歸魯，退居家敎，終身不出門，復謝絕賓客。獨王命召之，乃往。弟子自遠方至，受業者百餘人。申公獨以詩經爲訓以敎，無傳疑，疑者則闕不傳。蘭陵王臧既受詩以事孝景帝，爲太子少傅，免去。今上初卽位，臧迺上書宿衞。上累遷，一歲中爲郎中令。及代趙綰，亦嘗受詩申公。綰爲御史大夫。綰、臧請天子，欲立明堂以朝諸侯，不能就其事，乃言師申公。於是天子使使束帛加璧，安車駟馬，迎申公，弟子二人乘軺傳從。至，見天子。天子問治亂之事。申公時已八十餘，老，對曰：「爲治者不在多言，顧力行何如耳。」是時天子方好文詞，見申公對，默然。然已招致，則以爲太中大夫，舍魯邸，議明堂事。太皇竇太后好老子言，不說儒術，得趙綰、王臧之過以讓上。上因廢明堂事，盡下趙綰、王臧吏，後皆自殺。申公亦疾免以歸，數年卒。弟子爲博士者十餘人。孔安國至臨淮太守，周霸至膠西內史，夏寬至城陽內史，碭魯〔賜〕至東海太守，蘭陵繆生至長沙內史，徐偃爲膠西中尉，鄒人闕門慶忌爲膠東內

史，其治官民皆有廉節，稱其好學，學官弟子行雖不備，而至於大夫、郎中、掌故以百數，言詩雖殊，多本申公。史記儒林傳

清河王太傅轅固生者，齊人也。以治詩，孝景時爲博士。竇太后好老子書，召轅固生問老子書。固曰：「此是家人言耳。」太后怒，曰：「安得司空城旦書乎？」乃使固入圈刺豕。景帝知太后怒，而固直言無罪，乃假固利兵。下圈刺豕，正中其心，一刺，豕應手而倒。太后默然，無以復罪，罷之。居頃之，景帝以固爲廉直，拜爲清河王太傅。久之，病免，今上初即位，復以賢良方正徵固。諸諛儒多疾毁固曰：「固老，罷歸之時，固已九十餘矣。」固之徵也，薛人公孫弘亦徵，側目而視固。固曰：「公孫子務正學以言，無曲學以阿世。」自是之後，齊言詩，皆本轅固生也。諸齊人以詩顯貴，皆固之弟子也。

韓生者，燕人也。孝文帝時爲博士，景帝時爲常山王太傅。韓生推詩之意，而爲內外傳數萬言，其語頗與齊、魯間殊，然其歸一也。淮南賁生受之。自是之後，而燕、趙間言詩者由韓生。韓生孫爲今上博士。

伏生者，濟南人也，故爲秦博士。孝文帝時，欲求能治尚書者，天下無有，乃聞伏生能治，欲召之。是時伏生年九十餘，老，不能行。於是乃詔太常，使掌故朝錯往受之。伏生敎濟南張生及歐陽生。歐陽生敎千乘兒寬。兒寬既通尚書，以文學應郡舉，詣博士受業，受業孔安國。兒寬貧無資用，常爲弟子都養，及時時間行傭賃以給衣食。行常帶經，止息則誦習之。以試第次補廷尉史。是時張湯方鄉學，以

爲奏讞掾，以古法議決疑大獄，而愛幸寬。寬爲人溫良，有廉智，自持而善著書，書奏敏於〔文〕，口不能發明也。湯以爲長者，數稱譽之。及湯爲御史大夫，以兒寬爲掾，薦之天子。天子見問，說之。張湯死，後六年，兒寬位至御史大夫，九年而以官卒，張生亦爲博士。

諸學者多言禮，而魯高堂生最本禮。

魯徐生善爲容，孝文帝時，徐生以容爲禮官大夫，傳子至孫徐延、徐襄。襄其天姿善爲容，不能通禮經，延頗能，未善也。襄以容爲漢禮官大夫，至廣陵內史，延及徐氏弟子公戶滿意、桓生、單次皆常爲漢禮官大夫，而瑕丘蕭奮以禮爲淮陽太守；是後能言禮爲容者，由徐氏焉。

自魯商瞿受易孔子。孔子卒，商瞿傳易，六世至齊人田何字子莊而漢興，田何傳東武人王同子仲，子仲傳菑川人楊何，〔何〕以易，元光元年徵，官至中大夫。齊人卽墨成以易至城陽相，廣川人孟但以易爲太子門大夫，魯人周霸、莒人衡胡、臨菑人主父偃皆以易至二千石，然要言易者本於楊何之家。

董仲舒，廣川人也。以治春秋，孝景時爲博士。下帷講誦，弟子傳，以久次相受業，或莫見其面。蓋三年，董仲舒不觀於舍園，其精如此。進退容止，非禮不行，學士皆師尊之。居家至卒，終不治產業，以修學著書爲事。故漢興，至於五世之間，唯董仲舒名爲明於春秋，其傳公羊氏也。並同上

建元元年，丞相綰奏：所舉賢良，或治申、商、韓非、蘇秦、張儀之言，亂國政，請皆罷。奏可。漢書孝武本紀

諸敎進用者罷斥，故無人再從異敎者。

仲舒下帷發憤，潛心大業，令後學者有所統壹，爲羣儒首。漢書董仲舒傳

大業一統于董子，故爲羣儒首。此漢高之韓信，藝祖之曹彬，明祖之徐達也。故論功作配，應以董子充四配之列。

胡母生，齊人也，孝景時爲博士，以老歸敎授。齊之言春秋者多受胡母生，公孫弘亦頗受焉。瑕丘江生爲穀梁春秋，自公孫弘得用，嘗集比其義，卒用董仲舒。仲舒弟子遂者蘭陵褚大、廣川殷忠、溫呂步舒。褚大至梁相，步舒至長史，持節，使決淮南獄，於諸侯擅專斷不報，以春秋之義正之，天子皆以爲是。弟子通者至於命大夫，爲郎、謁者、掌故者以百數。而董仲舒子及孫皆以學至大官。史記儒林列傳

傳經諸大儒，天下學術所自出，皆博士之學也。

是時上方鄉文學。湯決大獄，欲傅古義，乃請博士弟子治尙書、春秋，補廷尉史。史記酷吏列傳

主父偃者，齊臨菑人也。學長短縱横之術，晚乃學易、春秋百家言，游齊諸生間，莫能厚遇也。齊諸儒生相與排擯，不容於齊。史記平津侯列傳

朱買臣，會稽人也，讀春秋。史記酷吏列傳

武帝時，齊人有東方生，名朔，以好古傳書，愛經術。史記滑稽列傳

遷生龍門，耕牧河山之陽。年十歲，則誦古文。二十而南游江、淮，上會稽，探禹穴，闚九疑，浮於沅、湘，北涉汶、泗，講業齊、魯之都，觀孔子之遺風，鄉射鄒嶧。史記太史公自序

自孔子卒，京師莫崇庠序，唯建元、元狩之間，文辭粲如也。作儒林傳。同上

丁寬，字子襄，梁人也。初，梁項生從田何受易，時寬爲項生從者，讀易精敏，材過項生，遂事何。學成，

何謝寬。寬東歸，何謂門人曰：「易以東矣。」漢書儒林傳

寬授同郡碭田王孫。王孫授施讎、孟喜、梁邱賀，繇是易有施、孟、梁邱之學。

孟卿以禮經多，春秋煩雜，迺使喜從田王孫受易。喜好自稱譽，得易家候陰陽災變書。喜授同郡白光、少子沛、翟牧子兄皆爲博士，繇是有翟、孟、白之學。

梁邱賀從大中大夫京房受易。

賀薦讎結髮事師數十年，賀不能及。詔拜讎爲博士。甘露中，與五經諸儒雜論同異於石渠閣，讎授張禹、琅邪魯伯。伯爲會稽太守，禹至丞相。禹授淮彭宣、沛戴崇，子平。崇爲九卿，宣大司空，禹、宣皆有傳。魯伯授太山毛莫如少路、琅邪邴丹曼容。〔曼容〕著清名，莫如至常山太守，此其知名者也。繇是施家有張、彭之學。

充宗授平陵士孫張仲方、沛鄧彭祖子夏、齊衡咸長賓。張爲博士，至揚州牧，光祿大夫給事中，家世傳業。彭祖，眞定太傅。咸，王莽講學大夫。繇是梁丘有士孫、鄧、衡之學。

京房受易梁人焦延壽。延壽云：「嘗從孟喜問易。」

房授東海殷嘉、河東姚平、河南乘弘皆爲郎博士，繇是易有京氏之學。歐陽生事伏生，授倪寬，寬又授業孔安國，至御史大夫，自有傳。寬有俊材，初見武帝語經學，上曰：「吾始以尚書爲樸學，弗好，及聞寬說可觀。」乃從寬問一篇。歐陽、大、小夏侯氏學，皆出於寬。寬授歐陽生子，世世相傳，至曾孫高子陽爲博士。高孫地餘長賓以太子中庶子授太子，後爲博士，論石渠。元帝卽位，地餘侍中貴幸，至少

府。戒其子曰：「我死，官屬卽送汝財物，愼毋受。汝九卿儒者子孫，以廉絜著，可以自成。」及地餘死，少府官屬共送數百萬，其子不受。天子聞而嘉之，賜錢百萬。地餘少子政爲王莽講學大夫。由是尙書世有歐陽氏學。

林尊事歐陽高爲博士，論石渠，後至少府太子太傅，授平陵平當、梁陳翁生。翁生，信都太傅，家世傳業。由是歐陽有平、陳之學。翁生授琅邪殷崇、楚國龔勝。崇爲博士，勝右扶風，自有傳。而平當授九江朱普公文、上黨鮑宣。普爲博士；宣司隸校尉，自有傳，徒衆尤盛，知名者也。

夏侯勝，其先夏侯都尉，從濟南張生受尙書，以傳族子始昌。始昌傳勝。勝又事同郡簡卿，簡卿者，兒寬門人。勝傳從兄子建，建又事歐陽高。勝至長信少府，建太子太傅，自有傳。由是尙書有大、小夏侯之學。周堪與孔霸俱事大夏侯勝，霸爲博士；堪譯官令，論於石渠，經爲最高。堪授牟卿及長安許商長伯。牟卿爲博士，霸以帝師，賜爵號褒成君，傳子光，亦事牟卿，至丞相，自有傳。由是大夏侯有孔、許之學。商善爲算，著五行論曆，四至九卿。號其門人沛唐林子高爲德行，平陵吳章偉君爲言語，重泉王吉少音爲政事，齊炔欽幼卿爲文學。王莽時，林、吉爲九卿，自表上師冢，大夫、博士、郎、吏爲許氏學者各從門人會，車數百兩，儒者榮之。欽、章皆爲博士，徒衆尤盛。

張山拊事小夏侯建爲博士，論石渠，至少府，授同縣李尋、鄭寬中少君、山陽張無故子儒、信都秦恭延君、陳留假倉子驕。無故善修章句，爲廣陵太傅，守小夏侯說文。恭增師法至百萬言，爲城陽內史。倉以謁者論石渠，至膠東相。尋善說災異，爲騎都尉，自有傳。寬中有儁材，以博士授太子。

申公卒以詩、春秋授，而瑕丘江公盡能傳之，徒衆最盛。及魯許生、免中徐公皆守學教授。韋賢治詩，事博士大江公及許生；又治禮，至丞相。傳子玄成，以淮陽中尉論石渠，後亦至丞相。玄成及兄子賞以詩授哀帝，至大司馬車騎將軍，自有傳。由是魯詩有韋氏學。

王式事免中徐公及許生。式爲昌邑王師。昭帝崩，昌邑王嗣立，以行淫亂廢。昌邑羣臣皆下獄誅，唯中尉王吉、郎中令龔遂以數諫減死論。式繫獄當死，治事使者責問曰：「師何以亡諫書？」式對曰：「臣以詩三百五篇朝夕授王，至於忠臣孝子之篇，未嘗不爲王反復誦之也；至於危亡失道之君，未嘗不流涕爲王深陳之也。臣以詩三百五篇諫，是以亡諫書。」

山陽張長安幼君先事式，後東平唐長賓、沛褚少孫亦來事式，問經數篇。式謝曰：「聞之於師具是矣，自潤色之。」不肯復授。唐生、褚生應博士弟子選，詣博士，摳衣登堂，頌禮甚嚴，試誦說有法，(欵)〔疑〕者丘蓋不言。諸博士驚問何師，對曰：「事式。」

張生、唐生、褚生皆爲博士。張生論石渠，至淮陽中尉。唐生，楚太傅。由是魯詩有張、唐、褚氏之學。張生兄子游卿爲諫大夫，以詩授元帝。其門人琅邪王扶爲泗水中尉，陳留許晏爲博士。由是張家有許氏學。初，薛廣德亦事王式，以博士論石渠，授龔舍。

后蒼事夏侯始昌。始昌通五經，蒼亦通詩、禮，爲博士，至少府，授翼奉、蕭望之、匡衡。奉爲諫大夫，望之前將軍，衡丞相。

衡授琅邪師丹、伏理斿君、潁川滿昌君都。君都爲詹事，理，高密太傅，家世傳業。

由是齊詩有翼、匡、師、伏之學。滿昌授九江張邯、琅邪皮容，皆至大官，徒衆尤盛。

趙子事燕韓生，授同郡蔡誼。

誼授同郡食子公與王吉。

食生爲博士，授泰山栗豐。吉授淄川長孫順，順爲博士。豐，部刺史。由是韓詩有王、食、長孫之學。

豐授山陽張就，順授東海髮福，皆至大官，徒衆尤盛。

孟卿事蕭奮，以授后倉、魯閭丘卿。倉說禮數萬言，號曰后氏曲臺記，授沛聞人通漢子方、梁戴德延君、戴聖次君、沛慶普孝公。孝公爲東平太傅。德號大戴，爲信都太傅。聖號小戴，以博士論石渠，至九江太守。由是禮有大戴、小戴、慶氏之學。通漢以太子舍人論石渠，至中山中尉。普授魯夏侯敬，又傳族子咸爲豫章太守。大戴授琅邪徐良斿卿爲博士，州牧郡守，家世傳業。小戴授梁人橋仁季卿、楊榮子孫。仁爲大鴻臚，家世傳業。榮，琅邪太守。由是大戴有徐氏、小戴有橋、楊氏之學。

嚴彭祖與顏安樂俱事眭孟。孟弟子百餘人，唯彭祖、安樂爲明，質問疑誼，各持所見。孟曰：「春秋之意，在二子矣。」孟死，彭祖、安樂各顓門敎授。由是公羊春秋有顏、嚴之學。彭祖爲宣帝博士，廉直，不事權貴。或說曰：「天時不勝人事。君以不修小禮曲意，亡貴人左右之助，經誼雖高，不至宰相。願少自勉强。」彭祖曰：「凡通經術，固當修行先王之道，何可委曲從俗苟求富貴乎？」彭祖竟以太傅官終。授琅邪王中爲元帝少府，家世傳業。中授同郡公孫文、東門雲。雲爲荆州刺史，文，東平太傅，徒衆尤盛。

顏安樂家貧，爲學精力，授淮陽泠豐次君、淄川任公。公爲少府，豐，淄川太守。由是顏家有泠、任之學。始貢禹事羸公成於眭孟，至御史大夫；疏廣事孟卿至太子太傅。廣授琅邪筦路，路爲御史中丞。禹授潁川堂谿惠。惠授泰山冥都，都爲丞相史。都與路又事顏安樂。故顏氏復有筦、冥之學。路授孫寶爲大司農。豐授馬宮、琅邪左咸。咸爲郡守，九卿徒衆尤盛。

武帝時，詔太子受公羊春秋，由是公羊大興。太子既通，復私問穀梁而善之。其後浸微，唯魯榮廣、王孫皓星公二人受焉。廣盡能傳其詩、春秋，高材捷敏，與公羊大師眭孟等論，數困之。故好學者頗復受穀梁。沛蔡千秋少君、梁周慶幼君、丁姓子孫皆從廣受。千秋又事皓星公，爲學最篤。宣帝即位，聞衛太子好穀梁春秋，以問丞相韋賢、長信少府夏侯勝及侍中樂陵侯史高，皆魯人也，言穀梁子本魯學，公羊氏迺齊學也，宜興穀梁。

蔡千秋死，徵江公孫爲博士。劉向以故諫大夫通達待詔，受穀梁，欲令助之。江博士復死，迺徵周慶、丁姓待詔保宮，使卒授十人，自元康中始講，至甘露元年，積十餘歲，皆明習。迺召五經名儒太子太傅蕭望之等大議殿中，平公羊、穀梁同異，各以經處是非。時公羊博士嚴彭祖、侍郎申輓、伊推、宋顯，穀梁議郎尹更始、待詔劉向、周慶、丁姓並論。公羊家多不見從，願請內侍郎許廣，使者亦並內穀梁家中郎王亥各五人，議三十餘事。望之等十一人各以經誼對，多從穀梁，〔由是穀梁〕之學大盛，慶、姓皆爲博士。姓至中山太傅，授楚中章昌曼君爲博士，至長沙太傅，徒衆尤盛。並同上

凡儒林傳授經諸儒，皆孔教也。

欽字子夏，少好經書。漢書杜周傳

朱買臣字翁子，吳人。家貧，好讀書。漢書朱買臣傳

梅福字子眞，九江壽春人也。少學長安，明尙書、穀梁春秋，爲郡文學，補南昌尉。漢書楊胡朱梅云傳

吾丘壽王字子贛，趙人也。年少，以善格五召，待詔。詔使從中大夫董仲舒受春秋。漢書吾丘壽王傳

云敞字幼儒，平陵人也。師事同縣吳章。章治尙書經爲博士。漢書楊胡朱梅云傳

初，章爲當世名儒，敎授尤盛，弟子千餘人。同上

陳湯字子公，山陽瑕丘人也。少好書，博達善屬文。漢書陳湯傳

雋不疑字曼倩，勃海人也。治春秋，爲郡文學，進退必以禮，名聞州郡。漢書雋不疑傳

兩龔，皆楚人也。勝字君賓，舍字君倩，二人相友，並著名節，故世謂之楚兩龔。少皆好學，明經。漢書兩龔傳

薛廣德字長卿，沛郡相人也。以魯詩敎授楚國，龔勝舍師事焉。漢書薛廣德傳

鮑宣字子都，渤海高城人也。好學明經，爲縣鄉嗇夫，守束州丞。漢書鮑宣傳

上以宣名儒，優容之。

宣坐距閉使者，亡人臣禮，大不敬，不道，下廷尉獄。博士弟子濟南王咸舉幡太學下曰：「欲救鮑司隸者會此下。」諸生會者者千餘人。

自成帝至王莽時，清名之士，琅邪又有紀逡王思，齊則薛方子容，大原則郇越臣仲、郇相稚賓，沛郡則唐林子高、唐尊伯高，皆以明經飭行，顯名於世。王莽居攝，郭欽、蔣詡皆以病免官，歸鄉里，臥不出戶，卒於家。齊栗融客卿、北海禽慶子夏、蘇章游卿、山陽曹子期皆儒生，去官不仕於莽。並同上

是以攬仲舒，別向、歆，傳載眭孟、夏侯勝、京房、谷永、李尋之徒所陳行事，訖於王莽，舉十二世以傳春秋，著于篇。漢書五行傳

景、武之世，董仲舒治公羊春秋，始推陰陽，爲儒者宗。宣、元之後，劉向治穀梁春秋，數其旤福，傳以洪範，與仲舒錯。至向子歆治左氏傳，其春秋意亦已乖矣。同上

韋丞相賢者，魯人也。以讀書術爲吏，至大鴻臚。史記張丞相傳

邴丞相吉者，魯國人也。以讀書，好法令，至御史大夫。

韋丞相玄成者，卽前韋丞相子也。代父後失列侯。其人少好讀書，明於詩、論語。

黃丞相霸者，淮陽人也。以讀書爲吏，至潁川太守，治潁川以禮義。

丞相匡衡者，東海人也。好讀書，從博士受詩。並同上

野王字君卿，受業博士，通詩。漢書馮奉世傳

翼奉字少君，東海下邳人也。治齊詩，與蕭望之、匡衡同師，三人經術皆明。漢書翼奉傳

李尋字子長，平陵人也。治尚書。漢書李尋傳

韓延壽字長公，燕人也，徙杜陵。少爲郡文學。漢書韓延壽傳

敞本治春秋，以經術自輔，其政頗雜儒雅。漢書張敞傳

蓋寬饒字次公，魏郡人也。明經，爲郡文學，以孝廉爲郎。漢書蓋寬饒傳

又好言事刺譏，奸犯上意。上以其儒者，優容之。同上

夏侯始昌，魯人也。通五經，以齊詩、尚書敎授。漢書夏侯始昌傳

族子勝亦以儒顯名。

勝復爲長信少府，遷太子太傅。受詔撰尚書、論語說，賜黃金百斤。年九十卒，官賜冢塋，葬平陵。太后賜錢二百萬，爲勝素服五日，報師傅之恩。儒者以爲榮。

勝從父子建，字長卿。自師事勝及歐陽高，左右采獲，又從五經諸儒問與尚書相出入者，牽引以次章句，具文飾說。勝非之曰：「建所謂章句小儒，破碎大道。」建亦非勝爲學疏略，難以應敵。建卒自顓門名經，爲議郎博士。並同上

司馬相如字長卿，蜀郡成都人也。少時好讀書。漢書司馬相如傳

息夫躬字子微，河內河陽人也。少爲博士弟子，受春秋，通覽記書。漢書蒯伍江息夫傳

諸葛豐字少季，琅琊人也。以明經爲郡文學。漢書諸葛豐傳

孫寶字子嚴，潁川鄢陵人也。以明經爲郡吏。漢書孫寶傳
門下掾贛遂耆老大儒，教授數百人。漢書朱博傳
龔遂字少卿，山陽南平陽人也。以明經爲官。漢書循吏列傳
召信臣字翁卿，九江壽春人也。以明經甲科爲郎。同上
褚先生曰：「臣以通經術，受業博士，治春秋，以高第爲郎。」史記龜策列傳
武詣博士受業，治易，以射策甲科爲郎。漢書何武傳
王嘉字公仲，平陵人也。以明經射策甲科爲郎。漢書王嘉傳
漢興，文學既缺，時亦草創，承秦之制。後稍改定，參稽六經，近於雅正。孔子曰：「其或繼周者，行夏之正，乘殷之輅，服周之冕，樂則韶舞。」故撰輿服，著之於篇，以觀古今損益之義云。後漢書輿服志
睦性謙恭好士，千里交結，自名儒宿德，莫不造門。後漢齊王縯傳
鄧禹年十三，能誦詩，受業長安。後漢鄧禹傳
鄧弘少治歐陽尚書，授帝禁中，諸儒多歸附之。同上
賈復少好學，習尚書。後漢賈復傳
復知帝欲偃干戈，修文德，不欲功臣擁衆京師。乃與高密侯鄧禹並剽甲兵，敦儒學。
賈宗兼通儒術。並同上
祭遵少好經書。後漢祭遵傳

祭彤從帝東巡狩，過魯，坐孔子講堂，顧指子路室謂左右曰：「此太僕之室，吾之禦侮也。」同上

祐爲人質直，尙儒學。後漢朱祐傳

祐奏：「古者人臣受封，不加王爵，可改諸王爲公。」帝卽施行。又奏：「宜令三公並去大名，以法經典。」同上

朱勃字叔陽，年十二，能誦詩、書。後漢馬援列傳

茂，元帝時學於長安，事博士江生，習詩、禮及歷算；究極師法，稱爲通儒。後漢卓茂傳

魯恭，十五與母及丕俱居太學，習魯詩。閉戶講誦，絕人間事。兄弟俱爲諸儒所稱，學士爭歸之。後漢魯恭傳

丕字叔陵，性沈深好學，孳孳不倦；遂杜絕交游，不答侯問之禮，士友常以此短之，而丕欣然自得。遂兼通五經，以魯詩、尙書敎授，爲當世名儒。同上

湛父理爲當世名儒，以詩授成帝爲高密太傅，別自名學。後漢伏湛傳

杜詩上疏薦湛曰：「臣前爲侍御史上封事，言湛公廉愛下，好惡分明，累世儒學，素持名信，經明行修，通達國政，尤宜近侍，納言左右。」同上

霸篤志好學，師事九江太守房元，治穀梁春秋，爲元都講。後漢侯霸傳

彪孝行純至，父母卒，哀毀，三年不出廬寢。服竟，羸瘠骨立，異形，醫療數年乃起。好學洽聞，雅稱儒宗。建武末，舉孝廉，除郎中，以病免。復歸敎授，安貧樂道，恬於進趣。三輔諸儒莫不慕仰之。後漢韋

彪傳

良少好學，習小夏侯尚書。王莽時寢病不仕，教授諸生千餘人。後漢王良傳

永少有志操，習歐陽尚書。後漢鮑永傳

竟以明易爲博士，講書祭酒。善圖緯，能通百家之言。後漢蘇竟傳

郎顗字雅光，北海安丘人也。父宗，字仲綏，學京氏易，善風角、星算、六日七分，能望氣占候（志）〔吉〕凶，常賣卜自奉。安帝徵之，對策爲諸儒表。後漢郎顗傳

林從張竦受學，博洽多聞，時稱通儒。後漢杜林傳

北海周澤、琅邪承宮並海內大儒。後漢樊儵傳

初，儵删定公羊嚴氏春秋章句，世號樊侯學。教授門徒，前後三千餘人。同上

準少勵志行，修儒術。後漢樊準傳

徐子盛者，以春秋經授諸生數百人。後漢承宮傳

衍子豹，長好儒學，以詩、春秋教麗山下。後漢馮衍傳

統子松，博通經書，明習故事，與諸儒修明堂、辟雍、郊祀、封禪禮儀；常與論議，寵幸莫比。後漢梁統傳

松弟竦，字叔敬，少習孟氏易，弱冠能教授。同上

曹褒字叔通，魯國薛人也。父充，持慶氏禮，建武中爲博士。後漢曹褒列傳

玄自遊學十餘年，迺歸鄉里。家貧，客耕東萊。學徒相隨，已數百千人。後漢鄭玄傳

范升，字辯卿，代郡人也。少孤，依外家居。九歲，通論語、孝經。及長，習梁丘易、老子，教授後生。後漢范升傳

鄭、賈之學行乎數百年中，遂爲諸儒宗。後漢鄭范陳賈張列傳

霸子楷，字公超，通嚴氏春秋、古文尚書，門徒常百人。賓客慕之，自父黨夙儒，偕造門焉。後漢張霸傳

伏氏自東、西京相襲爲名儒。後漢桓榮傳

鴻以才高，論難最明，諸儒稱之。後漢丁鴻傳

馮緄少學春秋。後漢馮緄傳

班彪以通儒上才，傾側危亂之間。後漢班彪傳

固字孟堅，年九歲，能屬文，誦詩、書；及長，遂博貫載籍，九流百家之言無不窮究，所學無常師，不爲章句，舉大義而已。性寬和容衆，不以才能高人。諸儒以此慕之。後漢班固傳

暉卒業於太學，性矜嚴，進止必以禮。諸儒稱其高。後漢朱暉傳

宋意字伯志。父京，以大夏侯尚書教授。後漢宋均傳

爰延，字季平，清苦好學，能通經教授。後漢爰延傳

充少孤，鄉里稱孝。後到京師，受業太學，師事扶風班彪，好博覽而不守章句。家貧無書，常游洛陽市肆，閱所賣書，一見輒能誦憶，遂博通衆流百家之言。後歸鄉里，屏居教授。後漢王充傳

肱博通五經，兼明星緯。士之遠來就學者三千餘人。後漢姜肱傳

震少好學，受歐陽尚書於太常桓郁，明經博覽，無不窮究。諸儒爲之語曰：「關西孔子楊伯起。」後漢楊震傳

震前後所上，轉有切至。帝既不平之，而樊豐等皆側目憤怒，俱以其名儒，未敢加害。尚書令周景與尚書邊韶議奏，秉儒學侍講，常在謙虛。並同上

球少涉儒學。後漢陳球傳

詡爲朝歌長，始到，謁太守馬棱。棱勉之曰：「君儒者，當謀謨廟堂，反在朝歌耶？」後漢虞詡傳

衡少善屬文，游於三輔，因入京師觀太學，遂通五經，貫六藝。後漢張衡傳

初，京兆摯恂以儒術教授。後漢馬融傳

融才高博洽，爲世通儒，教養諸生常有千數。涿郡盧植、北海鄭玄皆其徒也。善鼓琴，好吹笛，達生任性，不拘儒者之節。同上

周舉姿貌短陋，而博學洽聞，爲儒者所宗。後漢周舉傳

荀淑少有高行，博學而不好章句，多爲俗儒所非。後漢荀淑列傳

爽字慈明，一名諝。幼而好學，年十二，能通春秋、論語。

爽以著述爲事，遂稱爲碩儒。並同上

篤論解經傳，多所駁正。後儒服虔等以爲折中。後漢延篤傳

盧植名著海內，學爲儒宗。後漢盧植傳

時濟北戴宏父爲縣丞，宏年十六，從在丞舍。祐每行園，常聞諷誦之音，奇而厚之，亦與爲友，卒成儒宗。後漢吳祐傳

李恂少習韓詩，教授諸生，常數百人。後漢李恂傳

竇宣增脩謙節，輔以儒術。後漢皇甫規傳

後歸鄉里，衣冠諸儒送至河上，車數千兩。後漢郭太傳

劉寵父丕，博學號爲通儒。後漢循吏傳

王渙少好俠，尚氣力，數通剽輕少年。晚而改節，敦儒學，習尚書。

任延字長孫，南陽宛人也。年十二，爲諸生，學於長安。明詩、易、春秋，顯名太學，學中號爲任聖。並同上

劉淑少學，明五經，遂隱居，立精舍講授，諸生常數百人。後漢黨錮傳

魏郎從博士郤仲信學春秋圖緯，又詣太學受五經。同上

李章習嚴氏春秋，經明教授。後漢酷吏傳

黃昌本出孤微，居近學宮，數見諸生修庠序之禮，因好之，遂就經學。同上

李郃父頡以儒學稱。後漢方術傳

劉昆少習容禮，平帝時，受施氏易於沛人戴賓，能彈雅琴，知清角之操。王莽世教授弟子，恒五百餘人。每春秋饗射，常備列典儀，以素木瓠葉爲俎豆，桑弧蒿矢以射菟首，每有行禮，縣宰輒率吏屬而觀之。二十二年徵，代杜林爲光祿勳，迺令入授皇太子及諸王小侯五十餘人。中元二年卒。子軼，字君文，傳

昆業，門徒亦盛。後漢書儒林傳

洼丹字子玉，世傳孟氏易。王莽時常避世教授，專志不仕，徒衆數百人。建武初爲博士，十一年爲大鴻臚，作易通論七篇，易家宗之，稱爲大儒。時中山觟陽鴻亦以孟氏易教授，有名稱。

任安，字定祖，少遊太學，受孟氏易，兼通數經。又從同郡楊厚學圖讖，究極其術。時人稱曰：「欲知仲桓(聞)〔問〕任安。」又曰：「居今行古任定祖。」學終還家教授，諸生自遠而至。建安七年卒於家。

楊政字子行，少好學，從代郡范升受梁丘易，善說經書。京師爲之語曰：「說經鏗鏗楊子行。」教授數百人。

張興習梁丘易，以教授。建武中，舉孝廉爲郎，謝病去，復歸聚徒。後辟司徒馮勤府，十年，拜太子少傅。顯宗數訪問經術，既而聲稱著聞，弟子自遠至者著錄且萬人。

孫期習京氏易，事母至孝，牧豕於大澤中，以奉養焉。遠人從其學者，皆執經壟畔以追之。里落化其仁讓。黄巾賊起，過期里陌，相約不犯孫先生舍。

自歐陽生傳伏生尚書，至歙八世，皆爲博士。

曹曾字伯山，從歙受尚書，門徒三千人。

牟長少習歐陽尚書，不仕王莽。世祖建武二年特辟，拜博士，諸生講學者常有千餘人，著錄前後萬人。子紆，隱居教授，門生千人。

宋登少傳歐陽尚書，教授數千人。

尹敏建武二年上疏陳洪範消災之術。

周防師事徐州刺史蓋豫。

孔僖與崔篆、孫駰相友善，同遊太學，習春秋，校書東觀。子季彥，守其家業，門徒數百人。

楊倫講授於大澤中，弟子至千餘人。

高詡，曾祖父嘉以魯詩授元帝。詡以父任爲郎，世傳魯詩。光武卽位，徵爲博士。

包咸少爲諸生，受業長安，師事博士右師細君，習魯詩、論語。

魏應經明行修，弟子自遠方至，著錄數千人。

任末少習齊詩，遊京師，敎授十餘年。

景鸞少隨師學經，涉七州之地，能理齊詩、施氏易，兼受河、洛圖緯。

薛漢世習韓詩，敎授常數百人，當世言詩者推漢爲長。

杜撫受業於薛漢，定韓詩章句，後歸鄉敎授，弟子千餘人。

召馴少習韓詩，博通書傳，以志義聞，鄉里號之曰：「德行恂恂召伯春。」楊仁，建武中詣師學習韓詩，拜什邡令，寬惠爲政，勸課掾史弟子悉令就學，其有通明經術者顯之右署，或貢之朝。由是義學大興，墾田千餘頃。

趙曄詣杜撫受韓詩，究竟其術。時山陽張匡亦習韓詩，作章句。董鈞習慶氏禮，事大鴻臚王臨，永平中爲博士。時草創五郊祭祀及宗廟禮樂、威儀章服，輒令鈞參議，多見從用，當世稱爲通儒。常敎授門生百餘人。

丁恭習公羊嚴氏春秋。恭學義精明,敎授常數百人,州郡請召不應。建武初爲諫議大夫博士,封關內侯。十一年,遷少府。諸生自遠方至者,著錄數千人,當世稱爲大儒。

周澤少習公羊嚴氏春秋,隱居敎授,門徒常數百人。孫堪,明經學,有志操。

鍾興從丁恭受嚴氏春秋。光武召見,問以經義,應對甚明。帝善之,拜郎中,稍遷左中郎將。詔令定春秋章句,去其復重,以授皇太子,又使宗室諸侯從受章句。

甄宇習嚴氏春秋,敎授常數百人,傳業子普。普傳子承,承尤篤學,講授常數百人。

樓望少習嚴氏春秋,敎授不倦,世稱儒宗。諸生箸錄九千餘人。

程曾受業長安,習嚴氏春秋,積十餘年,還家講授。會稽顧奉等數百人常居門下。著書百餘篇,皆五經通難。

張玄少習顏氏春秋,兼通數家法,諸儒皆伏其多通,著錄千餘。時右扶風琅邪徐業,亦大儒也。

何休爲人質朴,訥口,而雅有心思,精研六經,世儒無及者。作春秋公羊解詁,覃思不闚門十有七年。

並同上

右兩漢學人皆從儒敎。

唯江都相董仲舒、內史公孫弘、兒寬居官可紀。三人皆儒者,通於世務,明習文法,以經術潤飾吏事。

漢書循吏傳

文翁，廬江舒人也。少好學，通春秋，以郡縣吏察舉。景帝末，爲蜀郡守，仁愛好敎化。見蜀地辟陋，有蠻夷風。文翁欲誘進之，乃選郡縣小吏開敏有材者張叔等十餘人，親自飭厲，遣詣京師，受業博士。又修起學官於成都市中，招下縣子弟以爲學官弟子，爲除更繇，高者以補郡縣吏，次爲孝弟力田；常選學官僮子使在便坐受事，每出行縣，益從學官諸生明經飭行者與俱，使傳敎令，出入閨閤。縣邑吏民見而榮之，數年爭欲爲學官弟子，富人至出錢以求之，繇是大化，蜀地學於京師者，比齊、魯焉。至武帝時，乃令天下郡國皆立學校官，自文翁爲之始云。文翁終於蜀，吏民爲立祠堂，歲時祭祀不絕。至今巴、蜀好文雅，文翁之化也。同上

孝文帝末年，以廬江文翁爲蜀守，穿湔江口，溉灌繁田千七百頃。是時世平道治，民物阜康，承秦之後，學校陵夷，俗好文刻。翁乃立學，選吏子弟就學，遣雋士張叔等十八人東詣博士，受七經，還以敎授，學徒鱗萃，蜀學比於齊、魯，巴、漢亦立文學。孝景帝嘉之，令天下郡國皆立文學，因翁倡其敎，蜀爲之始也。華陽國志卷三

德爲南陽太守，歲多荒災，唯南陽豐穰，吏人愛悅，號爲神父。時郡學久廢，德乃修起橫舍，備俎豆黻冕，行禮奏樂。又尊饗國老，宴會諸儒。百姓觀者莫不勸服。後漢鮑永傳

均以父任爲郎，時年十五，好經書，每休沐日，輒受業博士，通詩、禮，善論難。至二十餘，調補辰陽長。其俗少學者而信巫鬼，均爲立學校，禁絕淫祀，人皆安之。後漢宋均列傳

伏湛弟黯，字稚文，以明齊詩，改定章句，作解說九篇。無子，以恭爲後。少傳黯學，以任爲郎。建武四

年，除劇令，視事十三年，以惠政公廉聞，青州舉爲尤異。太常試經第一，拜博士，遷常山太守。敦修學校，教授不輟，由是北州爲伏氏學。後漢儒林傳伏恭

遵爲將軍，取士皆用儒術，對酒設樂，必雅歌投壺。又建爲孔子立後，奏置五經大夫，雖在軍旅，不忘俎豆。後漢祭遵傳

忠以丹陽越俗，不好學，嫁娶禮義衰於中國；乃爲起學校，習禮容，春秋鄉飲，選用明經。郡中向慕之。後漢李忠傳

四遷桂陽太守，以郡處南垂，不閑典訓，爲吏人定婚姻喪紀之禮，興立學校以奬進之。後漢欒巴傳

遷桂陽太守。郡與交州接境，頗染其俗，不知禮則。颯下車，修庠序之教，設婚姻之禮，期年間，邦俗從化。後漢循吏傳衞颯

又駱越之民無嫁娶禮法，各因淫好，無適對匹，不識父子之性，夫婦之道。延乃移書屬縣，乃使男年二十至五十，女年十五至四十，皆以年齒相配；其貧無禮聘，令長吏以下各省奉祿以賑助之，同時相娶者二千餘人。後漢循吏任延傳

又遣立校官，自掾吏子孫皆令詣學受業，復其徭役。章句既通，悉顯拔榮進之郡，遂有儒雅之士。同上

光武中興，錫光爲交阯任延守九眞。於是教其耕稼，制爲冠履，初設媒聘，始知姻娶，建立學校，導之禮義。後漢南蠻西南夷列傳

鄉部親民之吏，皆用儒生。後漢左雄傳

劉寬遷南陽太守，典歷三郡，溫仁多恕，雖在倉卒，未嘗疾言遽色。常以爲齊之以刑，民免而無恥，吏人有過，但用蒲鞭罰之，示辱而已，終不加苦；事有功善，推之自下；災異或見，引躬克責。每行縣，止息亭傳，輒引學宮祭酒及處士諸生執經對講；見父老，慰以農里之言，少年，勉以孝悌之訓。人感德興行，日有所化。後漢劉寬傳

建初元年，遷山陽太守。以禮訓人，不任刑罰；崇好儒雅，敦明庠序，每春秋饗射，輒修升降揖讓之儀；乃爲人設四誡，以定六親長幼之禮，有遵奉敎化者擢爲鄉三老，常以八月致酒肉以勸勉之。後漢循吏傳秦彭

和帝時，稍遷桂陽太守。郡濱南州，風俗脆薄，不識學義。荆爲設喪紀婚姻制度，使知禮禁。後漢循吏傳許荆

迺更大作講舍，延聚生徒數百人，朝夕自往勸誡；身執經卷，試策殿最，儒化大行。此邑至後猶稱其敎焉。後漢文苑傳劉梁

猶今築書院也，于時儒敎大行於邊遠。

自建武以後，羣儒修業，開按圖緯，漢之宰相當出坤鄉，於是司徒李公屢登七政，太傅子堅奕世論道；其珪璋瑚璉之器，則陳伯臺、李季子、陳申伯之徒，文秀瑋曄；其州牧郡守冠蓋相繼，如西州爲盛，蓋濟濟焉。華陽國志卷二

成都縣，郡治，有十二鄉五部尉，漢戶七萬，晉三萬七千，名難治。時廣漢馮顥爲令，而太守京兆劉宣不

奉法，顥奏免之。立文學學徒八百人，實戶口萬八千。華陽國志卷三

章帝時，蜀郡王阜爲益州太守，治化尤異。神馬四匹出滇池河中，甘露降，白烏〔見〕，始興文學，漸遷其俗。華陽國志卷四

明、章之世，毋斂人尹珍字道眞，以生遐裔，未漸庠序，乃遠從汝南許叔重受五經，又事應世叔學圖緯，通三才，還以教授。於是南域始有學焉。珍以經術選用，歷尚書丞郎、荆州刺史，而世叔爲司隸校尉，師主並顯平夷。同上

張霸字伯饒，謚曰文父，成都人也。年數歲，以知禮義，諸生孫林、劉固、段著等宗之，移家其宇下，啓母求就師學。母憐其稚，曰：饒能，故字伯饒也。爲會稽太守，撥亂興治，立文學，學徒以千數，風教大行，道路但聞誦聲，百姓歌詠之。致達名士顧奉、公孫松、畢海、胡毋官、萬虞先、王演、李根皆至大位。在郡十年，以有道徵。華陽國志卷十

右兩漢郡吏皆以儒術化民。